# 식민지
# 트라우마

# 식민지 트라우마

한국 사회 집단 불안의 기원을 찾아서

유선영 지음

푸른역사

# 들어가며

학문하는 사람으로 살아간다는 것은 스스로 질문을 만들고 그 질문에 대해 나름의 답을 찾는 일을 업業으로 삼았다는 것을 의미한다. 자신이 가진 질문을 궁구窮究하는 삶인 것이다. 하지만 질문은 처음부터 선명하게 실체를 드러내지 않는다. 시작은 막연한 의문과 의심, 또는 호기심이었을 것이다. 적어도 나는 그랬던 것 같다. "왜 우리는 이렇게 살고 있는가?" 이 막연하고 느닷없는 질문에서 한 가지 분명한 것이 있다면 그것은 비판, 부정, 불신의 어두운 뉘앙스이다. 그랬다. 1950년대 중반에 태어난 베이비부머로서 한국 사회의 변화를 온전히 받아들이며 살아 온 세대인 내게 한국의 경제성장과 민주화는 은혜였지만 동시에 질곡의 시간이기도 했다.

사회 모든 부문에 침투한 권위주의, 부정과 부패, 국가와 제도에 대한 국민의 불신, 학벌주의와 서열주의, 한 인생의 성공이 물질로 환전換錢되는 물질주의, 경쟁위주의 사교육, 성형한국의 외모주의, '갑질'이 만연한 폭력과 착취의 아비투스라는 질곡에 시선이 머물렀으며 의문은 꼬리를 물었다. 이런 현상들은 개별적으로 놓고 보면 다른 많은 사회에서도 찾아볼 수 있는 것들이다. 이것들이 한국적 현상이라고 특정해야 할 논거는 없다. 그러나 이것들이 동시적으로 결착되어 하나가 다른 하나를 물고 들어오는 양상은 한국적이다. 이것이 내 질문의 진정한 처음이다. 한국은 식민지 상태에서 벗어난 후 세계에서 유례가 없을 정도로 빠른 경제성장과 민주주의를 성취한 표면과 역사의 어두운 이면으로 구조화되어 있는 사회다.

빛나는 표면과 이면의 어둠은 서로 다른 것도 아니었고 분리될 수 있는 것도 아니다. 그 둘은 의식과 무의식, 의지와 욕망의 관계처럼 하나의 흐름으로 이어져 있다. 나는 이 어둠을 힘과 권력, 성공, 물질을 향한 한국 사회의 욕망으로 읽었다. 그리고 욕망은 불안에서 싹을 틔운다. 한국 사회의 욕망에 접근하는 것은 곧 한국 사회의 불안에 다가가는 일이었다. 인간의 불안은 기본적인 존재 기반의 불안정성이 야기하는 공포가 그 진앙지이다. 생명의 안전성이 위협받을 때 그리고 먹고 사는 생존 기반이 불안정할 때 불안anxiety은 인간을 잠식한다. 불안에 잠식당한 인간의 시선, 관점, 세계관, 가치관은 이 불안정성에 결박된 채로 일정한 성질을 획득한다. 욕망은 오로지 이 두 가지 기본 문제인 생명의 안전과 생존의 불안정성을 해소하고자 하는 의지와 충동으로 응축되는 것이다.

이 불안정성을 해소하기 위한 의지와 충동이 자신을 보호해 줄 힘, 권력, 물질(돈)의 성취로 투여되는 것은 그래서 자연스럽거나 정상적인 반응이기까지 하다. 인간은 본능적으로 자신의 보호를 최우선으로 하기 때문이다. 어느 면에서 힘과 권력, 성공, 물질은 하나의 개념으로 압축할 수 있다. '힘power'이다. 이 힘은 위협적 타자로부터 자신을 지킬 뿐 아니라 타자의 의지도 무력화시킬 수 있다. 이를 위해서 힘은 성취되는 데 그치지 않고  타자에 의해 인정될 만큼 과시되어야 하고 행사되어야 한다.

한국 사회는 생명과 생존의 위협과 그로 인한 존재적 불안정성을 집단적으로 경험했던 사회이다. 지난 20세기 전반기의 식민지배, 태평양전쟁과 한국전쟁이 그 경험의 중심에 있다. 이 사태들은 불안을 퍼뜨리고 사람들의 영혼과 심리를 잠식했다. 힘이 없어서 또는 힘이 약해서 무시당하고 지배당했으며 자신의 생명과 생존을 스스로 통제할 수 없었다. 자신이 자신의 운명을 통제할 수 없을 때 사람들은 그보다 큰 세력, 강한 힘의 통제에 순응하고 의존한다. 자기 삶을 스스로 통제하고자 하는 개인들과 힘에 의존하고자 하는 개인들 간의 모순과 충돌 속에서 민주주의와 경제성장이 이뤄졌다. 그리고 이면의 어둠은 아직도 긴 그림자를 드리웠다.

그런 점에서 이 연구는 한국 사회의 집단적 불안에 대한 하나의 해석이라고도 할 수 있다. 불안을 갖게 한 역사적 집단경험에 대한 보고이면서 불안의 역사적 시작 지점들을 통해 연구자로서 개인적 질문에 답하는 것이기도 하다. 이를 위해 한 개인에게 살아 온 시간들 켜켜이 쌓아 온 경험이 그의 자의식과 무의식을 구성하듯이 한 사회와 민족의 역사가 그 사회와 민족의 집합적 정체성과 무의식을 구성한다는 관점을 취했다. 역사의 행로行路는 오늘의 삶을 규율하는 심층(의) 구조depth structure라는 입장을 견지한 것이다. 그리고 그 행로의 시작은 최소한 세기말까지 거슬러 올라가야 했다.

세기말의 모욕과 위기로부터 식민지배기까지의 시간은 한국 역사의 심연深淵이다. 심연은 바닥을 알 수 없는 깊고 어두운 수렁이고 구멍을 가리킨다. 식민지 시기가 심연인 것은 이 시기에 한국 민족 전체가 이민족의 강압적 지배하에 있었다는 단순한 사실에서 비롯한다. 식민지는 지배민족과 피지배민족이 주인과 노예의 관계로 재배치되어야 유지되는 체제고 이 기본적인 사회관계 안에서 민족적 모욕과 수치, 폭력, 굴욕 또한 일상화되었다. 그러나 정복민족과 절대 다수의 피정복민족의 힘의 격차에 기반한 강제, 억압, 착취의 관계가 전부인 것은 아니다. 이 식민적 관계를 관통하고 또 그것을 가능하게 한 문명인과 미개인의 이분법 또한 트라우마다. 이성주의理性主義 문명 대對 소멸되어야 하는 원시성이라는 근대의 기계적 이분법에 압도되었다. 근대 계몽주의는 식민지배를 정당화하는 사상적, 이론적, 문화적 토대였다. 세기말 문명은 그 문명을 가져 온 사람들을 경외하게 했고 어찌해 볼 수 없는 힘의 격차를 자각하게 하면서 스스로 약자이고, 후진이며, 야만임을 자인自認케 하였다. 일본은 그 근대성의 문명을 앞세우고 과시하면서 조선을 정복하고 식민화했다. 이 식민화와 결착된 근대성에 대한 문제의식이 이 책의 핵심 주제이다.

피식민지민족에게 모욕, 폭력, 불의, 차별, 억압, 착취와 소외는 현실이었지만 그들의 내면에서는 이성주의 문명을 인류 보편의 표준으로 삼아 이제까지의 자신들을 존재하게 한 역사, 전통을 비롯한 일체의 과거를 폄하하고, 부정하며 열등한 것으로 간주하게 됐다. 힘의 격차가 불러 온 폭력적 사태들에 직면해 열등감, 히스테리와 공격성, 수치와 죄의식, 나르시시즘의 보상 욕망에 휘둘리지 않을 수 없었다. 이 감정, 정신의 상흔들이, 식민지배가 아니었다면 겪지 않았을지도 모르는 이 정신심리의 궤적들이 민족의 심연에 그리고 역사의 심연에 켜켜이 쌓여 있다. 식민지 시기의 역사는 이 표면의 현실 역사와 심연의 역사를 동시에 바라볼 때 비록 완전하지는 않을지라도 전체의 윤곽선을 그려 볼 수 있다.

이 책은 한국 역사의 심연에 다가가는 데 의미를 둔 시도이며 그런 점에서 새로운 시도이기도 하다. 정치적 억압, 경제적 착취, 사회적 불의와 민족차별 그리고 독립과 해방을 염원하는 민족주의 저항과 투쟁이 식민지 역사의 전부가 아니다. 온전히 자신의 생각, 말과 행동으로 세계와 마주할 수 없었던 식민지민의 진의眞意와 자의식이 긴장된 피부 밑과 감정에 머뭇거렸던 긴 시간이 있었다. 어릴 적 감명 깊게 보았던 영화 〈마음의 행로Random Harvest〉(1942)는 전쟁에서 기억을 잃은 주인공이 마음 가는 대로 발길을 옮기다가 과거의 기억과 마주하는 내용이다. 반전의 메시지를 담고 있는 이 멜로영화의 제목을 빌리면 이 저서는 민족의 감정, 심리의 행로를 담고 있다. 모욕적 현실에서 수치심, 죄의식 그리고 분노를 마음에 숨겨 두었고 오직 힘으로만 우열을 판단하는, 정의와 인도人道가 사라진 세계에서 부와 힘에 대한 욕망 그리고 그만큼의 불신을 내면에 감춰 두었던 그 행로를 말이다. 이들은 모욕과 불안감을 공유한 채 연대하고 분노하고 저항했다. 사상과 이론으로 무장한 것이 아니라 존재적 불안감을 야기하는 현실에 감정적으로 반응한 것이다. 그래서 나는 한국의 민족주의는 민족감정의 다른 표현이라고 생각한다.

약자의 감정은 그러나 단일하게 한 방향으로만 흐르지도 않는다. 친일 매판과 배일, 저항과 순응, 모욕과 분노, 우울과 냉소, 현실도피와 과시적 소비 사이에는 언제나 주저와 동요, 자기 파괴의 흔들림이 있었다. 자기보다 약한 자를 찾아내고, 모욕을 가하고 조롱하는 식으로 내면의 공격적 충동을 드러내기도 하지만 또 민족과 함께 울고 동정하며 저항한다. 그래서 심연이다.

이 심연을 정리하는 중에 촛불이 광장으로 사람들을 불러냈다. 한국 사회의 어둠을 모두 쓸어 담은 추악한 정치스캔들이 시민의 집합적 의지에 따라 그리고 제도의 틀에 맞춰 하나씩 수습되어 갔고 정권교체를 이루었다. 나는 이 과정에서 지금 내가 정리하고 있는 과거의 심연이 그 어둠을 걷어내는 듯한 느낌을 받았다. 지난 20세기 한국 사회에 대한 반성과 성찰의 기운을 감지한 것이다. 21세기는 21세기의 경험과 사유로 재편되어야 할 것이며 20세기가 만들어 낸 심연 또한 깊고 불편한 성찰의 과정을 거쳐 털어내야 할 시기임을 직감한 것이다. 그런 점에서 한국 사회는 지금부터 새로운 시작이다.

저자로서 나는 과거의 심연을 성찰하면서 현재를 '직면'하기 위한 통과의례라는 의미를 이 책에 부여했다. 촛불을 통해 우리의 과거 행로는 온전히 과거가 되어야 한다는 각성에 이르렀다. 1992년 박사학위 논문을 쓰면서부터 시작된 식민지 시기 연구는 따지고 보면 식민지의 약자로, 뒤틀리고 부서지며 그런 가운데서도 자신의 삶과 일상을 지켜내기 위해 분투했던 대중과 지식인의 역사였기 때문이다. 존재적 불안과 모욕을 극복하고 자신의 삶을 온전히 자신의 소망과 일치시키기 위해 살아가는 것이 인간적인 자질humanity이라면, 이 책은 그러한 휴머니티를 성찰하는 것이기도 하다.

이 책은 한국연구재단의 인문한국진흥사업HK의 도움을 받았다. 또 오랜 세월 학문의 도정에서 만난 훌륭하고 성실한 많은 도반들, 동료, 선후배, 그리고 소중한 친구들에게도 지면을 빌려 감사를 전한다. 이들의 격려와 진심은 연구자로서 살아가는 데 필요한 힘이었다. 그들과 이 책에 대해 이야기할 수 있다면 더 바랄 것이 없을 것이다. 끝으로 어려운 출판계 사정에도 불구하고 저서 발간에 기꺼이 힘을 실어준 도서출판 푸른역사에 감사 인사를 전하고 싶다.

2017년 5월

저자

차례

# 민족 모욕과 감정의 역사

세기말과 식민지배기를 규정한 4가지 힘
역사를 추동하는 감정구조
민족 모욕과 수치의 장기 역사
민족주의에 침습한 모욕감정과 '근대 트라우마'
모욕 받은 민족의 탈식민화

# 1

## 세기말과 식민지배기를 규정한 4가지 힘

19세기 말에서 20세기 전반까지 외부자에게 한국은 조선Chosen이었고, 조선을 소개한 서구의 여행가, 학자, 관리들의 저작들에서는 '은자隱者의 나라the Hermit kingdom'라는 별칭으로 알려졌다. 이 은자의 이미지는 한국인들에게 동방예의지국이나 백의민족, 조용한 아침의 나라[1] 같은 나라 이미지들과 결합하여 '속세를 떠나 산사나 오지에 은거하는 현인들의 나라'라는 의미로 수용되었다. 그러나 서구인들에게 은자는 오랫동안 세계로부터 단절된, 고립된 민족이라는 의미였다. 이들에 의하면 조선의 통치자들은 3면의 바다에 접안시설을 만들지 않거나, 중국과의 국경지대를 황무지로 버려 두는 식으로 외부의 접근을 성공적으로 차단한 수구적 지배층이다.[2]

'은자'는 세계로부터 스스로를 차단하여 사회진화의 발전과정에서 고립되고 도태된 원시 야만 종족을 의미하는 위선적 표현이었다. 은자는 원주민, 토인, 야만인의 다른 이름이었던 것이다. 1876년 일본의 강압에 떠밀려 이뤄진 조선의 문호개방은 서구의 시각에서 보면 오랜 고립으로 인해 발전이 지체된 '은자의 왕국'을 사회진화의 길로 인도하는 문명의 시혜였다. 이 기조에 따라 일본의 정한론征韓論은 문명화론으로 포장되었고 서구 열강은 이를 묵인, 동조했다. 아시아의 신흥 강국 일본과 서구 제국주의 열강의 식민주의 공모가 세기말의 조선이 맞닥뜨린 개방, 개화, 문명, 근대의 배경이고 시작이었다.

이렇게 시작된 1880년대에서, 보호통치, 식민지배를 거쳐 1945년 해방에 이르기까지 60여 년은 한국의 근대성modernity을 규정한 결정적 시간이었다. 전 지구적 제국주의, 일제 식민주의 그리고 이성중심주의에 기반한 근대주의, 그리고 이런 외부로부터 가해진 힘들에 대응하기 위해 내부에서 조성된 민족주의가 교차하면서 한국 근대성의 복잡한 층위와 결들이 생성되었다. 19세기 말에서 20세기 전반기에 이르는 한국의 근대성은 이렇게 4개의 역사적 심급들이 상호작용한 결과인 것이다. 한국에서 식민지 시기 연구를 크게 민족주의론, 식민지 근대화론, 그리고 식민지 근대성론으로 구분하는 것이 이를 방증한다.[3] 제국주의, 식민주의, 민족주의, 근대주의 4개 심급들 간의 관계 그리고 각 심급이 다른 심급들에 대해 갖는 규정력을 어떻게 설정하느냐에 따라 이론적 입각점이 달라지는 것이다.

민족주의론은 민족주의를 제국주의 그리고 식민주의와 경합한 이념이자 실천윤리로서 식민지민의 저항적 실천과 의식을 규정한 주된 요인으로 간주한다. 민족주의론이 일제의 수탈과 민족의 저항에 방점을 두는 데 반해 식민지 근대화론은 식민주의 수탈과정에서 도입된 근대적 제도, 기술, 인프라 구축, 자본주의 및 시장경제, 공업화의 요소들이 한국의 근대성을 형성한 기반이 되었다고 평가한다. 식민화의 착취적 속성은 인정하지만 그 과정에서 한국이 근대화되었음을 강조하는 것이다.[4]

이 두 관점과 거리를 두는 식민지 근대성론은 문화주의의 인식론과 이론적 논점을 적극 수용하여 식민주의와 근대성이 부분적으로, 모호하게, 파편적으로 교차하고 중첩되는 과정에 주목했다. 1990년대 중반 이래 인문사회학의 패러다임 전환을 견인한 문화주의는 기본적으로 보편문화라는 관념을 부정하면서 구체적인 현실의 장소와 공간에서 함께 살아가는 사람들이 구성한 삶의 방식이 갖는 특수성과 지방성locality을 드러내는 데 의미를 부여한다.[5]

모든 문화는 지방적이고 특수하므로 비교 불가하다는 전제에서 출발하는 문화주의는 한 지방의 문화가 다른 지방의 문화보다 보편적이라거나 우월하다는 인식이야말로 제국주의라고 비판한다.[6] 각 사회에 고유하게 발전한 문화(종교, 지식, 이념, 도덕, 감각과 취향, 미학 등)가 물질 영역(경제)과 사회 영역의 제반 실천들을 규정하고 조정한다고 보면 식민주의와 근대주의, 제국주의는 식민지 사회의 지방적 맥락 안에서 변형, 굴절, 재구성될 수밖에 없다.

이런 식으로 식민지 시기에 구성된 주체들의 집합적 의식, 정체성, 취향, 생활방식, 소비, 근대성, 혼종성, 주체성, 일상성, 문화정치, 도시성, 시각문화, 신체, 욕망구조, 지식과 담론체계는 서구 근대성은 물론 그 어느 것과도 다른 지방적 '근대성'으로서 식민지 근대성을 드러내게 되었다. 또한 식민지 근대성은 문화주의의 인식론 및 이론적 전제에 따라 유동적이며 모호하고 경계적인 것으로 파악되었다.[7]

## 역사를 추동하는 감정구조

식민지 근대성론은 이 책의 전체 논의를 떠받치고 있는 지지대이다. 이 지지대 위에서 이 책은 19세기 말에서 20세기 중반에 이르는 급진적이고 복잡다단했던 변화 속에서 새롭게 등장하기도 하고, 사회변동 과정에서 자신을 재구성해야 했던 개별 주체들이 집합적으로 공유하게 된 감정과 감각들에 실체를 부여하고 역사화하는 데 목적을 두고 있다. 여기서 다루게 될 감정들은 역사적 시기에 한 민족이 집합적으로 경험하고 감각했으며 기억하고 있는, 그래서 장기적으로 구조화된 감정, 즉 문화가 된 감정들이다.

문화주의의 감정구조 개념과 부르디외P. Bourdieu의 아비투스 개념은 '문화가 된 감정들'의 의미를 이해하는 데 도움을 준다. 문화주의는 문화와 감정구조structure of feeling를 동일시하지는 않지만 자주 호환할 수 있는 개념으로 사용하고 있다. 문화를 한 사회의 지배적인 생활방식a way of life이라고 규정하면서 감정구조는 당대의 지배적인 생활양식을 가능하게 하는 총체적 감각으로서 인간의 제반 실천(행위)을 조직화하는 형식들로 정의하기 때문이다. 인간의 언어적 및 문화적 실천들의 총체인 생활방식에 방향성, 스타일, 미학, 도덕적 평가, 의미를 부여하고 조직하는 형식들이 감정구조인 것이다.[8] 문화와 감정구조는 의식과 무의식, 표층과 심층, 현상과 본질의 분리 불가능한 관계로 구조화되어 있는 총체이다.

다소 모호한 감정구조 개념과 달리 부르디외의 아비투스 개념은 장기적이고 역사적인 구성과정을 강조한다는 점에서 이 책의 감정 개념을 이해하는 데 보다 유익하다. 부르디외는 아비투스가 스키마

schema 개념과 호환될 수 있다면서, 인간 주체의 세계에 대한 행동 또는 실천적 관계맺음을 매개하고 구성하는 '구조화된 성향들의 시스템'을 아비투스라 했다. 아비투스는 오랜 역사적 과정을 통해 형성되며 개인 및 집합적 주체들의 실천들을 매개하고 생산한다. 또 아비투스는 과거 경험의 적극적 현존이며 인간의 지각, 사상, 행동의 스키마와 성향을 생성하고 장시간에 걸쳐 실천을 조정하고 나름의 항상성을 부여한다. 그런 점에서 아비투스는 모든 공식적이고 노골적인 규범보다 훨씬 지속적이고 믿음직한 스키마이다.

주목할 것은 부르디외가 아비투스를 제반 감각들의 그릇인 신체에 각인되고 쓰인, 다시 말해 신체화된 역사embodied-history이며 역사적 과정을 거쳐 장기적으로 구조화된 성향, 즉 역사적 구조물로 간주한 점이다. 아비투스가 신체에 쓰인 과거이자 구조물이라는 말은 과거 전체가 아비투스에 적극적으로 현현顯現해 있다는 것이고 이는 아비투스가 사회구성원들에게 제2의 성징性徵으로 내면화되어 있음을 뜻한다. 따라서 역사적으로 구조화된 아비투스는 경제, 정치와 같은 외부 요인들에 규정되지도 않고 계급, 인종, 젠더, 민족성 요인에도 구속되지 않는 자율성을 지닌다. 다시 말해 아비투스의 자율성은 지나온 과거가 신체에 축적된 것이므로 온전히 주체의 것이며, 내면화된 자본이므로 이를 기반으로 주체가 현재의 경제체제, 계급, 정치, 국가로부터 자율적인 상태에서 다른 역사를 상상하고 생산하는 것이 가능하다. 아비투스는 제2의 성징과도 같아서 거의 무의식적인 즉흥성과 추동력을 발휘하여 역사를 변화시키는 개별 주체를 구성한다는 것이다.[9]

조직화하는 힘이자 구조화된 성향으로서 감정구조와 아비투스 개념의 강점은 인간이 일상의 미시적인 실천과 축적된 감정의 기반 위에서 역사를 만들어 가는 주체로 전환될 수 있다는 가능성을 이론화했다는 것이다. 보통의 인간들이 살아가는 공간은 정부, 학계, 문화생산 같은 사회의 중심 영역이 아닌 의식주의 공간, 노동, 여가, 소비가 이뤄지는 사적인 일상 영역이다. 르페브르H. Lefebre는 이 일상을 세계와 구조의 변화를 이끌어 내는 생산적이고 창조적인 영역으로 규정했다. 일상은 구조를 재생산하는 영역이 아니라 다면적이고 복잡한 충동이 일어나는 영역이며 이 충동들이 사물과 존재에 영향을 미쳐 역사를 만드는 실천praxis과 생산poiesis으로 이어진다고 했다.[10] 사회는 정치, 경제, 문화, 지식을 지배적으로 점유한 (파워)엘리트에 의해 재생산되지만 이것에 변화를 가하는 힘은 인민, 대중, 주체의 일상, 그리고 일상을 조직화하는 정서구조, 아비투스, 감정, 충동들이다. 역사는 이성적으로 구조화되고 조직화된 질서에 의해서가 아니라 감정, 충동, 욕망에서 변화의 동력을 얻는가 하면 또 같은 메커니즘으로 반동과 퇴행으로 역행하기도 한다. 감정은 역사에 개입하고 흐름을 바꾸는 힘이고 세력이며 자원인 것이다.

감정이 주체에게 사회변화의 욕망과 충동을 일으키는 힘이 될 수 있는 것은 감정은 사회적 관계에서 발생하는, 원래적으로 사회적인 효과이자 결과이기 때문이다. 모든 사회는 권력, 지위, 역할에 따라 차별적이고 위계적인 관계들로 조직화되어 있으며 이를 유지, 관리하는 과정에서 한 시대를 특징짓는 집합적 감정이 형성된다. 그리고 이렇게 형성된 감정은 특정한 상황이나 요인에 의해 촉발되고 생리적이거나 육체적인 반응을 일으키며 일정한 몸짓과 동작을 통해 표출된다.[11] 또한 감정은 단일하지도 않고 고정적이지도 않다. 감정은 다양한 감정들의 복합체로 존재한다.[12] 특정 시기에 특정한 힘과 요인들에 의해 특정한 감정들이 우세하거나 강화되는 식으로 움직인다. 그런 점에서 감정복합체는 시간과 장소에 따라 달라지는 성좌constellation처럼 역사의 궤도를 운행한다.

## 민족 모욕과 수치의 장기 역사

20세기 전반기까지 한국 사회는 국권 상실의 위기와 식민화, 정치적 소외, 경제적 수탈, 태평양전쟁 이후 전시 군국주의 파시즘 체제로 이어지는 굴곡진 역사를 거쳤다. 이러한 역사를 살아간 사람들의 삶과 경험, 의식과 감정을 나타내는 가장 적절한 말이 있다면 그것은 민족 전체에 가해진 폭력과 모욕일 것이다. 일례로 아프리카에서 식민주의와 싸워 온 작가, 학자, 운동가 등에게 식민주의가 무엇인가를 물어보면 이구동성으로 '폭력의 행사'라는 짧고 명확한 말로 대답한다. 식민주의는 가장 야만적이고 비인간적인 체포, 고문, 대량 학살에 의존하는 체제이기 때문이다. 그래서 이들의 결론은 식민주의는 노예제이며, 탈식민화는 주인과 노예의 세계 질서를 바꾸는 것이어야 하고 완전한 무질서를 감내하는 프로그램이어야 한다는 민족적 과제를 제시한다.[13]

신체적, 물리적 폭력과 심리적, 정신적, 감정적 모욕은 구분되지 않는다. 모욕은 인간에게 가장 치명적인 폭력이 되기도 한다. '손톱만큼의 인간적 모욕a small doses of personal devaluation'이 정치적 소외와 억압, 경제적 착취 이상의 폭력 효과를 내는 것이 식민지 사회이다. 인간으로서 존엄성을 훼손당한 채 권위에 복종하게 되는 심리적 메커니즘이 식민주의를 완성시킨다고 보면 식민지에서 일상적 모욕은 가장 효과적인 폭력이다.[14]

폭력은 모욕감을 일으키지만 동시에 수치의 감정도 촉발한다. 모욕과 수치는 둘 다 타자와의 관계에서 비롯하는 사회적 감정이기 때문이다. 그런 이유로 정신분석학은 모욕과 수치를 호환적 개념으로 간주한다.[15] 모욕은 자기 통제력의 상실과 연관된 감정으로 자기가 가진 힘이 상대에 비해 열세라는 사실을 자각하는 순간에 일어난다. 자기 자신, 가족, 공동체, 나라, 민족이 외부의 타자에 비해 상대적으로 열세라는 사실만큼 모욕적인 것은 없기 때문이다. 수치는 자아에 대한 감정으로 자신이 욕망하고 소망하는 자아와 실재의 자아 간에 격차가 클 때 발생하며 명예, 자긍심, 자기 존중의 감정과 연관된다. 힘의 열세로 인해 자기 주도권과 통제력을 상실하는 모욕감은 자연히 자기에 대한 실망, 즉 수치감을 수반한다. 그러나 모욕과 수치는 타자와의 관계 또는 지위 격차로 인해 발생하는 사회적 감정이기 때문에 이를 다른 사람들과 함께 의식하고, 공유하면 사회적 결속이 강화될 수 있다.

일례로 20세기 초 아시아에서 일본을 제외한 기타 민족들이 영토와 주권 상실 그리고 정치적 소멸의 위기에서 아시아 약소민족의 연대를 구상했던 것을 들 수 있다.[16] 1925년 7월 중국 광주廣州에서 반제국주의 노선을 천명한 〈피압박민족연합회 선언〉은 약소민의 참상을 이렇게 묘사했다. "제국주의자들은 우리의 재부財富를 마음대로 빼앗고 노동력을 마음껏 착취했으며 정치를 농단하고 인민을 닥치는 대로 살육했다. 우리 피압박민족은 인간 축에도 끼지 못했을 뿐 아니라 머지않아 멸종의 위기에 처하게 될 것이다. 이 얼마나 한스럽고 비통하며 넋을 뒤흔들 일인가!"[17] 모욕과 수치의 공통경험은 아시아 약소민족the weak people이 결속해야 하는 이유이고 힘이었다.

한 국제관계 전문가는 21세기의 세계는 문명의 충돌이 아닌 '감정의 충돌'이라는 관점으로 접근하는 것이 유용할 수 있다면서 아랍과 무슬림이 모욕의 문화culture of humilation에 갇혀 있고 서구는 공포의 문화에 시달리고 있다고 했다. 서구를 지배하는 공포감정은 세계의 영토, 안보, 그리고 정체성에 대한 통제권을 상실한 데서 비롯한 공포이며 이슬람권은 서구 기독교문명으로부터 받아 온 수모와 모욕의 역사가 축적되어 온 끝에 가장 급진적인 세력을 중심으로 연대와 통합을 유도하는 동시에 서구를 향한 증오의 감정을 끌어내고 있다는 것이다.[18] 아랍은 11세기 서구 기독교국가가 일으킨 십자군전쟁의 희생자였으며 사이드E. Said가 《오리엔탈리즘》(1978)에서 폭로했듯이 서구 이성중심주의와 계몽주의에 의해 개종되어야 하는 야만으로 규정되었다.[19] 이슬람문화와 아랍 민족 전체가 경험한 모욕과 폭력의 유산이 현재의 서구를 향한 증오감정 그리고 급진적 이슬람 근본주의로 표출되고 있다는 점에서 그의 말은 일리가 있다. 모욕과 수치는 언제나 약자의 몫이고 분노는 소멸되지 못한 채 남아 있다.

동양의 패자이자 문화의 발상지로서 타민족을 오랑캐로 규정했던 중국은 19세기 중엽부터 일본, 러시아 그리고 서구 열강이 다투는 이권 쟁탈지로 전락했다. 근대 사상, 과학기술, 자본과 군사력을 앞세운 서구 강대국과 일본에 밀려 반半식민지의 약자로 전락하면서 모욕과 수치의 역사가 시작되었다. 중국 현대사의 중심에는 1800년대 중반~1900년대 중반까지 이어진 '백년의 모욕one hundred years of humiliation'이 자리하고 있다고 할 정도로 모욕감은 중국인들의 감정 구조에 깊게 침습했다. 마오쩌둥(1893~1976)의 혁명사상과 사회주의 승리 서사를 통해 국치의 모욕을 지우는 데 주력했던 중국공산당 정부도 필요하면 국치의 기억을 되살려 민족주의에 호소할 정도로 국치의 모욕감은 중국민의 의식과 행동을 조직하는 구조화된 감정이고 문화이다. 1989년 천안문사태 때 젊은 세대의 민주주의 및 개방 요구를 무력화하기 위해 중국 정부가 한 일은 서구와 일본에 의해 모욕받은 국치의 기억을 환기시키는 것이었다. 잔인한 외세로 인해 겪어야 했던 중국의 고통을 소환하여 국민통합을 유도하는 것만큼 효과적인 방안은 없었기 때문이다.[20]

한국은 1876년 일본에 의한 강제 문호개방 이전에도 중화체제에서 조공국의 지위에 있었고 중국에 예속된 모욕의 역사를 살았다. 하지만 문호개방 이후 서구 열강과 일본의 침입 그리고 서구문명론은 확실하게 힘의 열세를 일깨웠다. 국가 위기를 극복할 수 있는 군사력과 경제력, 국제정치력 등 제반 영역에서 약소국민의 처지를 자각했고 열등감과 무력감으로 자존감은 무너져 내렸다. 중화체제의 그것과는 다른 모욕과 수치의 장기 국면으로 들어간 것이다. 병자수호조약은 일본의 조선 내 치외법권, 무관세, 토지의 자유로운 임차에 더해 일본 화폐 사용도 허용한 전대미문의 불평등조약이었다.

첫 번째 개항지인 부산으로 일본인들이 건너왔는데 1880년대 초 일본인 거류민의 직업 분포를 보면 절반 이상이 고리대금업자들이었다. 열흘에 10퍼센트의 이자를 받는 고리대금업은 이자 수입보다 담보로 잡은 조선인의 토지, 가옥을 압수하는 데 주력했다. 많은 조선인들이 재산과 토지를 빼앗기고 빈민으로 전락했다. 이 무렵의 부산 상황을 이해하는 데는 구포사건(1881)이 유용하다. 조선인이 일본인 쌀 도매상과 싸운 것을 두고 일본인 수십 명이 관청에 몰려가 항의했고 일본 경찰이 관련자 20명을 체포한 것도 모자라 조선인 3명을 교수형에 처한 것이다.[21] 한국의 공식적인 국치일은 1910년 8월 29일이지만 모욕과 수치는 훨씬 오래전에, 이민족과의 조우가 이뤄진 순간부터 시작되었던 것이다.

국치일은 모욕을 당하게 된 원인과 이유를 되새기면서 치욕을 씻을 수 있는 힘을 키울 것을 다짐하는 날이었다.[22] 국치일 제정 의도는 명확했다. "왜적을 축출할 때까지 해마다 적개심을 새롭게 하기 위한 날"로 삼기 위함이었다. 국치를 기억하고 기념한다는 것은 보복과 설욕을 다짐하고 다 함께 맹세한다는 의미였다. 국내에서는 국치일을 공개적으로 기념할 수 없었지만 해외로 이주한 동포들은 나름의 의례 형식을 만들어 되새겼다. 일례로 블라디보스토크의 신한촌 동포들은 "억만세億萬歲에 잊지 못할 수치를 당한 날"인 국치일이 다가오면 그 전날 미리 음식을 만들어 두고 당일에는 집안에서 연기를 내지 않았다. 차가운 음식을 먹으며 각오를 되새겼고 밤새 불을 켜 두고 잊지 않을 것을 다짐하는 애통발분哀痛發奮의 기상을 나타냈다. 밤이 되면 회관에 모여 각 사회단체의 연설을 들으며 국치를 곱씹었다.

동포 신문은 매년 국치일 기념호를 발행했고 이를 위해 여러 단체로부터 기부금을 받았다.[23] 1913년 8월 29일에 발행한 국치기념《권업신문》특별호(제72호)에 실린 기사 〈대한제국〉은 병합 직후 조선인의 심정을 절절히 드러낸다. "대한제국은 대한제국 사람의 것이므로 나라 이름이 없어진 오늘날을 잊지 않는 것이 마땅하다……머지않아 다시 찾을 것을 잊지 말 것이며 저 악독한 왜놈들이 몇 백 년 전부터 우리의 (불구)대천의 원수이므로 저 원수를 잠결에라도 잊지 말자. 왜놈의 것은 어떤 물건도 받지 말고 꿀처럼 달디단 음식도 맛보지도 말며 항우項羽와 같은 기운은 없을지라도 눈물 한 방울만 흘려도 대한제국 사람"이라고 호소했다. 검열로 인해 여기저기 지워진 흔적을 남긴 기사에서 원수(왜놈)에게 설욕할 때까지 차가운 음식을 먹으며, 등불을 켠 채 밤을 새우면서 민족적 모욕과 수치를 신체에 새겨 넣었던 것이다.

## 민족주의에 침습한 모욕감정과 '근대 트라우마'

한국에서 가장 성공한 사상은 자유주의와 사회주의 어느 쪽으로도 환원되지 않는 민족주의라는 것에 이의를 제기할 사람은 없을 것이다. 한국에서는 그 어떤 사상도 민족주의와 결합해야만 생명력을 가질 수 있을 정도로 민족주의는 열정, 혹은 도덕적 분노의 형태로 존재했다.[24] 이러한 민족주의를 본격적으로 사유한 것은 3·1운동을 전후한 시기이지만 1920년대 민족주의를 '문화적 민족주의'로 규정하는 데서 보듯이 민족주의는 정치적 독립과 해방 투쟁에 대해서는 말하지 못한 채 문화, 민족성, 인격, 지식, 근대성의 영역에서 개조와 진보를 논하는 반쪽짜리였다.

독립과 해방의 열망은 표출되지 못하는 감정, 뉘앙스, 기분, 심리로 응축되었다. 그런 점에서 식민지 민족주의는 '민족적 감정'의 형태로 존재했고, 정치철학이나 사회사상으로서의 민족주의는 아니었다. 일제는 조선인들이 차별 없는 평등을 주장할 때마다 그것을 '민족적 감정'에서 비롯된 불합리한 감정적 주장이라고 매도하곤 했는데 이에 대한 조선인의 해명은 민족감정과 민족주의를 구분하지 않았던 당대인의 의식을 드러낸다.

아래 인용문에서 보듯 조선 사회는 식민지민에게 '민족적 감정'이란 "조선 백의종白衣種이 일종一種으로서 갖고 있는 동족의식"이며 "식민지민인 조선이 피통치민으로서 가진 감정, 사상, 이해감利害感, 편견 등"이고 "세계 각국 민족이 다 그러하듯 이기적인 속성을 가진 것"이라고 설명하면서 일제의 비난을 반박했다. 사회적 모독과 인간적 불상不祥이 일상화된 식민지민에게 민족감정이라는 관념은 의미와 화용話用 면에서 민족주의와 다를 수가 없었다.

> 매일의 신문지의 사회면에 나타나는 큰 활자의 대부분은 검사국 처벌, 투신投身, 자살, 충화衝火, 폭행, 고문, 소동, 분개 등 문구이니 이는 사회의 실제상實際相을 활자로써 축도縮圖한 것이다……그러한 모든 활자는 인간의 불상不祥을 의미하는 것이고 사회의 모독冒瀆을 표시하는 것이며 조선 및 조선인이 당하는 금일의 불행, 불우한 운명을 사실로써 증명하는 것이니……이 시대악時代惡의 발상자發祥者가 금력의 횡포성, 강권의 잔학, 경제적 고통, 부자유의 뇌민腦悶임을 말하는 것이 된다.[25]

민족주의가 민족적 감정으로 존재했다는 것은 사상적 체계와 이론적 논리를 결여한 감정, 욕망, 태도, 히스테리와 같은 정신분석적 증상으로 존재했음을 의미한다. 이렇게 억압된 채 잠복하는 감정은 다른 사상체계와 결합하기가 용이하며 특정한 의도와 세력이 개입할 경우 대중적 집합행위로 분출할 수도 있다.

1961년 쿠데타로 권력을 장악한 박정희체제가 근대화, 민족주의, 반공주의를 국가이데올로기의 근간으로 삼아 집권 명분을 구축할 수 있었던 것은 오래 묵은 민족적 모욕과 국치의 기억, 감정을 환기시키고 활성화한 담론전략이 성공했기 때문이다. 박정희체제는 국민 지지와 동원을 위해 우선 한국사 전체를 퇴영, 조잡, 침체의 연쇄로 규정했고 국민성의 내면에 사대주의, 자주심 결여, 게으름, 불로소득 추구, 개척정신과 기업정신 결여, 악성적 이기주의, 명예 관념이 결여되어 있다고 매도했다. 일본 식민주의 오리엔탈리즘 서사를 거의 그대로 재활용한 것이다.

민족성의 결함과 과거 역사의 부정은 오랜 가난과 정치적 억압, 식민지배를 경험한 국민에게 감정적으로나 논리적으로 설득력이 있었다.[26] 수탈과 억압, 소외로 점철된 피식민지민의 상처와 기억을 건드리면서 국민성을 개조하는 데서부터 민족국가 건설이 시작되어야 한다는 논리가 구축되었다. 민족성에 결여된 '하면 된다'는 의지와 정신을 역설했고 이를 '잘 살아보세'라는 집합적 욕망과 공고하게 결합시켰다. 반공주의, 국가주의, 집단주의, 노동중심주의, 물질주의와 민족주의는 무리 없이 결합되었고 경제성장과 근대화를 완성하는 것이야말로 민족주의의 완성이라는 국가서사가 확립되었다. 이 국가서사는 식민시기 1920년대 민족주의자들이 주창한 민족성 개조론과 본질적으로 다르지 않은 민족서사의 복제품이었다.[27]

민족 모욕과 국치의 경험은 민족감정을 도발하고 민족감정은 다시 경제성장과 근대화를 목표로 설정한 민족주의로 흘러갔다. 모욕과 수치의 민족감정과 경제적 성공으로 완결되는 민족주의는 하나의 흐름으로 연결되어 있다. 세기말 제국주의 열강과 일본은 군함과 대포의 위력만으로 모욕을 가한 것이 아니라 문명, 근대 합리주의, 이성중심주의, 기독교, 자본주의의 풍요 및 과학기술의 힘으로도 모욕을 가했기 때문이다. 비근대 사회의 유색인종이 서구 문명과 조우했을 때 트라우마를 일으키는 것은 이성중심주의라는 파농의 지적은 세기말 조선인들에게도 그대로 적용된다. 비근대, 유색인종, 비서구는 반이성적이고 불합리하며 지체된 야만으로 분류되었고, 야만은 이성적 문명에 의해 '계몽당하는 모욕', 종교의 개종, 식민지배, 문화의 절멸과 소외, 정체성의 위기를 겪어야 했다. 무력을 동원한 군사적 위협은 이에 저항하는 투쟁세력을 만들어 냈지만 근대성은 달랐다. 이성이 인간성의 핵심이듯이 근대 또한 한 사회가 도달해야 하는 역사 발전의 최종 단계임을 자각한 때문이었다.

근대는 서구 사회에 특유한 문명이 아니라 인류적 보편성을 가진 문명이었으므로 세계의 일원이 되고자 한다면 우선 근대라는 보편성을 성취해야 할 일이었다. 근대성은 세계와 소통할 수 있는 언어이고 자원이며 무기였다. 근대성의 결핍은 후진, 소외, 지체, 변방, 야만, 피억압, 피식민지, 약소민의 처지로 귀결되지만 근대성의 성취는 그 반대였다. 근대성의 트라우마는 근대성의 성취를 통해서나 치유될 것이었다.

그러므로 제국주의, 식민주의 그리고 근대주의에 의한 모욕과 수치는 뒤섞여 있다. 알제리 혁명전쟁에 참전한 흑인 파농F. Fanon은 《대지의 저주받은 자들*The Wretched of the Earth*》(1963)에서 식민지민의 피부 아래에는 히스테리 증상인 공격성이 자리하고 있다고 했다. 알제리 흑인들에게서 자주 나타나는 귀신들림[憑依] 증상과 춤에 대한 열광은 피부 아래 자리한 공격성의 정신질환적 표출이라는 것이다.[28] 이런 공격성은 식민지배를 겪은, 서구 근대성에 대한 열등감에 시달렸던 황인종 조선인의 욕망, 무의식에도 잠복해 있었다.

장기간 모욕과 폭력에 노출된 사람들은 집단적 결속과 연대를 강화하는 경우도 있지만 이와 달리 자신과 타자에 대해 공격적으로 되거나 자포자기하고 스스로를 소외시키면서 모욕을 조직화하는 체제에 철저히 순응해 버리기도 한다. 또 모욕과 수치는 분노감정과 강하게 결합해 결속을 강화하기도 하지만 반대로 관계를 파탄내고 분열시키기도 한다.[29] 수치감을 극복하기 위해 허세를 부리고 스스로를 과대평가하면서 남과 비교하여 우월하다는 자기확신에 집착하기도 한다.

비교를 통해 더 나은 평가와 보상을 추구하는 심리는 귀신들림과는 다른 공격성이다. 특히 장기간 무력감을 경험한 사람은 공격적으로 될 여지가 큰데 이는 자신을 무력상태에 밀어 넣은 트라우마를 정복하기 위해, 수치심으로 인한 고통을 완화하고 자신의 가치를 증대해야 하기 때문이다. 자기애적 분노에 사로잡혀 공격적 행동을 하는 것이다. 공격성과 순응성은 장기간의 모욕과 수치에 대한 심리적 반응이다.[30] 난민이나 이주민은 대개는 자긍심, 명예, 자존감이 훼손되거나 정체성을 무너뜨리는 모욕을 경험하며 살아간다. 이에 따라 이주민은 우울증, 약물 의존, 종교로의 도피, 폭력 그리고 공격성으로 부서지고 찢긴 자기 내면을 드러내곤 한다.[31]

그래서 파농은 식민지의 민족문화를 복원하는 것이야말로 완전한 탈식민화라고 했다. 그리고 이를 위해서는 식민자를 향한 폭력적 저항과 투쟁이 필요하다고 했다. 그는 1954년 이후 알제리 혁명전쟁에 참여한 흑인들의 정신질환을 진료한 임상경험을 통해 이러한 확신에 이르렀다. 식민자의 폭력에 폭력으로 맞서보지 못한 민족은 자신의 역사와 국가에 대한 자긍심은 물론이고 자아정체성도 분열상태에 놓여 탈식민화의 의지도, 탈식민화의 프로젝트도 구상하지 못한다고 말이다.

식민체제의 가장 주되고 광범위한 폭력은 식민지민으로 하여금 '지금 이 현실에 존재하는 나는 누구인가'라는 정체성 혼란을 초래하는 것이다. 힘의 열세로 이유 없이 폭력을 당한 피해자들은 혹시 자신에게 잘못이 없었는지 의심하면서 결국 '나는 누구인가' 하는 정체성 혼란에 빠지고 만다. 정체성 혼란은 자신이 서 있는 정확한 위치에 대한 혼란이며, 자기 위치를 확신하지 못하는 사람은 외부 세계와 타자에 대한 명확한 인식 또한 갖지 못한다는 점에서 정신적 질환을 가진 자이다. 이 질환에 대해 파농은 자신이 누구인지, 세계의 어디에 속해 있는지 말해 주는 민족문화의 복원 그리고 폭력을 동원한 저항에서 치유의 길을 찾았다. 식민지민 전부가 해방전쟁에 참여하여 제국-가해자를 향한 폭력적 투쟁을 벌임으로써 폭력으로 손상된 자긍심을 회복할 수 있다고 한 것이다.[32]

## 모욕받은 민족의 탈식민화

19세기 말 이래 국권 상실의 과정과 식민화의 역사는 식민지민에게 히스테리성 공격성과 체제에 대한 철저한 순응이란 모순된 심리적 반응을 신체와 감정에 응축시켜 놓았다. 제국주의와 짝을 이룬 식민주의와 근대주의의 트라우마는 비서구 식민지민에게 심리적 소외의 증상으로 귀신들림과 춤에 대한 열광을 남기기도 하지만 동시에 물질적 풍요와 사회적 성공, 명예, 권력과 세력, 타인의 인정과 평가에 대한 열망과 비교우위를 통한 나르시시즘의 공격성을 심어 놓기도 한다. 제국주의와 식민주의의 핵심 무기는 근대성이었기 때문에 식민시기 근대성을 향한 공격성도 생성되었다. 그러나 근대성은 생산할 수 있는 것이 아니라 구매를 통해 소유하고 소비하며 흉내 내기만이 허용된 근대성이었다. 근대성은 박래품舶來品으로 수입되고 소비되었다. 그리고 민족 모욕과 국치, 폭력의 경험과 트라우마는 민족해방전선에서 투쟁과 저항으로 해소되기보다 근대성의 공격적인 소비와 흉내 내기를 통해 미끄러지고 빠져나갔다.

식민지 조선에서 모욕은 민족감정이라는 민족적 결속과 연대를 일으키기도 하고, 폭력적 저항과 투쟁의 전선을 형성하기도 하며 연민과 동정에 기반한 감정공동체를 부상시키기도 하지만 체제에 순응하는 친일 전향자를 양산하기도 했다. 피부 아래 도사린 공격성은 자신보다 비교 열세에 있는 집단을 향한 테러-제노사이드로 분출되거나 근대성의 성취를 통한 인정 욕구에 집착하게 만들기도 한다. 근대성의 성취 욕망은 고등교육을 통해 충족되기도 하고 또한 양복을 입고 단발을 하며 영화를 보고 영자신문을 주머니에 꽂고 다니는 과시적 소비에서 출구를 찾기도 한다. 근대성은 이성주의와 합리성에 기반한 정치와 경제구조, 사회제도, 장기간에 형성된 고유 문화, 근대 지식과 도덕적 코드들을 자기화, 내면화, 체화하는 방식으로 성취하기보다 타인의 평가와 인정을 받을 수 있는 과시적 소비로 성취된다. 근대성을 한 입 베어 무는 과시적 소비로 미끄러졌던 민족의 집단적 모욕경험과 불안이 이 책의 중심 주제이다.

# '업수이 여김'과 분노감정의 계몽

이민족의 모욕에 직면한 세기말
문명인의 '업수이 여김'이 촉발한 자기부정
분노공동체로서 민족이라는 감각

# 2

## 이민족의 모욕에 직면한 세기말

1876년 일본에 강제로 문호를 개방한 이래 조선은 1882~1884년에 미국, 독일, 영국, 러시아와 차례로 통상수호조약을 체결하면서 제국주의 열강들의 이권 쟁탈지가 되었다. 구식 군대가 일으킨 임오군란(1882), 친일 개화세력의 갑신정변(1884)을 거쳐 1894년 동학농민운동과 갑오경장, 1895년 을미사변, 1896년 아관파천, 1897년의 광무개혁, 1898년 만민공동회운동 등 굵직한 사건이 이어진 끝에 일본이 득세하며 20세기를 맞이했다. 일진회 등 친일단체의 집회와 시위, 폭력은 암묵적으로 조장되었지만 그 외 집회·결사·언론의 자유는 금지되거나 탄압을 면치 못하다가 1905년 보호통치에 이어 마침내 1910년 8월 일본의 식민지로 떨어지고 말았다. 세기말 조선을 휩쓸었던 정치적 파국과 국권 상실의 격변은 미국, 영국 등 서구의 암묵적 동의하에 이뤄졌고 조선과 조선인의 세계는 급격히 해체되었다.

미국, 러시아, 프랑스, 영국, 독일, 일본 등의 외세는 선교사, 외교관, 기업인, 상인, 여행가, 고문관, 기술자, 군대, 의사를 앞세워 들어왔고 조선은 동아시아에서는 유일하게 전기, 전차(트롤리), 수도, 등

유, 담배, 말린 과일과 고기 통조림, 우유, 와인, 밀가루, 광산채굴용 기계, 기차, 양복 등이 한꺼번에 도입된 나라였다.[1] 이 시기 외국인은 다수가 중국인, 일본인이었고 이들 대부분은 농업, 공업, 상업에 종사했다. 반면 미국, 영국, 프랑스, 독일, 러시아, 캐나다, 오스트리아, 포르투갈, 이탈리아 등 서구인은 1910년까지도 총 700명이 되지 않았다. 서양인 대부분이 종교(선교)와 관련되었고 극히 일부가 관공리와 교사로 활약했다. 일본인을 제외한 전체 외국인은 1906년 4,290명에서 1910년 1만 2,692명으로 빠르게 늘어 갔다.[2]

1880년대 일본인, 서양 선교사, 교사, 외교관 등이 서울 명례방(명동) 일대에 자리를 잡아 여러 민족들의 혼거가 시작되면서 조선 민족과의 충돌은 피할 수 없게 되었다.[3] 문호개방의 실상은 수도 서울(한양)의 사례에서 잘 드러난다. 서울은 동경이나 북경과 달리 외국인, 특히 청국과 일본의 상인들이 아무런 제약 없이 면세상품을 판매할 수 있는, 세계에서 유일한 나라였다. 심지어 일본인 판매자들이 제2의 도시 평양에서 아무런 행정제재 없이 아편을 거래하는 바람에 1905년 중독자 수가 이미 상당한 수준에 이를 정도였다.[4] 1890년 기준 서울에는 약 1,200~1,300명의 청국과 일본 상인이 있었는데 100여 개의 청국 노점상과 진고개[5]와 남산에 터를 잡은 일본 노점상은 대부분 영세 상인들이었다.[6] 영국산 견직물이 수입품에서 큰 비중을 차지했음에도 수입품을 판매하는 서구인 상점은 서울, 인천에만 3, 4곳이 있었을 뿐이다.[7] 이런 상권의 변화로 1887, 1889, 1890년 서울에서 세금을 내는 시전상인들이 철시撤市 동맹파업을 시도한 데서 보듯 외국세력에 대한 위기감과 적개심이 고조되고 있었다.[8]

1880~1890년대 전국에 걸쳐 조선인들이 중국 및 일본 상인들, 프

랑스 선교사와 서양 상인들에게 집단적으로 항의하고 구타, 살상을 저질렀다.[9] 사람들은 '이천만 동포형제'라는 말을 입에 달고 다니면서 정치적 운명공동체 의식을 공유했고 이민족 세력의 억압을 받는 피해공동체가 되고 있었다. 일본인 자객들이 민비를 시해하고 시신에 불을 지른 을미사변(1895. 10. 8)에서 민심은 폭발했다. 사태수습을 위해 조각組閣된 친일 김홍집내각은 사변의 수습, 진상조사와 처벌은 미룬 채 오히려 단발령을 선포하고 갑오개혁을 완수하려다가 분노한 민심의 역풍에 스러졌다. 러시아 대사관으로 피신한 고종이 총리 등 내각에 대한 체포를 지시하자 경무관이 김홍집과 농업대신 조병하를 체포, 경무청으로 호송하던 중 흥분한 순검巡檢과 군중이 달려들어 '왜대신倭大臣' 김홍집(1842~1896)을 때려죽인 것이다. 성난 군중의 입에선 "개화당 박멸"이라는 구호가 터져나왔다.

정동에 거주하던 선교사 스크랜톤M. F. Scranton은 *The Korea Repository*(1896. 1호)에 그 목격담을 기고했다. 그는 1896년 2월 11일 오후 2시경 군중이 반역자를 처형해서 종로에 전시했다고 외치는 소리를 듣자 바로 종로로 뛰어나갔다. 아래 인용문을 보면 조선 민족이 민비시해사건을 계기로, 일본에 협력한 총리와 대신을 표적 삼아 터트렸던 분노와 살기, 원시적으로 발산된 폭력 충동을 엿볼 수 있다.

> 넓은 (광화문) 중심로는 사람들로 혼잡했고 모두 종각 방향으로 서둘러 가고 있었다. 종각에선 입추의 여지없이 빽빽하게 몰려온 군중들이 서로 (시체가 있는) 가운데로 들어가려고 안간힘 쓰고 있었다. 경찰들은 칼을 휘두르며 군중이 다가오는 것을 막았지만 역부족이었다. 2구의 시체가 먼지를 뒤집어 쓴 채 바닥에 있었다. 시체 하나는 머리에서 어깨까지 맨살이 드러

낫고 다른 하나는 가슴까지 벗겨져 있었지만 신체를 절단하거나 훼손한 흔적은 없었다. 군중들 발밑에 놓여 있는 시신은 회색수염을 한 강한 인상의 노인이었다. 그의 뒷목에서 귀까지 칼자국이 선명했고 목은 절단되어 몸에서 떨어지기 거의 일보 직전이었다.[10]

스크랜톤은 참변 첫째 날의 처음 몇 시간 동안은 군중이 시신을 훼손하지 않았다고 기술했다. 다른 기록은 두 대신의 주검이 며칠간 종각에 버려져 사람들의 구경거리가 되었고 군중이 던진 돌과 기와조각에 맞아 살이 찢기고 터져나갔다고 했다. 또한 역적으로 몰린 탁지度支대신 어윤중(1848~1896)도 도주하다 용인의 주막에서 발각되어 몽둥이와 뭇매질에 살해되었다는 비보가 전해졌다.[11]

민중의 분노는 일본 등 외세를 향했지만 그보다 더 큰 분노는 외세의 앞잡이 짓을 하는 고위 관리들을 향해 폭력적으로 분출되었다. 외국인들은 조선이 지난 20년간 사회 기간시설(철도, 통신, 전기), 도로 정비, 근대식 건축물, 병원과 고아원 등 문명화 시설, 우편제도, 신문 발행, 경찰과 군대의 현대화, 근대 학교와 교육 개편 등 모든 면에서 엄청난 변화를 이루었다고 극찬했지만[12] 정작 조선인들은 이러한 변화에 수반한 국권 상실의 위기에 격분하고 동요하고 있었다. 하지만 총리 살해 이후에도 이민족의 총칼, 문명의 이기들에 핍박당하고 무시당하는 모욕은 계속되었다. 세기말의 조선 사람들은 그 모욕을 처음엔 '업수이 여김'으로 지칭했다.

## 문명인의 '업수이 여김'이 촉발한 자기부정

갑신정변(1884) 실패 후 미국으로 건너갔던 서재필(1864~1951)은 1896년 1월 미국 시민권자의 신분으로 귀국했다. 귀국 직후 행한 연설에서 그는 조국의 상황이 갑신정변 당시보다 더 악화된 것도 문제지만 국민이 완전히 무력해진 점을 더 중시했다. 정부의 개혁조치에 대해 국민은 무지하고 불화, 소요 등으로 인해 삶은 힘든데 불신과 의심 또한 만연한 상태라 했다. 따라서 교육에 모든 노력을 기울여야 하지만 교육으로 변화를 일으키기에는 오랜 시간이 걸리므로 현재 직면한 암울한 문제들을 해결하기 위해서 다른 접근이 필요하다고 역설했다. 정치를 말하지 않고도 현재 상황을 풀어갈 해결책을 제시하겠다고 한 것이다.[13]

갑신정변이 실패하자 대역 죄인이 되어 맨몸으로 도망치듯 떠났던 서재필이 미국인 필립 제이슨Philip Jaisohn이 되어 돌아와서는 정치도, 교육도 아닌 다른 방식으로 현실을 타개하겠다고 한 것이다. 그러고는 윤치호(1865~1945) 등이 만들었지만 유명무실했던 건양협회建陽協會를 독립협회로 개편하고 최초의 근대적 일간신문《독립신문》을 창간하는가 하면, 미국 선교사들이 운영하는 배재학당에서 민주적 토론을 위시한 민주주의를 교육하고, 개국기원절開國紀元節과 만수성절萬壽聖節(국왕 탄신일) 등 국경일을 제정하고 경축행사를 조직했다. 이런 일련의 활동은 대중 집회와 결사의 조직, 여론 형성과 확산, 공론을 위한 의제를 만들고 논리를 세우는 일이었다. 또 국경일은 국민이 함께 모여 국가라는 실체를 확인하고 외국에 대해서는 조선인의 국가의식이 높음을 선전할 수 있는 국가의례였다. 갑신정변의 실패를 통해 소수의 지도층이 외부세력(일본)에만 의존한 개혁은 실패할 수밖에 없음을 깨달아 민중의 지지와 동원을 조직할 수 있는 현실적 방안들이 정치와 교육보다 더 시급하다고 생각한 것이었다.[14]

귀국한 지 불과 2년 4개월여 만인 1898년 5월 추방당하듯 미국으로 돌아가던 날 용산에서 거행된 전별식에서 서재필의 고별연설의 요지는 이러했다. "나라를 도와 부강케 하고 용맹한 마음으로 나라를 위해 죽기를 작정하고 앞으로 나아가 세계 만국에 동등 대접을 받고 다시는 외국 사람들에게 업수이 여김을 받지 말지어다"였다. 이 대목에서 그는 강개한 마음을 이기지 못해 눈물을 비 오듯 흘리며 목이 메어 말을 다 마치지 못했다.[15]

서재필이 고별사에서 당부한 '업수이 여김'의 경험은 세기말 전환기에 타자의 시선, 행위, 언어를 통해 조선 민족이 일상적으로 경험하고 있었다. 《독립신문》(1896. 4.7~1899. 12. 4) 논설에는 '업수이 여김'에 대한 논의가 자주 등장하는데 이때의 '업수임' 서사는 크게 3가지 논점으로 구성되었다. 하나는 외국인이 조선과 조선인을 업수이 여긴다는 것이고, 둘째는 조선인의 후진성(야만성)이 업수이 여김을 초래하는 면도 있다는 것, 셋째는 조선인들이 업수이 여김을 당하면서도 반항하지도 분노하지도 않는다는 것이다.

업수이 여김에 반항도, 분노도 하지 않는다는 지적은 아편전쟁(1840~1842) 이래 부당한 외세의 도발에 대응하지 못하고 붕괴하는 중국[淸國]과 다르지 않다는 질책으로 귀결되곤 했다. 쇠망해 가는 중국은 조선에서는 타산지석의 사례였다. 청나라가 늘 외국과의 전투에서 패배하는 것은 군사조련을 할 줄 아는 문명국의 백성들에 비해 어리석고 더럽고 나라 위한 마음이 없어서 천대를 받아도 천대인 줄 모르고 업수이 여김을 받아도 분노할 줄 모르는지라 일본도 청국 병정을 풀 베듯 무찌른다는 것이었다.[16] 문명개화가 필요한 이유는 '군사를 조련할 줄 알고 이로운 병장기와 화륜선, 철도, 전신, 편한 의복, 유익한 음식, 정결한 거처를 만들 줄 알고 나라를 위해 죽는 것을 영광으로 아는 연유로 마음이 강하고 굳세고 지혜가 높아지는 때문'이었다. 이 메시지의 숨은 의미는 문명화의 격차는 업수임을 초래하며 따라서 업수임은 자초한 면도 있는데, 더 문제는 업수임이 무엇인지를 몰라 분노하지 않는다는 것이었다.[17]

외세의 업수임을 받는 것도 문제지만 이에 반응하는 민중의 태도가 더 문제라는 의식이 《독립신문》 논설의 대부분을 집필한 서재필의 일관된 판단이었다. 조선인이 지혜와 학문이 없어 서로 싸우고 이간질을 하므로 남에게 '업수이 여김'을 받는 것이니 유지각한 이는 개과천선하여 정부를 대접하고 인민을 사랑하며 외국 인민을 의심 없이 형제같이 대접하면 스스로 강해지고 외국인도 조선을 진실하고 점잖은 주인으로 대접할 것이라고 역설했다.[18] 조선 사람끼리 싸우고 시기하며 강한 자가 약자를 압제하고 업수이 여기면서 외국 사람을 대하면 '병신들 같이 행신行身하는' 까닭에 외국 사람이 조선을 업수이 여긴다고도 했다.[19]

중국 근대 문학의 창시자인 루쉰이 1900년대 초반 일본 유학 중 전공인 의학을 버리고 문학으로 전환하면서까지 탐문했던 아큐阿Q(《아큐정전阿Q正傳》(1921~1923)의 주인공)의 원시성과 조선인의 '병신 같은 행신'은 본질적으로 다르지 않았다. 외국 사람들은 셋만 모여도 치도治道를 논하는데 조선인은 유불리에 따라 각자도생하므로 전국全國이 약하고 외국 사람에게 업수이 여김을 받는다는 말을 되뇌곤 했다.[20]

그러므로 외국인에게 업수이 여김을 받지 않으려면 무엇이든지 배워 자기 손으로 자립할 도리를 해야 하며, 교육을 받아 문명화해야 할 것이었다.[21]

외국의 업수이 여김을 중대 모욕으로 간주하고 분노하는 것이 국민 된 자의 올바른 처신이라고 일관되게 설파한 서재필이야말로 한국 근현대사에서 감정정치의 공학을 이해하고 계몽한 최초의 인물이라고 해야 할 것이다. 병신이 아니라면 타인의 모욕에 대해서 분노해야 한다고 가르쳤고 이를 통해 분노는 주체적 문명인의 감정이자 문명의 출발점임을 주지시켰다. 혁명과 변혁은 대중의 공분公憤에서 시작되므로 실패를 경험한 소싯적 혁명가가 다시 돌아와 대중에게 분노감정을 계몽한 것은 처음부터 의도한 것이었을 것이다.

1896년 아관파천 이후 일본세력은 눈에 띄게 위축되고 러시아 등 서양의 영향력이 커지는 시국을 지켜보면서 서양인의 에스코트로 생계를 유지했던 20대 조 씨의 사례는 '업수이 여김'을 보통의 민중이 어떻게 받아들이고 있었는지를 짐작케 한다.

그는 을미사변(1895) 이후 일본세가 위축되는 것을 즐겁게 바라보았고 또 왜소한 일본인에 대해서는 우월감도 가졌던 보통의 청년이었다. 그러나 큰 체격에 부리부리한 이목구비를 가진 서양인은 두려웠는데 그들은 중국인이나 일본인들처럼 (천한) 장사도 별로 하지 않는데다 고위층의 초대를 받아 대궐을 드나드는 사람들이었으며 어린이를 잡아먹기도 한다는 무서운 소문까지 돌고 있었다. 청년은 '위대한 문명으로 세련된 서양인들의 본성'은 맹수 같은 구석이 있음을 알게 되었고 오히려 그 점을 경외했다. 그들이 조선인의 미개한 도덕수준을 질타하면서 흥분할 때는 맹수처럼 책상을 자신에게 집어던질

까봐 두려움에 떨면서도 한편으론 "공기, 태양, 토양이 어떻게 풀을 성장시키는지를 이해할 수 없는" 자신의 무지를 한탄했다. 서양인이 가진 위대한 진리를 배워 '사랑하는 나라'를 구하리라는 희망만이 힘을 주었다.[22] 폭력을 수반한 서양인의 훈계, 질타와 비난을 불쾌해 하기보다 자신의 무지와 미개함, 그래서 당당할 수 없는 초라한 자신의 후진성을 더 부끄럽게 여겼던 것이다.

물론 서양인들의 잡지에 실릴 인터뷰라는 것을 의식했기에 자신의 후진성에 책임을 돌리는 화법을 구사했을 가능성도 있다. 하지만 서양 문명에 압도당한 후진국 청년의 입장에서 보면 저들이 가하는 모욕에 분노하기보다 모욕받는 처지로 내몰린 자신의 무지를 더 의식하는 심리가 이해하기 어려운 것은 아니다.

1890년대 조선에선 이미 백인, 황인종, 흑인의 차이와 서열화를 근간으로 한 인종주의 서사가 자리 잡고 있었다. "구라파인은 가죽이 희고, 털이 곱고 얼굴이 분명하게 생겼으며 코가 바르고 눈이 크고 확실하게 박혔으나 동양인은 가죽이 누르고 털이 검고 거세며 눈이 기울어지게 박혔으며 이가 밖으로 두드러지게 난" 열등한 인종으로 구분하고 있었다.[23] 한 미국인 여행자가 중국에서는 외국인을 싫어하는 기색이 대단히 심하나 조선에서는 일부 양반, 관료를 제외하면 이런 생각이 조금도 보이지 않아 실로 이상하다는 인상을 받았을 정도로 서양인은 일본인만큼 미워하거나 혐오하지 않았다.[24] 조선은 세계 각국과 교제하며 살아야 하므로 외국 풍속을 알아야 야만으로 보이지 않고, 남이 대접할 마음이 있도록 행신해야 정이 생기고 친밀한 교제가 되는데 이를 위해서는 우선 점잖게 보여야 하고, 거짓말을 하지 말아야 한다고 강조한 데서 짐작할 수 있듯이 서양은 존중되었다.

그들이 조선인을 업수이 여기는 원인 중 일부는 외국 풍속에 무지하고 외국인과 교제하는 예법을 모르며 거짓말 잘하는 조선인이 제공하고 있다는 자책과 자괴감이 커지고 있었던 것이다.[25]

문명화는 이렇게 타자의 '업수이 여김'과 전면적인 자기비판에서 시작되었다. 민족성, 역사, 문화규범, 생활방식, 신앙과 지식에 이르는 모든 것이 부정과 지양의 대상이 되었다. 외세의 군사력과 경제력, 과학기술과 지식체계의 위력에 굴복하지 않을 수 없는 현실이야말로 자기비판을 멈출 수 없는 근거이고 원인이었다.

19세기 말 일본에서 지배적이었던 조선 담론에 의하면 조선 문화는 원시성과 야만의 문화였다. 특히 지배계층인 양반이 무능, 지식결여, 게으름, 부패, 분파주의에 오랫동안 만연해 있어서 오직 외세의 지도에 의해서만이 변화될 수 있는 나라이고 민족으로 묘사되고 있었다.[26] 일본을 거쳐 게으르고 거짓말 잘하는 부패한 관리들이 다스리는 미개국이라는 조선의 이미지가 서구로 퍼져 나갔다.

이 오리엔탈리즘의 조선 담론은 그대로 조선에서 재생산되었다. 일례로 1907년 학부에서 발간한 《보통학교학도용수신서普通學校學徒用修身書》는 일본 수신서(《심상소학교수신서尋常小學修身書》, 1904)를 차용한 것으로 진취성을 주요 덕목으로 내세웠지만 진취성의 이상형은 서양의 국민이나 위인들이었다. 진취적이기 위해서는 정직해야 하는데 조선인은 정직성이 결여되어 있고 활발한 기상도 없다면서 그 원인은 쾌락에 탐닉하느라 시간 허비가 많고 나태하기 때문이라거나 양반은 무위도식을 일삼으며 백성을 착취한다고 기술했다. 조선을 보호통치하게 되자 조선 민족을 외부의 힘으로 문명화하고 각성시켜야 한다는 교과서를 만들어 배포한 것이다.[27] 조선에 거주한 일본인들이 발행한 잡지 《조선朝鮮》(1908~1911)의 창간사가 "게으르고 향상심이 없는 열등민족인 조선인을 문명으로 인도하며 개나 돼지처럼 된 한반도를 아름다운 신일본으로 만드는 데 기여할 것"이라고 천명한 것은 놀랄 일도 아니었다.[28]

군함과 대포, 전기와 기차, 환등 같은 문명의 이기들을 보며 힘의 격차를 자각한 상태에서 오리엔탈리즘 서사를 전면적으로 부정할 대응논리를 갖지 못했다. 문명화가 늦어 미개상태에 있는 자기에 대한 비판으로 시작할 수밖에 없었고, 문명을 앞세워 위압적으로 행세하는 외부자들의 업수이 여김을 참고 견디는 것과 자아비판적 성찰은 동전의 양면과도 같았다. 서재필과 윤치호(1866~1945) 등의 주도하에 처음으로 서구의 민주적 토론 형식을 실험했던 배재학당의 학생회 격인 협성회(1896)가 조직한 연설회와 토론회의 연제演題는 국한문 혼용, 학생복 착용, 여성교육, 실업교육, 체육교육, 남녀교제의 자유, 상하의원 설립, 인재 등용, 외국고문관 채용 반대, 재정·군사권 간섭 반대, 내정개혁, 도로 수리, 노비 해방, 종교 자유, 도량형 통일, 공원 설치, 위생, 근대제도 수용 등이었다. 사회와 일상생활의 전 영역에서 서구 문명을 모델로 삼아 혁신할 것을 논의한 것이다.[29] 생활의 모든 것을 해체 대상으로 설정한 상태에서 심리적으로 위축되기도 했지만 새로운 문명을 건설한다는 혁신의 의지 또한 뜨거웠다.

양복에 서양식 총을 들었지만 머리에는 상투와 망건을 쓴 해괴한 복색의 군인과 순검들이 등장했고[30] 학교, 화륜선, 철도와 기차, 의자, 구두, 벽돌 양옥, 신문, 개량농사법, 서양식 병원과 의사, 대포와 군함은 거부할 수 없는 문명의 이기들로 받아들여졌다.[31] 이 상황에서 업수이 여기는 외국인과 외세를 탓하기보다 빨리 문명화되어 그들과 대등한 수준에 이르는 것이 더 긴급하다고 판단한 것이다.

군부대신 이윤용(1896. 6)과 민영환(1896. 12)이 병졸들에게 개명 진보한 군사제도와 기예를 연습하고, 국문을 배워 세상에도 유익하고, 독립권도 세워 남의 나라 '업수이 여김'을 없게 하자고 연설한 것은 진심이었다.[32] 충군애국과 독립권을 위해 사람들이 하나로 뭉쳐서 회(단체)를 결성하는 것이 시급하다고 여겼는데 "사람이 합심하면 꺾이지 않고 남이 업수이 여기지 않기" 때문이었다.[33] 인천 사람들이 자발적으로 신문을 보고 배우는 한편 배운 것을 널리 전파하는 연설회를 위해 만든 민간조직인 박문협회는 "지식을 널리 알려 문명한 사람이 되어 남에게 수모와 압제를 받지 말 것"을 최종 목표로 삼았다.[34] 세기말에 사람들은 외부자, 외세, 문명에 의한 '업수이 여김'에 날로 예민해지고 있었다.

## 분노공동체로서 민족이라는 감각

서재필이 전별식에서 "임금에게 충성하고 이천만 동포형제들을 사랑하여 자주권을 견고히 지키기"를 당부한 데서 보듯이 세기말의 시점에서 국민, 민족, 국민국가, 주권 등 근대적 사회사상과 개념들은 생경한 상태였다. 당시 신문을 보더라도 민족, 국민, 국가가 아닌 민, 인민, 백성, 나라 개념이 일반적으로 사용되었다. 일정한 정치공동체에 속해 있다는 의식은 있었지만 오늘날 국민 개념이 상정하는 국가 운영의 주체적 행위자라는 의식은 모호한 상태였던 것이다.[35] 이 정치공동체 의식을 구현하면서 널리 통용된 관념이 '이천만 동포형제'

라는 관용구이다. 만수성절萬壽聖節에 연설한 양 씨 성을 가진 부인도 "우리 정부 인민이 다 정신 차려 상하 일심으로 구습을 버리고 문명 개화에 진보하야 이천만 동포를 안락하게 보호하자"고 말했고[36] '대한국의 토지는 이천만 인구의 사는 땅'이었다.[37] 강제 병합 직전의 신문도 "이천만의 사천만 눈으로 광명한 청천백일을 쾌히 보고자 눈물로 먹을 갈아 분투했다"고 표현했다.[38]

1910년 인구조사 자료를 토대로 추정한 한국의 인구수는 1,640만 명 내외이다.[39] 2천만 명 수준에 이른 것은 1920년대 후반이므로 '삼천리강산의 이천만 동포'는 다소 과장된 수사였지만 어린이부터 지식인, 관리, 부녀자에 이르기까지 독립주권을 주장하는 연설에서 입버릇처럼 '이천만 동포'를 언급했다. 2천만 인구는 한 배에서 나온 동포同胞이자 형제와 같은 동질적 집합체로 상정되었고 "2천만 민족은 동일 단군자손" "단군의 혈손, 2천만 동포" 등에서 보듯 모두 단군의 한 핏줄인 혈족으로 상정되었다. 2천만은 단군 시조의 후손, 자손, 혈손이라는 보다 강력한 종족적 동일체이기도 했다. 이렇듯 민족 전체를 단군의 후손으로 사유하기 시작한 것은 구한말부터였다. 조선 후기에도 왕, 양반, 일반 양민, 무속인에 이르기까지 신분 고하, 귀천을 막론하고 단군을 정점에 둔 혈연공동체의 관념이 작동하고 있었으나 세기말의 위기 국면에서 단군이 민족을 감각화하는 핵심으로 소환된 것이다. 단군을 시조로 모시는 대종교가 일제강점기 해외동포 사회에서 항일민족주의운동의 정신적, 사상적, 기반으로 존재한 것은 정치적 선택이자 투쟁의 의미였다.[40] '2천만 동포'라는 심정적 집합체는 공포, 두려움, 불안의 위기감으로 결속을 다졌고 일본 및 외세의 업수임을 받으면서 분노의 공동체를 만들어 가고 있었다.

1900년경 30만 명 내외가 거주한 것으로 추정되는 한성(서울)은 경제범죄와 도시 빈민이 증가하고 있었다.[41] 한성에서 아이들이 일본인 집에 돌을 던지곤 해서 경무청이 무거운 처벌을 했을 정도로 남녀노소를 불문하고 분노에 찬 항일감정을 키우고 있었다.[42] 1899년 초반 구리개(을지로 2가)에서 뛰어놀던 아이들이 "영국 병정도 믿지 마오, 아라사(러시아) 병정도 믿지 마오, 미국 병정도 믿지 말고 우리 대한 병정들을 어서 바삐 교련하여 세계상에 막강지국이 되어 보자"는 노래를 부를 정도였다.[43] 1898년 만민공동회운동의 기세가 등등할 때 열두 살짜리 어린아이가 경무청 앞에서 남녀노소 군중을 앞에 두고 연설하던 중 "서양 각국의 종이 되느니 부모에게 종아리 맞는 것이 더 낫소. 이러다 우리나라 망하겠소"라고 하자 수천 명 군중이 모두 통곡하며 눈물을 흘리는 분위기가 지속되고 있었다.[44]

이런 집합적 감정의 기조 위에서 외세, 일본, 업수이 여김, 독립, 나라, 애국의 의미가 재구성되어 갔다. 국권 상실의 위협에 대한 공포와 불안감이 상존했고 미개한 황인종으로 격하되어 국가, 영토, 안전과 생활의 모든 영역에 대한 결정권과 통제권을 빼앗기는 치욕도 매일 경험했다. 이런 현실에서 사람들의 감정은 분노, 수치심, 모욕감으로 들끓었다. 점점 더 세계정세와 국가의 운명에 대한 인식이 분명해질수록 '업수이 여김'은 방관하거나 당연시 할 것이 아니라 2천만 동포의 집합적 분노로 응대해야 하는 사태라는 의식도 명확해져 갔다. '업수이 여김'은 백성이 서로 합심하고 정부를 도와 독립국가로 인정받고, 문명개화를 성취하여 외국인과 대등해질 때 해소되는 것이지만 조선 인민이 독립이라는 것을 모르는 까닭에 조선을 업수이 여겨도 분한 줄 모르고 아직도 청국의 연호를 쓰는 상태를 개탄하

기에 이른 것이다.[45]

청국인의 오랜 업수이 여김과 압제 속에 살아 온 탓인지 일본, 서양 사람들에게 업수이 여김을 당해도 나무랄 수 없지만 일본인들처럼 때리는 것과 욕하는 것은 분명히 야만적이라는 복잡한 속내를 드러내기도 했다.[46] 원산에서는 4명의 일본인이 심하게 구타당하고 좌우 팔에 결박한 흔적이 역력한 조선인 시체를 송판에 눕혀 경찰서로 가져 와서는 술을 먹고 죽었다고 허위 신고했고, 일본인 어부가 조선인을 구타하는 것을 말리는 사람을 오히려 난타해 죽인 사건, 청인淸人 6인이 조선인 순검을 무수히 난타하는 등 사건은 끊이지 않았다. 이런 사건을 보고 분한憤恨을 참지 못한 어떤 사람은 학문이 없어 그 같은 업수이 여김을 당하는 것이므로 모쪼록 문명진보 하자는 글을 신문에 기고했다.[47]

《독립신문》 창간에서 만민공동회운동으로 이어진 1896~1898년간은 짧지만 혁명의 기분과 위력을 경험하며 희망을 가졌던 시기였다. 국경일을 제정하여 충군애국의 분위기를 띄우는가 하면, 신식 학교를 다니며 단발하고 학생복을 입은 생도들이 애국가를 부르며 거리를 행진했으며, 학교 마당, 교회, 거리, 상가 등 여기저기서 열리는 연설회와 토론회에 참여하는 군중도 많아지고 있었다. 여기선 연사들이 외세의 탐학과 업수이 여김을 외면하거나 저항하지 않는 조선인의 의식과 심성구조를 질타하곤 했다. "외국에게 수치를 여러 번 보이고 전국 관민이 외국 사람에게 동등 대접을 못 받건만" 외국인을 본받을 생각보다 당장은 분히 여기다가 좀 지나면 분한 마음도 없어지고 기왕에 하던 풍속과 지각知覺을 계속하는 마음자세부터 계몽 대상으로 삼은 것이다.[48]

업수이 여김을 당하면서도 분한 마음을 일으키지 않는 것을 매우 중대한 문제로 규정한 이유는 분명했다. 외국 사람들이 보기에 조선인은 독립에 대한 의식이 없고 심지어 독립을 원하지 않는다고 오해할 것을 우려한 것이다. 일례로 일본 요코하마에서 발행하는 영자신문이 일본의 《시사신보時事新報》 기사를 번역해 조선인의 독립에 대한 무관심을 기정사실화하는 것을 수수방관해서는 안 되었던 것이다. "30년 전 일본인과 달리 오늘 조선인은 의기가 없고 성낼 때도 성도 아니 내고 부끄러워하지도 않아서 태서 각국 개화를 보고도 이상히 여기는 것도 없고 그렇게 보고 싶은 생각도 없으며 큰 제조장과 조선소를 보더라도 조금도 배우고 싶은 생각이 보이지 않고, 제 몸을 점잔이 가질 줄을 몰라 외국 사람이 막대기로 때린다든지 발길로 차도 성내는 법이 없고 분해하지도 아니하며 외국 사람이 돈 한 푼만 주면 분한 것 다 잊어버리고 돈 받은 것만 감사히 여기거나 가게에 와도 결정을 못해 주저하며 시간을 허비하는 탓에 일본인 직원들이 막대기로 때려야 비로소 구매하는 사람들로 매도했다"고 개탄한 것이다.[49]

서구는 일본과 중국의 주요 도시에서 발행하는 영자신문을 통해 조선에 관한 정보를 얻기 때문에 이들 영자지의 내용은 조선인에게 매우 민감한 사안이었다. 그러나 당장은 조선을 자력으로는 문명화될 수 없는 민족으로 선전하는 일본의 오리엔탈리즘을 타개할 의지도, 방법도 없었다.

조선인의 독립 의지와 역량을 증명할 수 있는 방도는 분노하고, 이를 바깥으로 표출하는 것 외에 없었다. 이 문제를 가장 치열하게 고민했던 사람이 서재필이었다. 그는 우선 개개의 민의 뜻과 마음을

"바깥으로 나타내고 세계에 광고하는 것이 중요하다"고 생각했다. 뜻을 설명하지 않고 마음을 분출하지 않으면 백성은 '같이'할 수 없으며 '서로'의 마음을 길러주지 못하고 결국 세계는 조선인이 독립할 마음도 의지도 없다고 알게 된다는 것이었다. 조선인이 서로 위국위민爲國爲民하는 마음을 각오할 뿐 아니라 반드시 세계/바깥에 광고하여 알게 하고 감동시키는 일이 중요하다고 역설했다.[50]

서재필이 1896년 귀국 직후 추진했던 국경일 제정사업도 독립국가에 대한 백성의 의지와 지지를 결집하고 확대하는 데 목적을 두었다. 계천기원절繼天紀元節(음력 7월 16일)과 고종의 생일인 만수성절萬壽聖節(음력 7월 25일)을 제정하고는 성대한 기념식을 조직, 거행한 것이다. 국경일은 처음부터 관과 민의 참여를 독려하고 공감하는 절차와 형식으로 조직되었다. 관공서, 단체, 일반인에게 성금을 걷어 경비를 마련했고 태극기, 애국가, 연설, 합창, 만세 제창, 궁궐 행진, 음악 합주 등의 의식과 의례를 만들었다. 국경일은 조선 민족이 각자의 독립 의지를 한자리에서 확인하고 또 대내외에 과시하기 위한 축제의 장이었다.

서재필이 서양의 경축일을 모방해서 만든 의례 절차들은 정숙과 엄숙을 요구하는 것이 아니라 그 반대였다. 성금을 내고 경축식장에 와서 지도자들의 연설을 듣고 함께 노래하고, 구호를 외치고 행진하는 절차로 구성되었다. 충군애국의 연설을 듣고 애국가와 경축가를 제창하고 박수칠 때 "말소리와 낯빛이 화답하여 함께 느끼는 동포"라는 실감을 가질 수 있었던 것이다.[51]

국경일은 성대한 의례와 다수 인민의 참여를 통해 말 그대로 독립국가의 존재감을 드러내는 기회였고 백 마디 말보다 분명하게 문명국으로서 조선의 위상을 과시하는 선전의 장이었다. 독립기념일을 축제처럼 즐기고, 토론을 통해 공론을 일으키는 미국식 민주주의에서 느낀 바를 세기말의 조선에서 실현해보려 한 것이다.

# 문명의 트라우마, 민족의 스티그마

트라우마에서 시작된 문명화 노선
물질문명의 경이를 실감하며 입문한 근대
자연정복의 의지를 결여한 민족이라는 스티그마
식민지민의 비교 콤플렉스
타자의 시선과 신체 이미지에 갇힌 식민지민

3

## 트라우마에서 시작된 문명화 노선

1860~1870년대 만해도 조선은 양물洋物의 유입을 서세西勢의 내침來侵과 동일시한 위정척사론衛正斥邪論이 지배했다. 군비자강을 주장하며 채서론採西論을 주장한 개화파는 소수에 그쳤다. 1880년 일본에 수신사로 갔다 온 김홍집이 주일 중국영사인 황준헌의 책자 《조선책략》을 받아 와 복사본을 만들어 유림에 배포하면서 대외문제 인식도 높아지고 채서론도 확산되었다. 조정과 유생들의 필독서가 된 《조선책략》의 요지는 연미론聯美論, 곧 부국강병을 위해 미국과 손을 잡아야 한다는 것과 러시아를 방어하기 위해 일본과 교류해야 한다는 것이었다. 미국을 공평무사하고 야심이 없는 아시아 국가들의 친구라고 평가했는데 그 영향으로 1882년엔 적극적인 참서參西를 주장하는 상소가 잇달아 올라올 정도였다. 개화의 변곡점이 만들어지고 있었다.[1]

1883~1910년까지 개화기의 신문 논조를 보면 일관되게 미국에 매우 호의적이었고 이 기조는 1920년에 창간한 조선어 신문들에도 이어졌다. 미국의 제국주의는 침략적 제국주의가 아니라 경제상 세력주의

로 상무商務를 중시하며 평화를 지향한다고 생각했다.[2] 오랜 쇄국정책으로 세계정세에 무지했기에 개화기 조정 관리들과 식자층의 제국주의에 대한 인식은 아직 명료하지도 정확하지도 않은 상태였다.

황인종인 일본이 빠른 기간에 이룩한 문명화의 성취에 경이를 느끼면서 이를 동경하는 친일 인사들이 등장하는 것도 무리가 없었다. 일본은 청일전쟁, 러일전쟁에서 승리하면서 아시아의 약소국들에게는 동경의 대상이 되어 중국도 가까운 일본을 모델 삼아 근대화를 추진한다는 프로젝트를 구상할 정도였다. 제국주의에 대한 인식이 모호했기 때문에 일본의 조력을 얻어 문명화를 이룬다는 발상이 가능했던 것이다. 일본은 물론 조선의 개화지식인들에게도 지대한 영향을 미친 후쿠자와 유키치福澤諭吉(1835~1901)가 소개한 사회진화론은 한국 근대사에서 선구자로 꼽히는 윤치호와 유길준 등에게도 전해졌고 교육을 통해 지식을 깨우치자는 유학적 문명관과 문명국의 지배가 타락한 통치보다 낫다는 힘의 문명론이 부상했다.[3] 이들이 창간한 최초의 근대 신문 《한성순보漢城旬報》(1883. 10~1884. 10. 9)와 《한성주보漢城周報》(1886. 1. 25~1888. 7. 7.)가 청국과 일본의 신문, 잡지를 중역重譯하면서 유럽, 미국, 일본, 영국의 역사와 인구 등을 소개하고 강대국과 약소국의 강약관계를 밝히는 데 주력한 것은 약소국으로서 생존하기 위해 세계에 대한 정보와 지식을 구축하는 것이 긴급했기 때문이었다.[4] 이때 비로소 외부 세계가 조선인의 심상에 들어오기 시작한 것이다.

1895년 관비유학생 151명을 일본으로 보내면서 학부대신 박정양(1841~1904)이 "실용사무를 강구하여 지식을 넓히고 사리를 깨우치라"고 당부한 데서 보듯 문명개화는 공상실무工商實務에서 새로움을 추구하여 우승열패를 가리는 시대라는 세계관에 바탕을 두었고 우수한 사람[優者]은 교육을 진취하고 기계를 발명하는 자이지만 열등한 사람[劣者]은 그 반대라는 이분법적 각성에 도달했다. 물리인사物理人事를 시세에 따라서 최선의 것으로 만드는 것이 개화였고 지식은 사회와 개인이 자연을 통제하는 것으로 이해했다. 이를 위해 각 개인의 지력을 양성하는 것이 국가 독립의 관건이라는, 개화기 문명개화론의 실용주의적이고 물질주의적인 핵심 사상이 만들어졌다.[5]

다음해(1896) 유학생들이 결성한 대조선일본유학생친목회 창립회에서 연설한 홍석현이 조선이 소국이지만 스위스, 벨기에 등과 비교하면 인구수나 인재 면에서 가난하지 않으며 다만 공부가 미치지 못하고 노력하는 자가 적어 취리取利를 하지 못해 수재들을 유학 보낸다고 했다. 151인의 유학생은 국가에 유익한 정치, 법률, 병비兵備, 경제를 공부한다는 자부심을 가졌다. 그러나 일본과 서구의 수준 차이는 분명하게 간파되고 있었다. 일본은 기선과 기차가 있고 입헌정치를 시작하는 등 개화했지만 아직 전기와 기계 등에서 미진한 것이 많으므로 구미 제국의 양재良材를 초빙하여 여러 제도를 개혁하는 것이 좋다고 한 것이다.[6] 그리하여 1897~1910년간 '외국 숭배' 풍조가 일어났고 외국어학교를 졸업하면 정부의 외무부外部, 영사관, 학교 교원으로 진출하는 것에 아무 문제가 없는 시대가 되었다.[7]

강원도에 사는 장우탄이란 사람이 10년 만에 상경하여 서울의 변화를 체감한 후 《독립신문》(1897. 9. 30)에 기고한 글은 실용 및 실무지식, 기술과 기계, 문명적 제도, 구미歐美 숭배열이 추동하는 세기말의 변화를 가늠할 수 있게 해 준다. 10년 전의 서울에선 경복궁과 육조 거리의 화려함에 놀랐으나 지금은 완전히 변해 《독립신문》, 정비

된 도로, 단발, 구두, 법률제도, 학교, 화륜선, 포목, 농사개량법, 전선, 철도, 묘한 기계들, 병선兵船과 대포로 광명하고 개명된 세상이 되었다고 했다. 미개화니 반개화니 하는 소리를 면하고 태서의 개명한 나라 같이 되고자 날로 마음은 바쁘고 얼굴이 뜨거워졌으며 인재교육이 제일 상책임을 알았다고도 고백했다.

## 물질문명의 경이를 실감하며 입문한 근대

한문 서적을 들고 서당에 다니며 공부하던 젊은이들은 신식 학교에 들어와 한문 외에도 선교사에게서 수학을 배우며 문명화의 도정에 발을 내딛었다. 이는 유학儒學의 관념계를 뒤로하고 서구 근대성의 물질계로 들어서는 도정이었다. 국가와 민족의 존속을 위해서 물질적 발전과 경제적 풍요, 과학과 수학의 물리物理, 외부 세계에 대한 지식과 언어가 무엇보다 중요함을 자각하게 된 것이다. 근대 문명은 비서구 유색인종에게는 처음부터 물질문명이었다. 세기말의 조선인들에게 문호개방은 문명이라는 이름의 물질계의 위력에 무방비 상태로 노출되는 것을 의미했다.

최초의 근대 학교인 관립 육영공원官立育英公院(1884)은 관립 영어학교가 되었다가 다른 외국어학교와 병합하여 관립 외국어학교(1907)로 개편되어 중국어, 영어, 러시아어, 프랑스어, 독일어, 일본어를 가르쳤는데 외국숭배열이 대단하여 많은 청년학도가 지원했다. 그중에서도 영어가 가장 인기가 많았고 다음이 일본어였다. 다른 외국어는 학생 모집에 애를 써야 했다. 5년 학제였으나 3학년만 되어도 관리로 채용될 정도로 외국어 해독자가 절대 부족했다.[8] 반면에 한어漢語를 배운 사람들은 압록강을 건너 표랑하는 불우한 시국이기도 했다.[9] 청년들은 영어, 일어를 배우기 위해 배재학당이나 관립 외국어학교에 입학했는데 사모관대에 장죽을 입에 문 학부대신이 직접 한문과 논어로 입학시험을 주관했고 합격생은 단발을 단행한 후 영국인 선교사 허치슨W. du F. Hutchison의 사택에서 기숙했다.[10] 수학, 산술, 심리, 논리, 물리, 화학을 가르치는 학교도 있었다. 1914년에 인수분해법을 저술한 최규동은 1903년에 정리사精理舍에 들어가 찰스 스미스Charles Smith(1888)가 쓰고 일본인 우에노上野淸가 번역한 《근세산술》 상·하권을 거의 독학으로 깨우쳤다.[11] 청년들은 신식 학교에서 처음으로 창가를 배웠으나 거북해서 입만 "너풀너풀" 움직였다.[12]

전국적으로 대수나 기하를 깨우친 사람이 채 열 명도 되지 않았던 세기말에 청년 학생들은 신지식 흡수에 열중했고 '과학일자科學一字'를 배워도 '원더풀'하게 생각했다. 《제국신문》·《황성신문》을 애독했고 밤에는 민영환(1861~1905)이 설립한 흥화興和학교에서 영어와 측량학을 배웠으며 토요일엔 토론회나 연설회를 개최하여 새로운 문물을 배우고 실천하기 위해 분투했다.[13] 1907년 안창호 등이 평양에 설립한 대성학교는 애족주의와 실력양성주의를 기치로 내건 만큼 수학 등 실용과목 비중이 높았고 특히 학도 병사를 양성하는 군대식 체조 시간을 제일 중시했다. 서구의 지식을 습득하는 한편 최초로 서양인들과 야구시합도 하는 등 신체훈련에 매진한 것이다.[14] 이처럼 측량학 등 실용학문, 수리학, 과학, 군사교련을 새로운 학문으로 중시했는데 국가존망의 시기에 산업발전이 시급했기 때문이었다. "타고난 재성才性이 흑인처럼 나약하고, 습관의 나태함이 하와이 토인과 같으므로" 민지民智를 개발하기 위해서 애국정신을 고취하는 국민학國民學, 그리고 국가존망과 인종 생멸에서 벗어나기 위한 '물질학' 교육이 시급하다는 초조함이 있었다. 여기서 물질학은 산업과 실업, 상품 생산, 강철과 석유, 전신전화, 대포와 총에 대한 실용 및 응용학문을 의미했다.[15]

모든 것이 새롭고 경이롭던 문명은 화려하고 성대한 의식을 통해 물질로 시각화되고, 이벤트로 무대화되었으며 스펙터클로 지각되었다. 그중에 가장 놀라운 위용을 자랑한 것은 기차였다. 1898년 3월 경인철도회사는 영등포~인천항역까지의 노선을 1시간 30분에 주파하는 6칸짜리 열차를 시범운행한 뒤에 인천항역 3층 누각에서 사방으로 축포를 쏘아올리는 연희演戲를 벌였다. 연희 후 접빈소에 모여 철도회사 대표의 축사, 외부대신 박제순의 축사가 끝난 후 대한 대황제 폐하와 일본 대황제 폐하에 대해 각기 만세 3창을 2번 반복했다. 곳곳에서 기차 운행을 처음 보는 구경꾼들이 모여들었다. 다음해 9월에 열린 경인철도회사 개업식은 훨씬 화려하고 성대하게 진행되었는데 신문기사의 어투를 그대로 옮기면 이러했다. 영등포역에서 내외빈을 태운 기차(화륜거)가 천지를 진동하는 굉음과 함께 연기를 뿜으며 인천으로 내달렸다. 상, 중, 하로 구분된 객실의 치장은 이루 말할 수 없을 정도였고, 차창 밖으로 지나치는 산천초목은 모두 활동하는 듯했다. 순식간에 인천역에 도착했는데 정거장을 형형색색으로 황홀찬란하게 장식하여 대한 사람의 눈을 놀래킬 정도였다. 인천의 일본인 거류자들은 자기 집에 국기를 게양하고 축하했으며 연회장에서는 23발의 불꽃놀이(불노리)를 즐긴 후 기차를 타고 영등포로 돌아갔다.[16]

1900년대 들어서자 맥주같이 효험이 많은 주류를 마시지 않으면 비개화인이라면서 세계에서 칭찬한다는 '인물표혜비수人物標惠比壽' 맥주를 광고하는 상점이 등장했다. 단발하고 양복 입고 회중시계를 차고 커피를 마시는 것은 문명개화로 간주되었다. 유성기 소리가 울려 퍼지고, 자전거를 탄 외국인들, 철로를 질주하는 기차, 밤거리를 밝히는 전등과 장명등, 거리를 오가는 여학생, 극장 광무대의 연예공연을 구경하면서 시대의 전환과 개화를 실감했다. 천문학, 생리학, 화학, 생물학이 조선의 인재들이 익혀야 할 '형상 있는' 학문이었으며 연설회의 청중은 연사가 국가사상과 학업성취 정신을 설파하고 세계의 형편, 농상공 실업, 한국의 위기, 민생의 곤경을 말하면 다 같이 눈물을 흘렸다. 이렇게 일제의 보호통치를 거쳐 식민 치하로 들어가고 있었다.[17]

만민공동회 이후 일본의 영향하에 있던 정부는 일체의 정치적 연설을 금지했고 영국인 배설裵說이 경영하는《대한매일신보》정도가 일본인들의 '마귀 신문'에[18] 맞서 배일 논조를 개진한 유일한 언론이었다. 1908년 1만 부라는 믿기 어려운 부수를 발행한《대한매일신보》는 "백주 횡행하는 식랑食狼(이리떼)과 백 가지 귀신을 신문으로 쓸어 물리칠 큰 의무와 책임을 두 어깨에 맨 채" 고군분투하고 있었다.[19] 1907년 헤이그 특사들과 함께 유럽을 순방하며 조선 사정을 강연하던 윤병구(?~1946)가 런던에서 "세상이 한국이 세계의 하등이고 자주 자치 능력이 없는 인종이라고 하나 이는 사실이 아니고 공평하지도 않다"고 강변해야 하는 상황은 이후에도 달라지지 않았다.[20]

우려했던 국권 강탈이 마침내 현실이 되면서 "미개한 우민愚民은 경쟁사회에서 사람에게 능욕당하고 짓밟힘을 당하며 노예가 되어 홍인紅人, 흑인과 같이 소멸에 이른다"는 식의 제국주의 인종주의 프레임에 포획되어 갔다.[21] 외부의 타자에게 부당하게 모욕당하는 우리는 누구인가 하는 의문을 가질 때 타자를 향한 분노의 뒤편에선 혹시 자초한 면은 없지 않은가 하는 회의와 의심 또한 뿌리를 내린다. 조선인은 이렇게 자기 안의 원시성, 후진성, 열등성과 타자의 시선에 민감해져 갔다.

## 자연정복의 의지를 결여한 민족이라는 스티그마

제1차 세계대전(1914~1918)은 인류가 처음 경험한 대규모 살상이었다. 전쟁에 대한 반성은 서구 문명의 속성과 방향에 대한 성찰로 이어졌다. 이성중심주의, 인공적 기계주의, 효율성 중심의 도구주의에 대한 성찰과 함께 식민지 경쟁을 확대재생산하는 제국주의에 대한 반성이 일어났다. 제국주의의 이념(이데올로기) 기반은 세계주의cosmopolitanism였고 그에 대한 반성은 민족주의에 기반을 둔 국민국가주의의 대두였다. 이에 따라 전후 국제정치에서 국제연맹론과 민족자결주의가 빠르게 부상했다.

서구 문명에 대한 반성은 서구 물질문명과 동양 정신문화의 절충을 모색하는 식으로 일어나기도 했는데 식민지 조선에서는 동양 (정신)문화가 서양 문명의 대안이 될 수 있다는 논리 자체를 일체 부정했다.[22] 서양사상의 요체는 인간의 의지에 의한 자연정복, 진취적 자아실현, 지식 추구, 이성理知, 경험주의, 개성주의, 공리주의이고 이것들이 서구의 진보를 이끌었음에 비해 동양 문화는 현대에 맞지 않는 사상이므로 인류 보편의 대세인 서양화를 추진해야 한다고 확신했다. "동서 문명의 조화 같은 소리는 귀담을 소리가 아니며 한 발 양보해도 아직 그 시기와 지위에 달하지 못했으므로" 하루바삐 서양화에 힘써야 한다고 생각했다.[23] 동양 문화의 가장 문제는 현세의 행복을 최우선으로 하지 않으며 결과적으로 자연환경을 극복하고 지배하려는 의욕과 의지가 결여된 것이라며 일축했다. 자연(환경)에 대한 '의욕의 방향'이 서양 문명 발전과 동양 문화 지체의 차이를 만든 근본 요인이라고 이해한 것이다.

이에 입각해서 이광수도 "문명인의 최대 특징은 자기가 정한 목적을 위해 계획된 진로를 밟아 노력하면서 시각마다 자기의 속도를 측량하는 데 있다"면서 목적을 설정하고 이를 성취하는 과정이 역사인데 야만 인종의 역사는 민족생존을 위한 목적과 계획 없이 우연히 만들어진 것이라고 단언했다. 한국 역사 전체를 우연히 만들어진 오직 생존본능에 이끌려 살아 온 시간으로 일축해 버린 것이다. 그리고는 (자신처럼) 과거의 우연한 역사가 생존에 적합하지 않음을 자각하는 것 자체가 '문화력'을 가졌다는 증거라면서 역사와 민족성 부정에서 시작되는 민족개조론을 주창했다.[24]

이동곡(생몰 미상)은 일본 유학을 했고 이후 북경에 거주하면서 1920년대 초 《개벽》을 통해 중국 신문화운동 등을 조선에 소개한 중국통이었다.[25] 그는 동서양 문화 차이를 설명하면서 서구의 여러 논의들을 소개, 인용했는데 핵심은 자연정복 의지의 여부가 문명의 차이를 초래했다는 당대의 통념이었다. 그는 서양 문화는 험난한 환경(지리)에서 생존하기 위해 자연정복의 의지가 동력이 된 문화라고 설명한 영국 실증주의 역사가 버클Henry Thomas Buckle(1821~1862)의

*The History of Civilization in England*(1864), 서양 정신은 과학과 자유, 자연정복 문화라고 한 녹스James William Knox(1853~1921 · 일본에서 활동한 미국인 선교사이자 동경대학에서 철학과 윤리 강의)의 *The Spirit of the Orient*(1906), 중국의 천두슈陳獨秀와 리다이지오李大治, 일본의 와세다 대 교수 가네코 우마지金子馬治 등을 인용해 희랍 문명, 르네상스, 데모크라시즘의 차이를 강조하면서 결론적으로 동양 문화는 포기될 수밖에 없다고 선언했다.[26]

이 중 버클의 지리결정론은 단순명료한 글쓰기로 일본과 중국에서 인기가 있었던 작가 카라하라 카잔Karahara Kazan(1880~1951)의 소개로 일본에 알려져 인기를 모았다. 조선의 식자들도 일본과 중국에서 출판된 카잔의 글을 통해 버클을 접했을 것이다. 지리결정론은 완만하고 풍요로운 자연조건을 가진 동양과 달리 서구는 척박한 환경에서 살아가기 위해 자연을 정복해야 했고 이 과정에서 부를 창출하기 위한 경제적 의욕을 민족성의 한 특질로 갖게 되었다고 설명했다.[27] 이런 류의 동서양 비교론이 조선에 유입되어 동서양 문명 차이를 이해하는 참조원이 된 것이다.

버클을 동아시아에 소개한 카라하라는 일본에서 다이쇼大正 시대(1911~1925) 다른 지식인들과 마찬가지로 동서양 문화의 절충론을 주장했으나 조선에선 지리결정론을 받아들이면서도 동양 문화의 완전한 폐기를 주장했다. 전기·석유 발견, 신대륙 정복, 천연 광물자원의 개발, 산과 바다의 개간, 자연과학의 성취가 모두 서양의 자연 정복과정에서 생겨 난 승부욕, 성실성, 강한 신체의 소산이라는 것이다. 그러면서 '자연을 정복하고자 하는 인간의 의지와 욕망'이 결여되어 있는 동양인의 이미지를 조선의 역사, 문화, 민족성에 그대로 투영했다. 동서양의 생활양식의 차이는 문화의 근원인 의욕will의 방향이 달랐기 때문에 생긴 것으로 서양 문화는 의욕의 확전적擴展的 요구가 근본정신을 이루고 있다고 이해했다. 그리하여 1920년대 개조의 방향은 동양인과 조선인에게 원래 없거나 발현된 바 없는 의지와 의욕을 가진 인간으로 개조되는 것, 그리하여 자아본위로 살며 실질을 추구하되 이타利他의 심리를 가진 도덕적 인간을 신新인물로 제시했다.[28]

일례로 3·1운동 직후 명목상의 문화통치 국면에서 《개벽》을 무대로 개조주의를 전도한 천도교 사상가 이돈화(1884~?)는 세계전쟁의 참화를 통해 구주 문명이 자살적 문명임이 증명되었으므로 이후 세계는 도덕승리의 세계가 될 것이라면서 도덕을 물질문명에 우선하는 가치로 자리매김했다. 하지만 조선은 물질문명의 패자이므로 우선 물질문명에 착수하고 전력을 기울여 조선인의 생존권을 얻는 것이 필연이라는 논리를 고수했다. 도덕시대에 비추어 봐도 조선인 고유의 민족성·도덕이 문명의 발전에 기여할 만한 상태와 수준이 아니므로 조선인의 무능, 무주의, 퇴굴자약退屈自弱 성향을 개조해야 한다고 주창한 것이다.[29] 결과적으로 물질적 문명화가 그 어느 것보다 우선한다는 가치관이 뿌리내리지 않을 수 없었다.

강제 병합 이후 1910년대 조선의 도시 경관은 눈에 띄게 변화하고 있었다. 1912년부터 시구市區 개정사업을 벌였고 1920년대 중반부터 일본 자본을 들여와 도시개조사업을 본격화했다. 경복궁을 가로막은 웅장한 위용의 총독부 청사를 건축하기 시작했고 일본 기업의 지점과 대리점 또는 사무소, 백화점, 은행, 호텔, 공공건물 등이 들어서면서 식민지 도시공간도 근대의 모양새를 띠게 되었다. 그러나 이 변화는 일본인의 상업지구에 집중되었다. 근대성의 상징인 3층이나 4층짜리 시멘트 또는 벽돌을 올린 현대식 건물들이 번화한 거리에 더욱 활기를 부여했으나 조선인의 상업지구인 종로(북촌)는 낮은 기와집들이 즐비하고 진열한 상품도 광목, 모시 그리고 외국산 잡화들에 그쳤다. 유리문과 벽돌을 사용하긴 했지만 일본 상업지구(남촌)와는 그 격차가 확연하게 나타났다. 바로 지척인 북촌과 남촌 혼마치本町(명동)의 대비는 야만과 문명의 대비를 드러낸 채 그 거리를 오가는 조선인을 주눅 들게 했다.[30]

그리하여 문명의 창조자가 못 되고 숭배자만 될 뿐인, 남들의 조소와 연민의 시선을 받는 민족의 처지는 조선 청년의 무거운 짐이 되고 있었다.[31] 조선은 그 무거운 짐을 두 어깨에 지고 앞길을 열어 줄 모세 같은 지도자의 출현을 갈망하는 사회가 되었다.[32] 하지만 유대 민족을 구원해 준 모세의 출현은 조선에선 현실적으로 불가능하다는 것도 이미 만세운동의 실패를 통해 확인한 터였다. 대신 하루 빨리 영적, 지적, 예술적 천재가 나타나 시대를 대변하고 민족의 나아갈 길을 밝혀 주어 능욕당하는 오늘을 설원雪冤해 주길 고대할 수밖에 없었다. 영웅보다 천재의 출현을 갈망한 것은 물질계의 탐구, 발견과 발명을 선도할 뿐 아니라 문화적, 정신적으로 미개하다는 식민지민의 오명을 씻어 줄 존재가 천재였기 때문이다. 식민지 조선의 천재는 "빠가ばか(바보) 소리 한 마디 들을 때, 밥 한 덩이 빼앗길 때, 사람으로서 긍지가 상할 때, 원통한 가슴을 위해 정당하게 싸우자고, 대담하게 이해利害를 캐 줄 대변자"인 정의로운 영웅이면서 학문적, 과학적, 예술적 천재여야 했다.[33]

민족의 구원자는 용의 힘과 마음을 가진 아기장수가 아니라 자연정복의 의지와 의욕, 재능을 가진, 말 그대로 하늘이 준 재능의 소유자로 전환되었다. 시대의 바람직한 영웅상의 대체는 사람들의 욕망구조가 변화하고 있음을 나타내는 징후이다. 천재를 기다리는 식민지에서 어린이와 청소년에 대한 교육열이 과열되는 것은 필연이었다.

## 식민지민의 비교 콤플렉스

《청춘》(1917. 11)에서 동양 문화는 폐기되어야 하고 조선인은 자연정복의 의욕을 결여한 민족으로 규정했던 현상윤(小星·1893~1950)은 같은 책에 실린 〈경성소감京城小感〉에서 조선의 공기까지도 무기력하게 느끼는 식민지 청년의 심리상태를 보여준다.

동경에서 유학하다가 오랜만에 귀국하여 경성의 여기저기를 다니다 보면 "경쟁의 미味를 감感할 수 없고, 자분自奮의 기氣를 각覺할 수 없는 것, 할 수 있다는 기상이 하나도 없이 다른 나라 공기에 비해 무겁고 혈정泬靜하며 이완하고 불활발한 듯하고, 고개를 내리누르는 것 같기도" 한 느낌을 가졌고, 그래서 이 모양으로는 아무것도 아니라는 생각이 수백 번씩 뇌리에 오갔다고 했다. 거리의 조선인들 또한 "입을 떡 벌리고 침을 게게 흘리고, 눈을 힘없이 뜨고 귀딱이를 푹 늘인 것이 어떻게 보더라도 절반은 죽은 사람이오, 절반은 중독된 사람이며 정신 나간 자, 얼빠진 자들"로만 보였다. 한마디로 그에게 경성은 태기만만怠氣滿滿이었다. 경성은 대학도, 학자도, 북구라파풍의 평민적 건강성도 없이 허영과 위선만 있는 것으로 느껴졌다.[34]

1917년 24세 일본 유학생의 눈에 비친 조선은 전부 폐기하거나 파괴해야 할 무기력병에 걸린 땅이었다. 서양이 범과 사자라면 동양은 모기와 파리였다. 찡그린 동양 문명에서 썩은 고린내를 맡았지만 하하 웃는 서양 문명에서는 향내를 맡았던 청년이 두통과 구역질을 일으키는 동양에 싫증을 느끼고 가슴이 답답해지는 것은 어쩔 수 없는 일이었다.[35] 조선은 경험도, 역량도, 지식도, 사상도, 희망도 없는 낙오자, 농자聾者(귀머거리), 아자啞者(벙어리), 맹자盲者(소경)라는 것이 1910년대 식자층(대개는 일본 유학생)이 공유한 비판의식이었다.[36]

동경 유학생 출신으로 조선의 천재라는 명성을 얻고 민족개조론을 주창했던 이광수도 1892년에 출생했으니 세기말의 위기를 거쳐 식민지배로 이어지는 망국의 과정을 고스란히 지켜보았을 것이다. 그런 감정과 생각은 동년배나 마찬가지인 현상윤과 별반 다르지 않았을 것이다. 이광수는 열네 살이 되던 해인 1905년 우여곡절 끝에 일본 유학을 떠났고 귀국한 1911년, 스무 살 나이에 오산학교 학감으로 부임했다. 이후 최남선이 경영한 신문관新文館에서 발행하는 잡지 출판에 관여했는데 그중 하나인 《청춘靑春》에, 1913년 11월 상해를 거쳐 1914년 해삼위(블라디보스토크)에 이르는 여행지에서 경험하고 느낀 심회를 두 편의 여행기에 담았다.[37]

이 두 편의 글은 강제 병합 직후의 몇 년간, 천재로 촉망받던 조선인 청년이 아시아의 국제도시 상해에서 블라디보스토크로 가는 여정에서 경험하고 목격한 일, 그리고 매 순간 마음속에 일어난 복잡한 감정과 의식을 고해하듯 서술하고 있어 식민지 청년의 적나라한 내면을 엿볼 수 있게 해 준다. 예민한 독자라면 중국인을 미개한 인종 보듯 폄하하는 어투 속에 미묘하게 일렁이는 그의 불안감을 눈치챌 수 있을 것이다.

상해 부두에서 하선下船할 때 : 선객들이 서로 먼저 내리려고 몰려들어 질서가 문란해지자 "아마도 인생의 수성獸性이 발로된 모양하야……인생이 가련도 가소도 하여이다. 혹 이것이 미개한 동양이라서 그러한지도 모르거니와 동주同舟했던 양인洋人하나이 발길로 동양인을 차고 앞서 나리는 것도 그의 강력强力이 우리보담 큰줄을 알겟거니와 도덕성이 발달함이라고는 허許하지 못하겟더이다."……(중국인들이 부두에서 서로 짐을 들어주겠다고 하니 자신은 친절로 알았으나) "그 사람들이 한사코 짐을 달라고 매어달리거늘 내 친구가 우스며 [영어로 욕을 하지 저희 말로 하면 우습게 보는 걸요]하고 눈을 부릅뜨며 [곳 댐 겟 아웨]하고 발을 통 구르며 주먹을 둘너매니 그제야 고개를 푹 수기고 무어라 중얼거리며 다라나더이다……찬란한 중화문명을 일군 그들이 왜 이렇게 염치를 잃었는가 하며 속이 불편해졌다(《청춘》, 1914. 12, 103쪽).

부두에서 목격한 장면들은 프랑스, 영국, 독일, 일본의 조계지로 분할된 상해, 즉 열강이 치외법권을 누리며 무한 각축전을 벌이는 반半식민지 상태의 중국의 현실을 함축하는 이미지로 각인된다. 외국세력이 해관세海關稅, 염세鹽稅, 우세郵稅 등으로 중국의 자원을 착취하는 것을 보니 소름이 끼쳤고 "파산 멸망에 이른 노대국의 정경에 과연 눈물이 지더이다"라고 자기 나라 일인 양 분개했다. 그래도 여행 온 청년답게 그는 상해 시내를 구경하기 위해 인력거를 타고 서구 각국의 은행, 백화점, 카페, 호텔이 즐비하게 늘어선 번화한 영대마로英大碼路(현재의 황포탄로黃浦灘路·와이탄로)를 달렸다. 인력거가 달리는 길을 따라 좌우에 늘어선 4~5층, 7~8층 벽돌 양관洋館, 탄탄히 똑바로 뚫린 숫돌 같은 벽돌磚石 길, 그 길 위를 쉴 틈 없이 달리는 전차와 자동차를 보면서 자동차를 타야 할 만큼 일 많고 분주한 서양인의 일상을 선망하지 않을 수 없었다. 이 영대마로 경험은 두 번째 글인 〈해삼위海蔘威로서〉(《청춘》, 1915. 3)에 다시 상세히 묘사되어 있다. 순간적으로 변하는 감정의 변주와 그 변주를 일으키는 심리적 계기들에 대한 묘사가 이 글이 식민지민 정체성의 균열에 접근하는 데 유용한 텍스트인 이유이다.

외세가 장악했지만 상해의 번화함에 내심 경탄하던 식민지 청년의 시선은 이내 초라한 자신을 응시하기 시작한다. 구경에 나서기 전 일부러 새 양복과 구두를 신고 채비하면서 제법 '양식 신사'가 된 듯 보여 흐뭇함을 느꼈던 그였다. 처음 타는 인력거로 영마대로를 질주한 것도 호강한 듯 기분이 좋았는데 '진짜 양인洋人'을 보게 되자 그 모든 기분 좋은 느낌은 급격히 사라지고 말았다.

천재로 불리며 대접받고 사는 이 청년은 '진짜 양인'을 보는 순간 어느새 자기혐오와 부정의 수렁에 빠지고 만다. 서양인의 모든 것이 가치 있는 데 반해 자신은 상업, 정치, 학술, 예술 어느 것에도 지식도 혜안[眼光]도 없는 초라한 조선인이라는 자괴감에 휩싸여 새 양복과 새 구두로는 도저히 극복할 수 없는 근원적인 수치심과 자기혐오에 휩싸이는 것이다. 그리하여 영어를 읽을 줄도 모르면서 상해에서 가장 권위 있다는 영자신문 *The Chinese Press*(1911~1949)를 사서 무심한 척 (기사가 아닌) 광고만 훑어보았다. 그리고는 영자지를 보란 듯이 주머니 밖으로 반쯤 나오게 찔러 넣고 일어섰다. 이 급격한 감정의 변주가 전개되는 대목을 길지만 인용한다.

새로 지은 양복에 새로 산 구두를 신고 나서니 저도 제법 양식신사洋式紳

士가 된 듯하야 맘이 흐뭇하더이다. 게다가 평생 못 타보던 인력거를 질풍가티 몰아 영대마로 장판 같은 길로 달릴 때엣 맛은 나가튼 시골뚝이에게는 어지간한 호강이러이다. 그러나 노상路上에서 진자眞字 양인洋人을 만나매 나는 지금껏 가지었던 [푸라이드]가 어느덧 슬어지고 등골에 찬 땀이 흐르어 부지불각에 푹 고개를 숙이엇나이다. 양인의 옷이라고 반드시 내 것보다 나은 것은 아니며 내 옷 닙은 꼴이 반드시 양인보다 자리가 잡히지 아니함은 아니로대 자연히 양인은 부귀의 기상氣象이 있고 나는 바들바들 양인의 숭내를 내랴는 불상한 빈한자貧寒者의 기상이 있는 듯하야 수치의 정이 저절로 생김이로소이다. 과연 나는 아모 목적도 업고 사업도 업는 유객遊客이오 그네는 사사공사私事公事에 눈 뜰 사이업시 분주한 사람이니 이만하야도 내가 수치의 정이 생김은 맛당할가 하노이다. 설혹 만유漫遊를 한다하여도 그네의 만유는 가치가 잇나니 상업시찰이라든지 지리역사적 탐험이라든지 혹은, 인정풍토와 문화시찰이라든지 혹, 정치적 시찰이어나 군사정탐이라든지 그러치 아니하면 시인문사의 시재문재詩材文材 수집이라든지 다 상당하게 가치가 잇거니와 나갈은 놈의 만유에 과연 무슨 뜻이 잇사오리까……제게 수치지심이 생김이 당연한가 하오며 고성古聖의 말씀에 지치知恥는 근호용近乎勇이라 하오니 혹 내가 이 수치를 알기하는 하는 것으로 위로를 삼으리잇가……황포탄 부두 대합소에서……신문파는 지나소년이 기웃기웃 돌아 다니는 것을 보자 "나는 닑을 줄은 모르면서도 하도 제 신세가 초라하야 혹 영자신문이나 보면 인물이 좀 도두(도루) 설가하는 가련한 생각으로 십전 은화를 주고 지나支那 외자보外字報치고 가장 세력잇다는 상해 금조今朝 발행 [Chinese Press] 한 부를 사아 광고그림만 두적두적하다가 외투 호주머니 반쯤 밧그로 나오게 집어너허 몸

치레를 삼앗나이다……(《청춘》, 1915. 3, 79~81쪽).

22세 청년 이광수는 새 양복과 구두로도 충족되지 않는 식민지민의 열등감을 영자신문을 보는 포즈로 위장하면서 다시 거리로 나선다. 서구, 근대, 문명의 스키마schema를 내면화한 시선으로 자기를 혐오하고 공격하며 부정하다가 이미지의 위장dissimulation을 통해, 타자의 시선에 민감해진, 그리하여 보일 것을 예상하는 피사체의 정체성을 선택한 것이다.

이 고통, 수치심, 분노는 초기에는 자기 자신에게 책임을 묻고 공격하는 것 외에 다른 출구가 없었다. 비교에 대한 강박, 열등감, 정체성의 위장, 보이고 평가되는 인종과 신분에 대한 집착, 자기부정은 민족적 모욕에 대한 반응 메커니즘이자 자기파괴, 자기를 혐오하고 징벌하는 방식으로 수행되는 히스테리 반응이었다. 하지만 자기를 향한 냉소와 공격은 조만간 자기 동족을 향할 것이었다. 상해 부두에서 개나 돼지 같은 짐승의 속성[獸性]을 가진 중국인에게 향했던 차가운 시선과 다르지 않은 시선을 자기 동족을 향해 보낼 때 그의 배반은 시작된다. 자신의 문명화 수준을 인정받기 위해 그리고 스스로 자신이 열등한 동족과 '다름'을 확인하기 위해 거리를 두기 시작하면서 친일이라는 것과 문명화한다는 것의 구분선은 흐릿해지기 시작한다. 일본은 이미 문명화한 강대국으로 인식되었기 때문이다. 문명화에 최우선의 가치와 의미를 부여하게 된 식민지 사회에서는 먼저 문명에 매혹된 엘리트들이 일본화(친일)와 문명화의 차이를 혼동하다가 마침내 친일로 전향하게 된다. 문명에 매혹되어 길을 잃은 자들에게 전향은 친일이 아니라 근대화를 의미하는 것이었을지도 모른다.

상해 여행 후 2년 쯤 지난 1917년 1월부터 5월까지 이광수는 최초의 근대소설 《무정無情》을 《매일신보》에 연재하여 식민지 조선의 문학계 그리고 지성계에서 부동의 명성을 얻게 된다. 그런 그가 소설 연재 중에 《청춘》에 발표한 자전적 에세이 〈거울과 마조 안자〉(1917. 5)는 상해에서 그를 지배했던 열등감, 수치, 자기부정 그리고 정체성의 위장으로 이어지는 심리적 증상이 더 깊어졌음을 확인할 수 있다. 거울에 비친 자신의 모습을 응시하면서 거울을 보는 나와 거울에 비친 나는 전혀 다른 존재로 분리되어 있는데 이 두 존재는 또 다른 이상적 자아와 비교되고 있다. 그의 정신psyche에는 3개의 자아 이미지가 충돌하고 분열을 일으킨다. 거울을 보는 현재의 (동포에 비해 문명화된) 나는 거울에 비친 원래의 (식민지 조선인인) 나를 부정하고, 경멸하고 공격한다. 그리고 여전히 도달하지 못한 이상적 자아(문명의 정점에 있는 서구 백인)는 그의 결핍을 일깨우고 영원히 충족되지 않을 욕망을 자극하면서 끊임없이 상처를 주고 있다. 아니 상처를 받고 있다.

……한참이나 거울에 비친 내 얼골을 치어다 보다가 '무엇이, 어디가 달라?' 하얏다. 양인의 눌한(누런) 머리터럭과 무엇이 달라? 어찌해 양인의 머리터럭에서는 기름이 도는데 내것은 이러케 거츨거츨해? 양인의 가른 머리는 깨끗하고 향내나고 위엄이 잇서보이는데 내 것은 웨 이모양이야……나는 다시 아모리 별 즛을 다하야서 머리를 단장하야도 양인의 것만큼 멋이 못들어.……머리를 두 주먹으로 퉁퉁 두드러 보앗다. 그러나 댕글댕글 새 장구 소리가 아니나고 투드덕 투드덕 가죽 늘어진 낡은 북소리가 난다. 아무래도 속이 궁글엇다. 텡텡 비엇다. 무슨 맛당히 잇서야할 무엇이 없는 듯 하다……(일시 자신의 대뇌부가 뉴튼과 비교해 작지 않음을 깨달

고 잠시 위안이 생겨 좋아 웃는데 다시 그것이 텡텡 비었음을 자각하고 절망 속에 차례로 눈빛, 입을 관찰한다)……이 입으로 조선말도 나오아 보고 일어와 영어와 아어俄語와 한어도 나왔고 울음소리도 꽤 나왔을 것이며 혹 제법 남을 훈계하고 흑백을 비평하며 혹 거품을 날리며 고담준론도 외였을 것이나 그것이 다 무슨 표적이 있는 말이었겠는가……왜 그 (입)으로서 '지구가 둥글다' '생명은 진화한다' '생존경쟁은 생물계의 철칙이니라' 하는 말을 못했으며 왜 그리로서 '해물리트·파우스트·디뷔나, 코메디아'와 와그넬, 베토벤의 입에서 나오던 소리가 못나왔는고 어찌하야 일세를 경성警醒하는 대설교와 만민을 호령하는 사자후가 못나오며……[38]

이 글로만 보면 이광수는 일어, 영어, 러시아어, 중국어까지 5개 국어를 구사하는 자신이 대중의 존경과 환호를 받는 유명인사임을 잘 알고 있다. 실제로도 그러했다. 그런데도 자신이 잘 아는 척, 대중의 경탄을 받으며 쏟아 냈던 고담준론은 다 표적도 없이 장황하게 내뱉어진 말들이었다는 공허감을 이기지 못한다.

거울은 식민지 지식인에게는 3개의 자아가 충돌하고 경합하는 무대였다. 이상적인 자아상(서구의 문명화한 백인), 조선인이라는 스티그마(낙인)가 찍힌 자아 그리고 그 두 개 자아 사이에 있는, 거울에 비친 자기 모습을 바라보는 현실의 자신이다. 거울을 바라보는 그는 자기 안의 스티그마를 지우기 위해 공격하고 부정하는 동시에 이상적 자아에 대한, 충족되지 않는 욕망으로 결핍을 느끼며 상처받는다. 그래서 그는 치열하게 거울에 비친 조선인을 자기로부터 밀어내고 소외시킨다. 자신을 낯설게 거리 두기하는 소격estrangement의 수행이야말로 지식인에게 가장 고통스러운 의식儀式이다. 이 의식의 과정을 거쳐 식민성을 온전히 내면화할 때 고통은 어느 정도 봉합된다. 두 개의 분열적 자아를 식민성으로 봉합하는 과정을 거쳐 식민지형 지식인으로 재정렬되는 것이다.

자신을 3개의 자아로 분열시키는 소격의 수행은 자신을 애도하고 위로하는 의식이기도 하다. 고통스러워하는 자아야말로 지식인이 가질 수 있는 특권, 자아성찰의 특권인 때문이다. 분열된 3개의 자아 사이에서, 자신의 관점과 스키마를 잃고 세상 속에서 부단히 흔들리는 상태가 식민지 지식인이 존재하는 방식이었다. 파농이 프랑스 식민지 알제리의 정신질환자에 대한 임상 분석을 통해 확인했듯이 알제리의 흑인에게 모국은 프랑스이다. 모국의 문명에 직면하여 열등감을 갖게 된 그는 정글에서 벗어나기 위해 자신의 흑인성을, 정글(알제리민족)을 가혹하게 비난한다. 그러고 나서 그는 자신의 동포들과 자기는 다르다고 상상하기 위해 나르시시즘에 의존한다.[39] "니그로는 비교이다The negro is comparison"라고 한 파농의 진단은 그대로 식민지민 조선인에게, 서구와 제국의 문명의 힘을 자각한 지식인들에게 돌려줄 수 있다. "식민지민은 비교이다"라고.

이광수가 신체, 이목구비, 머리털을 비교하고 자기가 하는 모든 일이 의미도 가치도 없는 만유漫遊에 불과한 데 반해 서구 백인의 일은 모두 인류 세계에 의미 있는 정치, 경제, 학문, 예술을 생산하는 일이라고 비교할 때 그의 모국은 백인, 서구, 문명 그리고 정복자 제국일 수밖에 없다. 중심을 잃은 그는 자기를 만들어 왔던 모든 조선적인 것들의 절멸을, 과거와 역사의 소멸을 소망하게 된다. 그가 문제인 것이 아니라 식민지 상황이 신경증을 일으키는 것이다.[40] 문명의 이름으로 식민지의 문화를 능멸하고, 그것을 식민지민에게 과시하고 보여줄 때 신경증은 시작된다. 식민지 문화와 역사에 대해 제국이 생산한 오리엔탈리즘의 서사와 민족성의 이미지를 통해 과거 역사와 만나면서 생성된 섬망증delirium이 식민지민의 타자와의 관계를 매개하는 것이다.[41]

## 타자의 시선과 신체 이미지에 갇힌 식민지민

식민지 조선의 특권적 지식인이었던 이광수의 신경증은 1910년대 식민화 초기의 국면에서 보면 유별난 사례라고 보기 어렵다. 1917년 잡지《청춘》의 단편소설 현상공모 1등 당선작은 병합 이후 1910년대 중반 젊은 세대가 가진 세계관의 일단을 보여준다. 소설 형식을 빌렸지만 글쓴이의 경험을 투영한 것으로 추정되는 글이어서, 이광수의 여행기만큼이나 주목된다.

주인공은 16세 소년으로 서울 유학을 위해 시골에서 기차를 타고 상경, 남대문역(현 서울역)에서 내려 광화문통, 종로통을 향해 걸어간다. 거리 좌우에 전등, 2·3층짜리 건물, 중국인과 서양인, 전차, 인력거, 자전거, 자동차를 보면서 절로 나오는 감탄을 감추지 못한다. 그러다 말로만 듣던 '코 크고 파란 옴팡눈'을 가진 서양인을 목격하고는 시골 학교에서 존경하던 선생이 늘 하던 말을 떠올린다. "두뇌가 건전하고 분투하는 정신이 왕성하여 전신이니 전화니 하는 신출귀몰의 기계를 발명한 것은 모두 서양 사람"이라고 칭찬하면서 공부 잘해서 그 사람들같이 문명의 이기를 발명하라고 당부하는 한편 너희 이목구비도 그 사람들과 조금도 다를 것이 없다고 했던 말이 떠오른 것이다. 그러나 이내 자기를 파괴하고 새로이 건설해야만 한다는 자각, 즉 전일前日의 자기로는 도저히 될 수 없음을 깨닫는 동시에 자기만 낡은 채로 있는 것 같은 공포감이 일었다. 앞에는 사자가 뒤에는 호랑이가 쫓아오는 듯한 공포를 느낀 것이다.[42]

자신의 이목구비가 서양인과 뭐가 다른지 알아 내기 위해 거울에 비친 누렇고 생기도 윤기도 없이 거칠거칠한 자신의 눈, 코, 입, 머리털까지 경멸했던 이광수와 "너희의 이목구비도 그 사람들과 조금도 다를 것이 없으니 공부해서 문명이기를 발명할 것"을 당부한 학교 선생이나 서양인을 보고 그 말을 떠올린 소년의 의식은 별 차이가 없다. 분명한 것은 이광수가 그랬듯이 소년의 자의식도 유색 황인종이라는 그의 신체 이미지로부터 자유롭지 않다는 점이다. 그의 정체성과 자의식은 황인종의 조선인인 자기 신체로부터 벗어날 수 없다. 식민지민이 거울을 통해 보는 것은 백인-서구-이성주의가 규정한 열등한 속성을 구현하고 있는 정글 속 원시인의 신체 이미지이다. 그러나 거울에 비친 그 열등한 원시인도 거울 바깥에서 자신의 신체 이미지를 부정하는 식민지민을 응시한다. 거울 안의 이미지와 거울 바깥의 식민지민은 서로를 응시하면서 규정한다. 근대 교육을 받고 영어와 일본어도 말할 수 있는 엘리트도 원래 자신이 가졌던 원시인의 신체에 갇혀 있는 것이다.

자신의 신체 이미지에 갇힌 식민지민의 의식을, 파농은 정신생물학적 혼합주의psychobiological syncretism로 규정했다. 백인의 우월성을 논증하는 이론적, 실천적 지식체제 안에서 비서구인은 자신을 부정하는 순간에만 그 체제에 포함될 수 있고 위치를 부여받는다. 비서구인은 자신의 원시성primitivity-흑인의 흑인성negritude-을 파괴하는 것이 '인종 없는 하나의 사회' 안에 변증법적으로 통합되기 위한 준비임을 잘 알고 있기 때문이다. 자신의 원시성이 그를 파괴하는 심연인 것이다. 백인 이성주의는 비서구-유색인종에게 원시성에서 탈출할 것을, 가능성을 계발하면 진보할 것이라는 가설을 제시하지만 이는 그 자체로 유색인의 기원起源을 봉쇄하는 것이다. 파농은 네그리튜드의 시학을 탐문하고 찬사를 보낸 사르트르J. P. Sartre에게 이렇게 말한다. 흑인은 그 자신의 신체 때문에 고통받고 있고, 나의 어깨는 세상의 프레임에서 미끄러져 나와 있다고, (그래서 진정한 해방을 원하는) 흑인은 (서구적) 보편성을 추구할 필요가 없으며 (진보해야 할) 가능성의 존재가 아닌 자신들의 기원을 가진 구체적이고 특수한 존재라고 반박한다.

서구의 계몽과 진보의 서사는 유색인종에게 자신의 정체성과 문화를 부정하라고 부추기고 더 나아질 수 있다는 가능성을 미끼로 자신의 모든 것을 파괴하도록 유도했다. 따라서 식민지민의 정신psyche과 정체성이 파괴되지 않기 위해서 흑인은 흑인성을 부정할 것이 아니라 오히려 흑인성을, 보편성이 아닌 자신의 특수성(차이)을 찬미해야 한다는 것이 파농의 처방이다.

> 흑인의 의식은 흑인 자신의 눈에 이미 내재되어 있다. 나는 가능성 있는 그 어떤 것이 아니다. 나는 온전히 나이다. 나는 보편성을 추구할 필요가 없다. 어떤 가능성도 내 안에는 존재하지 않는다. 나의 흑인의식은 그 자체로 부족한 어떤 것이 아니다. 그것은 현재 그대로이다. 그것은 그 자신의 추종자를 가지고 있다……정말로 진실을 말하면 나의 어깨는 세상의 프레임워크에서 미끄러져 나와 있다. 내 발은 더 이상 땅의 촉감을 느끼지

> 못한다. 니그로의 과거 없이, 니그로의 미래도 없이 내가 흑인negrohood으로 살아가는 것은 불가능하다. 아직 백인도 아니고 그렇다고 완전한 흑인도 아닌 나는 저주받았다. 사르트르는 니그로는 백인과는 전혀 다른 그 자신의 신체 때문에 고통 받고 있다는 것은 망각했다.[43]

이광수와 단편소설에 묘사된 16세 소년은 자신의 신체 때문에, 이성주의로 통일된 보편 문명의 체계 안에서 자기 위치를 찾지 못했으며, 그래서 자신의 과거를 부정하고 가능성을 개발해서 진화하라는 부추김을 받고 있다. 그러나 과거를 부정하는 것은 자신의 기원을 부정하는 것이므로 그의 발은 자기 땅의 촉감을 느끼지 못한 채 공포에 시달린다. 그는 저주받았다. 그래서 자신을 정의해야 할 순간에, 자신이 어떻게 반응해야 하는지를 확실하게 알고 있으면서도 주위를 예민하게 탐색하면서 자기 안에 숨어 있는 제3자 의식a third person consciousness이 나오기를 기다린다.[44]

제3자 의식이 출현하는 순간에 대해 파농은 자신의 경험을 통해 이렇게 설명한다. 프랑스의 교육체계 안에서 고등교육을 받아 성공한 의사답게 양복을 차려입고 백인들의 모임이나 극장에 간 흑인(파농)은 자기를 둘러싼 백인들이 자신을 보면서 흑인성-원시성을 찾고, 기다리고, 응시하고 있음을 느낀다. 그래서 그도 자기 안의 흑인성을 의식하기 시작한다. 테이블에 놓인 담배와 성냥을 집어들 때 그 제스처가 흑인처럼 보이지 않게 하기 위해 포즈를 취하면서—즉 백인은 어떻게 하는지를 의식하면서—자기 안의 흑인성을 의식하는 것이다. 백인다움을 생각하는 순간 그는 이미 자신의 흑인다움을 의식하고 마는 것이다.

백인과 서구가 규정한 유색인종은 그런 식으로 자기 안에 존재한다. 영화관에서 백인 관객들 사이에 앉아 있는 파농은 백인 어린이가 "저기 니그로가 있어!"라고 말하는 것을 들으면서 그들이 파농의 흑인성, 니그로의 본성이 나타나길 기다린다는 것을 느낀다. 그 순간부터 그의 심장(신체-원시적 흑인성의 흑인)은 그의 머리(의사가 된 파농)를 헤집고 다닌다.

> 흑인은 백인의 손안에 든 장난감이다. 따라서 이 지옥 같은 회로를 부숴버리기 위해서 그는 폭발한다. 나는 영화관에 갈 때마다 나 자신을 보지 않을 수 없다. 나는 나를 기다린다I wait for me. 중간 휴식시간에, 영화가 시작되기 바로 직전에, 나는 나를 기다린다. 극장 안의 사람들이 나를 지켜보고 있다. 나를 훑어본다. 나를 기다린다. 니그로의 본성이 나타나기를. 나의 심장이 내 머리를 헤집고 다닌다.[45]

비서구 유색인종은 그의 신체—피부와 이목구비—로 설명되고 이해되는 자이며 그렇게 신체-피부색으로 규정되는 유색인종은 성공한, 혹은 교육받은 흑인에게는 제3자이다. 과거의 미개한 유색인종이었던 그는 현재의 자신에게도 제3자이다. 식민지의 인종적이고 억압적인 분위기는 그의 인종적 기원이고 과거이기도 한 제3자 의식을 부단히 일깨우고 자극한다. 이 '제3자 의식'이 세계와 자신을 변증법적 관계로 묶는다. 정(서구라는 타자)-반(원래의 자신인 제3자)-합(성공한 파농)의 변증법적 관계에서 제3자 의식은 그를 결정적으로 구조화하는 요인이다.[46] 지금의 이광수는 성공한 지식인으로 더 이상 미개한 조선인이 아니지만 거울을 볼 때, 거리에서 서양인을 조우할 때, 제3자인 (원시적) 조선인이 나타나는 것을 피할 수 없다. 그는 자신의 원시성, 황인종의 신체와 이목구비, 문명의 어떤 것도 상상하지 못했던 텅 빈 두뇌 이미지에서 벗어날 수 없다. 그에게 서구, 근대, 백인, 합리주의는 트라우마일 수밖에 없는 것이다.

식민지 조선인 지식인들이 거울을 보면서 그의 본래적 종족성을 문신처럼 새겨 놓은 신체를 응시하고 공격하는 것은 서구 이성주의가 유색인종의 원시성을, 담론과 언어에 의한 능멸을 통해 피부와 신체에 새겨 넣었기 때문이다. 그래서 식민지민은 자신의 신체 때문에 고통을 겪고, 신체에 대한 스키마를 정립하는 데 곤란을 겪는다.

세기말에 태어나 어릴 때부터 동학-천도교도로 살았던 박달성(1895~1934)이 거울을 통해 응시한 자기 신체 또한 그러하다. 그는 열 살 되던 1904년에 단발을 했고 동학 계열의 진보회에서 근대화운동을 경험했다. 동학이 천도교로 이름을 바꾸고 근대화·문명화운동을 추진하자 그 흐름을 따랐고 1913년 보성고등보통학교에 입학하여 약 3년간의 수학 기간에 서구 근대사상을 받아들였다. 사회진화론으로 세계를 바라보았고 니체, 톨스토이 등을 배우면서 민족갱생의 방법을 찾기 위해 고심했다. 3·1운동 이후 개인이 자기개조를 통해 실력을 갖추는 강력주의를 주창했고 종교가 중심이 되는 사회가 될 것으로 전망하고 천도교청년회를 만들어 문화운동을 전개했다. 천도교 회보를 비롯해 천도교 계열의 시사종합잡지 《개벽》 등 신문잡지에 많은 글을 기고했고 대중 여성잡지 《신여성》의 발행인을 역임하는 등 언론계에서도 활약했다.[47]

이런 그가 《개벽》에 발표한 〈모든 행동, 좀 더 무겁게 가지소서, 작금昨今에 기起한 우리 사회의 현상을 보고〉(1922. 5, 113~121쪽) 중 "나는 거울을 압헤 노코 내 얼굴을 내가 보며 내 얼굴을 내 손으로 잡아 뜨든 적이 여러 번입니다"라고 시작하는, 약 1.5쪽 분량의 고해에 방불한 대목이 눈길을 끈다. 실력을 키워 자기력自己力을 높여야 한다는 민족개조의 메시지를 전하기 위해 자신을 우선 공격한 다음 아래 인용문에서 보듯 다양한 조선 사회 구성원들의 결함, 문제적 사회현상들을 비판했다.[48] 그 또한 자신의 신체가 종족이 가진 근본적 결함-종족성-과 직결되어 있음을 어느 정도 알고 있는, 그래서 자신을 공격하고 부정하는 것부터 시작하는 식민지민의 트라우마를 보여준다.

> 나는 거울을 압헤 노코 내 얼굴을 내가 보며 내 얼굴을 내 손으로 잡아 뜨든 적이 여러번입니다……그 넓적한 얼굴 두실두실한 살빗 아무리 보아도 남만 갓지 못합니다. 미묘美妙란 바늘끗만큼도 가진데가 없습니다. 화증火症이 벌컥 나서 '이 놈의 얼굴하고' 잡아 뜨드려다가…… '그래도 좀 생긴 곳이 잇스려니'하고 귀와 눈, 코와 입을 유심히 보았습니다. 아무리 살핀들 소질이 그러하고 조직이 그러케된 바에 어찌 합니까. '혹을 떼려다 혹을 부친다'는 말과 가티 미美를 차즈려다가 추醜를 자꾸 발견하게 되엇습니다. 눈은 사발눈, 코는 平코, 입은 메기입 아-얼마나 낙심되엇겟습니까. 할수 업시 다섯 손가락을 벌이어 박박 잡아 뜻게 되엇습니다. 나는 또 내 머리를 내 손을 따린 적이 여러 번입니다. 의례히 생각날 것인데 캄캄하야 생각이 아니날 때, 그러케하면 되려니 한 것이 실지實地에 나아가서는 그러케 아니되는 때……잘못 덤비다가 낭패를 당할 때, 남에게 창피를 당할 때, 남에게 굴욕을 당할 때……어쩔 수 없이……두 손으로 머리를 박박 잡아 뜨드며 '에익기 이놈의 머리-' 하고 콕콕 박아내입다. 한참 잡아

뜻고 나서는 그만 쿨적 쿨적 울게 됩니다……나는 나의 자식을 욕하고 따린 적이 두세번입니다……그 생김생김이 남만 갓지 못하고 그 성품 그 지력이 남만 갓지 못하고 그 행동 그 처신이 남만 갓지 못한데서 어느덧 '에익 이 자식하고' 손길이 언뜻합니다. 따리고 나서……다시금 후회를 하면서 나도 따라 울엇습니다. 나는 나의 안해에게도 이러한 적이 잇섯고 나의 동생에게도 이러한 적이 잇섯습니다……형제시여 어찌 그리 심리가 박약하며 어쩌면 그리 행동이 경솔합니까. 우리사회의 풍기는 왜 이리 문란하며 우리 사회의 현상은 왜 이리 추잡합니까. 제 얼굴에 제 입으로 침을 배앗는 것 갓습니다는 부득이하야……(박달성, 1922. 5).

이광수의 공격은 자신을 향했지만, 박달성의 공격은 자신, 자식, 아내와 형제자매 그리고 조선인 일반에게로 확장된다. 그는 자신을 쥐어뜯고 때리다가 역시 자신과 다를 바 없이 못생기고 성품과 지력도 남만 같지 않은 자식과 아내에게도 폭력을 행사한 적 있으며 때리고 난 후엔 "쿨적 쿨적" 울었다고 고백한다. 독실한 천도교인이며 민족 문제 해결을 위해 종교의 힘이 중요하다고 확신했고, 도덕적 인격개조를 주창했으며 일본 메이지학원에 입학까지 한 지식인이지만 그의 자의식을 장악한 것은 서양인에 비해 지력智力, 미묘美妙, 성품과 도덕 면에서 추할 정도로 열등한 조선인인 자신이었다. 그의 민족적·개별적 자아정체성은 파괴되었고, 그를 지배한 것은 자신의 정체성을 자기가 소망하는 대로 만들어 갈 수 없다는 수치심이다. 수치심은 자신을 부정하고 자식과 아내에게 폭력을 가하고 나서는 혼자 훌쩍이는 저주받은 식민지민을 만들어 냈다. 1920년대 민족주의의 심연에 자리한 것은 서구 근대성에 압도당한 식민지민의 트라우마였던 것이다.

이광수와 박달성은 19세기 말에 출생한 인물들로 나름의 방식과 실천을 행하면서 민족주의자로 살았지만 1920년대 조선 사회를 풍미한 사회주의자는 아니었다. 조선공산당 간부이자 열혈 사회주의자였던 이성태를 통해서도 식민지민의 어두운 심연을 확인해 볼 수 있다.[49] 1901년에 출생한 이성태는 휘문고보에서 3년간 수학한 후 상해에서 이광수와 더불어 《독립신문》 기자를 하다가 1921년에 함께 귀국하여 순간旬刊 사회주의잡지 《신생활》(1922)의 기자로 활동했다. 1929~1934년간 일제의 감옥에서 보낸 이성태가 쓴 에세이의 제목은 〈광란狂亂〉이다.

21세 청년의 고해서인 이 글에는 약하고 음흉스러운 조선인의 피를 타고나서 남루하게 살고 있는, 그래서 자살 시도도 해 보고 매춘부를 찾아가 보기도 한 비겁자를 질책하다가 연민을 보내고, 극도의 수치심으로 파괴적 충동에 시달리면서 우왕좌왕하는 자의 불안, 충동, 절망으로 가득하다. 모든 것이 혼돈되고 곤비困憊한, 내일이 없다는 그의 고해성사는 차라리 광인의 절규에 가깝다. 사회주의를 논하고, 러시아의 무정부주의자 크로포트킨Pyotr Alekseevich Kropotkin(1842~1921)의 상호부조운동을 말하고, 물산공진회운동을 주창하는 그의 심연에는 혼돈, 수치, 절망, 눈물, 모멸감, 자살충동, 파괴충동이 난무한다. 과민해진 채 어디서나 자극받고 흥분하는 그의 형상은 광란狂亂이다. "나는 조선사람이다"라는 선언은 그것을 부끄럽게 여기며 혐오하는 식민지민의 자기파괴의 선언이기도 하다. 이렇게 시작하는 이성태의 자기파괴의 여정은 이광수, 박달성의 그것과 다르지 않다.

……모순 당착투성이의 사상, 감정이 머릿속을 흐르고 눈물과 피가 되어 내 신경을 극도로 과민케 해버리고 흥분하게 해서 저도 모르게 날뛰도록 미친 짓을 할지도 알 수 없스리 만치 갈피를 찾을 수 없다……생기없는 남루襤褸같은 생활이 천년 계속되는 것보다도 하루에 전세계의 파탄되는 것이 어떻게 시원할지 모르겠다……나는 조선사람이다. 어떤 내 동무의 소위 요보혼을 타고난 사람이다. 약하고 모나지 못하고 피기없고 음흉스럽게 뵈이기는 하면서 징겁고 게다가 겁 만키로 세계에 비류比類가 없는 조선사람의 피를 받고 난 사람이다. 열정도 없고 계획도 없고 싸울 줄도 모르고 사랑할 줄도 모르는 조선사람인 내가 무엇이 될지, 또 무엇이 되기를 바라는 것은 가엽어도 보이고 밉살스럽고 주제넘어보이고 안타까워도 보인다. 이따위 소리를 하고 있는 내가 어떻게 미운지도 모르겠다……그러나 난 마찬가지로 힘없는 조선사람이다……아아! 이 따위 생각을 하면서 괴로워 하는 것보다는 금시라도 피가 쏟아지는 타격이 와서 통쾌하게 파멸해버리는 것이 어떻게 시원할가……상해에서 고량주 한 잔 마시고 자살하려 면도 집으로 뛰어 올라가든 생각이 난다……불안과 공포에 떨면서 밀매음녀를 찾아갔다가 도덕적 파산을 범하는 것 같아 중도에 뛰어나와 버리든 비겁하고 가엾슨 내 그림자가 얼른 거린다. 얼굴이 화끈해진다……테러리스트와 길동모나 할가……모든 것이 혼돈되었다. 모든 것이 곤비困憊되었다. 근대인은 이러한 재화를 받고 난 사람들이다. 나는 이상을 모른다. 그러므로 이런 사람은 내일을 위해서 사는 것이 아니다……강렬한 자격! 음침하고 생기없는 것을 불살라 버릴만한 정열! 더러운 모든 것을 불살라버리자……(《개벽》, 1924. 9, 48~51쪽).

이광수가 1922년 《개벽》을 통해 쟁투(경쟁)의 시대에 "조선사람 같이 행복하지 못한 백성"에게 민족성 개조의 방향을 제시한 것은 이해할 수 있는 행보이다. "제일 못나고 제일 가난하고 산천도 남만 못하고 시가市街도 남만 못하고, 가옥도 의복도, 음식도 남만 못하고 과학도, 발명도, 철학도 예술도 없고 일을 할 줄도 모르거니와 할 일도 없고 아마 이러케 불상한 백성은 다시 업슬 것"이므로 이를 타파하기 위한 해결책으로 민족개조의 방안을 제시하는 의식의 전환, 다르게 표현하면 민족을 부정하고 친일로 전향한 것은 자연스러운 행로인 것이다.

그는 두 가지 개조의 길을 제시하는데 개인의 육적, 주관적, 내적 개조의 길과 인성의 예술적 개조가 그것이다. 이 개조의 방향은 정치·경제적 현실의 개조가 아니라 정신과 예술·종교적 개조에 방점을 두는 노선이다. 예수, 톨스토이, 타고르, 크로포트킨, 칸트와 피히테 같은 위인들이 인도하는 종교, 철학, 과학, 예술, 인격의 개조를 통해 남보다 못한 정치와 경제 여건을 개조하자는 논리 속에 식민지 현실에 대한 문제의식은 뒷전으로 밀려나 있다.[50]

식민지의 정치경제 현실은 정신(관념)에 부차적인 것으로, 다시 말해 인생에서 절대적이거나 근본적으로 중요한 것이 아니라 정신에 종속된 것이라는 논리이며 인격과 정신의 개조에 방점을 둠으로써 식민지 현실이 가진 무게를 덜어내거나 뒤로 밀쳐내는 논리인 것이다. 그런 점에서 정신과 인격의 문제를 우선시하는 민족개조론은 제국의 식민지배에 대한 협력담론일 수밖에 없다. 미개한 야만의 민족에게 개조의 숙명을 제시하면서 현실을 자기 탓으로 받아들이게 하는, 불우한 현실을 정신과 예술, 과학의 부재 탓으로 돌리는, 부조리한 현실을 향한 쟁투를 아예 의미 없는 것으로 간주해 버리는 식으로 우회하면서 제국에 협력하는 담론인 것이다.

1920년대 풍미했던 개조와 계몽운동의 의도를 의심하는 것은 부질없는 일이다. 그보다는 자기부정에서 시작되어 보편성의 문명으로 진입하고자 하는 맹목적 개조의 욕망이 부메랑처럼 우리 자신에게로 되돌아오는 '효과'를 문제 삼는 편이 훨씬 유익하다. 역사에서 보다 중요한 것은 살인의 고의성을 따져묻는 형사재판의 동기나 의도 같은 것이 아니라 과정과 결과, 그리고 그것의 사후 효과라고 본다면 말이다.

근대와 서구 보편 문명에 대한 식민지 지식인의 콤플렉스는 자기 파괴적인 부정을 거쳐 보다 앞선 문명을 가진 제국, 정복자에게 무릎 꿇는 중에도 이 모든 것을 자기 탓으로 돌리는 '식민화 된 주체'의 구성을 초래한다. 보편 문명에 대한 열등감과 자기 문명에 대한 공격적 적대감 사이에서 그의 선택은, 전향은 합리적이다. 적어도 문명의 우월성을 자각한 자에게 자신을 개조하는 전향은 근대적 전환이기까지 하다. 그러나 그의 전향은 완전하지 않다. 그는 끊임없이 동경하는 문명과 열등한 자기 문명 사이에 끼어 있는 존재-식민지민이며 자신의 신체 이미지에 갇혀 있다는 사실로부터 결코 자유로울 수 없기 때문이다. 두 문명, 두 문화, 두 민족, 두 신체 사이의 경계에 있는 그는 경계인이고 어느 쪽에도 완전히 동화될 수 없는 이방인일 수밖에 없다. 이러한 삶에서 불안정성은 하나의 성격구조로 자리 잡는다.[51]

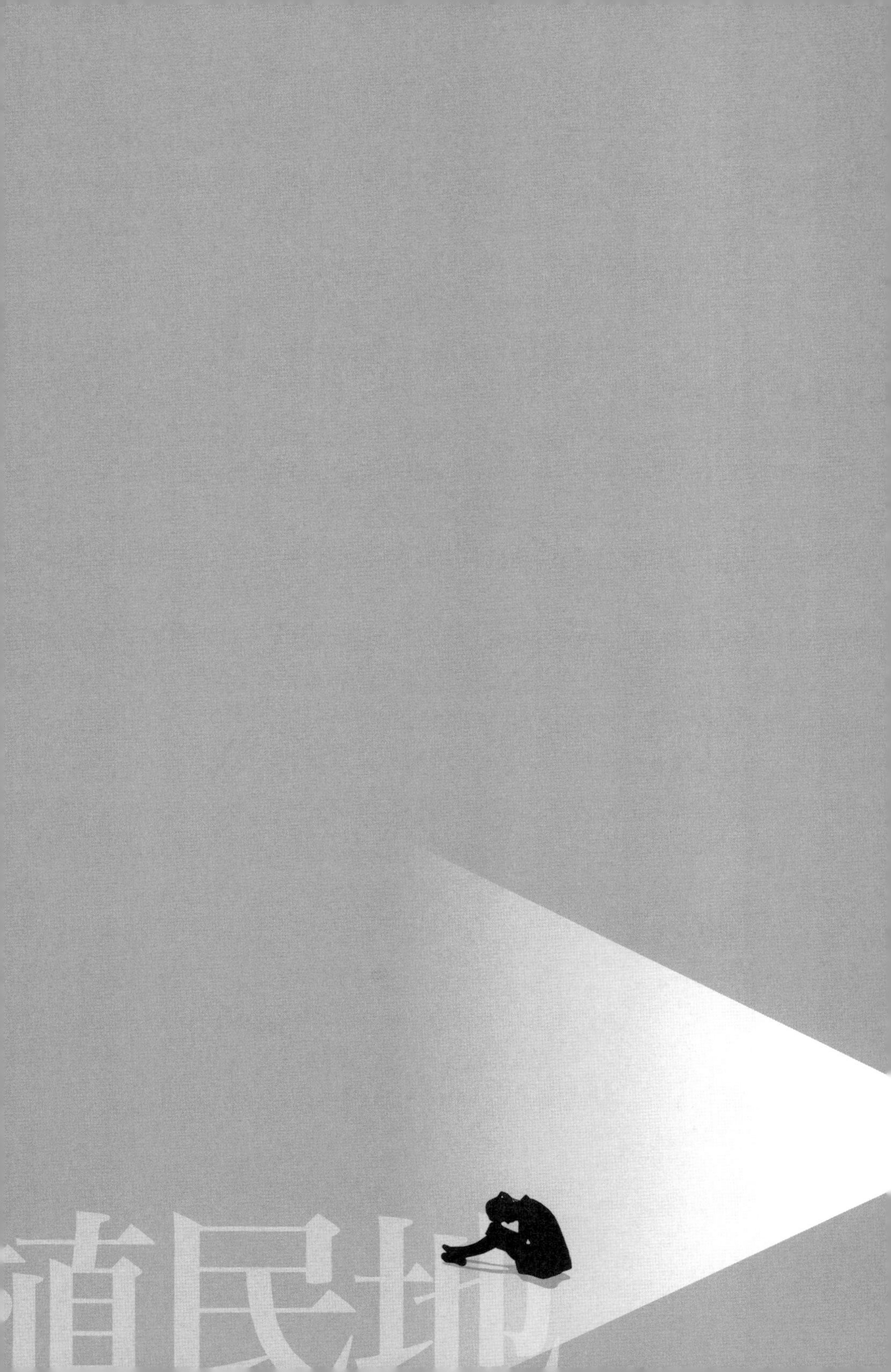
植民地

# 모욕을 합리화하는 식민지 사회

일본 오리엔탈리즘의 간지奸智
경찰의 전지적全知的 감시망에 포획된 식민지 사회
문명화에 동원된 합법적 폭력
신체에 새긴 모욕과 처벌
식민지 군중의 저항, '콜레라 소요'

# 4

## 일본 오리엔탈리즘의 간지奸智

제국주의 열강이 각축하던 세기말에도 일본은 지역과 장소를 불문하고 조선 사회 각 분야에서, 위세를 떨치고 있었다. 일본인 관리는 물론 조선으로 이주한 영세 상인들, 민간인들도 조선인에게 증오와 그만큼의 두려움을 일으키는 존재였다. 처음부터 일본인이 욕하고 때리고 능멸을 일삼아 일본과 조선 사이에 정의情誼가 없어진 지 오래라는 한탄의 소리가 높았다.[1] 사실 일본에 대한 조선의 증오와 적대감은 임진왜란을 계기로 정신적 유산처럼 이어져 온 감정이었다. 설상가상으로 외국인들이 보기에도 일본은 지나칠 정도의 횡포를 자행하고 있었다. 일본이 지나칠 정도로 힘을 과시하고 억압을 자행하여 조선인들에게 감당키 어려운 혐오감을 증폭시키고 수세기에 걸친 저항감을 자극하여 한국 내 외국인들 중 일본인만큼 혐오의 대상이 된 민족도 없다고 증언할 정도였다.[2]

보호(통감)통치 정국에서 상황은 더욱 악화되었다. 일본의 '흉악 무리'들이 총칼을 들고 횡행하여 시국은 완전히 변했고 제 몸을 보호할 수 있는 서양인과 달리 "한국인은 원수도 한 번 갚지 못하고 다만 빼앗기고 학대만 당할 뿐"이었다.[3] 배일 신문으로 많은 지지를 받았던 《대한매일신보》의 구독조사를 하던 일본인 순사가 구독 안 한다고 응답한 기독교인 조선인을 구둣발과 칼집으로 사정없이 때리면서 경찰서로 압송해도 억울함을 호소할 데가 없었다.[4] 대한제국 정부는 이미 자국민을 보호할 수 없었다.

이러한 굴욕과 폭력은 충분히 예견된 것이기도 했다. 일례로 유길준 등 일부 조선인들과 일본인들의 안내를 받아 1883년 조선을 방문했던 미국인 천문학자이자 사업가 로웰P. Lowell(1855~1916)은 일본아시아협회The Asiatic Society of Japan[5] 회원인데 여행기에서 "조선에서 흥미로운 유일한 것은 오직 비합리적인 괴상함oddity이다. 헤아릴 수 없이 많은 행위들이 우리들 문명과 정확히 반대인 듯 보이고 사회현상은 오히려 가장 호기심을 덜 일으킨다"고 했다.[6] 또 다른 서구인의 책, *The Obvious Orient*(1911)은 미국이 조선 문제에 침묵하고 있음을 언급한 후 조선인이 강렬한 독립의지를 가졌으므로 군사력에 의한 일본의 통치는 문제가 있다는 비판을 하면서도 일본 식민통치가 명백하게 선정善政이고 조선인이 역사상 처음으로 좋은 도로, 경찰, 생명과 재산의 보호, 합리적이고 공정한 정부를 가지게 된 것만은 사실이라 했다. 그러면서 이 모든 것을 기획한 이토伊藤博文 공작을 암살한 조선 청년(안중근)의 행위는 불합리했다는 식으로 일본의 조선 지배를 정당화했다.[7]

자치에 의한 식민지 경영의 안정화 정책은 1830~40년대 유럽에선 이미 일반화된 상태였다. 자치방식이 제국이 경제적·물질적 이득을 성취하는 데 효과적이라고 판단한 때문이다. 그러나 기독교를 앞세워 비유럽인종의 문화적·종교적 소멸을 진화의 증거이자 과정으로

이해하는 한편 제국주의를 백인의 문명화 사명으로 간주하는 백인우월주의는 결코 포기하지 않았다.[8]

같은 논리로 서구 문명의 감화를 받은 일본이 비유럽인종인 조선 민족을 식민화하는 것을 당연시했다. 그러나 일본의 통치가 무력에 의존한다고 해도 조선인의 자치를 인정하는 것은 오히려 조선의 발전을 위해 이롭지 않다고 단정했다. 조선인은 자치능력이 결여되어 있으므로 유럽의 식민지들과 같은 자치가 오히려 독이 된다고 본 것이다. 1886년 조선 최초의 근대 학교인 관립 육영공원의 교사로 초빙된 미국인 선교사 헐버트H. B. Hulbert(1863~1949)는 저서 *The Passing of Korea*(1906)에서 조선에 대한 오해가 미국에 널리 퍼져 있다고 우려했는데 이를 통해 당시 서구의 조선 인식을 짐작할 수 있다. 미국에서 조선인은 "저질이고 경멸받아 마땅한 민족이며 일을 개선할 수 없고, 지적으로 열등하므로 독립상태보다는 일본의 통치하에 있는 것이 낫다"는 말을 들었고 심지어 조선인 스스로 자신의 독립을 실질적으로 그리고 영구적으로 파괴했다는 믿음을 갖고 있다고 전한 것이다.[9]

이러한 서구의 반응은 정확하게 일본의 인식과 일치했다. 일본은 대만 식민화(1895~1945) 이후 1920년경까지 유럽과 함께 세계사의 대세에 참여하는 국가라는 이미지를 정립하는 데 주력했다. 유럽의 과학적 식민주의, 사회진화론, 약소민 보호론, 동화주의, 문명화 사명론에 따라 열등한 동양의 미개 민족들을 우월한 일본 문화에 동화시킨다는 사명론을 정립한 것이다.[10] 그리고는 동양의 특권적 존재인 일본을 문명의 정점에 두고 다른 아시아 민족들을 야만에 배치하는 민족지적 박물학을 구축했다. 다른 아시아 사회의 지체/미개를 이상계통異常系統으로 유형화하고 일본은 서구/문명에 가까운 정상 계통

正常系統에 속해 있음을 부각시키는 식민주의 오리엔탈리즘을 구성한 것이다.

이 민족지적 박물학 안에서 조선은 아시아의 지체된 이상 계통 중에서도 '특수'한 사회로서 '(발전에 대한) 욕망이 결여된 야만, 나약한 민족성과 나태한 인민 정서가 지배하여 헛되이 외래 문명을 모방하는 사대주의가 만연한 사회'로 표상되었다. 즉, 그러한 '국민적 성격'으로 인해 사회 지체가 초래되었으므로 우세한 문명과 동화함으로써 개조되어야 한다는, 일본의 '문화적 사명'을 공공연히 주장했던 것이다.[11]

조선 민족의 미개성에 방점을 둔 것은 문명과 문화 면에서는 미개한 지점들과 야만적 요소를 찾기 어려웠기 때문이다. 미개한 문명 대신에 민족성을 거론했고 빈곤, 불결, 태타怠惰(게으름), 교활의 이미지를 생산했다. 19세기 우생학은 이런 자질들을 생물학적 열등종의 특징으로 규정하고 있었다. 게으름은 유전적 속성이 발현된 것으로 약종弱種의 특징이었다. 3·1운동 이후에는 여기에 두려움의 이미지를 추가함으로써 일본인과 다른 차이, 즉 민족적 비정상성을 구성했다. 일본 식민주의는 '민족성의 차이'라는 관념에 토대를 두었고 천황제 안에서 이 차이를 문명으로 동화하고 이상성異常性을 배제한다는 논리를 구축한 것이다.[12] 이런 민족성의 결함은 자치능력의 결여를 의미했고 조선인은 자치가 아닌 식민지로 운영되어야 하는 미개한 약종弱種의 유색인 이상도 이하도 아니었다.

3·1운동은 확실히 이런 오리엔탈리즘에 작지만 균열을 일으켰다. 만세운동은 명확한 목표가 있었다. 조선인이 자치능력이 있음을 증명하기 위한 전 민족적 시위였던 것이다. 서구 열강에 대해 조선을

문명화할 것을 천명한 이래 서구의 시선과 평가에 민감했던 일본으로 하여금 마지못해 문화통치로 정책 전환을 선언하게 하고 짐짓 반성의 제스처를 짓게 만드는 정도의 균열을 낸 것이다.

1920년 8월 29일자 《매일신보》는 사설에서 일본과 조선 민족 간의 현재와 같은 대치와 적대상태를 해소하기 위해선 우선 조선인과 일본인의 각자에 대한 고정관념의 격차를 줄여 소통해야 한다는 전제하에 일본인이 조선에 대해 가지고 있는 고정관념을 7가지로 정리한 바 있다. 조선은 역사적으로 오랫동안 중국에 종속되었으므로 한 번도 독립국가였던 적이 없고, 정치는 부패하고 무능하여 백성은 가난과 모멸 속에 살아 왔고, 문화는 퇴보하여 볼 만한 것이 없고 사대사상이 강하여 자주자립의 자격이 없다. 따라서 일본의 통치로 빈곤에서 벗어난 것을 행운으로 알아야 한다는 등의 편견을 가지고 있다는 것이다.[13] 일본의 오리엔탈리즘이 식민지 경영에 장애가 되고 있음을 시인한 것이다. 그러나 식민지민의 자발적 순응과 굴복 없이 원만한 식민통치가 가능하지 않음도 분명했다. 오리엔탈리즘은 식민지민이 자기 민족의 열등함을 인정하고 제국의 지배에 심리적·정신적·문화적으로 복종하게 만드는 데 필요한 통치기술이었으므로 포기할 수 있는 것도 아니었다. 오리엔탈리즘은 식민지 심리전의 기반이고 주력이었다.

3·1운동은 서구에서도 조선 민족이 독립의 의지를 가졌음을 인정하는 계기를 제공했다. 조선인이 강제 병합 이후 지속적으로 저항해 왔으며 3·1운동이야말로 그들 민족의 가능성과 잠재력을 보여주는 것이라는 평가도 생겨났다.[14] 그러나 그뿐이었다. 조선에서 선교활동을 했던 일부 미국인 선교사나 그들의 극소수 지인을 제외하면 세계

는 여전히 조선인이 자치를 할 수 있을 만큼 정신적으로 성장했다고 보지 않았다. 한국인들은 무능한 관료와 왕조의 부패 착취로 인해 과거에는 전혀 갖지 못했던 평화와 안전을 누리고 있으며 현재도 스스로 개혁할 능력이 없고 자립할 수 없으므로 일본이나 러시아의 보호하에 있어야 한다거나 한국의 폭동(3·1운동)은 수동적 저항에 불과하고 무정부 상태나 독재자를 원하지 않는다면 일본은 자치를 부여할 수 없다, 그 이유는 한국은 자신을 다스릴 만한 자아self가 없기 때문이라는 담론이 여전히 지배적이었다.[15]

1920년경 중국에서 해군정보장교로 재직했던 킹 홀S. King-Hall(1893~1966)은 일본이 한국에서 자유주의적 태도를 성장시키는 데 장애가 되는 두 가지 문제 중 하나로 한국민의 후진적 상태를 꼽았다. 조선 농민은 대만을 제외하곤 모든 극동아시아 민족 중 가장 후진적이어서 현재로선 자신들의 일을 관리하는 데 부적합하고 지식인들이 선동하는 독립을 행사할 수 있는 상태가 아니라고 했다.[16] 또 다른 인사는 1920년대 중반에 발행된 책에서 독립운동에 대한 일본의 진압은 잔인하고 납득하기 어렵기는 하지만 일본은 (진압의) 목적을 달성했고 그 후 한국은 어느 때와도 비교할 수 없을 만큼 평화와 발전을 향유하고 있다고 주장했다. 거리의 봉기는 식민치하가 아니어도 발생할 수 있는 것이고 "일부 정체가 불분명한, 난리 중에 어부지리를 얻으려는 무리" 등이 촉발한 봉기(만세운동)로는 목적을 절대 달성할 수 없다, 일본을 위협할 만한 강대국의 지원을 받는다 해도 절대 일본을 쫓아 낼 수는 없으며 오히려 아시아를 전쟁의 위험으로 내몰 뿐이라고 했다. 오직 국제연맹이나 강대국 회의에서 식민지 청산을 결의할 때만 독립이 가능하므로 일본의 문화적·경제적 발전에 기여하는 한국인들이야말로 진정으로 자신의 나라를 위해 위대한 봉사를 하는 것이며 사이토 총독의 인간적 태도(문화통치)가 이런 변화를 만들고 있다고도 했다.[17]

3·1운동 이후에도 서구 여론은 일본이 주도하고 생산한 담론의 지배하에 있었다. 1919~1921년간의 독립운동 시기에 나온 몇 권의 책이나 그 후의 출판물 거의가 일본 정부가 직접 또는 제3자에게 대행하게 하는 식으로 발행된 것이었으며, 그 외의 책들은 한국을 주마간산 격으로 훑고 지나간 여행자들의 인상기에 불과했다. 그래서 인구 규모와 전략적 위치에 비해 한국만큼 서구 문헌에서 적은 관심을 받은 나라도 없다는 평가가 나오기도 했다.[18] 심지어 조선 상황에 동정적인 미국 선교사들의 평가도 엇갈렸는데 다수는 일제의 폭력적 진압을 비난하면서도 폭력적 만세운동을 선동한 급진주의자들의 책임을 거론했고 다른 한편으로는 문화통치를 환영하면서 일본의 새로운 시책을 정당화하는 데 기여했다.[19] 때문에 3·1운동 직후에도 일본은 "병합 10년 간 조선인은 지극평화至極平和의 천지天地에 안온安穩하게 생활했다"[20]는 선전을 대놓고 할 수 있었다.

## 경찰의 전지적全知的 감시망에 포획된 식민지 사회

식민지배 초기 국면에서 식민지민의 무장투쟁과 조직적 저항은 자연스럽고 당연한 것이다. 일본은 이미 대만에서 이를 경험했다. 청일전쟁(1894~1895)에서 승리한 대가로 중국으로부터 양도받은 대만에서 1902년까지 8,000건이 넘는 게릴라전이 벌어졌고 점령 후 첫 6개월

간 6,000명 이상의 대만인이 죽었다. 대만인의 저항이 민족주의의 발로가 아니었음에도 1898~1902년간 1만 2,000명이 죽고 이후에도 수천 명이 도적으로 몰려 법적 절차 없이 살해되는 과정을 거친 후 저항은 현저히 수그러들었다. 1900~1910년대는 겨우 10건의 소요만 발생했을 뿐이었다.[21]

조선은 상황이 달랐다. 대만이 점령지였다면 조선은 외견상으론 두 주권국가 간의 협약에 의해 식민지가 된 경우였다. 따라서 조선인에 대해선 자국민과 동등한 대우를 해 줘야 했고 무엇보다 민족적 봉기를 방지하는 데 역점을 두어야 했다. 대만에선 소요세력을 제거하는 데 주력해도 되었지만 조선에서는 보다 대규모의 민족적 봉기를 차단해야 했다.[22] 또 조선은 대만보다 인구가 많았고 무엇보다 민족주의적 저항이 강했으며 조선을 문명화하겠다는 일본의 약속을 예의 주시하고 있는 서구 열강의 시선도 의식해야 했다.[23] 또 대만에선 과거 지배계층의 다수가 중국으로 망명해 지배층의 공백이 있었지만 조선의 경우 인구 10퍼센트에 달했던 지배층은 기존의 지위와 특권을 거의 상실한 채 일본에 협력해야 할 이유도 동기도 별로 없는 상태에서 식민화를 맞이했다. 다시 말해 언제든 민족적 봉기와 저항운동을 조직할 수 있는 엘리트들이 국내에 잔류한 상태에서 식민통치가 시작된 것이다.

이처럼 조선에서 민족적 저항운동이 끊임없이 일어날 수밖에 없었던 구조적 요인들이 있었던 것이다.[24] 구한말에 항일의병대장이 되어 격렬히 저항한 다수 양반들의 존재는 식민지배가 언제든 위기를 맞을 수 있음을 예고하는 것이기도 했다. 과거 양반 지배층이든 근대 교육의 세례를 받은 신흥 엘리트층이건 조선의 신구 지배층은 잠재적 저항지도자였다. 그들은 자신들의 인맥, 재산, 경력, 지식을 무기 삼아 민족적 저항을 조직할 수 있는 계층이었다. 그런 만큼 일본이 지배층 양반의 지도력, 도덕성, 능력을 비난하면서 국권 상실의 책임을 지배층에 떠넘긴 것은 교활한 책략이었다. 세기말을 지나 20세기 초에도 양반은 조선의 낙후된 문화상태를 상징하는 지배계층으로 일본의 신문 잡지에서 연일 다뤄졌고 실용적 지식 결여, 게으름, 부패, 분파주의에 찌든 무능한 특권층으로 공격받았다.[25]

그러는 한편 헌병경찰체제를 정비하고 무단통치를 식민 정부의 기조로 설정했다. 을사늑약(1905)으로 '보호통치'를 시작한 일제는 1906년 통감부를 설치하면서 일본인 고문관들이 경무청의 경찰 권력을 장악하게 했다. 일제 경찰법규의 영향력이 조선 전국에 미치게 된 것이다. 1905년 일본 동경에서는 순사 1명이 600명을 담당한 데 비해 경성에서는 순검 1명당 129명일 정도로 과다한 경찰력이 배치되었다. 하지만 조선에서 범죄발생 건수가 많지 않자 조선인 순사의 수를 줄이는 대신 점차 잘 훈련된 일본인 경관으로 교체했다.[26]

3·1만세운동 이전까지, 즉 무단통치기의 경찰은 보통경찰이 아닌 헌병경찰이었다. 헌병경찰은 원래 의병 진압을 목적으로 만든 기구였으므로 군대 조직인 헌병이 민중의 일상을 감시, 통제, 지배한 셈이다.[27] 1909년에 반포된 〈범죄즉결령〉은 경범죄의 경우 재판 없이 (헌병)경찰이 직접 처벌하도록 했고, 이를 토대로 식민지 일상에 대한 가장 대표적인 제재 법규였던 〈경찰범처벌규칙〉(조선총독부령 제45호 1912년 3월)이 만들어졌다.[28] 〈경찰범처벌령〉의 기본 취지는 용의자를 지방경찰이나 헌병대장이 언제 어디서나 임의로 조사, 판단하여 검속, 구류나 벌금형으로 즉결처분할 수 있게 하는 것이었다. 외견상으

론 근대적 사법체계를 도입해서 법치를 실행하는 것으로 보였지만 실질적으로는 경찰이 조선인의 일상과 정신 영역까지 광범위하게 감시하고 처벌할 수 있는 과잉통제를 구현했다.[29]

경찰은 무소불위의 존재였다. 어느 때고 남의 집 안방에 침입하는 등 못할 것이 없었고 가택침입죄, 기구파손죄, 구타죄도 경찰에게는 상관없었으므로 도리어 맞은 사람에게 "요보, 이놈아 고맙다 말해" 식으로 대한다는 불만이 끊이지 않았다.[30]

## 문명화에 동원된 합법적 폭력

경찰행정의 폭력적 양상을 적나라하게 보여주는 경우가 경무국 소속 위생경찰이 집행한 위생행정이다. 독립적인 위생행정기구가 경찰과 함께 이원적으로 위생행정을 실시한 일본과 달리 식민지 조선의 위생행정은 경찰이 독점했는데 수시로 발생하는 전염병이 식민지 경찰체제를 공고히 하는 데 기여했다고 해도 틀린 말은 아니다.[31]

1821년 처음 발병한 콜레라는 1858년엔 50만여 명의 사망자를 내면서 무서운 질병으로 각인되었다. 이 무렵 환자가 발생하면 일단 피막避幕을 설치하고 격리시키는 데 주력했으며 발병 지역의 출입을 막는 식으로 대응했다. 1895년 청일전쟁 때 일본군이 조선에 들어오면서 3개월간 콜레라가 퍼졌고 1907년, 1909년에도 다시 유행하자 피병원 설립의 필요성이 제기되었다.

1910~1911년에는 페스트로 곤욕을 치렀다. 콜레라는 다시 1919년 만주를 거쳐 유입되어 8월에서 10월까지 약 1만 1,000여 명의 사

망자를 낸 데 이어 1920년 6월에서 10월까지 2만 4,000여 명의 환자와 1만 3,500여 명의 사망자가 발생했다.[32] 1923년 7월, 1926년 9월, 1929년 9월, 1931년 10월, 1932년 8월에도 콜레라가 유행했다. 콜레라가 계속 발생하자 식민 당국은 경찰을 동원해 위생과 공중보건을 명분으로 식민지민의 신체와 의식주의 사생활 영역을 주도면밀하게 감시하고 통제할 수 있었다.

위생은 문명의 언어였고 생명, 건강, 안전과 직결되었으며 생활방식의 근대화와 연관되었다. 1880년대부터 위생, 위생경찰 개념이 도입되었고 1895년 콜레라가 창궐한 것을 계기로 광무개혁(1896~1904) 기간 한국에서도 위생국을 설치하고 위생사상 계몽에 박차를 가했다. 서양인의 위대함은 위생을 잘하고 거처와 음식을 몸에 이롭도록 하여 병이 없고 근골이 장대한 데서 비롯한다는 것에서부터[33] 조선인은 입을 벌리고 다녀 남 보기도 어리석고 더러운 먼지가 들어가 위생에 좋지 않다면서 '몸 가지는 법'과 목욕, 머리 감기, 신체운동을 장려했다.[34] 또 인민의 위생은 의약의 보급, 의학의 발전, 더러운 물건을 큰길에 버리는 등의 습속을 고치기 위한 도로 정비를 급선무로 한다면서 생활환경 개선 요구도 제기되었다.[35] 1899년 전염병예방규칙을 만들었으나 보건인프라가 부재한 탓에 실효는 없었다. 1902년 《황성신문》이 콜레라가 호열자균에 의해 발병하는 전염병임을 공지한 데서 보듯 전염병에 대한 과학적 발견은 20세기 들어 단편적 정보로 알려지기 시작했다.

1907년에 소개된 콜레라 예방법은 매우 단순하여 콜레라가 미균黴菌(곰팡이균)에 의해 감염되며 불결한 매개물이 미균을 전파하지만 치료방법은 아직 미지未知이므로 오물을 없애는 등 위생관리를 잘해야 한다고 조언하는 정도였다.[36] 일제의 보호통치기에는 통감부의 위생국과 경찰서에서 광무대, 단성사, 협율사, 원각사 등 극장을 빌려 위생환등회를 자주 열었다. 특히 친일파 참서관 민원식(1887~1921)의 주도하에 매주 금요일마다 '위생환등'을 조직했다.[37] 종로청년회관 YMCA에서는 몸의 이치를 알고 음식 먹는 법, 근골을 강하게 하는 법, 신체 건강케 하는 법을 알기 위해 구미에서 기계를 들여와 생리화학 강좌를 개설했다.[38] 전염병을 곰팡이균과 세균이 전염시킨다는 과학적 설명은 너무나 낯설었다.

이런 상태에서 일제가 경찰 중심의 위생행정체제를 조직하고 이를 문명화, 계몽, 식민지민의 생명과 건강을 향상시키는 식민 당국의 역할로 선전한 것은 자연스러웠다. 다수의 선행 연구들이 밝혀 냈듯이 일제는 식민지민의 일상, 신체, 의식주, 생활방식을 규율하고 직간접적으로 개입하는 것을 합리화, 정당화하기 위한 수단으로 근대적 위생 개념·제도·담론을 활용했다. 일본의 위생행정 관련 연구들은 대부분 위생이 식민지배의 성패를 가늠하는 중요한 지표로 간주되었고 그만큼 식민 당국의 역점사업이었음을 증언한다.[39] 일본은 위생담론을 통해 아시아의 더러움을 청소하는 제국으로서의 입지를 공고히 하는 한편 식민지배를 정당화했던 것이다.[40] 대만의 경우 근대적 공중보건시스템의 이식에 주력한 일본의 위생행정 덕분에 최소한 보건 부문에서는 식민통치에 대한 호의적 평가가 지속되고 있다. 독일의 국가의료체계를 모델로 하여 식민지 위생행정체계를 구축한 것이 해방 후 탈식민화 국면에서도 식민주의와 반식민주의의 경계선을 흐릿하게 하는 효과를 낸 것이다.[41]

경찰 주도의 위생행정을 정당화하는 데 식민지민의 위생관념 결여

만큼 효과적인 것도 없다. 어느 조선인 상류층 여성의 말을 빌리면 "상류에서 하류에 이를수록 조선 여자는 더러운 것을 예사로 여기는 실정"이었다.[42] 일제는 조선인의 주택구조, 가족관계, 변소, 하수와 수도, 청결, 분뇨 처리, 쓰레기 처리방식 등 일상생활의 전반에서 위생관념이 결여되어 있다고 역설했다.[43] 조선인 식자층도 민족 건강 차원에서 위생설비와 위생사상의 계도가 필요함을 역설했고, 조선인의 영양상태, 신체 발육상태가 미흡함을 인정하며 근로의욕, 지식, 결단과 인내심 같은 도덕성의 발전을 위해서도 건강과 보건위생을 향상시켜야 한다는 입장을 취했다. 위생관념의 부재가 도덕성의 미숙으로 귀결된다는 논리에 근거하여 환기장치가 없는 주거양식, 영양 없는 음식물, 아동의 학과學課 부담, 운동부족, 위생학적 지식의 부재 등을 문제시했다.[44] 근대적 위생관념과 공중보건정책의 필요에 대해선 식민자와 식민지민 간에 이견이 없었다. 위생은 누구에게나 이롭고 합리적이며 문명화의 지표였기 때문이다. 문제는 이런 공중보건 체계와 위생관념은 가난하고 무지한 조선 민중이 자력으로 개선할 수 있는 것이 아니었다. 조선의 식자들이 반복적으로 일본인 거주지역과 차별 없는 상하수도 시설, 의료기관 구축을 요구했던 이유이다.

이쯤에서 간과해서 안 될 사실은 1890년대 전염병의 세균전염설이 정설로 되면서 개인의 청결과 위생관념에 방점을 두는 방향으로 보건행정이 추진되었다는 점이다. 1930년까지도 콜레라, 페스트, 장질부사, 천연두에 대해선 과학적 예방법이 확실하지 않았으므로 전염병의 발병을 당국의 책임으로 볼 수만은 없다는 인식이 있었고 개인의 책임을 강조하는 선에서 방역대책의 방향이 설정된 것이다.[45] 개인의 의식주 생활에서 건강과 청결의 의무가 강조되었으며, 책임을 다하지 못한 개인에 대해서는 가족은 물론 이웃, 공동체, 국민의 생명과 건강을 지키기 위해서 정부의 강제 조치들이 필요하다는 것을 납득시켰다. 개인의 책임이 강조되면서 개인의 일상을 통제하고 개입하는 식민 당국, 즉 경찰의 감시, 검사, 강제 조치 또한 합리적이고 합법적이며 공익적인 위생행정의 일환으로 간주되었다.

일본은 이처럼 과학과 공익적 명분을 앞세워 위생경찰제도를 정착시켰다. 전염병 예방과 방역을 목적으로 정기적으로 매 가구를 방문하여 검병檢病 및 청결조사를 시행했으며 전염병 창궐 시에는 의심환자 발생 지역 내 전 주민에 대한 채변검사, 교통 통제, 소독, 환자 및 주의환자의 격리 등을 강제했다. 이 과정에서 경찰은 안방은 물론 부엌, 화장실까지 임의로 수색할 수 있었고 의심되거나 조금이라도 항의 내지 불평하는 사람을 체포하는 등 광범위한 인신구속을 집행할 수 있었다. 일례로 1938년도 경기도 위생과에서는 한 해 전염병 예방계획을 논의했는데 4월 중에 광견병 예방주사를 시행하는 한편 상순에 종두 접종, 중순에 춘계 청결검사와 장질부사 예방주사 단체 실시, 5월에는 2주간에 걸쳐 개인을 상대로 주사를 놓을 계획임을 발표했다.[46] 경찰은 이런 식으로 각종 검사와 예방접종을 빌미로 경기도 전체 가옥의 안방과 부엌까지 임의로 출입하고 사람들의 신상을 빠짐없이 조사할 수 있었다.

이런 체제에서 경찰의 위생행정은 폭력을 수반하거나 그 자체로 폭력적이었다. 그런 점에서 일본이 3·1운동의 원인 중 하나로 위생행정을 꼽은 것은 역설적이다. "조선인의 위생사상이 유치하여 불결한 것을 관변에서 간섭했더니 반감을 가졌고 그 반감이 3·1운동의 중대 원인이었다"고 한 것이다. 조선인의 배일감정이 문명적 행정에 대한 반감에서 비롯한 것이라고 대내외적으로 선전하기 위해 주장한 것이지만 결국 위생행정의 폭력성을 자인한 셈이었다.

조선인들도 관헌이 청결을 강요하며 가하는 폭행이 위생사상 결여보다 더 큰 문제라고 지적했다. "청결을 빌미로 매년 몇 차례 정기적, 부정기적으로 농민에게 가하는 구타와 모욕은 다른 경우에 경관이나 헌병이 인민을 억압 멸시하는 정도 이상으로 감정을 상하게 하며" 청결법에 대해서까지 반감을 갖게 만든 요인이었다.[47] 괴질이 발생하면 이뤄지는 당국의 방역조치 때문에 평소보다 양민들이 경관을 몇 배나 싫어하며[厭忌] 알 수 없는 공포감이 시가지에 퍼져 신경쇠약에 걸릴 정도였고 역균疫菌을 퇴치하려는 경관을 역균보다 더 꺼리고 두려워[畏忌]하며 사갈蛇蝎보다 더 질시하는 분위기였다.[48] 전염병 방역을 할 때, 위생을 말할 때 가급적 언어를 평이하게 하고, 수속절차를 간단히 하며, 위생 범칙자를 양산하는 현재의 방식을 완화하고, 민중에 대해 반드시 '따뜻한 말과 온화한 기색溫言和氣'으로 하고 함부로 질책하지 말 것을 당부할 정도로 위생경찰의 폭력은 심각했다.[49]

1920년대 초에도 콜레라는 괴질, 호열자虎列子, 호질虎疾로 불리는 경우가 많았다. 괴질은 아직 질병의 원인과 경로, 치료 효과가 알 수 없는 미스터리로 받아들여지고 있었음을 의미하며 미지의 전염병에 대한 두려움과 공포는 호랑이의 아가리에 물어뜯기는 것에 비유되었다. 사신死神이 주위를 맴돌고 있는 듯한 불안과 긴장상태에서 경찰의 폭언, 모욕, 포승줄 체포, 매질과 구타, 공개적인 비난과 질책을 당하는 일상은 사람들 말마따나 청결 그 자체에까지 반감을 갖게 만들었다.

1911년에 전염병환자의 격리시설인 순화원順化院이 최초로 설립되어 피병원避病院이라는 별칭으로 불리곤 했다. 순화원은 주로 조선인 하층민이 이용했는데 환자 격리에 주력한 때문에 과거 피막避幕과 유사한 기능을 한다고 여겨 피병원이라 불렀다. 그러나 의료시설, 수용 인원, 치료 및 간호 등 제반 설비와 운영 면에서 문제가 많아 일단 들어가면 시체가 되어 나온다는 소문이 끊이지 않을 정도로 공포와 두려움을 일으키는 시설이었다. 1920년에 일어난 3차례의 콜레라 소요는 모두 환자와 가족들의 격렬한 저항에도 불구하고 경찰이 강제로 순화원으로 끌고가는 장면을 목격하고 몰려든 군중이 경찰과 대치하면서 점화되었다. 소요는 위생경찰의 폭력에 대한 식민지민의 분노가 일으킨 자구적 대응이었다.[50]

## 신체에 새긴 모욕과 처벌

1919년에 이어 1920년 여름에도 콜레라가 발병하자 총독부는 7월 하순에 〈호열자예방심득〉을 배포했고 《동아일보》는 시민들에게 예방주사에 대한 의심을 거두고 주사 맞을 것을 권유했다. "주사하라! 주사하라!" "괴질래怪疾來! 속히 주사하라. 병에 걸림은 사회에 대하야도 죄악이다. 속히 주사하라"고 호소하면서 발병 경위와 경로도 확실하지 않은데 병자를 숨기는 풍습 때문에 전염병 경로 판명이 어렵다면서 예방주사가 제일 효과적인 방책이라고 계도했다. 백신주사는 아직 부작용도 있고 효능도 분명하지는 않지만 점점 효능이 높아져 신효神效함이 있으니 맞을 것을 권유하면서 호열자 발생 지역의 참담한 정황을 묘사하기도 했다.[51] 1920년 총독부의 〈호열자병방역지虎列子病防疫

誌〉를 보면 조선인 포함한 개업의는 총 913명, 관공의는 169명으로 1개 도에 평균 83명의 의사, 인구 1만 3,000명당 1인 꼴이었다. 기존의 한방의는 5,400여 명에 이르렀으나 "의학지식이 천박하여 신뢰하기 어렵다"는 이유로 방역에서 배제됐으니 자연 경찰력에 의존한 예방과 조기 발견에 주력할 수밖에 없었다.

경찰의 전염병 방역체계가 어떻게 작동했는지는 다음의 사례를 통해 추정해 볼 수 있다. 1920년 서울 가회동 친지 집에서 구직활동을 하던 이병태는 설사와 다리 부종으로 의생의 치료를 받았으나 회복 기미가 없자 기차를 타고 고향인 천안으로 돌아가던 중 천안역에서 토사를 하며 쓰러지고 말았다. 그러자 천안역에서 경찰에 의사괴질 환자가 발생했음을 신고했고 출동한 경찰은 채변검사를 실시했다. 검사 결과를 기다리는 동안 가회동 관할인 종로경찰서에 연락하자 경찰이 즉시 가회동 집에 출동하여 가족 전원의 채변검사를 실시하는 한편 이웃의 9가구를 소독하고 일대 교통을 차단했다. 또 가회동 주민들에 대한 건강진단도 실시하는 한편 이병태와 왕래한 3인의 신원을 파악하여 그들 가족도 건강진단을 했다. 이병태가 사망하자 천안에선 즉시(오전 5시 20분) 종로경찰서에 통보했고 종로서는 다시 가회동 집을 중심으로 주위 57가구, 256인의 검병 호구조사를 했다. 그리고 다시 범위를 넓혀 화동, 재동, 계동의 가구들에 대해서도 사망 이튿날 전수조사계획을 세웠다.[52] 기차 검역이 실시되고 예방주사를 맞은 사람에게만 기차표를 판매했으며 경성에서는 경찰의 증명서가 없으면 시신도 매장할 수 없었다.[53]

예방 차원에서 경찰은 정기적으로 가구별 청결검사를 실시했고 전염병 발병 시기에는 검병 호구조사를, 환자가 발생하면 채변검사를 통해 전염 여부를 확진하고 격리, 방역 조치에 나섰다. 여자, 노인, 아이 할 것 없이 경찰의 매질, 구타, 무시와 조롱, 협박으로 공포 분위기가 연출되는 것이 청결검사, 검병 호구조사였다. 그러나 두려움보다 더 괴로운 것은 일본인 경찰과 조선인 순사들이 한 집안의 어른인 노인을 자식들 앞에서 쥐어박고 더럽다고 비난하는 일이었을 것이다. 특히 일상의 청결상태를 순사에게 검사받는 과정은 말 그대로 모욕의 시간이었다. 사적인 영역이나 사생활은 애초에 불가능했으며 경찰이 신발을 신은 채 안방의 장롱과 이불을 뒤적일 때, 옷가지들을 마당에 내던지며 폭언을 할 때 치미는 치욕감과 수치, 분노로 치를 떨었을 것이다.

농촌에서는 매월 16일을 '청결의 날'로 정해 월례 청결검사를 했고 집행위원에게서 불합격 판정을 받으면 벌금 20전을 징수당했다. 춘계와 추계에 진행되는 청결검사에서도 불합격되면 재검사를 받아야 했고 재차 불합격하면 벌금을 내야 했다.[54] 일례로 1925년 경기도 양주군의 춘계 청결검사는 4월 11~19일까지 6일에 걸쳐 시행되었다.[55] 은둔자도 청결검사와 호구조사는 피할 수 없다는 말이 돌 정도로 철두철미했으며 안방에 돌입해서 "오마에おまえ"라고 반말을 하며 모욕을 가하는 경찰을 상대해야 했다.[56] 청결 여부 판정은 순전히 현장에 출동한 경찰의 판단에 맡겨졌으므로 무조건 복종하고 순응하는 것은 물론 없는 살림에 음식 접대, 뒷돈도 챙겨 줘야 했다. 머리에 먼지가 앉았다고 몽둥이로 먼지 털듯이 두들기는 것을 경찰은 '청결한다'고 했다. 이런 식으로 70대 노인도 '청결하게 하고' 부녀자도 두들겨 팼다.[57]

1924년 함경남도 홍원에서는 일본인 순사부장이 추계 청결을 잘못했다고 한 마을 40여 가구의 호주를 모두 구타했으며 칼을 휘둘러

상해를 입히기도 했다.[58] 양민 구타와 칼로 인명을 상해한 사실이 드러나 면직 처분된 순사도 간혹 있었다.[59]

이런 청결검사의 참혹한 정황을 가늠할 수 있는 것이 1922년 9월 전남 영암군에서 조선인 순사 김준구가 행한 청결검사 그리고 1935년 5월 청주에서 역시 조선인 순사가 주도한 청결검사이다.

……집에 들어가 안방 천정에 걸어둔 갓집을 군도軍刀로 흔들어 먼지 휘날리는 것을 보고 집 주인 (고령의 노인) 최영숙에게 그 죄를 온 동리에 알려야 한다면서 갓집을 지게 한 후 거리로 끌고 나와 '갓집笠筒 청결을 잘 못한 죄로 조리를 돌립니다'고 소래를 하라 하며 안 하면 칼로 찔러 죽인다면서 군도까지 빼서 위협했다. 최영숙이 10여 집의 문 앞으로 배회하며 명령대로 하다. 최영숙의 장남 최규현(26)이 부친 모욕 당하는 것을 차마 볼 수가 없어서 자기가 대신한다고 청한즉 순사가 그의 뺨을 치며 '문명한 세상에는 대신하는 법이 없다'고 하면서 부자를 구두발로 사정없이 차다. 최규현은 무고히 구타당함을 분히 여겨 순사에게 조금 저항하려 한즉 '경관에게 저항하는 자는 위험사상 가진 자라고 하고 즉시 그를 포박하다. 둘째 아들도 이를 항의하자 이 집 삼부자놈은 모두 위험사상을 가졌다면서 함께 포박한 후 군도자루와 참대 채찍으로 무수히 난타하고 군도로 다리까지 찌르다. 최규현(장남)의 머리채를 산산히 풀어 뒤로 젖힌 후 손을 움켜쥐고 10리가량 떨어진 주재소로 끌고가 유치장에 넣으려다가 일본 순사의 만류로 넣지 못하고 그곳 송경화의 집에 류숙하게 했는데 밤새 입을 피를 토하고 상처에서 피가 흘러 생명이 위태하다는데 경찰 비난이 매우 분분하다.[60]

조선인 순사(가명표기)가 박승규의 집에서 청결 잘못을 이유로 누에그릇과 소금그릇, 빨래광주리, 수수씨를 마당에 던지고, 박노일의 집에서는 그의 처의 뺨을 때리고 방에 걸린 병을 내던져 깨트리고, 박노진 집에서는 60여 세 노인을 발로 차고……여러 집을 다니며 젊은 여자에게 별별 행패를 부리다 한 부인이 반항하자 그중 5명을 검거하여 취조 중인데 당사자들은 고소를 준비 중이다. 그중 모친이 뺨을 맞아 고막이 터진 일로 증평에서 의사의 진단을 마치고 청주검사국 분국으로 고소를 제기했다.[61]

당국은 피해자들의 고소, 고발을 받으면 포학을 자행한 경관을 면직, 기소하는 등의 처분으로 대응했다. 몽둥이를 들고 다니며 부녀자를 죄인 잡도리하듯 하는 경찰관 때문에 조선인이 청결을 귀하지 않게 여기는 풍조가 되었다는 비판의 소리가 나올 정도였다.[62]

전염병이 돌면 총독부는 '조선에선 전염병 예방상 유일한 방법'인 검병 호구조사에 의존했다. 의료기관 부족, 조선인의 위생사상 결여 및 환자 은폐 경향 때문에 전염병 퇴치가 어렵다면서 경찰이 검역의를 동반하여 매 가구를 순시하는 검병 호구조사를 통해 환자를 찾아내는 방식이다. 실제로 검병조사에서 발견된 환자가 전체 발견 사례의 58퍼센트를 점했을 정도로 효과가 있었다. 타인의 신고 17퍼센트, 의사 보고 13퍼센트, 가족이 신고서를 제출한 경우 11퍼센트에 비해 몇 배나 효과가 높았다.[63]

의심 증상을 보이거나 환자가 발생한 집에서는 식구들은 물론 그와 접촉한 사람들도 채변검사를 받았다. 조선의 남녀유별과 내외하는 풍습은 물론 신체에 대한 전통적 관념에 비추어 보면 자신의 변을 받아 타인에게 건네고 조사받는 것은 치욕 그 자체여서 채변검사는 강제 검변이 되기 일쑤였다. 부녀자들의 경우 남성들로 구성된 채변반이 오면 담을 넘어 도망가고 산중에 숨는 일이 많았다.[64]

1926년 10월 의주에서 발생한 사건은 채변검사의 위압성과 공포를 잘 보여준다. 사건 한 달 전 남편이 콜레라로 사망한 여성의 집에 방역부가 몇 차례 드나들었다. 그러다가 어느 날 한밤중에 안방에 쳐들어와 자는 여자를 깨워 몸을 검사한 후 검변할 테니 옷을 벗으라고 요구했다. 여자가 거역하자 여러 경관과 같이 올 테니 그 앞에서 벗겠느냐고 겁박해 여자가 하는 수 없이 탈의하자 돌연히 달려들었다는 것이다.[65] 반항이 거세 겁탈은 실패했지만 여자는 그를 고발했다. 이 사건은 조선인들이 검병조사와 채변검사를 결코 '거역할 수 없는 일'로 받아들였음을 시사한다. 불과 한 달 전에 남편을 잃은 여자로서도 방역부가 밤중에 안방에 들어와 검병을 핑계로 몸을 만지고 옷을 벗겨도 반항할 수 없을 만큼 경찰의 위세가 두려웠던 것이다.

## 식민지 군중의 저항, '콜레라 소요'

전염병 방역에 대해 집단적으로 반발한 비조직적 군중시위가 일어난 것은 1920년 여름이다. 8월 중에 도심에서 수백에서 수천에 이르는 비조직적인 군중이 보균자를 피병원에 격리시키려는 경찰을 저지하다가 흥분해서 급기야 경찰서에 돌을 던지고 "죽여라!"고 고함을 지르며 군중시위로 발전한 콜레라 소요가 일어난 것이다. 1920년에 콜레라로 특히 많은 사망자가 발생하여 대중의 공포와 불안감이 고조된 것도 원인이지만 집단시위를 가능하게 한 것은 1920년의 식민지 사회의 분위기였다. 일단 1920년 4월에 《동아일보》·《조선일보》가 창간되어, 민족주의 주창기관으로서 의욕적으로 경찰과 당국의 위생행정, 경찰의 방역, 민중의 상황과 피해, 고통을 파수꾼처럼 관찰(감시)하고 보도, 전달하고자 했다. 신문은 조선의 엘리트와 민중의 연결통로였고 이를 통해 식민지 여론을 형성할 수 있었다.

무엇보다 지난해 있었던 3·1만세운동의 경험과 기억이 생생했고 그만큼 시국도 뒤숭숭한 상태였다. 더구나 1920년 8월에 제2차 독립운동이 전개될 것이라는 풍설이 나돌았다. 미국 상하 양원 의원들의 조선 방문이 알려지자 총독부 당국과 경찰의 검문검색이 강화되는 한편 조중朝中 국경 지역을 넘나드는 독립군의 폭탄 투척과 요인 암살 시도에 관한 소문이 퍼지고 있었다.[66] 한마디로 식민지민의 저항과 전복의 충동이 고조되고 있었고 그만큼 자신감과 자부심도 되살아나고 있었다.

이런 분위기에서 환자가 아닌데도 강제로 경찰서나 격리병원으로 이송되는 데 저항하는 동포를 목격하면 즉시 군중이 모여들어 시위로 발전했다. 아직 전염병에 대한 과학적(세균학적) 이해가 낮거나 없었던 조선인들이 가장 납득할 수 없는 것은 '보균자'라는 범주였다. 증상이 없어 정상인으로 보이는 보균자를 환자로 간주하는 당국의 조치를 이해하기 어려워 반발을 불렀다. 무엇보다 보균자를 멀쩡한 사람도 들어가면 시체가 되어 나온다는 순화원으로 격리 조치하는 것을 용납하기 어려웠다. 또한 경찰은 환자 등과 접촉했으면 일단 주의환자 또는 보균자로 간주, 격리시키고자 했기 때문에 보균자를 둘러싼 경찰과 조선인 간의 갈등과 대립은 불가피했다. 보균자의 입장에서는 피병원에 격리된다는 것은 죽음을 의미했기 때문이다. 그래서 경찰이 호송하러 오면 소동을 피우거나 도주하는 일도 잦았다. 환자를 데려오는 순사에게 상여금을 주기 때문에 보균자도 격리, 입원시키고 있다는 소문도 경찰에 대한 불신을 키웠다.

보균자에 대한 오해가 확산되고 불만이 높아지자 진화 차원에서 조선어 신문이 "대변 중에 병균이 있음을 발견하여 집에 있으면 생명이 위험할 것이 예상되어 전염을 막기 위해 피병원에 수용한다. 병균을 장위에 가진 자는 보통 보기에 건강하나 병독을 다른 곳에 전염시키는 힘은 병자와 같기 때문이다. 보균자의 수용에 대해 인민이 잘 모르고 불평을 부르짖는 것은 위생사상이 보급되지 못한 때문"이라고 설명해야 했다.[67]

1920년 8월 대변검사 결과 보균자 확진 판정을 받은 최영택(47)을 둘러싸고 벌어진 소요는 1971년《동아일보》연재소설〈식민지-불신시대〉에도 묘사되었을 만큼 격렬했다.[68] 동대문경찰서 소속 경관들이 들것에 누우라고 하자 최영택은 이를 거부하고 걸어서 가겠다고 요청했지만 받아들여지지 않았다. 경찰과 밀고당기는 실랑이를 하는 중에 600~700명의 사람들이 소문을 듣고 모여들었다. 누군가 "성한 사람을 잡아다 괴질 구혈口穴(구덩이)에 넣고자 하는 원수를 때려죽여라"는 등의 고함을 치자 분위기에 위축된 경관이 인력거에 태워 갈 테니 해산하라고 종용했으나 군중은 듣지 않았다. "가지 말아라, 가면 죽는다, 무죄하고 무병한 양민을 죽음의 구렁에 쳐 넣으려 하는 경관을 때려죽이라, 파출소를 부셔라"는 등의 고함이 터져나왔다. 급기야 군중이 파출소를 덮치자 일본인 경찰은 최영택을 귀가시키려 했으나 군중은 "지금은 보내도 밤이면 슬며시 데려갈 것"이라며 서약서를 써 줄 것을 요구했다. 동대문서에서 10여 명의 경관과 5, 6인의 경부警部(하사관급 경찰)가 지원오자 군중은 다시 격동해 돌로 순사의 머리를 가격하고 유리창을 파손했다. 이에 경찰은 최영택을 귀가시켜 소동을 진정시켰다.[69]

다음날 2명의 경찰이 다시 최영택에게 순화원으로 갈 것을 요구했으나 '건강함'을 이유로 거절하자 손을 포승으로 묶어 옥인동(순화원)으로 향했다. 수천 군중이 모여들었고 전날과 같은 고함이 터져나왔다. 저녁 6시 무렵 산책 나온 시민들이 가세해서 돌을 던지자 경찰은 도망쳤다. 경찰이 없는 상태에서 광화문에 이른 군중은 최영택을 경찰에 보낼 수 없으니 직접 세브란스(제중원, 남대문 위치) 서양인 의사에게 진단을 받기로 결정하고는 포승줄은 그대로 둔 채 최영택을 데리고 남대문을 향해 걸어갔다. 군중이 제중원으로 쇄도할 때 종로경찰서에서 기마 순사 6인과 경관 10여 명이 출동했으나 해산시키지 못했다. 본정서에서도 서장 이하 경관이 출동했는데 세브란스의 서양 의사가 보균자 판정은 채변 후 1주일이 걸린다고 하자 군중은 실망했다. 이 틈에 경찰은 돌을 던진 몇 사람을 체포했고, 최영택은 밤에 순화원에 수용되었다.[70] 19일 저녁에도 서대문에서 남성 보균자의 순화원 행을 둘러싸고 수백 명의 군중이 "저 놈을 때려죽여라"고 소리치며 핍박했다. 경관은 칼을 휘두르며 파출소에 당도했는데 군중이 파출소를 부수자 다시 칼을 휘둘렀고 경찰 5, 6명의 호위 속에 마침내 보균자를 순화원에 수용했다. 그러나 밤늦도록 군중은 해산하지 않았다.[71]

조직도 지도자도 없이 우발적으로 이뤄진 폭력시위였지만 콜레라 소요는 합법의 틀을 유지하려 노력하면서 나름 합리적으로 진행되었음을 보여준다. 경찰에 대한 불신과 보균자를 무조건 옹호할 수도 없는 딜레마를 해결하기 위해 서양인 의사의 검진을 제안했고 경찰이 집행한 최영택의 포승줄을 그대로 둔 것은 식민지 군중의 합리성이었다.

1923년에는 채변검사 결과가 나오기도 전에 피병원(순화원)에 보냈다가 음성판정을 받자 퇴원시켰고,[72] 1926년엔 폐병환자를 콜레라로 오진한 한약방에 수백 명의 군중이 시체 두 구를 메고 급습한 사건이 발생했다. 사연은 비참했다. 한의원은 폐병환자인 23세 여성을 콜레라환자로 오진하고 파출소에 신고하는 바람에 경찰은 이 여성과 4살짜리 아들을 순화원에 입원시켜 버렸다. 가족들은 콜레라가 아니므로 퇴원시켜 줄 것을 요구했으나 병원은 경찰 명령 없이 퇴원시킬 수 없다고 거부했다. 결국 순화원에서 병자는 사망하고 아들은 퇴원한 지 3~4일 만에 죽고 말았다.[73]

치료가 아닌 격리 위주의 전염병 대응체계가 빚어 낸 갈등은 식민지 민족차별의 경험과 그로 인해 축적된 감정의 기조 위에서 민족적 대응으로 폭발한 셈이다. 이를 계기로 1920년 민간의 피병원 설립운동이 일어나는 계기가 되었으나 일제는 이를 끝까지 허용하지 않았다.[74]

의사도, 병원도 아닌 (위생)경찰이 주도하는 방역에서 빚어지는 억울하고 비참한 죽음들, 비위생이 공개리에 까발려지는 모욕과 수치, 방역 관계자들의 멸시와 협박, 경찰과 순사의 매질과, 피범벅이 되어 유치장에 갇히고 격리된 채로의 죽음이 위생계몽의 실상이었다. 포승줄에 묶여 순화원으로 끌려가는 보균자들은 자신이 죄인처럼 경찰에 납치, 호송되는 듯 여겼다.[75] 1920~30년대 약 11~17퍼센트에 이른 중산층 이상의 조선인들은 몰라도,[76] 대다수 하층민들은 폭력에 의존한 계몽을 모욕의 경험으로 수용할 수밖에 없었다. 근대성은 식민주의와 중첩되면서 폭력과 모욕으로 오염되고 있었다.[77]

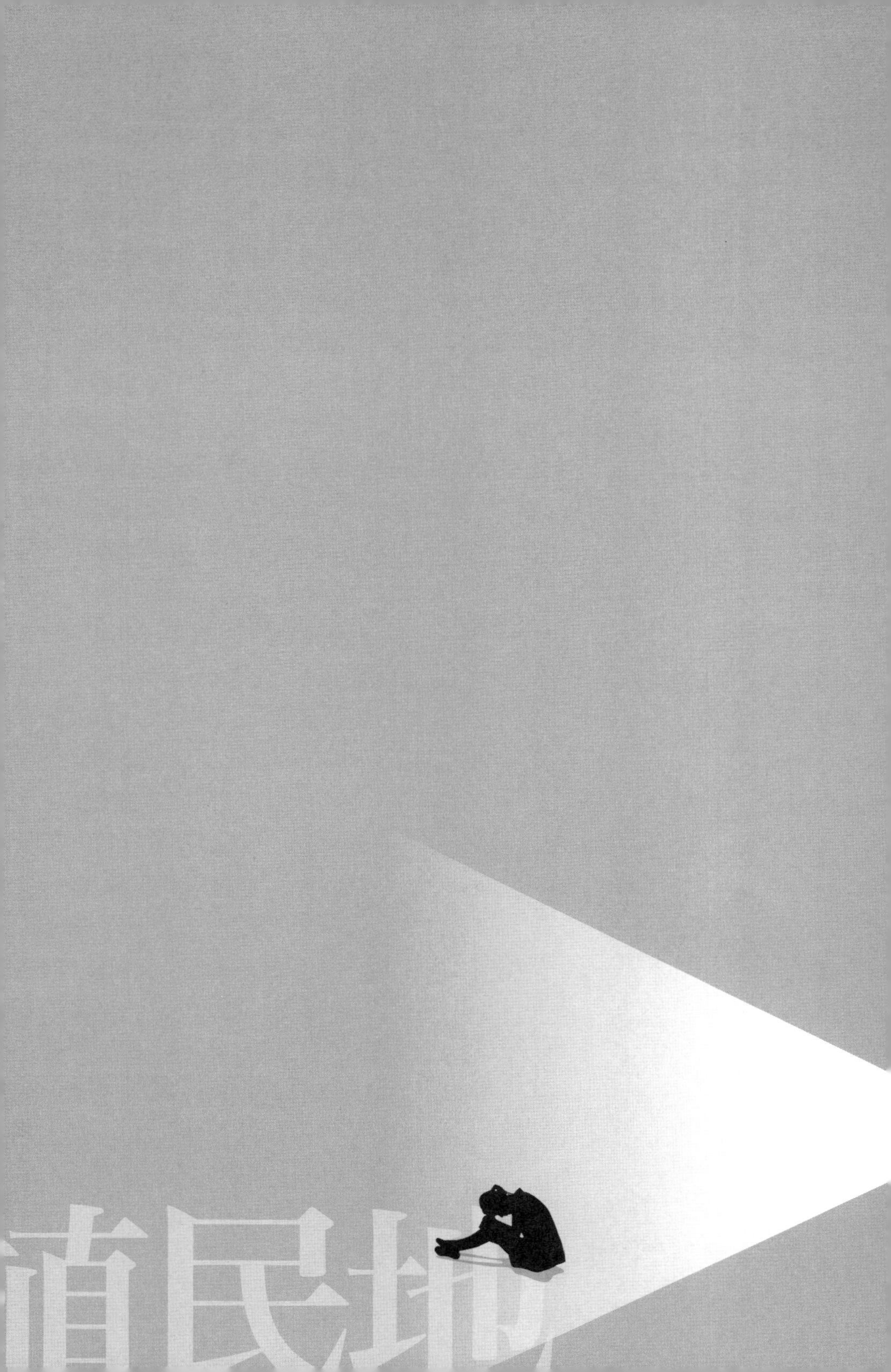
民地

# 식민지민이라는 저주

〈경찰범처벌령〉이 규정한 식민지민의 죄와 벌
문명화에서 소외된 식민지민의 흔들리는 자의식
'조선인스러움'을 소환하는 호명, "요보"
저주의 주문 '배일排日 조선인'
불의와 모욕에 분노하는 식민지민의 거리 소요
풍속과 도덕의 규율 공간, 극장
식민지라는 '비참Les Miserables'의 공동체

# 5

## 〈경찰범처벌령〉이 규정한 식민지민의 죄와 벌

일본은 대만총독과는 달리 조선총독에게 광범위한 정령政令Ordinance 및 규칙Rule 공포권을 부여했다. 총독이 자체적으로 공포한 총독부령 중에는 일본법을 대신할 수 있는 것이 많았다. 형법, 형사법, 상법, 민사재판법, 부동산법, 조세법 등이 다 총독부령이었고 일본법과 동일한 효력을 지녔다.[1] 총독은 이에 따라 〈경찰범처벌규칙〉(1912)을 제정했고 지방경찰서장과 헌병대장에게 즉결처분권을 부여했다.

조선인들을 법에 따라 보호하고 치안을 유지하기 위해 만들었다면서 공포한[2] 〈경찰범처벌규칙〉은 취체 및 단속 대상이 되는 87개 항의 행위 및 행위자들을 규정했는데 이 중 1항의 요주의자가 "일정한 주소 또는 생업 없이 각 지방으로 배회하는 자", 즉 부랑자이다. 그 외 경찰이 임의로 단속하고 즉결심판할 수 있는 행위자는 "무수히 면회를 강청하는 자", 걸식자, 법률 브로커, 단체 가입을 강청한 자, 대중 집회를 열고 관공서에 민원이나 진정서를 제기하는 자, 불온한 연설을 하고 불온문서·도서를 게시·반포한 자, 관공서의 소환에 불응한 자, 경찰서 지시 및 명령 불복자, 투견 및 투계를 하는 자, 허가 없이 도축하는 자, 하수로 훼손, 우마 관리 부실, 협박행위, 도박 등을 하는 자이다. 생활의 합리화를 위한 조치들도 있지만 식민통치에 불만을 갖거나 항의하는 행위, 집단적 의사표시와 단체 결성 등을 막기 위해 경찰에게 거의 무제한의 권한을 부여한 것이다.

이 법령을 위반하면 일본에서는 주로 벌금형으로 처리했으나 조선에서는 태형笞刑(매질)과 구류 처분이 많았다. 일례로 우편마차에 통행을 양보하지 않은 짐마차는 태형이나 구류에 처해졌다. 1912년 조선태형령(제령 제12호)은 징역, 구류, 100원 이하의 벌금형에 처해질 자 중 일정한 주소가 없거나 무산자인 경우 그리고 5일 내 벌금을 내지 않는 경우 경찰의 자의적 판단으로 태형을 집행할 수 있었다. 1910년에 즉결심판사건의 94.7퍼센트가 태형 처분을 받았으나 태형령 시행 이후 절반 정도로 줄었다. 1919년에도 총 7만 1,000여 명의 즉결심판자 중 절반이 태형을 받았으니 매년 경찰서에서 매질을 당하는 조선인이 3만~4만 명은 되는 셈이었다. 태형은 1920년에 폐지되었다.[3]

여기서 주목되는 것은 제1항의 부랑자 부류이다. 총독부는 1912년 5월 〈경찰범처벌령〉을 공포했고 그해 12월에 경무국 주도하에 '부랑자제조사浮浪者諸調查'를 실시했다.[4] 그에 앞서 6월에는 총독부 기관지격인 《매일신보》가 사설 〈경고부랑청년警告浮浪青年〉을 통해 전국의 부랑자에게 경고 메시지를 보냈다.[5] 9월에는 〈경찰범처벌령〉에 따라 동대문경찰서에서 "주소도 분명치 않고 일정한 직업 없이 각 방면으로 배회하면서 편편히 놀고 먹고 입으며 빈들빈들 돌아다니는 것이 관내 풍기를 문란케 한다"는 이유로 김명선이라는 부랑자를 체포하고 구류 처분했다.[6] 김명선은 부랑죄로 검거된 최초의 조선인일 것이다. 이 사례에서 간파할 수 있는 것은 경찰이 '직업 없이 배회하는' 김명선을 일정 기간 감시하다가 부랑죄를 적용, 체포하고 즉결 심판했다는 점이다. 특정한 범죄행위가 없음에도 직업 없이 놀고 있다는 이유로 부랑죄를 씌워 검거한 것은 다른 이유가 있었을 것이다. 경찰이 아무나 감시하지는 않았을 것이라고 합리적으로 의심해 보면, 또 그렇게 부랑죄로 체포된 사람들이 어떤 사람들이었는지를 보면 일제의 의도와 목적이 분명해진다.

1910년대와 1920년대 초까지 일제와 경찰에 의해 호명된 부랑자는 대다수가 당대의 부유층, 권력층의 청년자제들이었다. 유력 양반가문과 대지주 출신, 구시대의 고관대작과 부호들의 자제들이었고 강제 병합 이후 권력과 권위, 영향력 그리고 일자리를 잃은 구지배층의 후손들이었다. 총독부 경무국과 경찰, 그리고 총독부 기관지 격인 《매일신보》는 연일 상류층 출신 부랑자들의 풍기문란과 부도덕, 낭비와 사치를 질타했다. 이들이 무리를 지어 다니면서 연극장 출입, 도박, 기생 유흥, 요리점 출입, 자동차 드라이브, 밀매음으로 부형이 이룬 재산을 탕진하며 처자와 부모를 부양하지 않는 패륜을 일삼고 있다고 매도하면서 공권력에 의해 계도, 순치되어야 할 무리로 규정했다. 1910년대 초반 《매일신보》는 경찰에 연행된 부랑자들의 이름과 지위, 주소, 가족관계 등을 명시하는 경우가 많았고[7] 귀족 자제, 부호가 자제 모씨 등으로 표현하는 경우도 흔했기 때문에 일반인들이 이들의 출신 성분을 쉽게 파악할 수 있을 정도였다.[8] 또 1918년 5월 29~6월 11일까지 총 12회에 걸쳐 연재한 〈부랑자浮浪者를 여하如何히 할가〉를 보면 부랑자는 "늙은이보다 청년이, 경성 사람보다 지방 사람이 많으며 재산가와 상류 가정의 자제가 이런 구렁으로 들어

가니 더 한심하다. 경성의 경우 인민의 의표라 할 귀족 자제 거의 절반이 부랑자이고 그 외 실업가, 성공자, 사회에 이름을 돌린 사람 집후진일수록 부랑자의 무리에 낀다"고 했다.[9]

그리고 이들의 패륜과 풍기문란은 절제할 수 있는 소양의 결여, 자의식은 약하고 의존심은 높은 성격적 결함 때문에, 그리고 규율과 통제를 받지 못한 탓에 갖게 된 것이고 궁극적으로는 조선의 낮은 민도, 봉건문화의 유산과 관행, 지배층의 도덕적 타락과 부패, 근대적 교양의 결여에서 비롯된 문제라는 부랑자 담론을 구축했다. 조선 양반층의 무능과 부패, 실용적 지식 결여를 강조해 온 일본이 강제 병합 직후 바로 부랑자 취체라는 명분을 앞세워 조선 지배층의 철저한 궤멸을 기도한 것이다. "충신효제忠臣孝悌의 나라였던 조선이 지난 100여 년간 양반정치의 부패로 인해 풍기가 사그리 사라졌고[掃地無餘] 수천 년간 예의를 지키고 살아 오던 민족[禮儀遺族]이 짐승의 처지로 떨어졌다(爲禽爲獸의 域에 陷)"고 국권 상실의 실정失政을 양반 지배층의 책임으로 전가했던 것이다.[10]

일본은 부랑하는 양반층과 상류층 자제의 풍기문란을 처벌하는 것은 민중의 동의를 얻을 수 있는 사안이라고 판단했을 것이다. 1916년엔 풍속경찰이라는 직분을 만들어 부랑자의 주요 근거지인 기생요리점 등 유흥영업장을 비롯해 도박, 매음장, 예배소, 신문과 출판물도 풍속관리 대상에 포함시켰다. 풍속경찰의 취지는 이렇다. 풍속은 국민 품성에 영향을 미치고 국민 품성은 국운의 진전에 큰 영향을 미치므로 위정자는 반드시 미풍양속에 위해가 되는 '원동력'이 발생하지 않도록 방지해야 하며 풍속경찰은 외설과 음란, 게으름과 타성에 빠져 한가히 놀기만 하는[猥褻淫逸遊惰] 등 국민 품성을 타락시킬 부패,

부덕, 비륜卑倫행위를 방지하는 것, 다시 말해 "민일반民一般의 품성을 유지하기 위해 선량한 풍습을 괴란壞亂하는 행위를 방지하는 데 목적을 둔다"고 했다.[11]

식민지 통치에 불안 요소가 될 목표 집단을 설정하고 부랑자로 호명하면서 풍기문란의 프레임으로 접근하는 방식, 즉 타인에게 위해를 가하거나 재물을 약취하는 등의 범죄 요건이 없음에도 특정한 행위를 '죄'로 규정하고 '벌'을 가하는 효과는 결코 적지 않았다. 우선 부랑자는 일본이 조선을 식민화해야 하는 이유로 내세워 선전했던 조선 민족의 야만성과 열등성을 방증하는 상징적 존재들이었다. 따라서 이러한 구악과 오랜 적폐인 상류층 부랑자를 단속하고 징치하는 총독부는 풍속교화와 민족성 계도라는 문명화 사명을 실행하는 것으로 포장될 수 있었다.

둘째, 부랑자는 구 지배세력의 후손 또는 잔재라는 점에서 과거 지배세력의 도덕적·정치적 무능과 부패를 다시 전면적으로 상기시키는 효과가 있었다. 이 과거 지배세력의 자리는 식민체제 안에서 새롭게 양성될 친일매판 신흥엘리트들로 교체되어야 했다. 식민체제의 확립과 효율적 통치가 목적이 아니었다면 부랑자 담론의 생산, 취체와 단속, 처벌이 1900~1920년대에 걸쳐 그렇게 집요하게 이어진 사실을 설명하기 어렵다. 세 번째는 부랑자 단속과 취체를 이유로 식민지민의 사적이고 은밀한 행동까지 일거수일투족을 감시하는 것을 합법화하고 일상화했다는 점이다.

부랑자 단속과 취체 양상을 알 수 있게 해 주는 몇 개의 사례를 보면 식민지 전 주민 그리고 전 지역을 대상으로 한 경찰의 감시망이 어느 정도 치밀하고 효율적으로 작동했는지를 짐작할 수 있다. 매일한 집에 모여 화투국花鬪局을 열어 놀다가 해가 지면 색계장色界場과 연극장으로 출몰하는 8명의 재산가를 관할 경찰서에서 예의 주목하다가 검거하는[12]등 부랑자는 별다른 사건과 연루되지 않아도 임의로 체포되었다.[13] 연극장에서 연주회를 설행하는 "완패頑悖 불량한 잡류배雜類輩"도 경찰의 취체 대상이었으며[14] 색계급잡기장色界及雜技場으로 출몰하며 금전을 소모하는 귀족 자제 등 13인의 저명한 인사들도 특별취체 대상으로 내정되었다.[15] 평양에선 연극장에서 논다는 이유로 20세 안팎의 부잣집 청년들을 조사했다.[16] 식당에 유숙하는 지방 부자의 자제도 일본인 형사의 주목을 받았다.[17] 1915년 제2회 '부랑자 대검거' 시에는 "이미 자세한 행적을 조사 완료한 30명의 부랑자를 일시에 검거"했고 "부랑자가 많이 들고 꼬이는" 단성사는 밤마다 평복 순사들이 남녀 부랑자의 주소, 성명, 행동을 비밀리에 조사했다.[18] 경찰은 수첩에 부랑자의 이름을 적고 황표지黃標紙로 표시한 후 감시했다.[19]

1914~1915년 '제1회 부랑자 대청결'(1914. 10~12월), '제2회 부랑자 대청결'(1915. 6)이 경찰 주도하에 전국적으로 시행되었고 1916년 5월까지 약 1년 반 동안 총 6회의 '부랑자 대검거'가 시행되었다.[20] 제1회 대청결의 3개월 간 경성 전역에서 700~800명, 대구에선 40여 명이 체포되었다.[21] 이때 북부경찰서는 매일 10여 명씩 체포했는데[22] 맨 처음 관내 연극장인 광무대에 출동하여 "그간 각색 주점이나 연극장으로 다니고 부인석을 쳐다보며 비평하기 등 괴상한 행동을 한다"는 (납득할 수 없는) 이유로, 거주지 불분명한 사람들을 체포, 징치했다.[23] 1915년엔 6월에 이어 9월에도 경성에 한해 '부랑자 대검거'를 단행했다. 2년에 걸쳐 집중적으로 기생집 그리고 '일정 직업 없이 각

처로 배회하는 자들'을 조사·검거했고 이는 부랑자 대검거, 대소제大掃除, 대청결, 대소탕 등으로 표현되었다. 상류층 자제로 직업 없는 자들을 청소해야 할 사회의 오물로 규정한 것이다. 1914년 대청결 기간에 경성에서 검거된 부랑자 중 80명이 15일의 구류처분을 받아 서대문 감옥에 수감되었다.[24] 이들은 모두 '진흙물 든 바지저고리'로 갈아입었으며 상투는 잘리고 수염은 모조리 깎인 채 다른 죄수들의 2배에 이르는 노역을 수행했다. 구류 기간 중 자주 "양심을 감복시키는" 훈시[敎諭]도 들어가며 매일 운동, 목욕으로 이어지는 수형생활을 했다.[25]

첫 번째 부랑자 재소자 20인이 만기 출소하던 날, 서장은 이들을 포승줄로 묶어 큰길로 행진해 경찰서까지 오도록 조치했다. 일종의 명예살인 격인 공개 망신을 준 것이다. 경찰서에서는 뒷마당에 세워 놓고 두루마기 동정 앞에 이름을 크게 쓴 종이를 붙였다. 서장 이하 경부들이 붓으로 여기에 무엇인가를 기록했는데 이 광경을 신문기사는 "완전한 지옥처결"과 같았다고 표현했다. 이 절차를 끝내고 전체 사진을 찍자 그들은 "거진 다 죽어 가는 형용"을 지었다는 것이다. 서장은 훈계사에서 "정당한 직업 없이 풍기를 문란케 함이 심하므로 너희의 양심을 고쳐 일정한 직업을 지키라고 하기 위함이다. 이후로도 회개하지 않으면 용서 없이 더 엄벌하겠다"고 말하고 모두에게서 서약서를 받은 후 석방했다. 서약서 내용은 회개하고 30일 이내에 직업을 얻은 후 신고하겠다는 각서였다. 경찰서 밖에는 마중 나온 가족들이 인력거를 준비하느라 야단법석이었다.[26] 상류층 자제들인 청년 부랑자들은 강제로 삭발과 면도를 당하고 누런 죄수복, 강제노역, 운동, 훈시, 거리 행진을 통한 공개 모욕, 포승줄 연행, 이름표 부착, 단체사진 촬영으로 전과자 인증을 당했으며 서약서를 제출하는 굴욕과 수모를 당해야 했다.

《독립운동사 자료4-임정편 IV》에는 '경찰 권한 만능과 폭학행위' 관련 내용이 있는데 헌병경찰관의 임의 판단과 즉결처분, 폭학행위의 근거가 되는 〈경찰범처벌령〉을 "아我민족을 고토故土로부터 축출케 함이 아니면 박멸수단인 음휼독계陰譎毒計"라고 규정했고 그중에서도 특히 제1항 '일정한 주소, 생업 없이 각 지방으로 배회하는 자' 조항에 대해 이렇게 평가했다. 부랑자 취체를 빌미로 검거한 대부분이 신지식을 가진 자, 학생, 공공사업 독지가 및 유지자, 총독정치 불평자, 구한국 시대 정계 출입자, 관공서의 기부금 강요를 거절한 재산가였다는 것이다. 총독정치로 인해 전래 사업을 박탈당하고 생활 방도가 전무하여 사방으로 직업을 구하러 다니는 사람들을 전부 범죄자로 몰았다고 한 것이다.[27]

일례로 1919년 춘천에서 부랑자로 검거된 김광호는 경찰 신문조서에 따르면 미국 선교사에게 조선어를 가르치는 청년이었다. 죄목은 성격이 완고하고 오만하며 특히 부랑자와 관계를 갖고 있다고 했는데 경찰은 "평소 관찰한 재료"에 의해 조서를 작성한다고 명시했다.[28] 또 1925년 대구의 '제4청년회'가 레닌 추도 1주기기념식을 기획했다가 경찰의 금지로 무산되자 별도 간담회를 열었는데 경찰이 기습하여 26명 참석자 전부를 검거, 취조했다. 26인 중 15인을 5~25일 구류형에 처한 대구경찰서장은 "경찰법에 일정한 주소와 직업이 없이 여러 곳으로 배회하는 자는 부랑자로 지목한다는 조문에 의지하야 처벌한다"고 밝혔다. 이에 반발 여론이 거세자 대구경찰서는 사상단체에 대해서는 이후 치안유지법으로 접근하겠다고 통지했다.[29]

이외에도 여러 사례가 있지만 종합하면 부랑자 취체의 주요 목적은 항일 및 독립운동 단체, 임시정부 관련자, 사회주의 사상, 미국 선교사 연관활동, 국내외 각종 단체 활동가 등 반일단체 및 관련자들의 염탐, 감시, 색출이었다. 부랑자 혐의를 내세워 일상 감시체제를 구축한 것이다. 이우민李愚民은 1920년 상해 임시정부에 들어갔고 이후 중국에서 비밀결사 단체인 의열단과 다물단에서 활약하다가 1930년 7월 정치범으로 체포되었는데 서대문경찰서가 작성한 조서에는 '부랑자'로 적시되었다.[30] 《왜정시대 인물사료-용의조선인 명부-3권》에 소개되고 있는 전여종全呂鐘(32)은 1927년 당시 직업이 '부랑자'로 분류되어 있다. 하지만 그의 행적은 부랑자와 상반된다. 고려공산당 상해파(1921) 회원이었으며 국내에서 조선공산당(1925) 창당을 주도한 화요회(1924~1926)의 일원이었다. 사회주의 단체 용진단勇進團이 종로에서 적기를 흔들며 만세시위를 벌인 적기사건赤旗事件(1925)의 주모자로 검거, 처벌받았다. 1926년 조선공산당이 순종의 장례식을 계기로 계획한 민중봉기 모의가 발각되어 100여 명의 당원이 체포되었는데 전여종도 이때 체포된 것으로 추정된다. 1927년 일제 경찰은 이런 그를 조서에 '부랑자'로 적시했다.[31] 부랑자 검거를 고등계 경찰이 주도한 사정이 있었던 것이다.[32]

## 문명화에서 소외된 식민지민의 흔들리는 자의식

일본은 합병 5주년을 기념하여 시정 5년기념 조선물산공진회始政五年紀念朝鮮物産共進會(1915. 9. 11~10. 31)를 개최했다. 조선의 산업 진보를 과시하는 정치선전용 물산박람회였다. 경복궁 전각의 절반 이상을 철거하고 방매放賣에 붙여 민간에 양도하는 등의 과정을 거쳐 마련한 경비로 진열관을 새로 건조했다. 기계관, 미술관, 음악당, 참고관(조선의 비공업 물품 전시), 철도국 특설관, 연예관, 양어관養魚館, 동척 특설관 등 14개 전시장을 만든 것이다. 경복궁 내 공진회장 개설은 일제의 신정新政과 조선 왕실의 구정舊政을 비교하는 효과도 겨냥했다. 1907년에 시도했던 경성박람회가 전시물품 빈약으로 실패한 이후 처음 개최하는 박람회였지만 전시품은 교육, 위생, 토목, 교통, 경제 등 부문별 변화 추이와 통계표가 다수였다.

선전과 홍보는 필수였다. 《매일신보》를 비롯한 일본계 신문들이 연일 공진회 성과를 보도했고, 집집마다 일본기를 게양하고 거리에는 축하 현수막을 내걸었다. 거의 매일 각종 대회를 개최하여 분위기를 돋우고 일본 비행기협회에서 9차례 비행기 축하쇼를 열어 눈길을 끌었다. 결과적으로 100여만 명의 관람객을 동원했는데 경성의 경우 노약자, 장애인을 제외한 대부분의 시민이 관람한 셈이었다.[33] 마지막 3일간의 무료 관람기간에 총 30만 명이 입장했고 이는 개관일부터 첫 20일 간의 관람객 총수와 비슷했다. 입장료 5전이 없어 관람을 못했던 빈민들이 친지 및 이웃들과 함께 무리를 지어 도시락을 싸서 무료관람에 나선 것이다.[34]

단체관람 형태로 동원되거나, 호기심에 구경을 간 식민지민에게 공진회는 어떻게 받아들여졌을까. 1923년 동경대지진 여파로 경기 침체가 계속되자 경기 진작을 위해 개최한 부업副業공진회(1923. 10. 5~25)를 취재 차 둘러본 《동아일보》 기자 유광열(1898~1981)과 역시 잡지사 청탁으로 관람기를 쓰기 위해 관람한 소설가 염상섭(1897~

1963)의 글은 이에 대해 많은 단서를 제공한다.[35]

공진회가 총독부의 선전사업이라는 것을 십분 간파했던 이들은 전시된 신상품들, 기계, 유성기 소리, 악단의 연주, 전시장을 오가는 관람객의 표정과 반응을 관찰하면서 매사에 신경질적으로 반응했다. 일본의 식민통치 덕에 조선의 산업이 발전하고 있다고 선전하는 물산박람회를 마지못해 둘러보면서 전시품에서 관람객에 이르기까지 거의 모든 것에서 민족적 감정이 치미는 것을 경험한 것이다.

당국이 공진회를 주최하면서 이 기회를 이용한 (독립운동)단체의 불온한 운동이나 없을까 하여 1,000여 명의 경찰이 전 시내를 철통같이 경계하고, 사복경관들은 국경 쪽에서 오는 사람을 극력 조사하는 한편 여관을 수색, 조사하는 경비계획을 세워 두고 있음을 넌지시 흘리기도 한다.[36] 경찰의 경계와 수사가 조밀할수록, 축제의 장이어야 할 공진회에 대한 식민지민의 긴장과 경계심도 고조되는 아이러니가 연출되는 것이다. 실제로 공진회 개막일 밤 동대문파출소 앞에 "공진회를 기회 삼아 불온행동을 하자"는 배일파의 문서처럼 보이는 편지가 떨어져 있었다. 이에 파출서는 본서에 보고하는 한편 경찰을 놀라게 하려는 장난일 가능성도 염두에 두고 수사에 나섰다.[37]

1923년 10월 5일 정오에 시작한 공진회 개회식은 경복궁 인정전에서 거행되었다. 총독부 정무총감이 회장을 맡고 매국노 이완용이 부회장이 되어 조직한 공진회의 공식 명칭은 조선농회朝鮮農會 주최의 조선부업공진회朝鮮副業共進會로 20일간 개최되었다. 개막일을 기해 광화문 앞에 군중이 일시에 몰려들었으나 매표소가 한 곳뿐이어서 혼란이 가중되자 기마 순사가 관중을 이리저리 몰며 통제했다. 입장료 20전은 너무 많다는 불평도 있었는데 오후 2시부터 입장자가 뜸

해지더니 적막감까지 돌 정도로 한산해졌다.[38]

부산과 대구에서 열린 공진회도 취재 차 관람했던 유광열은 "동일한 인류, 동일한 관객으로서 본위本位(제자리)를 잃은 조선인에게 전시품은 맹인이 단청 구경하는 것과 같았다"고 했다. 더구나 안내장도 없고 전시품 진열대 하단에 쓰여 있는 안내문은 일본어와 한자로만 되어 있었다. 조선어 설명은 여자 안내인을 통해서만 들을 수 있는데 일선인日鮮人 안내인의 일급日給 차별이 심했다. 전시품의 3분의 2는 조선인의 생활필수품이 아닌데다 너무 조잡하여 오히려 불쾌감을 일으켰다.[39] 유광열의 불쾌감은 전시품이 조잡하고 조선인 생활과는 하등 관계없는 물품들이라는 것과 임금차별 때문만은 아니었다. 그보다는 '동일한 인류, 동일한 관객' 취급을 받지 못하는 조선인, 아무리 조잡한 물건이라도 그것의 생산과정과 사용법에 대해 알지 못하는 맹인 같은 조선인의 처지를 자각하는 데서 오는 불쾌감이었을 것이다. 이 근원적인 불쾌감 때문에 그는 전시품의 수준과 품목들을 시시콜콜 조롱했고 일제의 선전 의도를 들추었으며 조선인에게 별 감흥을 주지 못한다고 평가절하 했다.

유광열은 친구의 권유로 "그러지 않아도 속상하고 눈꼴 틀리는 것 많은 세상일과 인연 끊고 드러누었는데" 그래도 가야 하므로 '속상하는 일도 한 번 보아 두려니 하는 마음'으로 공진회장에 도착했다. 황토현(세종로 4거리)에서 광화문을 바라보니 하얀 면포로 차일을 친 것처럼 흰옷 입은 사람이 들끓고 있었다. 돈을 받고 왔거나 기관과 당국의 주의를 받고 온 사람들일 것이라고 애써 평가절하했다. 문화정치를 선전하는 총독부의 의도가 보이게 대궐문을 울긋불긋하게 장식한 것도 눈에 들어오는데 그 역시 마뜩치 않다. 경복궁을 마음대로 훼손하면서 일제의 선전장으로 만들어 놓은 것에 불만이 없을 수 없기 때문이다. 입구에 들어서니 총독부 기관지 《매일신보》 배달부가 일본 옷에 관冠을 쓰고 급하지도 않고 보기를 원치도 않는 공진회 일을 다룬 호외를 점잖게 돌리고 있는 것도 꼴사납기만 하다. 경복궁 안에서 공사 중인 총독부 청사[40] 현장, 즉 부지와 자재 구입에 1천 수백 만 원이 소요되었고 청사에만 700만 원이 소요되었다는 마천각摩天閣을 보고는 "1,700만 민중이 살 수 없어 유리流離하는데, 소학 아동에게 교육을 못 주는 이때에 동양 제일의 관청은 조선인에게 무엇을 주려는가" 하고 냉소한다.

전시회장에 들어서서는 진열품이 모두 일본인 경영이고 그 안에서 물레질로 무명을 짜는 조선부인이 "백미의 뉘"처럼 앉아 있는 광경이 눈에 들어온다. 조선 무명 옆에 놓인, 기계로 짠 일본의 화려한 직물은 마치 '왕공王公과 거지의 공진共進'을 상징하는 듯했다. "일인 경영의 기계성이 요란하다. 아이고 사람 살려라! 이 기계성이 조선 사람을 죽이는구나. 기계성이 업는 우리는 기계성이 날 때마다 피가 말라 들어가고 살이 깎여 들어가는 듯하다. 그렇지만 무지는 용감이란 말과 같이 시골 양반들은 이 요란한 소리에 정신이 빠져서 눈이 멀걸 뿐이다"라는 묘사에서 보듯 흰옷 입고 구경 온 동포들의 처신도 못마땅할 뿐이었다.

우편회사에서 제작한 포스터를 보니 삼천리 조선 강산을 모형으로 만들어 놓고 조선우선회사朝鮮郵船會社의 깃발로 각 처의 선로船路를 표시했다. 그리고 그 위에 에도 시대의 일녀日女가 엎드린 채 빙빙 돌고 그 밑에 있는 배도 오가게 만들었다. 이것을 본 어떤 농부가 "야 그 계집 잘해 놓았다. 아주 선녀 같구나" 하는 감탄을 듣자니 다시 또

'불상한 조선 동무의 순진'을 탓하지 않을 수 없었다. 면화관에 전시된 광목이 모두 일본산이고 제사製絲과정을 찍은 활동사진도 돌고 있는 것을 보며 "그들과 경쟁이 도저 불능이라는 절망이 더욱 깊어지는 것"을 느꼈다. 또 괴이하게도 감옥에서 만든 제품이 많았는데 "콩밥 먹고 만든 그네의 정경을 생각하니 그리 마음이 가지 않는 부업출품副業出品"이었다. 매점 구역으로 가 보니 조선인의 장국밥집은 사람이 뜸한데 일본인 우동집에는 흰옷 입은 사람이 들썩거리고 있었다. 1,700만 조선인 출품보다 40만 일본인 출품이 더 두드러진 것을 보고 누구를 위한 공진회인가를 자문하면서 글은 끝난다.[41] 식민지 말기 친일 반민족행위자로 전향하지만 이 무렵 20대 중반이었던 청년 유광열의 시종일관 삐딱한 공진회 소감은 1920년대 초의 저항적, 배일 민족감정이 지배하던 시대의 감정구조로 우리를 안내한다.

비슷한 연배인 20대 청년 염상섭의 관람기도 다르지 않다.[42] 염상섭은 총 3번 관람했는데 마지막은 잡지《개벽》의 원고를 쓰기 위해서였다. 이 글의 첫 문장은 소설가답게 "어디 무어 볼 꺼 잇나! 이까짓 거를 보랴 돈을 물 쓰듯 써서 왔드람!"으로 시작한다. 수군대는 군중 사이에서 들리는 장탄식을 들으며 '그럴 듯한 일'이라고 반기는 한편 그 장탄식을 누가 들을까봐 조선인 관람객이 두 눈을 둥그렇게 뜨고 쉬쉬하며 옆 사람의 말을 막는 것도 가엾은 일이오 고마운 세태라고 했다. 조선인 관람객들의 장탄식은 감탄사가 아니고, 일제의 감시와 검열을 의식하여 다 표현하지는 못하지만 동족인 조선인들은 공감할 수 있는 반감의 표현이었다. 울며 겨자 먹기로 끌려나온 사람들도 많지만 구경 차 시골에서 올라온 서민들을 보고 "돌아가는 그네들의 쓸쓸한 뒷모양을 그려 보고는 미안하고 가엾다"고 생각했다. 지방에서 올라온 관람객을 경멸의 의미로 부르는 '공진회 보따리'라는 유행어도 불현듯 떠올랐다.

그럼에도 비행기로 광고까지 한 공진회가 건조한 생활에 파장을 주고 있는 것은 분명했다. 거리에 새 옷 입은 남녀가 늘어나고 전차가 만원인 채 다니고, 육조대로에 쏟아져 나온 사람들로 활기찬 이른바 '공진회 분위기' 자체는 긍정적인 면도 있었다. 다만 공진회 시설 때문에 하룻밤 사이에 자취를 감춘, 아니 영원히 볼 수 없을 광화문 앞에 놓였던 해태 한 쌍, 어디선가 훌쩍거리고 있을 돌짐승 한 쌍을 그리워했고 전시 때문에 파괴된 궁궐, 유산, 전통을 마음에 담았다.[43]

염상섭은 공진회를 구경하는 40만 관중의 눈에 가장 눈에 띄었던 것이 마당에 전시해 놓은 비행기 1대뿐인 것은 유감이라는 식으로 공진회를 폄하했다. 또 사람들이 가장 북적대는 곳은 매점, 남자와 기생들이 하는 남녀 궁술대회, 기생들이 접대하는 요리점과 술집이며 20전을 내고 이용하는 활쏘기, 그네 타기, 춤도 추는 연예 오락거리 정도라고 냉소했다. 추태를 연출한 가장행렬을 보며 환호하다가 "사람이란 이러케까지 하야서라도 웃지 않으면 아니 될 의무를 지고 잇다는 것은 무서운 일"이라고 혼자 속말을 했다.[44] 그는 사람들이 구경거리를 즐기고 웃기까지 하는 모습을 보며 식민지에서 웃는다는 것이 가능하다는 사실에 놀라고 이민족의 지배에 적응해 가는 듯해 무서움을 느꼈을 것이다.

공진회장을 나가 일본인 구역인 남촌(명동-소공동-태평로 일대)에 이르면 미츠코시三越백화점(1906·신세계백화점 전신), 미나카이三井백화점(1922), 조지야丁子屋백화점(1921)이 유리 진열장 안에 박래품舶來品(수입품)들을 진열하고 있었다. 이 근대의 자본주의 소비 공간들은

1930년대에 보다 크고 화려한 백화점으로 확장되지만 그전에도 기계적 정교함과 세련된 디자인, 전기 조명 아래 아우라를 발산하는 상품들을 자본주의의 스펙터클로 전시하고 있었다.

조선 민족에게 공진회는 적대적 공간이면서 동시에 욕망의 양가적 공간이다. 필자들은 전시품과 그것들을 구경하는 조선인을 한 장면에 몰아넣고 응시하고 관찰하면서 그것이 식민자 일본이 지배하는 세계임을 절감한다. 자신들이 열등하다는 것을 인정할 수 없지만 인정하지 않을 수 없는 현실을 보면서 제국의 전시품과 기계들 그리고 좌우를 두리번거리며 구경에 몰두하는 동족의 관람객 모두를 공격한다. 웃거나 떠드는 동족을 보며 저들의 무지와 야만성, 원시성을 연민하거나 경멸하는 식으로 공격하는 한편 정복자가 쳐 놓은 모든 차별과 차이의 경계선, 구분선을 파괴하고 싶은 공격성을 드러낸다. 그러나 대개는 공격성을 숨기기 위해 냉소를 연출하고 무관심과 무표정을 연기한다.[45]

공진회가 전시하고 있는 것은 문명과 야만의 경계선이다. 1920년대 문화적 민족주의, 실력양성주의, 인격주의, 개조주의는 식민지민의 저주받은 죄의식과 공격성의 산물이다. 근대는 적들의 저주받은 문명이므로 공격해야 하지만 동시에 피할 길 없는 모욕과 수치에서 벗어나게 해 줄 근대였다. 근대, 기계, 이성주의, 과학의 저주 때문에 식민지배를 경험한 민족에게 근대의 저주는 되풀이되고 연장된다. 다시 말해 발전, 성공, 경쟁우위, 권력과 위세, 세계의 인정과 평가, 풍요와 강대국을 향한 공격적 욕망이 집합적 성격구조의 한 속성으로 자리 잡는다. 식민지에서는 인종주의에 기반한 심리적 소외가 경제적 소외보다 더 객관적으로 중요하다고 간파한 파농은 식민지에서 출세한 자들은 식민 본국의 문화를 습득, 체화하여 자기 종족과 차별화하려는 지적 소외도 내면화한다고 했다.

주인을 흉내 내는 일 외에 별다른 수단을 갖지 못한 그들은 자신의 관점(스키마)과 시선으로 세계를 바라보지 못한다. 그는 결코 자유인이 아니다.[46] 그는 소외된 자이다.

## '조선인스러움'을 소환하는 호명, "요보"

민족차별이 언어에 침습할 때 모욕은 소리를 입고 대기 중에 퍼진다. 누군가를 요보라고 부르는 일본인의 목소리는 그 소리를 들을 수 있는 범위 안에 있는 모든 조선인의 마음에 날카롭게 내리꽂힌다. 그 한마디가 귓속에 꽂히는 순간 모든 조선인의 신체는 모욕감으로 전율하고 마는 것이다.

일본인들이 조선인을 지칭하면서 부른 '요보ヨボ'의 기원은 불확실하지만 이승만(1875~1965)이 어린 시절 서당 다닐 때 양반 아이들이 낮은 신분의 다른 학생들을 범보, 요보라고 불렀으나 본인은 그런 구분을 좋아하지 않았다고 한 것을 봐서 일본인들이 만든 호칭은 아니다. 이승만이 1895년 배재학당에 입학하기 전까지 서당을 다닌 이력으로 보면 그 전에 이미 양반계층에서 요보를 사용했다고 봐야 한다. 또 유진오(1906~1987)가 회고담에서 요보가 우리말 여보에서 유래한 말이고, 조선인은 일본인을 왜놈, 짜개발로 불렀다고 한 것으로 봐서 요보는 원래 양반이 상민, 천민, 노비를 부르던 호칭이었을 것으로 추정된다.[47]

1929년 《동아일보》의 〈응접실〉은 독자가 보낸 질문에 기자가 답변하는 형식의 고정 기사였는데 요보의 뜻이 무엇인지를 묻는 독자에게 "보통 천대받는 조선 사람을 가리키는 창피하고 구역질나고 한심한 말이므로 모르는 게 속 편할 것"이라고 답했다.[48] 조선인이 요보의 뜻을 질문했다는 것은 요보 호칭이 양반들이 쓰던 것이었더라도 일반적으로 널리 통용된 것은 아니었음을 시사한다. 식민지 시기 정복민족이라는 자긍심에 찬 일본인들이 양반들이 부르던 호칭을 계층과 남녀노소 구분 없이 조선인을 가리키는 호칭으로 바꿔 쓰면서 조선민족을 통째로 일본인의 하등민으로 강등시킨 셈이다.

3·1운동 직후 문화통치로 전환하면서 새로 부임한 사이토齋藤 총독에게 정무총감이 조선어를 공부하는 것은 바람직하지만 "요보라는 개소리는 행여 배우지 말고 대신 만세라는 말을 배우는 것이 긴급하다"고 조언한 데서 짐작할 수 있듯이 요보는 민족차별의 상징어가 되어 있었다.[49] 어떤 조선인 철도원은 〈어찌 그리 심한가何其甚耶〉라는 제목으로 《동아일보》에 투고한 글에서 요보 호칭이 그 어느 것보다 모욕적임을 토로했다. "우리가 날마다 눈물을 흘리고 뛰는 가슴을 어루만지며 분을 참아가며 지나는 살림살이"라고 한 것이다.[50] "상하귀천을 막론하고 요보라는 이가 갈리는 명칭을 붙여 기가 막힐 지경인데 거리에서 술 취한 일본인이 조선인을 구타하고 이를 훈계하는 조선인 순사에게 뺨을 때리고는 "너 같은 요보 순사"라고 했다가 20일 구류형에 처해지기도 했다.[51] 일본인은 조선인 순사의 뺨을 갈겨도 된다고 생각할 정도로 정복민족과 식민지민의 관계는 주인-노예의 관계와 다를 바 없었다.

1920년 6월 1년 만에 감옥에서 출감한 어떤 사람은 사이토 총독이

인후仁厚하고 세계 대세에 밝다는 말을 감옥에서 듣고 문화정치를 기대했으나 "귀에 들리고 눈에 보이는 것이 도모지 요보, 빠가(바보) 천지"였다고 한탄했다. 감옥에서도 민족차별이 심하여 그 원한은 영원히 잊지 못할 것이라고 치가 떨렸던 순간들을 회고했다. 특히 못 견디게 힘들었던 것은 일본인의 차별은 그렇다 쳐도 소학교 졸업한 조선인 순사, 경무사가 거만을 떨며 일본인에게는 자기 조상이나 되듯이 굽실대고 조선인에게는 이놈 저놈 하며 억울한 호령과 무리한 꾸중을 즐기는 작태였다.[52] 관공서에서도 일본 관리는 조선인 고용인들을 버릇처럼 요보라고 불렀으니 민원인인 조선인은 더 말할 나위 없었다. 보통은 오마에(야, 이놈, 너)라고 부르고 좀 높임말은 기미きみ(君/孃), 하대하면 요보로 불렀다. 아나타あなた(당신) 소리는 거의 듣지 못하는 상황에서 자신을 부르는 호칭의 차이, 용어들이 풍기는 미묘한 뉘앙스, 하대 당하는 모욕에 예민할 수밖에 없었다.[53]

종로를 걷고 있는데 뒤에 말을 타고 오던 일본인이 다짜고짜 "요보 고라 앗지 이께"(요보, 비켜, 저리 가!)를 외치며 말머리로 등을 밀치는 바람에 전차 교차로에 넘어져 얼굴을 다친 사람은 자신의 실수를 인정하면서도 "요보 고라"(요보 비켜!)는 정말 듣기 싫었다고 토로했다.[54] 공사장을 지나다가 일본인 감독이 "요보" 하면서 빰을 치자 너무 분해서 파출소에 가서 탄원했지만 효과가 없었다.[55] 자동차 운전수도 대놓고 조선인 승객에게 "요보상이니까 혼또니 바가다네"라고 했으며 이를 듣는 조선인은 귀가 쓰리고 목구멍에서 피가 끓는 듯했다고 하소연했다.[56] 원산 고무공장 여직공 80여 명이 동맹파업 때 사측에 제시한 요구조건을 보면 일본인 감독이 직공을 마치 개도야지 같이 여기며 걸핏하면 '빠가'라 하고 또 "요보는 할 수 없다"면서 손찌검을 한다고 불만을 제기했다. 요보 호칭의 시정을 요구한 것이다.[57] 기차와 정거장의 매표소 여직원(일본 색시)도 조선인에게 반말하대가 일상이었고 "요보 어데가, 오소오소, 모라, 옵소, 요보요보"라고 하기 일쑤였다. 매표원 직업까지 일본인들에게 빼앗긴 것도 모자라 "요러케 콜콜히" 설움까지 안기는 식민지였다.[58]

이광수가 《동아일보》(1926. 1. 5~3. 6일까지 61회)에 연재한 소설 〈천안기千眼記〉[59]에도 주인공인 '나'가 요보로 불리는 장면을 묘사하고 있다. 나는 서울역에서 파란색 2등석 차표를 발권하고 "사람들의 부러운 시선을 느끼며 플랫홈에서 서양 사람들이 하는 본(모양)으로 뚜벅뚜벅 이편 끝에서 저편 끝으로 왔다 갔다 했다. 이리하면 다른 사람들보다 좀 높은 것 같아서 유쾌한 속물"의 제스처를 시전施展한 것이다. 그러나 파란색 2등 기차표가 준 자부심은 오래 가지 못했다. 승차하려는 순간 철도 '뽀이놈'이 앞을 막고는 "요보요 뵤뵤"라고 한 것이다. 나는 뽀이가 "나를 이등객이 못 되는 줄로 본 모양"이라고 생각하곤 파란색 표를 호기롭게 뽀이 코 밑에 들이댔다. 그러나 뽀이는 (아무 말 없이) 그냥 가버렸다. "잘못했습니다"라고 두어 번이라도 고개를 숙이지 않은 것이 분했다. 기차 안에서는 모두 자리를 차지하고 앉아 있어서 망설였으나 2등석이므로 자리 차지할 권리가 있음을 깨닫고 자기 자리를 차지하고 앉은 뚱뚱한 일본인에게 (자리를 양보 받기 위해) "모시 모시" 불렀으나 못 들은 척하다가 마침내 '뭐요?'라고 큰 소리를 지른다. 나도 일어나 소리를 질렀더니 승객들이 모두 이 점잖은 일인과 초라한 요보와의 승부를 주목했다는 내용이다.[60] 좌석표인 2등표를 가지고도 제 자리를 선점한 일본인에게 당당하게 주장도 못하는 조선인이었다.

풍자소설이지만 이광수 본인의 경험담인 듯 묘사가 구체적이고 생생하다. 10년 전 상해 부두에서 새로 산 양복과 구두를 걸치고 서양인이 된 듯 우쭐해졌었고 영자신문을 사서 반쯤 보이게 주머니에 찔러 넣는 것으로 자존심을 회복하려 했던 이광수와 기차역에서 파란색 2등권 차표를 사람들이 보게끔 들고 서양인을 흉내 내며 플랫폼을 뚜벅뚜벅 왕복할 정도로 우쭐해진 '나'는 별로 다르지 않기 때문이다.[61]

〈천안기〉가 연재된 1926년 《별건곤》(1926. 11)에 무용가 최승희의 오빠 최승일(1901~?)이 요보에 관한 쓰라린 경험을 썼다. 일본 니혼日本대학에 유학했고 조선프롤레타리아예술가동맹KAPF 회원으로 작가, 연극인 등 다방면으로 활동한 그가 동경에 가기 위해 부산 잔교역棧橋驛에서 승선 절차를 밟던 중 겪은 일이었다. 검표원이 일본인으로 오인하는 바람에 자신은 무사히 통과했으나 동행한 친구(19)는 정거장 밖으로 끌려나갔고 급기야 집안의 자산이 3만 원 이상이라고 거짓말을 한 후에야 승선할 수 있었다. 그리고는 3등 선실에 앉아 있다가 옆자리의 일본인들이 하는 대화를 듣게 된다. "요보는 참 온순한 백성이어요", "참 그러고 지성스럽게 우리에겐 하여 주더구먼요", "그러고 말고요 그야 우리가 저희들의 주인이니까"라고 주고받는 말을 들은 것이다. 이들 일본인들은 과수원 경영, 벌목 장사, 수리조합원 등인데 '충직하고 꾀도 부릴 줄 모르는 부지런한 요보' 덕에 돈도 모으고 편히 산다고 자랑하는 중이었다. 최승일이 이들의 대화를 화재話材로 삼은 것은 조선인으로서 수치, 모멸감, 무기력, 분노가 교차했기 때문일 것이다. 동경에 도착하여 친구들과 번화가 신주쿠를 산책하던 중에 불현듯 연락선에서 봤던, 일본으로 일자리와 생계를 찾아 떠나는 조선인들의 모습이 떠올랐다. 그리곤 "빌어먹어도 밖에서 빌어먹는 것이 낫다"고 자조했다. 제국의 수도 번화가를 걸으며 일본, 만주, 러시아로 이주하는 조선인과 세계의 방랑민족 유대인이 다르지 않다는 생각에 착잡해진 것은 어쩔 수 없는 일이었다.[62]

요보 호명이 주는 모멸감이 특별한 것은 그것이 언어적 물질성—소리, 뉘앙스, 감정, 강약고저의 어조와 어투, 억양—을 가진 기호로 발화되어 호명하는 자와 호명당하는 자가 함께 자리한 장소와 공간에 울려 퍼졌다가 다시 자신에게 되돌아오기 때문이다. 요보 소리는 두 번 호명한다. 처음은 말 그대로 조선인인 자신을 부르는 소리로, 두 번째는 요보 소리를 함께 들었던 다른 사람들(타자)의 시선으로 호명된다. 이 두 번째 호명은 말이 아닌 경멸 또는 연민의 시선으로 부르는 호명이다. 그래서 요보 조선인은 한 번의 발화發話에 두 번 모욕당한다.

일본인 아이들이 하숙집 유리창에 돌을 던지고 "요보 요보"라 부르며 달아날 때마다 조선인 유학생은 '두 눈이 핏사발'이 되는 모멸감에 사로잡힌다.[63] 자신을 요보라고 부르는 동료와 다투다 죽기도 하고, 술을 먹고 요보라고 부른 일본인의 집에 쳐들어가 폭행했다가 헌병대에 붙잡힌 조선인 무리도 있었다.[64] 진남포에 수해가 났을 때 물에 빠져 허우적대는 사람들 중 일본인만 건지고 조선인은 구조하지 않았던 동양척식회사의 악마 같은 행동을 통해 깨닫게 되는 것은 저들은 "요보는 죽어도 관계없다"고 생각한다는 자각, 조선인은 식민지에서 쓰레기 같은 존재이자 부속물 취급을 받는 타자일 수밖에 없다는 타자의식에 도달한다. 일본인이 지배하는 식민지에서 자신들은 '죽여도 죄가 되지 않는 자'라는 타자의식이 뿌리내리게 되는 것이다. 조선인인 자신은 이 사회의 호모 사케르임을 깨닫는 각성의 순간에 직면하는 것이다.[65] 요보는 죽어도, 죽여도 되는 자라는 타자의식이 조선인의 심리와 영혼에 비수처럼 꽂히는 것이다.

요보 호명은 하등민이라는 낙인이었다. 그것은 조선인의 사회적 정체성을 애초부터 규정했다. 아니 끊임없이 민족적 정체성을 흔들어대며 머뭇거리고 주춤하게 했다. 요보는 일제가 지배하는 제국 안에서 정상인이 아니라는 낙인stigma이고 민족적 범주였다. 요보라는 호명으로 개개인의 개성, 신분, 인격의 차이는 삭제되고 다만 '요보 조선인'으로, 즉 조선인이라는 민족 범주로만 존재하게 하는 장치였다. 요보는 자신만의 자의식과 욕망, 자질과 성격을 가진, 다른 사람과 구분되는 개성을 가진 존재인 개인으로 존재할 수 없다. 그는 아무개가 아닌 그저 조선인일 뿐이다. 식민지민에게는 다른 사람과 구분되는 얼굴이 없다.

요보로 호명되는 자는 어느 순간 그리고 어떤 상황에서 문득 '요보' 이미지를 자기 자신과 동포에게 투사하게 된다. 아무것도 할 수 없는 식민지 현실에 좌절하고 무력감을 느낄 때, 동포의 어떤 행동이 '요보답다'고 느껴질 때가 있는 것이다. 타자의 시선이 자신의 얼굴, 신체, 행동, 말, 자세, 태도를 훑거나 흘기고 스쳐 지나갈 때 그의 살아온 과거와 인생은 흔들린다. 그러면서 그 시선이 응시하고 있는 자기 안의 '조선인스러움'을 의식하기 시작한다. 그리고 그 '조선인스러움'을 자기 동족에게서 발견하기에 이른다. 이를테면 일본의 식민통치에 복무하는 조선인 순사나 관리, 일꾼들을 보면서 조선인들이 '요보 순사', '요보 지사(道)知事' 로 지칭하는 경우를 들 수 있다.[66] 친일매판 협력자인 조선인들의 직위 앞에 요보를 붙여 '요보 지사'로 호칭한 것은 경멸의 뉘앙스를 담은 표현이지만, 이처럼 조선인들이 다른 조선인들을 '요보'로 호명했다는 것은 요보라는 낙인이 조선인의 의식에 깊숙이 침투했음을 의미한다. 동족을 향해 요보라고 부를 때 그의 시선 또한 일본인들과 다르지 않은 무시, 경멸, 혐오의 시선이기 때문이다.

조선인이 조선인을 경멸의 시선으로 보면서 '요보'라고 호명할 때 요보 호명은 식민지민의 순응을 이끌어 내는 정신기술psyche technology이 된다. 요보와 '요보 아닌 요보'를 구분하는 의식도 마찬가지로 요보의 호명 효과가 작동하고 있음을 의미한다. '진짜 요보'는 '南太郎, 福太郎이라고 자신을 소개하는 부자[千金] 요보들'이며 '요보가 아닌 요보'는 독립투사라고 구분하는 프레임에 이미 요보의 관념이 들어와 있는 것이다. 그리고 요보의식은 더 진전한다. "조선놈들은 안 돼!"라는 한마디를 무심코 내뱉을 때 그의 모국은 조선이 아닌 제국 일본이라는 것을 스스로 확인하게 된다.

서울에 (멋 내고 건강만 챙기는) 구둣가게, 양복집, 약방만 있는 것이나 일하다가 곧잘 중도사퇴하는 경향을 일본인이 '요보의 민족성'이라고 말하는 것을 이해할 수 있는 일로 치부하는 순간, 물산장려운동이 7~8개월 만에 유야무야되었을 때 이를 반기지 않던 사람들이 "요보가 다 그렇지"라고 조소해도 할 말이 없다고 생각하는 순간 요보는 조선인에게도 사람을 평가하는 잣대가 된다.[67] 밤이면 암흑이 되는 조선인 상가와 불야성을 이룬 진고개의 일본인 상가를 비교하면서 조선인의 생활이 빈한하고 유치해서 일본인 아동이 우리 아동을 '요보의 자子'라 하고, 일본인 장정은 우리를 야만시한다고 생각하는 순간이 바로 요보 호명에 포획되는 순간이다. 가난하고 유치한 살림살이에 허덕이는 조선인에게 요보는 근거 있는 경멸이며 결국 조선인이 그 빌미를 제공했다는 자초론自招論으로 기울어지기 때문이다.[68]

1919년 9월 《매일신보》가 내지인(일본인)의 요보 호칭을 극악하고 신랄한 행태라고 비난하는 척하며 짐짓 "냉정히 생각하면 조선인이 먼저 반성을 해야 한다"고 속내를 드러냈던 것과 같은 자초론의 프레임에 빠지는 것이다. 이 글의 필자는 어투로 보아 조선인일 것으로 추정되는데 그는 불량한 조선 아동 4~5인이 일본인 어린이를 구타한 일, 장충단공원에서 일본 소녀를 강간한 치한들이 조선인의 품위를 떨어뜨려 요보의 악평을 듣게 한다고 했다. 요보 호명은 조선인이 "필경자초畢竟自招했다"는 것이다.[69] 시정市政을 논의하는 시민대회에 겨우 100명 정도가 참석했는데 그중에서도 조선인은 열 명도 안 되는 사실을 두고 일본인들이 "요보다치 다메"(요보들은 안 돼!)라고 비난하는 것을 모욕이 아니라 옳게 훈계한 것이라고 생각하는 순간 조선인에게도 요보는 비난받아 마땅한 민족으로 타자화된다.[70] 조선인 조합인 부산어업조합에서 조합원들이 해산물을 탈취하고도 해녀를 보자기, 요보로 부르는 것은 자신들이 요보로 불리는 복수를 해녀들에게 하는 것이라고 질타한 어떤 사람은 요보 낙인이 조선인의 자의식, 언어, 사회적 관계에 깊숙이 침투해 있음을 자각한 자이다.[71]

이민족의 지배를 받게 된 트라우마로 인해 민족성의 결함에 과민해진 식민지민은 마침내 조선인은 '요보'로 불러 마땅하다는 자기부정의 극단에 이른다. 민족적 모욕과 수치로 인한 분노가 이민족 지배자뿐 아니라 자신과 동족을 향해서도 분출되는 것이다. 1924년 24세 청년 사회주의자 이성태(1901~?)가 자신을 "나는 요보혼魂을 타고난 조선 사람이다"라고 읊조릴 때 간파할 수 있는 것은 그가 이미 자기

존엄성을 훼손당했다는 사실이다. 그에 의하면 요보혼魂은 약하고 모나지 못하고 핏기 없고 음흉스럽게 보이기는 하면서 징그럽고 게다가 겁 많기로는 세계에 비교할 인류[比類]가 없는 조선 사람의 피를 타고난 사람이다. 열정도 없고 계획도 없고 싸울 줄도 모르고 사랑할 줄도 모르는 조선 사람이 무엇이 되기를 바라는 것은 가엾게도 보이고 밉살스럽고 주제넘어 보이고 안타까워도 보인다.[72] 요보라는 자괴감에 짓눌린 채 고통받는 그는 깊은 자기혐오에 빠져 있다. 이렇듯 '요보스러운' 동족에 대한 연민과 혐오의 양가적 감정이 식민지 민족주의의 감정 기반일 것이다.

요보일 수밖에 없는 현재의 상태를 인정하는 데서 식민지 민족주의가 시작되는 것이다. "그렇다 벗들아 우리만이 요보다. 약한 무리다. 가난한 겨레다. 그래도 우리는 영원한 요보다. 요보란 소리를 안 듣도록 함도 우리의 힘이 아닌가? 자, 그러면 우리도 욕 듣지 말자. 우리의 앞에 놓인 요보의 길을 걷자"는 민족주의적 각성, 각오와 다짐으로 발전하는 것이다.[73] 약하고 가난한 우리는 영원한 요보라는 선언은 이 치욕과 모욕을 마음에 새기며 강하고 부자가 되기 위한 길을 가자는 제안이다. '요보의 길'은 모욕을 설욕해야 하는 조선인의 길이다.

1920년대 실력양성주의운동, 인격 개조운동은 다른 말로 하면 모욕과 모멸감이 추동한 '요보의 길'이었다. 성공을 향한 의지와 욕망을 추동하는 근원적인 힘은 뼈의 마디마디에 각인된 이민족의 모욕과 경멸이다. 이 식민지민의 모욕과 분노, 자조와 자괴의 심리 안에서 조선인의 정체성은 복잡하고 모순적으로 재구성된다. 이미 훼손된 자존감은 '요보의 길'을 걷는 민족주의적 자각으로도 온전히 회복되지 않으며 민족정체성에 대한 충성심도 흔들린다.[74] 일본 유학을 마친 후 3년 만에 신문사(《조선일보》로 추정) 특파원 자격으로 동경을 방문한 한 엘리트는 번화가를 구경하다가 친구에게서 '조선 미인'에 대한 소문을 듣고 이를 확인하기 위해 긴자銀座의 카페를 찾아 나선다. 대도시 동경의 화려한 심장부 긴자의 카페걸이 된 '조선 미인'에 대한 그의 감회에서 모순되고 혼란스러운 민족적 정체성과 자존감이 훼손된 자의 내면이 실체를 드러낸다.

동경에 값싼 에로를 제공하는 조선인 창기와 기생이 있은 지는 오래되었으나 카페에 진출한 기생은 처음 들었다고 하면서 그들은 카페 '사론 하루'에 들어선다. 앞치마를 두른 다른 (일본인) 여급들과 달리 조선인 여급은 한복에 쪽을 진 '반근대적인 자태와 어색하고 서투른 점'이 좋아서 인기도 있고 평판도 좋다는 말을 듣는다. 일행은 그의 평판이 좋음에 속으로 기뻐하면서 '우메꼬梅子여 건재하라'는 기원을 남기고 돌아섰다.[75] 기생 출신 조선 여성이 제국의 수도 긴자의 (고급) 카페에 진출한 것도 처음 있는 일인데 인기도 있고 평판도 좋아서 기뻤다는 토로는 (자기만의) 관점(스키마)을 상실한 식민지 엘리트의 상처받은 영혼이 내지르는 소리이다. 그의 민족애는 제국민인 일본인의 인정과 평가를 받고 기뻐하는 민족주의이다. 요보 조센징의 불안정한 정체성을 내면화한 채 타자의 시선과 평가에 과민하게 반응하는 민족주의인 것이다.

총독부는 1937년 요보, 센징鮮人(センジン) 같은 멸시적 언사를 금폐禁廢할 것을 각 관공서에 지시했다. 요보 호명이 두 민족 간의 적대의 골을 깊게 하고 이는 전시 후방총동원체제를 구축하는 데 방해가 되었기 때문이다. 허울뿐이지만 황국신민화와 내선일체론을 내세워

조선인 징병, 징용, 정신대를 차출하기 위해 두 민족 간의 적대를 해소하려 한 것이다. 총독부는 어원도 확실하지 않은 요보가 인부, 노동자 등 다소 하급의 사람들을 대하는 통용어가 되어 있다면서 악의가 없다 할지라도 센징은 조선인의 약칭이라고 해도 그 음향이나 감향感響이 좋지 않고 요보는 더욱 멸시 내지 모욕감을 주어 일한병합을 해치므로 내선융화 차원에서 유의하고 관공리는 특히 솔선수범하라고 지시했다. 일본에 유학한 중국인들이 귀국 후 모두 배일파가 되는 주요 원인 중 하나가 '짱꼴라' 취급을 받아 감정이 좋지 못하기 때문이라는 근거를 대기도 했다.[76] 그러나 일본 아이들이 조선인 아이들을 "요보 요보"로 부르는 세태를 되돌릴 수는 없었다.[77] 모욕은 남녀노소, 상하귀천 없이 확산되고 또 세대를 이어 깊이 뿌리내리고 있었다.

## 저주의 주문 '배일排日 조선인'

'배일 조선인'이라는 호명은 일본 당국과 일본인들이 작은 빌미만 있어도 입버릇처럼 던지는 저주의 주문과도 같았다. 일선융화라는 허울 좋은 명분을 내세워 모든 기관과 조직에 일본인을 고용하는 정책에 '불가하다'는 의견을 내도 '배일사상을 품은 자'로 지목해 버리는 상황이었다. 일본은 조선인은 누구나 배일사상을 가졌다는 선입견을 어디서나 유리하게 이용했다.

성명 미상의 《동아일보》 평양지국 기자는 배일 조선인이라는 호명이 일본인들이 상업적으로 사용하는 예투어例套語가 되었다면서 상점에서는 물건 값을 좀 높이 불렀다고 배일 조선인, 자기 상점에서 사지 않아도 배일 조선인, 단체나 회에 가입하지 않아도, 자기에게 예를 갖추지 않아도, 자기 의사와 달라도 그저 배일 조선인으로 간주해 버린다고 개탄했다. 그러고는 "조선인은 낙오자이며 고아와 같고, 망망대해에 표류하는 외로운 배와 같은 처지인데 누구를 배척하고 원한을 가질 수 있겠는가……조선인에 비해 지식이 우수하고 자본이 풍부한 일본 양반을 어찌 배척할 수 있겠는가. 오인은 다만 성의 있는 아량과 진실한 동정을 애원할 뿐"이라며 시정을 요청했다.[78] 경찰의 도를 넘는 폭력을 지적하는 것만으로도 위험사상을 가진 자로 규정하고 그의 아버지, 형제자매까지 의심하면서 몽둥이질을 하고 머리채를 잡고 경찰서로 끌고 가는 상황에서[79] 배일 조선인으로 낙인찍힌다는 것은 최소한 강제 노력동원에 더 자주 선발되는 불이익을 당하거나 시국사건의 용의자가 되어 경찰의 감시 대상이 되는 것을 의미했다.

총독부, 그리고 일본인들은 1919~1920년간 1차, 2차의 독립만세운동을 통해 조선인의 배일 기조를 충분히 확인한 셈이어서 다수 인구를 점하는 조선인의 동향과 여론에 촉각을 곤두세우지 않을 수 없었다. 조선 거주 일본인은 누구나 배일 조선인일 수 있다는 의심으로 예민해졌고 조선인도 '배일 조선인'으로 의심받을 때 수반되는 신체적·사회적·경제적 위협에 불안해졌다. 이런 상황에서 1922년 4월과 8월에 《동아일보》가 '배일 조선인'에 관한 사설을 게재한 것은 주목할 필요가 있다. 이 사설은 "사회에서 친일이니 배일이니 하는 구분을 시도하는데 조선인은 그 근거가 어디에 있으며 그 경계는 무엇인지 알지 못한다. 다만 자기의 생명을 발전시키려는 양심적 요구에 따르고 있을 뿐"이라고 했다. 자기 이익을 위해 양심을 속이고 기만하면 친일이고 양심을 발표하면 배일이 되고 마는데 실상은 배일도 친일도 없다면서 조선 민족은 원래 문화적으로 타족他族에게 친화적임을 강조했다. 다만 생활의 발전을 위해 침략주의를 배척하고 잔인성을 배척하고 편협한 기질을 배척할 뿐이라고 배일을 정의했다. 배일은 일본인의 모든 것에 대해서가 아니라 그중 침략주의, 편협한 차별, 잔인한 통치시책을 배척하는 것이라고 변명 아닌 해명을 시도한 것이다. 〈약자의 비애 배일과 친일〉이란 사설 제목에서 알 수 있듯이 배일이니 친일이니 하는 구분으로 조선인의 양심을 구속하는 것이야말로 약자의 비애였다.[80]

8월의 '배일 조선인' 사설은 조선인의 의기가 없어졌다는 데 초점을 맞추고 있다. 모욕을 당해도, 멸시 천대를 당해도, 압박 횡포와 유린, 탈취의 각종 불의를 당해도 화낼 줄도, 도전할 줄도, 욱할 줄도 모르는 것은 생존의 권리를 포기한 것이므로 정치적 모욕과 사회적 천대에 대해 명예를 위해 사력으로 주장하고, 용맹과 반항의 심정을 지녀야 하지만 조선인은 그 의기를 침묵하고 내면에 담아 두는 처지가 되어 버렸음을 한탄한다. 그리하여 이제 현실의 조선인의 불평은 심중의 불평이고, 암중의 불평이며 언어의 불평이며 비겁의 불평에 그치고 있다고 했다.[81] '배일 조선인'은 저주의 주문이었다.

## 불의와 모욕에 분노하는 식민지민의 거리 소요

이쯤에서 1922년경부터 조선인의 만세 소요자에 대한 밀고가 많아져 경찰 업무가 용이해졌다는 식민 당국의 분석에 주목할 필요가 있다.[82] 두 차례의 독립운동 시도가 실패로 끝나고, 일제가 문화통치로 선회하면서 조선인의 좌절, 무관심과 냉소, 침묵이 깊어 가고 있었던 것도 한 요인이겠지만 다른 한편으로 청결 호구검사 등 다양한 경로를 통해 이중 삼중으로 감시망을 치고 조선인 일상에 깊숙이 들어온 경찰의 존재가 더 큰 압박 요인이었을 것이다. 그러나 민족차별의 수직적 서열체계에 의존한 식민통치하에서 피지배민인 식민지민의 침묵 또한 영속적일 수는 없었다. 굳이 독립운동이라는 대의명분이 아니더라도 자기 자신, 가족, 이웃, 친지, 그리고 동족 일반에게 일상화된 모욕과 차별은 고통, 분노, 슬픔과 연민을 촉발하기 때문이다.

기미년 만세운동, 1920년 제2차 독립운동, 파리강화회의와 워싱턴회의까지 조선인이 독립의 기대와 의지를 놓지 않았던 1919~1921년 동안 배일排日의 분노와 저항의 분위기는 고조되었다. 경찰 그리고 정복민의 행세를 하는 일본인들의 부당한 처사와 폭력을 목격한 사람들이 지도자도 없이 즉흥적으로 결집해 시위대로 돌변하여 경찰서, 경찰, 가해자인 일본인에 대한 구타, 투석, 항의를 하며 긴 시간 대치하는 일이 1920년대 초반 드물지 않게 일어난 것이다.

1921년 2월 군산에서 오후 3시경 일인 순사가 순찰하다가 조선인을 취조했다. 죄가 없음이 판명되어 귀가시키려 했으나 술을 먹고 지나가던 사람들이 이 광경을 보고 순사의 육혈포를 빼앗고 난타했다. 결국 지원 경찰이 출동하여 폭행에 가담한 조선인 15명을 체포하고 검사국에 기소했다.[83] 4월엔 술에 취한 일본인이 조선인 소녀를 뒤에서 껴안고 추행하자 소녀의 아버지가 말리려다 부상을 입었다. 이를 목격한 400여 명의 군중이 "때려죽여라"며 달려들었고 순사들은 일본인을 붙잡아 전차로 호송하려 했다. 그러나 군중은 전차를 포위하고 돌을 던져 유리창을 깨는 등 가로막았다. 경관 수십 명이 출동하여 간신히 군중을 진압했고 선동자 4명을 체포했다.[84] 5월엔 충북 괴산에 사는 허만적(44·여) 외 8인이 목도주재소에서 범죄 혐의로 체포되어 법원의 판결까지 받았다. 내용인즉 허 씨의 남편이 1920년 12월 30일 취조받던 중 일본인 순사와 조선인 순사 2명이 사무실 대들보에 매달아 때려죽였다는 것이다. 허 씨는 면회는 물론 시체 확인도 거부당하자 이튿날 마을 사람들에게 주재소를 부수고라도 시체를 찾아오자고 애소했다. 사정을 들은 친지와 마을 주민 수십 명이 주재소를 습격, 가해자인 일인 순사를 폭행하고 결박하여 허 씨 집으로 끌고갔다가 다시 주재소로 데려와 시신 옆에서 밤을 새우게 했다. 흥분한 군중은 밤새도록 주재소 창을 부수고 시신을 꺼내려 시도했고 조선인 순사도 포박하라고 소리치며 야단을 피웠다. 이 사건은 허 씨가 징역 8개월에 집행유예 3년, 마을 사람들도 집행유예 및 징역 5~10개월 형을 받는 것으로 종료되었다.[85]

8월 평양에선 연로한 부친과 함께 빙수장사로 연명하는 27세 장명선이 만취한 부친과 싸우다가 조선인 고등계 경찰에게 구타당하고 연행, 훈방된 일이 있었다. 장명선이 경찰을 검사국에 기소하자 경찰은 '불량한 여자' 라며 빙수가게 영업장(사업자등록증)을 뺏고 장사를 중지시켰다. 순사가 영업장을 내놓으라고 시비를 걸다가 없다고 하자 막무가내로 명선의 귀를 잡아끌고 구둣발로 차서 넘어뜨린 후 왼팔을 비틀어 꺾었다. 그리고 병원으로 데려가 응급수술을 '베풀었다' . 돌아오는 길에 장명선이 부친을 파출소에 연행한 이유를 묻자 경찰서로 끌고가려 했다. 포승줄에 묶인 명선이 머리를 흔들고 발을 구르며 원한에 찬 목소리로 하늘을 향해 소리를 지르자 주변사람들이 점점 늘어나 수백 명에 이르렀다. 경찰이 인력거를 타고 평양경찰서로 갈 것을 권유하자 명선이 수용했다. 경찰서에서 명선은 명령불복종에 대한 훈유를 받았고 중상을 입은 팔이 정상 참작되어 즉시 방면되었다. 수백 명의 군중은 파출소까지 따라와 명선을 지켜보았다. 일주일 후 명선에게 중상을 입힌 일본인 순사는 검찰에 기소되었고, 한 달 후 면직처분과 독직죄瀆職罪로 집행유예 2년 판결을 받았다.[86] 만세운동 이후 배일의 분위기에 기름을 붓고 싶지 않았던 일제의 타협책이었다.

이러한 경찰과 검찰의 신속하고 합당한 조치에 민중은 한편으로 득의양양하면서도 법에 따라 문제를 해결하는 일본의 식민통치 방식을 경험하고 재평가했을지도 모른다. 빙수 장사하는 20대 여성 장명선이 자신을 때린 경찰을 검사국에 기소할 수 있었던 것은 식민지 법치에 대한 지식과 이해가 있었음을 의미한다.

경성에서 1921년 12월 6일 오전 8시 보조헌병 300명이 독립군과 진압군으로 편을 나눠 만세운동 진압훈련을 실시한 것은 조선인의 배일 분위기에 쐐기를 박기 위해 연출한 전시 행사였다. 헌병대의 가장假裝 연습이 하루 통행인구가 대략 3만 명이라는 중심가에서 행해진 것이다.[87] 경성의 총독부 근방, 종로 네거리, 광화문 등 주요 관청 소재지에 갑자기 수만, 수천, 천 명, 오백 명 단위의 독립운동단체 청년들이 독립 만세를 부르며 사방으로 행진을 개시하는 가상 상황을 설정하고 경찰이 이를 진압하는 모의훈련이었다. 시위 군중은 흰 깃발을 든 배일 조선인과 흰 깃발을 몸에 두른 독립운동자의 두 패로 나뉘었다. 경찰과 병정을 가득 실은 자동차들이 시가지를 질주했고 헌병들은 칼을 꽂은 총을 들고 다녀 훈련인 줄 모르는 사람들은 놀랄 수밖에 없었다.[88] 1925년 관보에 공표된 〈경찰관의 무기사용규정〉을 보면 무기는 사람의 목숨, 몸, 재산을 방위할 때, 사세가 궁박하여 무기를 쓰지 않으면 안 될 때라는 단서를 달았다. 그 외 직무상 경호하는 사람 및 장소와 물건을 지키는 중 폭행을 당하거나 당하려 할 때 반드시 무기를 사용해야만 대응할 수 있는 경우, 여러 사람이 덤벼 폭행을 가할 때 자위를 위해, 직무를 집행함에 폭행을 받아 형세가 위급한 경우에는 무기 사용이 허용되었는데 한마디로 '군중의 폭행에는 사용하라' 는 요지였다.[89]

총검을 들고 시내를 오가는 경찰의 존재는 두려움과 분노의 대상일 수밖에 없었다. 민중의 적대감과 분노는 몇 가지 조건이 충족되는 경우 불시에 점화될 수 있었다. 1923년 6월 함경도 함흥군 퇴조면 주민들이 단오 씨름놀이를 하던 중 인근의 홍원군 주민과 시비가 붙어 부상자가 여럿 발생했다. 퇴조면 주재소에서 홍원군민 10여 명을 검속한 후 다음날 모두 방면했는데 그중 한 사람이 돌연 사망하고 말았다. 홍원군 주민들은 경찰이 '함부로 때려죽게 한 것' 이라고 격분했고 "그렇게 난폭한 주재소는 파괴해 버리자"면서 몰려든 군중이 천여 명에 달했다. 함흥경찰서와 함남경찰부에서 경비대를 보내 엄중 경계해야 할 정도였다.[90]

1924년 5월 종로 우미관 인근 탑골공원(파고다) 앞에서 한 조선인이 술에 취해 행인을 폭행했다. 순사들이 그를 경찰서로 연행하려 했으나 버티면서 말을 듣지 않았다. 이를 보던 천여 명의 군중이 "술 먹은 사람을 끌고 갈 것이 무어냐"면서 순사들을 포위하고는 함성을 지르고 달려들어 발길질을 해댔다. 이에 순사는 칼을 휘두르는 한편

지원 경찰을 불러 군중을 해산시켰다. 체포되거나 다친 사람은 없었다.[91] 다음달 6월에도 황금정(을지로) 파출소에 수백 명의 군중이 모여 조선인에게 만행을 부린 일본인을 성토하는 사건이 있었다. 용산~동대문 노선 전차에서 일본인이 차장의 뺨을 때리고 지팡이로 구타하는 바람에 눈밑이 찢어져 유혈이 낭자한 것을 보고 옆에 있던 조선인 청년이 만류했다. 그러자 가해자인 일본인이 구리개 정류장에서 하차하면서 차장 번호패를 뜯어 버려 차장이 뒤를 따라가며 돌려줄 것을 애원했다. 이에 아까 만류하던 조선 청년이 다시 참견했는데 이를 지켜보던 일본인 5~6인이 작당하여 그 청년을 지팡이로 때리고 발로 차는 것도 모자라 고환을 잡아당겨 기절시키고 말았다. 마침 출동한 일본인 순사들이 파출소로 관련자들을 데려와서는 대뜸 조선 청년이 잘못했을 거라며 사이다 병으로 머리를 내리쳤다. 그러자 밖에서 보고 있던 수백 명의 군중이 "일본인을 죽여라"고 외쳤다. 그러자 경찰은 잘못했다면서 합의를 제안했다. 청년은 이를 거절하고 인력거를 불러 병원에 입원했는데 그 사이에 경찰이 가해자 두 명을 방면해 버렸다. 군중이 다시 들썩거리자 청년이 "경찰서에 잡혀 가면 해로울 사람은 조선인뿐"이라며 진정시켰고 마침내 자진 해산했다.[92] 1925년 8월 남대문통에서 술 취한 일본인 5명이 2명의 조선인에게 시비를 걸고 구타하자 지나가던 조선인 10인과 일본인들이 가세하여 격투가 벌어졌다. 출동한 경관이 시비를 가리지 않고 가해자 일본인들을 전차에 태워 보내려 하자 수백 명의 군중이 전차를 막고 돌을 던져 유리창을 산산조각 냈고 일본인을 내놓으라고 소리쳤다. 군중은 내친 김에 파출소를 포위하고 돌을 던져 유리창을 깨트렸다.[93]

1929년 11월 광주학생사건이 발생하자 신간회에서 민중대회를 기획하는 등 긴장감이 돌았고 청년학생들은 동요했다. 그해 12월 중순 어느 날 저녁 조선극장에서 연극 〈카츄샤〉를 공연하던 중 30세가량의 '양복 청년' 김무삼이 돌연 관객석에 일어나 무대로 올라가 과격한 연설을 하며 '삐라'를 뿌렸다. 그러자 모든 관중이 흥분하여 일어나 함성을 지르는 등 일대 소동이 벌어졌다. 김무삼은 다시 관람석 가운데로 걸어 나와 일등석인 위층을 바라보며 연설을 계속했고 임검 경찰 3, 4명이 달려들어 그를 체포했다. 이를 지켜보던 관객들이 돌연 극장의 문을 모두 부수었고 종로경찰서에서 긴급 출동했다.[94] 보름 후 1930년 1월 16일 밤 10시 30분경 조선극장에 또다시 수백 장의 불온격문이 뿌려졌다. 영화를 보던 중 아래층에서 한 청년과 학생 5명이 삐라를 살포하고 만세를 부르자 300여 명의 관중들도 함께 소리를 질러 아수라장이 되었다. 수백 명의 경관이 출동하여 극장 정문과 후문을 봉쇄하고는 관객의 몸을 일일이 검사했다. 격문을 뿌린 '조선두루마기 입은 사람'을 찾기 위해 관객 중 두루마기 착용자를 포함한 88인을 종로서로 압송했다. 경찰이 압수한 격문은 한글, 한글/한문, 순한문의 3종이었다.[95] 밤샘 취조에도 불구하고 경찰은 끝내 진범을 알아내지 못했고 10명만 다음날 귀가 조치되었다.[96] 격문 사건이 일어난 그날 오전 중앙기독교청년학교 생도 100여 명이 대강당에서 조회를 마친 후 운동장에 모여 만세를 제창하고 종로로 진출하려다 근처에서 비상 대기하던 경찰 40~50명에 의해 제지되었다. 이날 배재고보, 서대문의 실업전수학교 학생들도 오전 9시경에 일제히 만세를 부르며 동요했고 중동학교에선 격문이 살포되었다.[97]

## 풍속과 도덕의 규율 공간, 극장

1914년 경성의 일본인 유치원에 근무하던 한 여성이 신파연극장 연흥사에서 연극 〈눈물〉을 구경한 경험담을 동경 박문관에서 발행하던 잡지《여학세계女學世界》에 기고했는데 이를《매일신보》가 번역해서 3회에 걸쳐 연재했다. 이 텍스트는 식민화 초기 조선에 이주한 일본인들에게 내면화된 민족차별의 시선을 보여주고 있어 흥미롭다.

1910년대 초반 극장은 거의 목조 2층 건물이어서 허술했고 시설도 열악했다. 극장 입구엔 붉은 바탕에 검정 글씨로 '신파연극 연흥사 혁신단 임성구 일행' 이라고 써붙여 놓았고 창고 같은 극장에 사람들이 몰려들어 번잡했는데 호객을 위해 북과 징, 피리로 구성된 취주악까지 연주하고 있어서 시끄러워 귀가 멀 지경이었다.[98] 입구까지 사람들로 만원을 이뤘지만 우대권을 가진 일본인 여성은 안내원의 인도를 받아 곧바로 상층석인 2층으로 올라갔다. 2~3인이 입구를 엄중히 지키고 있는데 이를 목격한 그녀는 속으로 "조선 사람이 교활한 까닭"에 그렇다고 생각했다. 2층 오른쪽 부인석에는 "세상에서 가장 가련한 용자容姿(자태)를 가진 조선 부녀자"들이 늘어서 있었다. 연극과는 무관하게 울고 웃는 관객을 보며 "조선인은 고래로 연극을 웃음거리로 보아 연극장에는 웃으러 가는 것으로 작정되어 슬픈 것을 보아도 동정이 조금도 안 일어나는 모양"이라고 개탄했다. 부기附記에서 그녀는 단장 임성구는 경성의 일본인 극장 수좌壽座 앞에서 담배와 군밤을 팔던 사람으로 글자를 하나도 모르는 자였다고 덧붙였다.[99]

교활한 조선인, 세상에서 가장 불쌍한 조선 여성, 슬픔에 무감한 민족성은 일본에서 조선으로 건너온 정복민족인 그녀에게 이미 내재된 시선이었다. 여기에 글자도 모르던 군밤장사가 일본 연극을 보고 흉내 내서 만든 연극을 보기 위해 혼잡을 이루며 모여든 시끄러운 조선인 관객들이 있었다.

1910년대 침체되고 억압적인 사회 분위기에서도 흥행계는 프랑스와 미국 등에서 제작된 활동사진인 B급 액션활극과 신파극, 버라이어티 공연으로 사람을 모으고 있었다. 이런 연예오락물은 섹슈얼리티, 마술, 코미디, 서구의 유흥가와 아케이드, 매춘부, 강도, 기차 추격전 등 전혀 새로운 시각적 경험을 제공했다. 무엇보다 근대 과학기술의 마술적 위력을 과시하면서 영화는 대중의 마음을 홀리고 있었다. 1900년대 환등magic lantern이 도입되었고 1903년 최초로 대중을 상대로 입장권을 받는 영화 상영이 이루어지는 과정을 거쳐 1910년대로 접어들면서 활동사진은 흥행계의 중심이 되어 있었다. 식민 지배는 전혀 새로운 근대적이면서 서구적이고 기계적인 상업적 오락물들과 함께 시작되고 있었던 것이다.

1910년 12월 경찰 당국이 순사 및 순사보들에게 시달한 '15가지 세밑(연말) 취체방법'은 오락과 유흥 영역에서마저 식민지민의 미개성을 확인하고 통제하려는 식민자의 시선을 읽을 수 있다. 그중 12번째 항목인 흥행장 및 흥행물에 대한 취체를 보면, "일반 흥행장(연극장 및 기타 음악장-저자 주)에서 밤 12시 넘도록 흥행을 하거나, 공안에 방해되는 연극을 하거나, 장내의 취체가 불정리하야 훤조잡답喧噪雜沓(떠들고 소란함)함이 무無케 취체할 것이며, 불이 있는 곳을 주의하며, 변소의 소제 소독 등을 부태不怠케 하며 주의할 사"라고 되어 있다.[100] 다음해인 1911년에는 내무장관의 훈시로 각 지방장관에게 "근년에 활동사진이 심히 유행하는데 특히 풍속을 괴란하고 공안을 방해하는 자가 많으므로 괴풍壞風활동을 취체하라"고 훈시했다.[101] 극장업은 활동사진 흥행을 통해 시장을 키우고 있었기에 일제는 활동사진 검열과 극장에 모이는 잠재적 소요군중인 관객에 대한 취체를 강화할 필요가 있었다. 극장의 '풍속괴란風俗壞亂'은 취체의 명분이었다.

풍속괴란 프레임은 일본인 유치원 교사가 가졌던 조선인 관객에 대한 프레임과 다르지 않다. 조선인의 낙후성, 야만성, 미개함, 원시성은 경찰이 취체(규제와 규율)와 지도를 통해 다스려야 하는 것이었다. 극장(흥행장)의 위생, 장내 질서, 공공 안전(공안)은 경찰의 주요 업무였고 도덕과 풍속 또한 헌병경찰의 관할이었다. 식민지민이 모여 군중을 이루게 되는 공간과 장소는 언제나 반드시 경찰이 있었고 전 방위적 감시를 통해 모든 상황을 통제했다.

1910년대 극장의 임검경찰제도가 영화 내용 검열보다 흥행장소의 질서와 분위기 단속에 더 주력한 이유이다.[102] 바닥에 거적이나 방석을 깔고 앉아 구경해야 하는 극장에서 일어날 수 있는 남녀관객 간의 접촉 등 풍기 문제, 배우·소리꾼·해설가 등 무대의 남성 연기자들과 주요 관객층인 기생 등 여성관객 간에 교환되는 시선, 가벼운 희롱, 연애, 교제는 풍기문란과 풍속괴란사건으로 감시되고 단속되었다.[103] 경찰이 통제하는 극장은 식민지의 규율이 시작되는 지점이었다. 오락과 유흥의 근대적 공간인 극장은 식민지배의 억압적 현실로부터 도피하고자 하는 '현실도피의 쾌락'을 제공하는 동시에 식민자의 모욕과 신체, 감정, 도덕, 문화에 대한 규율이 수행되는 공간이었다.

극장에서 임검경찰이 수행하는 업무는 매우 포괄적이었다. 관리와 신문기자를 사칭하는 많은 무표無票입장자 단속에서부터[104] 영화와 연극 공연 중 검열기준에 저촉되는 사항을 임의로 판정하고 프로그램을 중단시키는 것은 물론 소란을 피우거나 장난하는 것도 금지하고 절도범을 적발하는 등 광범위했다. 1921년 평양 상품전람회에서 관람객을 통제하는 일본인 경관은 검정 제복에 표검表劍을 차고 정문 좌우에 병렬해서 출입하는 사람들을 단속하는데 조선인은 남녀노소 불문하고 "유치장의 수인囚人(죄수)을 감시하는 태도"로 대했다. 노인과 부인을 막론하고 "고라 기사마"(이놈 자식)라면서 창피를 주었다. 소설책을 두루마기에 끼고 들어가던 《매일신보》 기자는 팔에 '위원'이라고 쓴 완장까지 달았지만 순사부장이 불문곡직하고 두루마기를 들춰 올리는 바람에 수치스런 몸수색을 당해야 했다. 조선옷인 두루마기를 입은 것이 문제였다.[105]

경찰뿐 아니라 일본인 극장사무원도 관객에 대해 오만하고 하대하는 태도로 대했다. 우미관 안내원의 행태를 '악행'으로 표현한 신문기사는 2층 상등석을 담당하는 짙은 화장의 일본인 여사무원 4~5명이 거만한데다 관람객이 자신들에게 경대하지 않는다고 욕을 했다고 비난했다. 상등석이면 대개는 중·상층의 조선인 관객인데 일본인 안내원에게 욕을 들을 정도였다면 하층의 관객은 더 말할 나위도 없었다. 이 무렵 극장사무원은 일본인을 고용하는 경우가 많았는데 조선인 관객이 일본인을 어려워해서 말을 잘 듣기 때문이었다. 일본인 사무원들은 "극히 포학하여 사소한 일로 관람자를 무단히 구타하는 악행을 하고 만원이 되어도 사람을 계속 들인다"는 비난의 대상이었다.[106] 조선인 관객은 영화를 보기 위해 입장권을 사서 들어온 극장에서도 일본인 경찰과 사무원들에게 욕설, 구타, 불시검문, 신체 수색, 심문조사 등의 모멸적 취급을 받았던 것이다.[107]

## 식민지라는 '비참Les Miserables'의 공동체

식민지 조선인에게 정치는 금단의 영역이었다. 정치는 물론 정치적 집회조차 일체 금지되었다.[108] 의식주에 필요한 자원을 얻고 사회적 관계를 유지하며 살아야 하는 삶은 식민지배하에서도 계속되었다. 정치에서 일체 배제된 생활은 한글신문의 편집체제에도 반영되었다. 1면 정치면이 아닌 3면 사회면이 조선인들에게 가장 중요한 지면이었던 것이다. 사회면을 통해 세상 돌아가는 것을 알았고 여론을 식민당국에 전달하고 정책 개선을 요구했다. 일본의 신문들이 정치기사를 중시하고 범죄, 사건, 사고 같은 사회기사는 3면에 배치한 것을 모방해서 조선에서도 3면을 사회면으로 배정했으나 사회면의 비중과 가치, 영향력은 일본과 비교할 수 없었다. 신문사의 자원이 사회면에 집중될 정도로 사회면 중심체제였고 대중의 관심도 집중되었다.[109]

일본은 사회기사를 범죄 등 인간적 흥미에 호소하는 연파軟派기사로 간주했으므로 그 중요도나 영향력을 낮게 평가했다. 조선의 신문은 이를 역이용했다. 연파라는 보호막 안에서 모호하게나마 뉘앙스가 있는 문장으로 시국의 분위기를 전달하는 식의 정치를 수행했다. 실제로 총독부와 신문사 그리고 기자들 간에는 '시사 문제'를 다루지 않는다는 합의가 이뤄지면 그 외의 문제들은 상대적으로 재량을 발휘할 수 있었다.[110] 일례로 사회부 기자들의 모임인 철필구락부의 기관지 《철필鐵筆》(1930년 8월호)에는 "신문 사회부는 연파여야 한다. 그러나 조선 신문의 사회(면)는 때로 외국 신문의 정치부역政治部役을 대행하는 일이 많고 조선 사회에서 일어나는 일을 전부 보도할 수 없는 '때리게이트'한 내용도 없지 않다"는 언급이 있다. 앞뒤 의미 연결이 매끄럽지 않지만 연파라는 형식과 장르를 통해 정치적-시사적 의미를 전달하고 있다는 것과 내용상 검열에 걸릴 것이 뻔한 민감한 문제들은 보도하지 못하는 점을 언급한 것이다. 해외 무장독립단이나 지하활동가들이 만세시위를 주선하고 유력자를 찾아다니며 독립자금을 모금하며 요인 암살과 주요 기관 폭파를 시도한 시국사건이 발생할 경우 경찰은 일반적인 강도, 절도, 상해 등 범죄사건으로 포장하거나 상세한 내용을 공개하지 않았다. 그러나 이런 사건들은 식민지민의 입장에선 정치적 사건들이었다.[111]

신문사별로 그리고 시기별로 편집국 편제는 차이가 있을 수 있으나 1927년 4월 《동아일보》가 소개한 사회부 편제를 보면 사회부가 취재하는 영역은 광범위했다. 사회부는 '일반 사회에서 일어나는 중대사건은 물론 시정 잡사에 이르기까지 각 방면에서 일어나는 모든 문제와 사건'을 취급했다. 고등경찰과 군사경찰에서 민사쟁송, 형사공판, 재판소, 형무소, 법조계, 우편전신, 철도와 해운, 일반 산업 및 시장과 물가현황, 교육기관과 종교 및 학생단체, 운동경기, 음악과 무도회 등 연예 일반, 사상 및 직업단체, 관공서와 일반 행정사업 등을 다룬 것이다.[112] 식민지민의 생활을 구성하는 거의 모든 부문을 사회면에서 다룬 것이다. 한마디로 조선인의 '사회'는 신문 사회면의 사회였다.

그리고 식민지민의 삶이 그러하듯 신문 사회면도 조선인의 비참한 사건과 사고들로 채워졌다. 사회면에 담긴 식민지민의 비참은 빅토르 위고Victor-Maine Hugo의 소설 《레 미제라블*Les Miserables*》(1862)과 본질적으로 다르지 않았다. 사회면의 기사들은 식민주의의 불의, 억압과 폭력, 빈곤, 재난, 민족차별 등을 전달하는 데 의미를 부여했고 시국사건, 독립운동자의 수사에서 체포, 재판에 이르는 사건들을 연일 감정적 표현을 구사하며 묘사했다. 조국을 떠나 유랑하는 해외이주자들이 겪는 참혹한 수난, 기아, 재난 또한 끊임없이 관심을 기울인 주제였다. 사회면에는 조선인들이 가질 수 있는 모든 종류의 감정들이 넘쳐났다.

잡지 《개벽》(1921. 5)이 "우리 사회의 실상과 그 추이"를 알기 위해 1921년 3월 한 달간 《동아일보》 사회면에서 보도된 기사 689건의 주제를 분류한 것을 보면 사회면에 대한 이해가 더 선명해진다. 전체에서 보안 관련 사건(군자금사건, 경계취체警戒取締사건, 검거자에 대한 공판사건, 교전횟수)이 193건으로 28퍼센트이다.[113] 만세사건 이후 사회면에 게재된 사건들은 "경찰관의 대활동, 폭발탄 육혈포 범인의 대검거 등"의 사건으로 사회의 불안한 진상을 체감하게 했다는 식의 한 개인의 인상기적 소견에서 보듯 사람들은 사회면을 통해 시대의 형세를 파악하고 있었다.[114] 이런 시국사건들은 일반 범죄사건들과 나란히 사회면을 장식했다. 이를 통해 사람들은 '독립' '민족' '식민지배' 같은 민족의 의제를 부단히 환기할 수 있었다.

사회면은 '항상 검거, 징역, 자살, 기근 등이어서 참혹해서 볼 수가 없는' 식민지 사회의 거울이었다.[115] 어떤 독자는 "신문 사회면은 사기, 횡령 절도, 강도, 강간, 도박, 살인, 방화, 협박, 유인誘引, 불령不逞, 독직瀆職 글자만 가득 차 있는 것"이라고 했다.[116] 1924년 3월 18일 《동아일보》는 〈사회면 기사〉라는 제목하에 전날 3월 17일자 사회면에 실린 21건의 "엇더한 사실의 기록"을 여러 가지로 해석해 볼 것을 제안했다. "사회의 직접 현상을 사실대로 보도하는 기사"인 사회면의 기사들은 '조선인이 얼마나 생활과 싸우는 중' 인지를 짐작하게 해 주므로 여러 가지로 해석할 필요가 있다는 제안인 셈이다. 21건의 기사를 주제별로 분류하면 교육(3), 관권의 횡포와 정의의 부르짖음(2), 생활관계로 인한 비참한 사건(9), 살인강도(7) 등인데 생활을 위해 싸우고, 죽이고, 죄를 범하는 처참한 일들뿐으로 이런 비참한 기사가 줄어들기를 충심으로 바란다고 했다.[117] 사람이 아닌 식민지체제가 처참한 일들을 양산하는 구조적 요인임을 에둘러 말한 것이다.

식민지민으로 살아간다는 것은 자신의 선택과 행위가 초래한 결과에 책임을 지는 근대적 개인으로 살아가는 것이 아니다. 식민체제하에서는 자유의지가 없는, 무력하고 수동적인 피해자라는 의식만이 점점 분명해지며 삶을 계획하는 의욕과 의지가 꺾인 채 혼돈에 갇힌 존재가 된다. 할 수 있는 것은 지극히 제한되고 할 수 없는 것은 명확하게 제시되는 식민체제에서 식민지민은 국가, 공권력, 힘, 권위에 대한 양가적인 태도, 즉 저항과 복종(순응), 두려움과 저항, 무력과 공격성, 냉소와 나르시시즘 사이에서 혼란을 겪으며 살아가는 것이다.

식민지에선 친일 전향을 선택하는 것만이 모든 혼란을 정리하고 자기 의욕과 의지를 세울 수 있는 유일하게 명확한 길이다. 신문 사회면에 관용구처럼 등장하는 기사의 표제들, 음울한 사회상, 뇌민惱悶의 사회상, 우려되는 사회상, 잔인한 사회상, 착란된 사회상, 참절한 사회상, 범죄에 나타난 사회상, 비참한 사회상, 한심한 사회상 등의 표현은 '은어와 반어反語'로 총독정치의 '악행'을 우회적으로 드러내는 정치적 코드였다. 그리하여 해마다 늘어나는 자살자들을 담고 있는 사회면은[118] "천편일률의 비애와 고민상의 병적 사회의 뉴스"로 가득 찼고[119] "대부분이 너무 비참하고 암담하고 기막힌 것"이어서 기자들도 취재는 슬픈 일이 되고[120] 독자도 사회면을 보면서 입게 되는 상감傷感은 배가 부를 정도로 충분하고도 넘치는 상태였다.[121] 빈민굴, 떼죽음, 파멸해 가는 농촌, 학생들의 동맹휴학, 염세자살, 끊이지 않는 검거로 하루하루가 반복되는 '비참한 현실'에 감정을 이입하고 분노하고 좌절하는 고통을 경험하는 일상인 것이다.[122] 생존의 고통, 수모, 치욕으로 닳고 닳은 사람들은 어디로 갈 것인가.

> 매일의 신문지의 사회면상에 나타나는 큰 활자의 대부분은 검사국 처벌, 투신投身, 자살, 충화衝火, 폭행, 고문, 소동, 분개 등 문구이니 이는 사회의 실제상實際相을 활자로써 축도縮圖한 것이다……그러한 모든 활자는 인간의 불상不祥을 의미하는 것이고 사회의 모독冒瀆을 표시하는 것이며 조선 및 조선인이 당하는 금일의 불행, 불우한 운명을 사실로써 증명하는 것이니……이 시대악時代惡의 발상자發祥者가 금력의 횡포성, 강권의 잔학, 경제적 고통, 부자유의 뇌민腦悶임을 말하는 것이 된다.[123]

사회면이 담고 있는 식민지의 '비참'은 조선인들의 삶을 압축한 축도이다. 신문기자들이 "거대한 사회생활의 심장까지 돌입할 수 있는 특권을 가진 자로서 사회생활의 파탄 면과 요철 면에 서린 민중의 고뇌를 그대로 감수하고 피에 섞인 그 절규를 하트heart에 느끼면서 제6감에 따라 부단히 사회의 표면과 이면을 배회하는 존재"라는 직업의식을 가진 것은 필연이었다.[124] 공동운명체인 조선인 독자들도 마땅히 기자의 시선을 따라 사건의 배후, 이면, 그리고 드러나지 않은 민중의 고뇌를 읽고 해석할 것을 요구받았다. 독자는 글의 숨은 의미, 행간의 뉘앙스, 검열에서 삭제되고 수정된 흔적들까지도 간파할 수 있는 독해력을 가져야 했다. 식민지민에게 흔한 범죄인 절도,

강도, 사기, 폭행도 따지고 보면 식민지민의 성격과 사상에 문제가 있어서가 아니라 근본 원인은 이들을 그렇게 몰아간 식민체제의 문제라는 인식을 갖고 바라볼 것을 제안한 것이다.[125] 식민지에서는 자신들이 직면한 모든 종류의 문제들을 식민주의 시스템의 문제로 보는 구조주의 혹은 사회주의가 몸에 맞는 패러다임이고 이데올로기일 수밖에 없다.

식민지민의 감정적 공감능력 혹은 동정력同情力이야말로 민족주의가 배양되고, 유지되며 조율되는 영역이고 힘이었다. 이를테면 신문기사는 아니지만 이광수가 *Uncle Tom's Cabin*(1852, H. B. Stowe작)을 발췌 번역해서 출간한 《검둥의 설움》(1913)은 인물들을 선과 악으로 단순화하고 독자의 감정이입을 촉발할 만한 장면과 상황 위주로 발췌, 편집한 것인데 독자의 감정이입을 촉발하여 시대에 대한 저항을 형상화하고 유도하는 데 목적을 두었다. 검둥이 노예 톰의 자유를 향한 수난에 초점을 맞추는 식으로 그의 도덕성과 억압에 굴하지 않는 정신을 형상화했다는 것이다.[126]

이런 글쓰기가 당대 엘리트들의 민족주의적 소명의식의 발로였다고 보면 사회면에 나열된 다양한 유형의 비참이 왜 두드러지는지를 이해할 수 있다. 신문 사회면의 연파적 서술방식을 적극 활용하여 도덕적이고 정치적 감정능력인 민족주의적 동정심을 배양하는 서사전략을 실행한 것이다. 이 동정능력은 비참한 상태의 동족을 부조하기 위한 모금과 기부로 행동화되었다. 1920년대 초 식민지 사회는 동정–동정금 모금–상호부조의 민족공동체를 구성하고 재생산하는 동력이었다.[127]

이 동정과 공감의 감정능력이 '비참'의 서사가 의도하는 정치학이다. 살인이나 강도, 절도 같은 범죄 또한 식민지의 비참한 현실과 무관하지 않았고 순전히 개인적인 문제로 간주할 수 없는 '해석의 여지'를 내포하고 있었다. 사회면의 표층表層은 여러 사건들, 현상들, 사실들로 채워지지만 신문(기자)과 독자는 그 표층 아래 자리한 식민지 현실이라는 심층으로 내려가서 이를 부호화하고 읽고 해석하는 공통감각을 공유하고 있었다. "조선아 너는 왜 그다지도 비참, 타락, 불공평, 부자유 이런 모든 것에 얽매이고 있느냐"라는 탄식에서 들려오는 것은 프롤레타리아의 애달픈 울음소리, 자살, 강도, 절도, 사기 같은 생활고에서 발생한 죄악들이다. 그러므로 이제 "2천만의 피가 도는 자로서 슬픔의 눈물이 없는 자는 우리의 적이고 악마"로 규정된다. 동정과 슬픔은 민족 단결의 토대가 되는 기본 감정이었다.[128]

1930년 창간 10주년을 맞아 전국에서 보내온 독자들의 후기 12개를 게재하면서 《동아일보》가 붙인 다소 긴 제목, 〈일천만중一千萬衆의 심금心琴에 부딧친 조선 10년간 희비곡喜悲曲: 본보를 통하야 울고 웃은 만천하 독자의 감상편편感想片片〉은 문자 그대로 감정적이다. 정기구독 독자들이 보낸 감상문 중 다수는 신문기사를 보고 흘린 눈물과 슬픔의 기억을 끌어올리고 있다. 남북유리南北流離하는 동포들을 보며 열루熱淚(뜨거운 눈물)만 방타滂沱(눈물이 끊임없이 흘러내림)했고 달마다도 아니고 날마다 있었던 가슴이 터질 듯 슬픈 소식에 종이가 찢어질 만큼 뜨거운 눈물을 흘렸다는 이야기에서부터 소학생 아사餓死 기사를 보고는 신문을 들고 체읍涕泣(흐느껴 울다)했던 일, 지난 역사를 생각하게 하는 사건을 보며 구감舊感에 신루新淚를 흘리고, 광주사건(1929년 광주학생운동)에 감동의 눈물을 흘렸다거나 기미년 이후 10년간 웃음보다 울음이 많았고 팔 불끈 거두고 주먹 쥔 일이 많았고

연재소설을 읽으며 동병상련의 심정으로 울었다는 회고였다.[129]

동족이 직면한 비극적 사태와 사건들에 대한 동정은 거의 언제나 분노, 반감, 저항, 역심逆心으로 이어졌다. 신문은 식민통치의 모순과 결함, 폭력성과 반인간성을 발설하고 이에 공감하고 동정하는 과정에서 식민지민의 민족적 정체성을 확인하게 만드는 정치학을 수행한 것이다. 비참한 사건들로 가득찬 사회면은 식민지 조선의 사회소설, 《레 미제라블》이었다. 조선의 '지식계급·정치계급의 총집중소'로서 조선인의 정부, 입법부, 사법부의 기능을 담당했던 신문들에서 정치는 드러낼 수 없는 본심, 진의일 수밖에 없었다.[130] 그리고 그 진의는 비참의 서사를 통해 은밀히 발현되었고 사람들은 자신들을 비참의 질곡에 밀어 넣은 식민지체제에 대한 분노와 민족에 대한 동정을 매개로 다시 민족적 운명공동체에 귀속되곤 했다.

# 식민지민의 인정認定투쟁과 아메리카니즘

3·1만세운동 직후의 불온 정서
독립 역량을 가진 민족으로 인정받기 위한 투쟁
미국에 보내는 구조 요청 신호, 제2차 독립운동
식민지민의 오판, '상상의 아메리카'

# 6

## 3·1만세운동 직후의 불온 정서

제1차 세계대전이 끝나자 한국인들은 제국주의 열강들이 전쟁 배상 및 국제 문제를 협의하는 과정에서 민족자결주의 원칙에 따라 식민지들을 독립시킬 것이라 기대했다. 1919년 3·1만세운동은 조선 민족이 독립 의지가 강하고 자치의 역량을 가졌음을 세계에, 특히 서구 열강에 과시하는 데 목적을 둔 것이었다. 파리강화회의(1919. 1. 18~1920. 1. 21)에 독립청원서를 제출하는 한편 큰 희생을 치른 만세운동을 일으킨 것이다. 그러나 파리회의에서 열강은 아시아, 아프리카 식민지 문제는 젖혀 둔 채 유럽 국가들의 이해 문제만 처리했다. 제국주의 열강의 의도가 분명히 드러난 결말이었지만 조선 사회는 전후 세계의 고삐를 틀어 쥘 강대국으로 급부상한 미국 그리고 윌슨W. Wilson(1856~1924)의 민족자결주의 외교정책에 대한 기대를 포기할 수 없었다. 이제 마지막 기회는 태평양에서 해군력 억제 방안을 다루기 위해 미국이 소집하고, 영국, 일본, 프랑스가 동의한 워싱턴회의Washington Naval Conference(1921. 11. 12~1922. 2. 6)뿐이라고 여겨지고 있었다.

1920년 초부터 조선인 사회는, '태평양과 관련된 모든 문제'가 의제가 될 수 있다는 데 한 가닥 기대를 걸고 일본도 참석하는 워싱턴회의에서 일본의 식민지 문제가 강대국의 조정에 의해 원만히 처리되길 염원했다. 서구 특히 미국의 (도덕적) 지원을 얻어 세계 여론을 환기하고 종국에는 세계가 일본을 압박하여 식민지를 포기하게 하는 것이 가장 빠르고 현실적인 탈식민화 방안이라는 구상을 가졌던 것이다.[1] 하지만 결과적으로 이 회의에서 일본은 태평양에 배치한 주력함대를 유지하는 등 군사력을 그대로 인정받으면서 명실상부하게 세계 강대국의 지위에 올랐다.

이렇게 국제정세가 조선에 불리해지고 있었음에도 국내외에서 희망의 불씨를 꺼트리지 않기 위한 시도들이 있었다. 3·1운동 때처럼 민족자결 능력을 다시 한번 세계에 과시할 필요가 있다는 판단에서였다. 윌슨의 민족자결주의는 모든 피지배민족이 독립하는 형태의 자결이 아니라 어떤 피지배민족이 자치능력을 지닌 문명민족으로 간주되고 나아가 그들의 독립이 세계 평화와 미국에도 이롭다고 판단될 때 완전 독립을 승인하는 형태였기 때문이다.

민족자결주의는 그 민족이 민족주의 의식을 가져야 비로소 자유를 누릴 자격이 있다는 전제를 깔고 있었다. 그 전제에 따라 세계 여론은 일본이 조선을 병합한 것은 그들이 일찍이 문명화를 시도했고 성공했기 때문이지만 여타의 나라들은 그렇지 못하다고 평가하고 있었다. 인도, 이집트, 조선, 아르마니아 등의 지역에서 이제야 민족적 이념이 확산되고 있는 것은 환영할 만하지만 민족자결주의를 아시아·아프리카 나라들에 그대로 적용하는 데는 분명히 위험과 어려움이 있다는 시각이 지배적이었던 것이다.[2] 식민화 이후 한국인이 보여준

시종일관된 민족적 저항 그리고 3·1운동은 세계의 호의적 평판을 끌어냈지만 독립과 자결능력에 대해서는 회의적이었다.[3] 따라서 조선이 민족자결주의의 적용을 바란다면 "조선인은 문명국의 국민이며 조선의 독립은 세계 평화에도, 미국의 이익에도 이롭다"는 것을 전 세계에 알리는 행동을 취하지 않으면 안 되었다.[4]

독립과 자치 역량에 대한 세계의 회의적 여론은 좀처럼 호전되지 않았다. 오히려 일본의 식민지배를 통해 이제 막 문명화의 혜택을 누리기 시작했다는 평가가 지배적이었다. 구한말 이래 세계에 조선인의 독립 의지를 드러내 보이기 위한 노력은 지속되었지만 서구 열강을 상대로 한 담론 생산능력에서 조선은 일본에 비교가 되지 않았다. 조선인을 의지도 의욕도 없는 열등한 민족으로 선전해 온 일본의 오리엔탈리즘은 정설이 되어 있었다. 세기말과 20세기 초 일본과 조선을 여행한 서구의 유력자와 유명 여행가들이 쓴 책들은 인종차별주의를 고수하면서 일본은 지극히 찬미하되 중국과 조선은 야만의 나라로 서술하는 것이 보통이었다. 아시아에서 독특한 문명을 이룬 일본에 흥분과 기대감으로 찬사를 보냈던 서구 여행가, 정치인, 학자들은 일본에서 체류하다가 조선을 잠깐 방문하고는 여행기를 썼는데 대개는 조선의 야만성, 원시성, 미개함을 일본의 문화적, 미학적 우수성과 극단적으로 비교하곤 했다. 일본의 유력한 정치인, 관료들이 이들의 조선 방문을 주선하고 제반 편의를 제공하면서 조선의 원시성을 부각시킨 여행기나 보고서를 영어로 출판하는 데 도움을 주었다.

런던경제학교London School of Economics 창설자이자 사회주의자, 개혁가로 영국 지성계에 영향력이 컸던 시드니 웹Sidney J. Webb(1859~1947)과 베아트리체 웹Beatrice Webb(1858~1943) 부부의 사례가 전형적이다. 이들은 1898년에 쓴 일기에서 일본은 찬미할 만한 인종적 기질과 힘이 넘치는 섬나라로 현대와 전통을 혼합시키면서 자신의 특성을 고수하는 민족이라고 찬양했다. 반면 조선은 종교, 정부 통치, 합리성, 정치와 경제가 결여된 전통 속에 살고 있으며 "섬뜩한 인종horrified race으로 더럽고 싸움을 좋아하며 시무룩하고 의심 많은 외양을 하고 있다"고 비하했다. 강제 병합 후에 쓴 여행기에선 '극약 처방'이지만 한국은 진보적 일본인들에 의한 합병을 통해서만 구제될 수 있다고 확언했다.[5] 웹 부부는 1911년 10월에 조선을 방문하여 6일간 총독부의 안내와 향응을 받았다. 총독부가 제공한 마차를 타고 관광하면서 비천하고 불쾌한 조선인들에게 충격을 받았다고 했다. 일본인은 유달리 깨끗한 민족이며 한국인은 "두말할 필요가 없을 정도로 더럽고 구제불능의 생명체일 뿐"이므로 이 두 민족은 결코 상호 대등하게 교섭할 수 없고 일본은 조선 지배에 대해 긍지를 가질 자격이 있다고 했다.[6]

미국 심리학자이자 철학자인 래드George Trumbull Ladd(1842~1921)도 1906년 세 번째 일본 방문에서 이토 히로부미로부터 조선 사정을 서양에 알려 달라는 부탁을 받고 1907년 3월부터 2개월간 자문 자격으로 고종을 만났고 주한 미국선교본부 선교사들과 YMCA 주선으로 평양과 인천에서 '교육과 국가의 진보'를 주제로 강연도 했다. 그리고 저서 《한국에서 이토와 함께*In Korea with Marquis Ito*》(1908)에서 이토 히로부미를 현세의 가장 위대한 정치가라고 존경을 표하는 한편 "지금까지 쓰인 모든 한국 역사는 거짓말"이라고 했다. 역사가 거짓말이라는 말은 한국은 독립된 국가였던 적이 없는 채 이제까지 선사시대에 살았다는 의미이다. 일본은 다른 나라의 이기심으로부터 한국을 지키기 위해 지배를 하고 있으며 복지 혜택과 함께 이토의 자비롭고 계몽된 정치의 혜택을 받고 있다고 했다.[7]

1894년 이후 4년간 네 차례나 조선, 중국, 일본 등을 방문하고 쓴 《한국과 그 이웃 나라들*Korea and her neighbours*》(1898)로 유명한 비숍 Isabella Bird Bishop(1831~1904)은 영국 빅토리아 시대 여성상에서 벗어난 활동으로 대영제국의 아이콘으로 존경받은 여행가이다. 확고한 도덕적 경건주의가 몸에 배었으며 기독교도로서 선교사업, 노예해방운동을 지지했다. 1877년에 저술한 일본여행기 *Unbeaten tracks in Japan*로 명성을 얻은 비숍은 일본이 영국과 많은 면에서 닮은 것을 치하하면서 일본 사회의 효율성, 잘 조직된 도시와 상업시스템, 관료제를 높이 평가했다. 1894년 일본을 재방문했다가 한국에 건너온 그녀의 첫 인상은 "한국민이 게으르고 교활하며 무기력하고 사내답지 못하다"는 것이었다. 도로와 여관은 끔찍했고 식인호랑이가 출몰하여 위험했으며 전반적으로 더럽고 춥고 음울한 곳이라고 했다.[8]

일본과 일본인을 찬양하면서 조선과 조선인을 폄하하는 서양인들의 여행기와 연구서, 보고서는 그 외에도 많다. 일본이 이처럼 일찍부터 서구인의 눈을 통해 조선을 야만화하는 서사를 생산하고 유통하는 동안 조선은 아무것도 할 수 없었다. 그리고 그것이 족쇄가 되어 조선의 독립을 인정받지 못하고 있다는 문제의식은 세기말에 이미 자각되고 있었다.

3·1운동은 그러한 자각의 산물이었다. 1920년 9월 동경에서 개최될 예정이던 세계주일학교대회 참석 여부에 대한 교인들의 찬반 논쟁에서도 이를 확인할 수 있다. 한 찬성론자가 "세계 기독교인들에게 이민족의 압제하에서 고통받는 조선의 고통을 알려야 한다. 왜냐하

면 기독교 세계는 그러한 상황에 대한 이해가 거의 없기 때문이다. 그들의 조선에 대한 이해는 대부분이 일본을 통해 입수된 것으로 일본은 우리를 거의 흑인처럼 묘사하여 이기적 통치에 대한 지지를 획득하고자 해 왔다"고 발언한 것이다.[9]

총독부는 1919년 5월 초 3·1만세운동이 진정 기미에 들어섰다고 공표했다. 학생들에게 소요 후 민정이 점차 각성되고 있다면서 안심하고 등교할 것을 독려했고 2주 후엔 '각지의 소요'가 58일 만에 진정되었다고 공표했다.[10] 그러나 조선인에게 만세운동은 목표를 달성하지 못한 운동이었고, 아직 끝나지 않은 일이었다. 해를 넘겨 1920년 5월 1일에야 만세운동 이후 처음으로 종로 야시夜市가, 그것도 전 상가가 아닌 일부 상인들만 영업을 재개했을 정도로 긴장된 분위기가 이어지고 있었다. 또 1920년 7월 초부터 3·1만세운동 관련자 48명에 대한 재판이 시작되었고 신문들은 이를 연일 대서특필하고 있었다. 만세운동은 현재진행 중인 사건이었다.

이렇게 촉각을 곤두세우고 세계 여론을 주시하던 중에 워싱턴회의를 소집한 미국의 상하 양원 의원단이 동양 여러 나라를 순방한다는 계획이 발표되었다. 순방지에 조선이 포함되자 국내외의 세력과 단체들은 이를 절호의 기회로 간주했다. 많은 희생을 치른 만세운동으로도 강대국의 지지를 얻지 못한 좌절감, 열강에 대한 배신감, 강대국의 입지를 다지며 승승장구하는 일본을 지켜봐야 하는 무력감을 떨치고 다시 한번 독립의 기회가 온 것으로 생각했다. 이에 따라 거의 4개월여에 걸쳐 만세운동을 잇는 '제2차 독립운동'이 암암리에 모의된 것이다.

1919~1920년의 시간대는 이렇게 독립의 불씨를 키우며 민족이 하

나 되어 전진했다는 자부심, 저항감, 정의감, 투쟁의 열정과 분노를 표출한 역사적 시간대였다.

## 독립 역량을 가진 민족으로 인정받기 위한 투쟁

미국의원단 방문을 계기로 국내외에서 다양한 방식과 형태의 노력이 전개되었다. 상해 임시정부에서는 독립청원서 전달을 위해 각고의 노력을 했고 의열단, 광복단 등 다수의 해외 무장독립운동 단체들은 일본 요인 및 친일 협력자 암살과 경찰서 등 주요 기관을 폭파하여 세계의 이목을 끌기로 하고 국경을 넘나들며 암약했다. 국내에서는 대규모 만세시위, 통곡시위, 의원단 환영회 등 면담, 독립 의지를 필설로 호소한 서신 전달 등 다양한 방안을 모색했다.

이 과정은 강제 병합 10년이 지난 시점에서 조선 민족이 집단적으로 공유했던 감정동학을 실감하게 해 준다. 식민통치에 대한 민족의 반감, 투쟁과 저항의 의지가 가장 치열하고 집요하게 전개되었던 초기 10년간의 감정동학은 1920년대 중반 이후 1930년대에 이르는 시기와는 다른 결을 드러내고 있다는 점에서 주목해야 하는 것이다.

그러나 이미 식민지배를 현실로 받아들이는 조짐도 생겨나고 있었다. 일본 경찰 관계자의 보고서에서 그러한 조짐을 읽을 수 있다. 1921년까지 경찰의 주요 임무는 도처에 출몰하여 양민을 박해하고 흉폭을 감행하는 만세 소요자를 취체하는 것이었는데 뒷일을 두려워한 양민들이 이들을 신고하지 않고 오히려 지사로 대우하고 편의를 봐 주므로 검거하기가 극히 곤란했지만 이제 경찰 노력으로 양민도 미몽에서 벗어나 불령자의 행동을 관헌에게 밀고하게 되어 경찰 활동이 매우 용이하게 되었다고 했다. 그리하여 1922년 말경에는 불령자 수가 현저히 감소했고 다만 국경 3도와 중국이 무질서하여 다수 불령자가 작대횡행作隊橫行(무리를 지어 다님)하고 있으나 그마저도 중국이 노력하여 완전히 그 흔적이 사라졌다고 자신했다. 일본에 비해 현저히 빈약한 경찰력으로 지금(1929)은 위험사상(사회주의)의 취체에 주력하고 있다는 것이다.[11] 이 보고 내용을 곧이곧대로 믿으면 1919~1921년은 독립운동의 희망과 의지가 민족의 에너지를 출렁이게 했던 짧은 시기였고 미국의원단의 조선 방문을 계기로 도모한 제2차 독립운동은 그 기세를 확인할 수 있는 거의 마지막 대규모 저항이었다.

1920년 4월 말 미국 상하 양원 의원단 및 가족 등 200여 명이 중국, 필리핀, 홍콩, 상해, 북경, 조선, 일본을 방문하는데 8월 10일경 상해에 도착할 예정이라는 뉴스가 5월 11일《동아일보》를 통해 조선에 전해졌다.[12] 명목은 관광이었지만 실제는 일본의 식민지 경영 및 중국의 실태를 시찰하기 위함이었다. 이에 상해 임시정부는 6월부터 준비위원회를 꾸려 미국의원단 접촉에 만전을 기했고 안창호, 여운형 등은 조선 문제에 관한 진정서와 태극기를 전달하기 위해 일본 경찰의 감시와 추적, 방해를 뚫고 홍콩에 미리 도착하여 의원단을 기다렸고 만약의 경우에 대비해 북경 등지에도 사람을 파견해 두었다. 하지만 의원단은 홍콩을 경유하지 않았고 북경에서도 공식적인 면담 약속을 받지 못한 채 의원단이 체류하는 도시에 무작정 준비단을 급파하는 실정이었다.[13] 홍콩에서 돌아온 안창호 등은 개인 차원에서 연일 접촉을 시도하여 일제의 학정과 조선인의 독립 지원을 요청하는 강행군을 소화했다.[14] 7월 초에는 미국 민주당 전국대회에 조선, 인도, 필리핀 독립에 동정적인 안건이 제출되었다는 희망적인 소식을 듣고 고무되었다.[15]

7월 5일 샌프란시스코를 출발한 상하 양원 의원 42명과 가족 포함 총 123명으로 구성된 미국의원단은 23일 마닐라에 도착했고 이후 아시아에서의 일정은 속속 보도되었다. 8월 7일 홍콩을 경유하지 않은 채 마닐라에서 곧바로 상해에 도착했을 때는 73명만 남아 이미 해산 분위기였다. 남은 사람들도 북경 시찰 후에 조선을 방문할지 말지 불확실한 상태였다. 결국 폭염과 중국 정국 혼란을 이유로 방문단은 공식 해산을 선언했다. 그리고 조선 시찰의 의지가 있는 40여 명의 의원단 일행이 개인 자격으로 17일 아니면 23일 혹은 8월 말일 쯤 경성에 올지 모른다는 설이 분분했다.[16] 그러다 24일 중국 봉천을 출발, 남대문역에 도착하여 조선호텔로 이동할 것이며 다음날인 25일 하루 경성을 시찰하고 26일 오전 9시 55분 부산에서 일본으로 떠난다는 일정이 보도되었다.[17] 동시에 조선을 방문한 의원단은 상원의원 1인에 하원의원 10인, 그리고 이들의 가족 25인을 포함한 52인이며 조선 방문을 '재미없게 아는' 일본 정부의 의견을 존중하여 개인 자격으로 올 것이나 바로 일본으로 갈 수도 있다는 설을 전했다. 그러나 조선 사회는 조선을 방문하지 않을 수 있다는 설을 일본이 '꾸미어 만든 말'로 의심했다.[18]

이런 일련의 루머와 설왕설래가 이어지던 8월 16일 총독부 경무국이 모종의 시국사건에 대한 수사결과를 발표했다. 총독부가 미국의원단 조선 방문과 관련해 상해 임시정부와 조선 사회의 동향을 배일시위로 간주하고 촉각을 곤두세워 대처하고 있음을 공식적으로 밝힌 것이다. 1920년 8월 17일 《동아일보》는 '조선인의 제2차 독립운동'이라는 표현으로 일련의 긴박한 사태의 성격을 정리했다. 같은 날 《매일신보》는 독립운동이라는 표현 대신 '배일 조선인의 대비밀계획–모험단의 미의원단 살해……독립계획의 목적을 달達코져 대대적인 암중비약'이라면서 요인 테러 시도가 있었다고 몰아갔다. 독립운동을 하는 급진파, 무단파武斷派, 모험단 등이 주도한 테러계획이 진행 중이라고 다룬 것이다. 이처럼 두 신문의 경무국 발표 보도는 뉘앙스와 용어 선정 면에서 대조적이었다.

《동아일보》(1920. 8. 17)는 "……이와 같이 많은 외국인이 우리의 살림살이를 구경하러 오는 기회는 참으로 다시 얻기 어려운 고로 상해에 있는 조선 임시정부에서 극진히 환영했으며 그곳의 조선인은 남녀를 불문하고 조선독립 원조청원까지 했다. 그들이 조선 땅에 발을 들여놓는 때는 갖가지로 운동을 하야 그들로 하여금 조선 사람의 독립에 대한 열망이 잇슴을 확실히 알니기 위하야 독립당에서는 비밀히 여러 가지 계획을 하얏스며……그 시초라 할지……지난 3일 평양에서 제3부의[19] 새로 짓는 건물에 폭탄을 던지고 부근 철도호텔에 폭탄을 투척했다"고 알렸다. 이런 사실은 당시에는 보도되지 못했는데 15일에야 경무국 마루야마丸山 사무관의 발표를 통해 상황을 알게 되었다면서 독립운동단의 암약 사실을 전한 것이다.

마루야마의 발표 내용은 이러했다. "미국의원단이 방문함을 천재일우의 좋은 기회로 알아 배일사상을 품은 조선 사람들이 상해의 가정부假政府(임시정부의 일본식 표기)와 연락하여 의원단에 조선독립을 청원하는 동시에 여러 형식으로 시위운동을 실행코자 계획하는 중이다……여러 가지 조선독립에 대하야 애소를 하며 청원하고 일본 정부의 통치행정은 모다 조선민중을 압박하며 강박키를 그치지 아니하고 소위 문화정치라는 아름다운 이름 아래 선정을 베푸는 듯한 가면정치를 하여 (일본이) 이번 시찰단에게 제공하는 것은 모다 거짓말 보고이며 거짓말의 표본이라고 호소할 계획"이라 했다. 조선 사람의 계획은 ① 상해 정부에서 발송한 청원서를 일행에게 제출하야 조선독립의 원조를 구한다, ② 대환영회를 개최하여 정성 있는 식탁으로 향응을 제공한다, ③ 일행이 경성에 도착할 때 남대문 정거장 부근에 출영하야 일제히 만세를 크게 부르고 통곡과 애소를 한다, ④ 과격한 급진파 단체는 폭탄과 기타의 총기를 가지고 조선 민중의 배일적 태도를 보이고 또 그 형세의 험악한 것을 보인다, ⑤ 미국의원단을 살해하야 외교 문제를 일으켜 일미개전日米開戰을 촉진, 조선독립의 목적을 달성한다, ⑥ 조선 사람 단독으로 일행을 환영하되 단독개최가 불가할 시에는 일본 사람과 연합하야 환영회장에 들어가 "돌연히 일어나서 그 석상에서 조선독립의 대연설을 할 일" 등이라고 했다.

총독부는 이런 배일 모의를 탐지하고 상해에서 안창호가 경성 모 유력자에게 보낸 영문과 조선문으로 인쇄한 대한전국인민대표, 대한각 여성계 대표 명의의 청원서 200부를 압수했다. 청원서는 경성 유명인사의 서명 조인을 받은 후 미의원단에게 제출할 것이었다. 내용은 조선에 있는 일본인의 압박과 총독정치의 옳지 못한 것을 부르짖는 문구를 첫머리에 얹었고 "미국은 신의 나라이며 미국 사람은 정의 자유를 사랑하는 국민이므로 인도적으로 조선독립을 지원하라"는 것이었다. 그리고 이를 위해 8월 3일 평안남도 제3부 청사에 폭발탄을 던져, 경관과 직원을 죽이고 부상을 입혔으며 8월 15일 밤 9시 20분에 신의주 역전의 신의주 철도호텔 입구에 폭탄을 던져 유리창 11장을 깼다.[20] 《매일신보》는 임시정부의 방침에 대해 "모든 문자가 참으로 지독하고도 무서웁게 만들었다"고 매도하고 경무국 발표 내용을 거의 전재轉載했다.[21]

8월 3일 평양 폭탄사건 이후 평양을 비롯하여 전국에서 심상치 않은 사건들이 연이어 발생하였다. 평양 폭탄사건의 주모자는 무장독립투쟁을 한 조선 최초의 여성으로 알려진 안경신(1888~?) 외 5인이었다. 이들은 국경을 넘어 평양으로 오다가 경찰 1명을 죽였고 8월 3일 저녁 11시에 평남도청 제3부 청사, 평양부청, 평양경찰서를 폭파할 계획이었으나 3부 청사와 부근 철도호텔의 일부만 파괴하고 나머지는 미수에 그쳤다. "여자 폭탄범" 안경신은 9개월 후에 체포되었는데 당시 나이 34세였다. 평양경찰서 발표에 따르면 안경신은 수년 전 평양여자고보 2년을 마치고 퇴학 후 3·1만세운동에 가담한 죄로 29일간 구류를 살면서 배일사상을 심화했다. 출옥 후 임시정부에서 일하다가 미국의원단이 조선을 지남에 따라 "조선 사람이 조선독립을 위하여 여하히 희생을 바치며 조선 내지에서 운동하는 현상은 이와 같다함을 보이고 시내에서 만세를 부르기 위하여" 4명의 남성과 함께 국내에 침투, 각 관청과 경찰서 폭탄 투척과 파괴, 민심 선동, 만세 구호를 외칠 것을 결의하고 평양에 침투하여 거사를 결행한 것이다.[22] 사건 직후 평양에선 흥분과 긴장이 감돌았고 산발적으로 경찰서 항의시위, 군중 소요, 격투와 패싸움이 이어졌다. 기마 경관의 '흉흉한 말발굽 소리'가 사방에서 일어나 마음을 졸였고 400여 명의 경관이 골목마다 지켜 서서 낮에는 칼, 밤에는 총까지 메고 행인들 몸을 수색했다. 한편 평양부윤이 유지 수십 명을 부청府廳으로 불러 자위단을 조직해 반일 조선인을 박멸하자는 안건을 제출했으나 의론이 분분하여 성사되지 못했다. 일본인과 조선인의 다툼이 각처에서 일어났고, 178명의 군중이 순사들이 숙박하는 여관을 포위하고 함성을 지르며 돌을 던지기도 했다. 이를 제지하기 위해 근처의 일본인들이 달려오자 격투가 벌어졌고 순사가 헛총(위협발사)을 발사해서 사태를 진압한 후 조선인 3인을 경찰서로 연행했는데 실상은 조선인을 모욕한 경찰을 찾아 여관으로 몰려간 것이었다.[23]

수원에서는 경성으로 통학하는 16~20세 남녀학생 5인을 검거, 가택 수색을 한 후 취조 중이었고 부산에서는 총기화약창고에 보관했던 화약 11상자가 없어졌다. 동경에 출장 갔던 미즈노 렌타로水野錬太郎 총독부 정무총감(1919. 8~1922. 6 재임)이 엄중한 경호를 받으며 경성으로 돌아왔는데 남대문역 주변엔 50여 명의 정복 순사를 비롯하여 무수히 많은 사복 순사가 있었고 5~6인의 기마 순사는 권총(육혈포)을 차고 왔다 갔다 했다. 총독이 취임할 때를 연상시킬 만큼 "소름끼칠 정도"로 삼엄했다. 경성에서는 (요주의 리스트에 있는) 단체 관계자들을 비밀리 조사, 체포 중이며 여관을 뒤져 동경 유학생 출신자를 체포하는 등 은밀한 체포 작전이 진행되었다. 일본에서도 고위 인사들에 대한 협박장 우송 및 암살설이 퍼져 경시청에서 수사하느라 여념이 없었다.[24]

8월 5일 미국의원단이 상해에 도착한 이후 조선 입국 여부에 더욱 촉각을 곤두세웠다. 8월 중순까지도 조선을 경유하지 않을 수 있다는 보도로 희비가 교차했고 소문도 무성했다. 일본이 의원단에게 조선에 입국하지 말라고 간청했다, 일본 정부의 제안에 따라 봉천 일정 이후 의원들이 개인 자격으로 여행을 한다, 과격한 배일 조선인들이 일미개전日米開戰을 위해 의원단 암살을 시도할 계획이다, 의원단을 경성에 억류할 계획이다, 의원단이 탄 기차를 폭파할 것이라는 등 루머를 퍼뜨려 일본이 조선 방문을 방해하고 있다는 설들이 화제에 올랐다.[25]

또 7월에 부산에서 발병한 콜레라가 8월에 경성까지 올라와 이미 수백 명의 환자가 발생하여 불안한 상태였다. 그러나 미의원단 방문이 결정되자 일제는 22일 경성에는 호열자 환자가 없다고 선언했다.[26] 그리고 일본이 조선을 억압하고 살육과 폭행을 감행한다는 말은 사실무근이며 오히려 과거 정부에서 자행되었던 그런 일들이 일본이 통치하면서 없어졌고 3·1만세운동도 일본은 부단히 인내했으며 혹독한 진압에 대한 말들은 다 근거가 없다는 해명도 시도했다.[27] 일례로 봉천에 《경성일보》와 《매일신보》 특파원 백대진을 파견하여 조선 사람들이 선전한 배일사상이 허황된 것임을 알리는 서신을 미의원단에 전달하기도 했다.[28]

조선인의 움직임을 배일 테러로 접근했던 《매일신보》가 8월 22~23일간 전국에서 일어난 미의원단 관련 사건들을 보도하면서 '제2차 독립운동'이라고 표현한 것은 시위가 대단히 기세 있게, 게릴라식으로 전개되었기 때문일 것이다. 평양에서는 저녁마다 시내 곳곳에서 싸움이 일어났고 심지어 수백 명씩 떼를 지어 다니며 사소한 일로도 소란을 피웠고 일본인이 스쳐 가기만 해도 싸움이 일어났다. 이 때문에 야시장은 휴업상태였다. 평양 제3부는 소요와 소란이 자심해지자 비밀리에 수상한 자들을 체포하기 시작했다. 만주, 중국에서 독립운동단이 폭탄을 조선에 반입하고 소요계획을 세운다는 여러 풍설이 나돌아 뒤숭숭한 가운데 일촉즉발의 긴장감은 갈수록 고조되었다.[29]

## 미국에 보내는 구조 요청 신호, 제2차 독립운동

8월 중순부터 《동아일보》와 《매일신보》는 시시각각 변하는 상황을 전하는 한편 미의원단의 조선 입국이 임박하자 봉천에 특파원을 파견했다. 미의원단과 함께 봉천에서 경성까지 동행하는 일종의 출영出迎의 의미로 예우를 표하는 한편 인터뷰 등 취재가 목적이었다. 그러나 미국 오하이오대학 졸업자인 《동아일보》 특파원 김동성(1890~1969)은 일본 경찰이 강제로 기차에서 하차시키는 바람에 목적을 이루지 못했고 《매일신보》 특파원 백대진(생몰 미상)만 남아 취재를 시도했다.[30] 그러나 미의원단은 기자 면담이나 인터뷰를 일체 기피하고 취재에 협조하지 않았다.[31]

미의원단의 경성 도착을 하루 앞둔 23일 평양과 경성에서는 심상치 않은 사건들이 발발했다. 23일 낮 경성 서소문 밖 의주통에서 1,000여 명의 군중이 파출소를 파괴했는데, 기독교 목사인 이창회를 순사들이 연행하는 중 저항하자 구타하여 피가 낭자해진 모습을 보고 흥분한 것이었다. 군중이 조선인 순사를 구타하자 다른 순사들은 도주했으며 서소문 네거리의 상점들은 모두 철시했다. 평양에서는 '봉천발특전奉天發特電'이라는 유인물이 돌았다. 조선 각지에서 발생한 괴질 때문에 미국의원단이 여정을 변경하여 봉천에서 바로 대련-시모노세키로 간다는 내용의 등사판 전단지가 뿌려진 것이다. 그날 밤 폭탄과 육혈포를 휴대한 10여 명의 조선인이 체포되었는데 이들은 "미국의원단의 경성 도착을 기회로 두 번째 조선독립운동을 하여 의원단에게 조선 사람의 맹렬한 독립 희망과 그 열성을 알리며 또는 그들의 입을 빌려 널리 세계에 전파하기 위하여" 광복군 군영에서 조

직한 비밀결사대와 폭탄투척대로 총독부 및 종로경찰서를 폭파할 계획이었다고 했다.[32]

또 지난 며칠간 시내 각처에 불온문서가 나붙어 경찰이 대대적으로 경비를 섰는데 23일 밤에도 등사판으로 인쇄한 '대한중흥단경고문大韓中興團警告文'이란 문서가 나돌았다. 내용은 "24일 전 시중에서 다 철시할 것이며 만일 이에 응치 아니하면 상당한 처벌을 한다"는 위협적인 문구였는데 경찰은 24일 상가 일제 철시가 이 경고문 때문일 것으로 추정했다. 경성 시내는 육혈포로 무장한 기마 순사들, 사복 형사 등이 경계를 섰고 경찰서는 대대본부가 지키고 있었다. 시내에선 상점 철시계획과 조선독립만세 구호선창 외에도 산꼭대기에 등불을 높이 달고 만세를 부르느니, 미국의원단에게 위해를 가해 일미전쟁을 일으키려 한다는 등의 소문이 나돌았다.

8월 24일 봉천을 떠난 의원단의 기차가 지나가는 평북 곽산과 평남 안주 정거장 부근에서 40~60명(《매일신보》는 이들을 독립군으로 추정)이 성조기를 흔들며 독립만세를 불렀다. 의원단의 경성 도착 시간은 밤 6~8시로 추정될 뿐 알려지지 않았고 남대문역에서 조선호텔까지 도로는 경찰이 사람들의 접근을 막았다. 이날 새벽부터 체포 소식이 전해졌다. 안국동에서 한복을 입은 4명의 청년이 상점 철시를 권유했다는 죄목으로 체포되었다. 경성 서대문경찰서는 상점 문을 닫은 상인 10명을 불러 조사하다가 2명을 구속했다. 또 어떤 사람이 술에 취해 경찰에게 "우리가 만세를 부를 터이니 허가해 달라"고 주사를 부리다가 구속당하는 해프닝도 있었다.[33] 24일 오전 10시가 되도록 문을 연 상점이 없었다. 종로 네거리와 남대문통은 은행이나 회사만 개점했고 서대문, 동대문, 무교동, 인사동, 안국동, 태평통의 모든 상가가 철시했다. 경찰이 상점마다 방문하여 장사할 것을 지시했으나 상인들은 독립당원들의 경고문을 받은 까닭에 함부로 문을 열 수 없다면서 지시에 불복했다. 간혹 경관 지시로 문을 연 경우 즉시 전화가 오거나 사람이 찾아와 다시 문을 닫게 했다. 상가 철시로 시내는 썰렁한 채 살기가 등등했고 사람들은 "작년 3월의 철시하든 그 시절이 다시 돌아온 듯" 여겼다.

저녁에 드디어 미의원단이 남대문역에 도착했다. 《동아일보》는 1면에 〈미국의원단을 환영하노라Welcome to the Congressional Party〉라는 제하의 국문과 영문 기사를 나란히 실었다. 그리고 "Welcome to the American Congressional Party"라는 문구를 달고 그 밑에 조선인 경영의 20개 기업과 단체의 환영 광고를 실었다.[34] 24일은 종일 궂은비가 내렸는데 남대문역 부근은 1,000여 명의 순사와 200명의 헌병, 용산에 주둔한 군대가 출동 대기 중이었고 무장대는 삼각산에 매복하여 만일의 사태에 대비했다. 24일 오후 1시부터 삼각산에서 만세를 부른다는 소문이 있어 육혈포로 무장한 경비대가 산에 매복한 것이다. 또 수십 명의 기마무장대가 광화문 앞마당에서 연습하다가 대한문으로 이동하는 시위대응 훈련을 행했고 자동차 7대로 자동차대도 조직했다. 오후 5시가 되자 철통 같은 경계에도 불구하고 조선인들은 남대문역으로 몰려오기 시작했다. 전차마다 만원을 이루었고 도로는 발디딜 틈이 없었다. 우천에도 불구하고 남대문역 도로, 서소문편 도로, 용산 주변 도로는 수만의 군중이 일제히 늘어섰다. 그러다 도착 시간인 8시가 임박하자 다시 서소문 네거리 연결도로에 경관들이 물샐틈없이 늘어섰고 남대문역 인근은 점차 인적이 끊어지기 시작했다. 사람들은 골목으로 들어가 기다렸다.

의원단 일행이 탄 자동차가 대한문 앞을 지날 때 수십 명의 군중이 만세 구호를 외치다가 경관이 쫓아오자 도주했다. 이 일로 30여 명의 청년이 본정서에 연행되었으나 다시 구리개(을지로입구) 네거리에서 군중들이 만세시위를 했다. 그러자 종로에서 경관이 칼자루와 몽둥이로 만세 부른 듯한 사람들을 닥치는 대로 잡아 사정없이 구타했다. 9시 반경 만세 부른 2명의 청년을 체포하려던 순사와 군중 간에 격투가 일어났고 순사는 육혈포를 쏘아 군중을 흩어지게 했다. 의원단이 호텔로 들어간 후 군중이 한꺼번에 큰 길로 쏟아져 나오자 전차는 통행을 중단했다. 을지로에 3,000~4,000명 정도의 군중이 일제히 조선독립만세를 부르며 동양척식회사(현 한국외환은행 위치) 쪽으로 달려갔다. 구리개 네거리에서 종로 방면으로 오면서 수천 명의 군중이 만세를 계속 외치자 골목에서 사람들이 뛰어나와 합류했다. 그러자 여기저기서 형사들이 때리는 소리와 사람 살리라며 울부짖는 소리가 진동했다. 서대문 밖 네거리에서도 소동이 있었고, 시내 중요한 곳은 어디를 막론하고 아수라장이 되었다. 권총으로 위협사격을 해도 시위대를 막을 수 없었다. 종로경찰서는 총 22명을 체포했고 각처에서 검속된 사람은 36명이었다. 서소문 의주통에선 저녁 7시 무렵 인력거꾼 40~50명이 모여 "대한독립만세"를 부르고 소요를 일으켰다. 자동차대, 경찰과 육군의 기마대가 시내 경계를 섰다. 각 경찰서 소속 경관들은 물론, 경관훈련생까지 소집하여 남대문에서 조선호텔까지 인도 외의 도로 통행을 금지했다. 24일 종로에서 체포된 청년은 40명에 이른다. 군중들은 흩어졌다가 만나면 다시 만세를 부르는 등 밤 11시까지 간간이 시위를 이어갔고 경찰은 행인들을 검문검색했다. 이날 경성에서만 10여 차례의 '독립만세 시위'가 일어난 것으로

보고되었다.[35]

다음날 25일 오전 9시 의원단은 총독부 방문으로 일정을 개시했다. 의전에 따라 남산공원, 한양공원, 창덕궁, 경복궁, 고등보통학교, 상품진열관, 비원, 총독부 의원醫院, 의학전문학교, 중앙시험소, 공업전문학교를 시찰했고 화보집 《총독부 설치 이래의 문화시설》을 증정받았다. 총 15대의 자동차에 나눠 타고 다녔는데 호텔로 돌아갈 때까지 조선인과의 만남이나 기타 돌발적인 사건은 일어나지 않았다.

25일에도 상가는 일제히 철시했다. 경찰이 상점을 열도록 했으나 소용이 없었다. 24, 25일 이틀간 종로~광교 부근 주요 도로의 상점을 철시한 이유로 350여 명이 구속되었는데 일부는 훈방했으나 대부분은 3일간 구류 처분을 받았다. 의원단이 지나갈 도로와 방문지에는 경관들이 경비를 섰다. 경복궁 방문 시에는 전차 운행을 중단시켰고 수십 명 단위의 기마경관대와 자동차대가 쉴 새 없이 다녀 경성 시내는 종일 말발굽 소리와 경적 소리, 그리고 수만 명의 군중이 달리는 소리로 가득 찼다. 그리고 도처에서 독립만세 시위가 벌어졌다.[36]

의원단은 아무 사건사고 없이 1박2일의 일정을 마치고 일본으로 떠났다. 하지만 군중의 배일시위와 저항은 계속되었다. 평안북도 박천에서는 27일 오후 7시부터 5시간 동안 군중이 "대한독립만세"를 부르며 시내를 돌아다녔고 30명이 체포되었다.[37] 동경, 요코하마에서도 '수상한 조선인'에 대한 경계와 취체가 엄중했으며 배일독립음모단, 배일조선인단, 조선독립청년당원 등의 음모를 적발하기 위한 경찰의 움직임이 시시각각 보도되곤 했다. 동경과 요코하마 노선 기차를 타는 재일조선인들은 매일 검문검색을 당했고, 독립음모단이 기차역을 통과했다는 풍설이 돌았다. 8월 29일 평양에서는 국치기념일을 기해 여러 종류의 운동이 일어나 무장한 순사들이 시내에 배치되었다. 평남 안주 여성들은 경기도 여성들처럼 쪽을 찌지 않았는데 예수교, 천도교 신도를 중심으로 '일치된 행동'을 한다는 의미로 쪽머리를 하는 여인들이 많아지고 있었다.[38]

의원단이 동경에 도착할 즈음 조선인의 독립운동계획설이 돌자 헌병대가 여관 등을 수색하고 다녔고 의원단이 묵는 동경 제국호텔 주변을 700명의 경찰이 경비했다. 동경역과 호텔 사이의 도로에서 배일의 '붉은 기'를 휘두를 계획이었던 중국과 조선유학생의 음모를 적발하기도 했다. 당국은 조선유학생보다 중국유학생을 더 주목했는데 재일중국인 학생 3,850명 전원이 모두 배일사상을 가졌다고 파악한 때문이다. 배일조선인단의 암살단까지 발각되었고 호텔로 가는 의원단의 자동차를 향해 돌진하던 5명의 조선청년들이 체포되었다. 교토에서는 의원단과 같은 기차를 타고 가며 접촉을 시도하던 조선인에 대한 수배령이 떨어졌다. 또 상해 임시정부의 지시를 받았다는 암살단이 동경에서 적발되었다.[39]

## 식민지민의 오판, '상상의 아메리카'

9월 사이토 마코토齊藤實 조선총독이 일본 외무대신에게 보낸 비밀문서는 미의원단 사건이 "불령선인들이 미국의원단의 조선 방문을 천재일우의 기회로 알고 독립의지를 치열하게 표명하기 위해 주요 시설 폭파 및 독립 방해자 살해, 조선인 시위 실황을 목격토록 하여 미

국에서 조선독립이 가까워졌다는 여론을 일으켜 동정을 얻으려고 기획되었다"고 적시했다.[40]

각계 여성단체연합에서 미국의원단에 보낸 국문판과 영문판 편지를 보면 암살설 내지 일미전쟁 촉발설은 근거 없는 훼방용 악선전임이 분명했다. 편지는 "높은 곳에 계신 신과 당신(미국의원단)에게 하소연하는 것 외엔 아무것도 할 수 없는 조선의 가난한 딸들"이라고 자신들을 소개하고, 뒤이어 "인도주의와 정의를 완전히 결여한 세계에서 유일하게 우리를 동정하는 미국 의회의 일원이고 위대한 미국 인민의 대표들에게 우리의 자유를 위하여 두 눈에 피눈물을 머금고 감사를 표한다"고 간절한 마음을 전했다. "우리의 슬픈 이야기를 해야만 하고 그리하여 당신들의 기분을 상하게 하는 것은 정말 우리의 큰 불행입니다. 이 일로 인해 우리는 비난을 받을 수도 있고 그렇게라도 살아 있어야 하는 것 자체가 치욕이 될 수도 있습니다. 하지만 청컨대 우리가 무엇을 할 수 있겠습니까? 높은 곳에 계신 하느님과 당신에게 하소연하는 것 외에 무엇을 할 수 있겠습니까? 미 국민을 대표하는 당신들, 정의와 자유를 생명 그 자체만큼이나 신성하게 여기는 기사도 정신, 청교도의 자비로, 워싱턴G. Washington(미국 초대 대통령) 등 당신들 선조가 당신의 위대한 나라를 건설했을 때의 그 위대한 원칙에 따라, 흑인들의 해방을 위해 피 흘리고 죽었던 그 정신으로, 벨기에 독립과 인류애를 위해 엄청난 희생을 감내한 당신들에게 감히 호소합니다"로 맺고 있다.[41] 세계의 최강대국인 미국을 향한 기대와 소망을 담아 절절하게 호소한 것이다.

8월 24일자 《동아일보》 1면의 〈미국 의원단을 환영하노라〉란 환영사도 자유·정의·인도의 나라, 하나님의 나라, 부강한 나라, 인류의 옹호자이자 세계 광명의 나라 미국과 미국민을 "형제의 마음으로, 자모慈母를 기다리는 유아幼兒의 마음으로, 애인을 고대하는 정인情人의 가슴"으로 학수고대했다. 미국은 고난받는 자의 피난처이자 학대받는 이의 해방처이기 때문에 폭학에 신음하는 천하의 모든 민중과 한가지로 아메리카를 바라보고 동경했으며 희망의 피안으로 여겼다는 것이다.[42] 《매일신보》 기자 백대진이 미의원단에게 "서울 시골 할 것 없이 모든 조선 사람은 미국의원단을 천사단과 같이 알고 고대하는 중"이라고 말한 것은 사실이었다.[43] 1882년 조미조약朝美條約의 제1조 'good office' 조항에 근거해 조선이 미국에 대해 견지해 온 일방적인 짝사랑, 즉 미국이 조선의 독립을 지원할 것이라는, 한국의 보호자로 행동할 것이라는 기대는 언제나 배반을 안겼지만 그럼에도 달리 기대할 곳이 없었던 식민지민은 미국을 포기할 수 없었다.[44]

일본은 이러한 조선인의 열망을 미국에 대한 조선의 고질적인 사대병, 즉 '뇌미사상賴米思想'(미국에 의존하는 사상)으로 폄하했다. 미국의원단이 경성을 떠나고 며칠 후 《매일신보》는 8월 28일부터 10월 8일까지 가토加藤扶桑의 〈조선현상급장래朝鮮現狀及將來〉라는 논제로 사설을 연재했는데 이 중 9월 11~13일간 3회에 걸쳐 조선인의 '뇌미사상'을 문제 삼았다. "조선인이 근래 어찌하던지 미국에 의뢰코자 하고 유일무이하게 감사한 국國으로 신뢰하는 자가 적지 않은"데 이는 "이유도 없이 대국이며 강국이라 하여 대놓고 아부 추종하는 사대병이 다시 발작한 것으로 미국에 의뢰하야 일본을 압박하라는 사상"이라고 폄하했다. 더불어 "미국이 정의 인도를 표방하는 것은 사실이지만 이는 말에 불과하고 경제나 사교상 극히 근미僅微한 관계에 있는 조선반도를 위해 일본과 싸울 일은 없다"고 못을 박았다.[45] "겨우 십여 명을 넘지 못하는 관광객 미국의원에 대하야 하루 저녁 연회를 베풀고 또 한 봉의 뇌물을 주어 간곡한 청원을 하야 조선독립의 대사를 결행코자 하는 저 배일 조선 사람들의 행동"을 사대병으로 치부해 버린 것이다.[46] 총독부 총무국장 모리야는 일본 중학교 교장들을 대상으로 한 연설에서 조선인이 자력 독립이 불가능하므로 미국에 의존하고 있다면서 조선인이 정신적으로 미국, 유럽에 의존하는 반면 일본에 대해서는 뿌리 깊은 증오심을 지니고 있음을 토로했다. 이 증오심은 이성적이기보다 감정적인 것이어서 어쩌지 못하고 있다는 곤혹을 내비친 것이다.[47]

하지만 식민지배하의 약소민족이 강대국의 온정에 의존하고 그들의 힘에 의지하는 것은 수치가 아니고 사대병은 더욱 아니라는 것이 조선인의 생각이었다. 1920년의 조선에서 미국은, 가장 강력한 흡인력을 지닌 것으로 평가되는 할리우드 영화나 재즈로 조선인들을 설득한 것이 아니라 외교정책, 민주주의 이념, 정의와 인도의 정신, 청교도 전통과 선교사업, 풍요와 자유의 신세계 이미지, 노예해방과 같은 역사적 혁신을 이룬 나라였고 더구나 세계 최강대국이었다. 조선 사람들은 조선에 체류한 선교사 등 미국인들이 보여준 동정적 태도와 미국 정부의 태도를 분리해서 생각하지 않았다. 구한말 이래 대미인식의 기조가 그랬다.[48] 거기다 샌프란시스코와 하와이에 거주하는 교민들을 통해 미국의 암묵적 지원과 지지 분위기에 대해 듣고 있었다.

1920년 시점에서 미국과 미국민이 정의와 인도의 도덕과 정신을 국제정치에서 대가 없이 구현하려 한다는 인식을 갖게 된 결정적 요인은 국제연맹 창설과 민족자결주의 제창으로 독립의 희망을 갖게 한 윌슨W. Wilson(28대 대통령)의 이상주의적 외교노선이었다. 미국 외교정책의 4가지 전통 중 하나인 윌슨주의는 미국으로 하여금 이상적이지만 비현실적인 외교적 야망을 품게 만든 정책이었고 그만큼 미국에 소프트 파워를 부여한 정책이기도 했다.[49] 1차 세계대전을 전후하여 미국은 제퍼슨의 민주주의 이념, 윌슨의 자결주의와 국제연맹 창설 같은 외교정책이 가진 소프트 파워에 힘입어 전 세계에 '상상의 아메리카imaginary America' 신화를 확산시켰다. 미국의 표상이 된 재즈와 대중문화, 청교도 정신과 선교사업을 통해 나타난 종교적 역동성이 미국의 소프트 파워를 창출하는 자원이 된 것이다. 이 소프트 파워는 하드 파워(실질 지배)와 무관하게 영향력을 발휘하기 때문에 지리적으로 멀고 현실적으로도 관계가 먼 나라들에서 나타나는 아메리카나이제이션을 설명하는 데 유용하다.[50]

식민지의 억압받는 약소민족이 정의와 인도주의, 도덕적 이상을 실현하는 강대국에게 구원을 기대는 것은 오랜 유교적 관념에서 보면 강자가 마땅히 실천해야 하는 도덕과 관용에 의지(요청)하는 것이므로 일본이 말하는 사대주의와는 성격이 달랐다. 조선인들에게 치자治者는 자애로운 가부장의 역할을 하는 자였고 강자의 권위는 약자를 보호하는 온정주의를 실현할 때 완전하다고 믿어 왔기 때문이다.[51] 현실감 없는 오판이긴 했지만 자력으로 독립할 수 있는 가능성이 없는 상황에서 미국의 자비와 동정에 호소하는 것을 수치스럽다고 생각하지 않았다.

미의원단을 '자모慈母를 기다리는 유아幼兒의 마음과 애인을 고대하는 정인情人의 가슴'으로 기다린 조선인들의 진정성은 다음의 일화를 통해 보다 생생하게 실감된다. 조선의 유력 인사들은 8월 24일 국내의 기독교 단체, 청년회 등 각계 유지 200여 명을 발기인으로 하여 공동환영회를 준비했다. 봉천에 파견된《동아일보》특파원 장덕준이 먼저 그들과 접촉하여 8월 18일의 환영회 참석을 권유했으나 의원단 대변인 스몰 의원 외에는 아무도 면담할 수 없었고 "형편이 허락하지 않아 못 간다"는 완곡한 거부 의사만을 전해들었다.[52] 스몰은 "조선인이 원하는 독립 문제는 조선과 일본에서 논의하기는 불가능하다. 우선은 조선이 진보와 융창하기를 축복하며 남에게 부끄럽지 않도록 산업과 교육에 충실하기를 희망한다. 우리 일행도 말하고 싶은 바가 있어도 일본을 시찰하는 동안은 결코 할 리가 없다"는 답만 되풀이할 뿐이었다.[53]

그럼에도 불구하고 한 달 전부터 기독청년회YMCA 주관의 환영회를 준비했고 대표단을 봉천에 보내 미국의원단 환영 공식 전담기구인 국제친화회國際親和會[54] 측의 긍정적 답을 듣고 귀국, 실행에 박차를 가했다. 의원단이 경성에서 공식 일정을 시작하는 25일 오전 YMCA 총무 이상재(1850~1927), 신흥우(1883~1959) 2인이 조선호텔로 가 오후 3시 반의 환영회 참석을 요청하자 "출석은 하겠으나 이로 인해 일본과 감정이 틀어지는 것은 흥미없다"는 답을 듣는다. 국제친화회에서 참석을 묵인하자 의원단이 참석한다는 호외를 만들어 일반인에게 배포했다. 그러나 오후 1시 반에 국제친화회에서 불참을 통보했다. 이유를 묻자 경무국에서 비공식적으로 조선인환영회에 참석하는 경우 경호를 보장할 수 없다고 했다는 답변을 듣는다. 결국 환영회는 중단할 수밖에 없었고 의원단을 목을 빼고 기다리던 700~800명의 청중들은 하나 둘씩 자리에서 일어날 수밖에 없었다. 이렇게 해산 분위기로 스산하던 4시 무렵 아무 예고 없이 헐스맨H.

Huelsman 의원이 홀로 청년회관에 나타났다. 이 순간의 장면을《동아일보》는 이렇게 묘사했다.

> 난데없는 자동차가 비를 무릅쓰고 닥치더니 층계 아래 가슴에 찬란한 성조기의 휘장을 붙인 한 명의 미국 사람이 나타났다. 이때 당상에 있던 700여 명의 군중은 감전이 된 듯 일제히 가슴에 '미국 의원이다!'는 느낌이 번개같이 일어나는 동시에 일제히 그네를 환영치 못한 섭섭한 마음 가졌던 여러 사람들은 흥분된 신경에 감사한 눈물을 흘리며 일동은 계하階下로 내려가서 그를 영접하야 강단우에 오르매 환영회 간부와 면면히 악수하고 청년회의 구레구G.A.Greig씨가 강단에 기립하여 쌍수를 높이 들매 만장의 군중은 일제히 이에 응해 '후라'를 삼창三唱하니 헐스맨씨는 기립하여 답례하고 윤치호의 통역으로 영채있는 눈동자에 뜨거운 표정을 띄어 만장에 가득한 조선인을 둘러보며 힘 있는 목소리로 연설했다……[55]

그리고 헐스맨이 일본의 감시를 의식하며 극히 신중하게 짤막하게 한 몇 마디의 발언은 이들이 떠난 직후 8월 27일부터 3일간《동아일보》사설에서 고대 이집트의 비밀을 기록한 로제타 스톤Rosetta Stone의 문자를 해독하듯 주해되었다. 수수께끼 풀이하듯 주해 수준의 과잉해독을 시도한 사설에는 미의원단을 간절히 기다리던 조선인의 소망과 기대감이 그대로 투영되어 있다. 헐스맨의 사진을 넣은 별도의 기사에서는 조선 청년에게 감사를 전달하는 한편 자신의 연설은 개인 자격으로 이뤄졌음을 강조한 헐스맨의 발언과 조선인과 만나지 못해 유감의 뜻을 표한 스몰 의원의 동정을 보도했다.[56] 헐스맨의 연설은 "여러분은 우리나라 청년같이 향상의 활기와 광채가 가득하오.

아무쪼록 여러분은 학술과 공업을 힘써 모든 것을 향상케 하여 정의와 인도로 분투하길 바라오"라는 짧은 몇 마디에 그친다. 그러나 이 짧은 연설을 8월 28~30일까지 '향상의 활기'(1회), '정의와 인도'(2회), '학술과 공업의 노력'(3회)의 3가지 주제로 나누어 깊고 두터운 해독을 시도한 것이다.[57]

사설은 우선 머리말에서 주해 수준의 과잉해독을 해야 하는 이유와 근거를 이렇게 설명했다. 의원단과 조선인 간에는 직접적인 언행이 아닌 영적인 소통과 감응으로 서로를 이해했다고 한 것이다. '영적인 소통과 감응에 의한 이해'라는 표현에는 미국을 과민하게 의식하는 일본의 검열, 그리고 일미 간의 불필요한 외교적 분쟁 가능성 때문에 말과 행동보다 정신적으로 더 많이 깊게 교감했다는 의미가 숨어 있다. "원래 사람은 영물이라고 영과 영은 암연暗黙한 가운데서도 서로 감통感通하는 신비한 작용이 있나니……오인吾人의 충정과 열애와 존경은 구천에서 낙하하는 폭포의 울림이 전선傳線 없이 대해大海에 이르듯이 미국의원단 일행의 영묘한 뇌와 청명한 가슴에 전하야 졌을 줄로 믿노라"고 했고 "이제 귀빈이 전한 말을 깊이 묵고默考하며 또 상찰詳察하야 민족 진보의 일조一助를 작作함이 가可하다"라면서 헐스맨이 굳이 표현하지 않았던/못했던 심중의 의미를 낱낱이 해독할 것임을 선언했다.

사실 헐스맨의 '조선의 진보와 번영, 산업과 교육에 노력하라'는 발언은 봉천~경성 간 기차에서 스몰 대변인이 《매일신보》 특파원 백대진에게 했던 말과 거의 대동소이하다.[58] 그런 점에서 《동아일보》가 사설에서 언급한 헐스맨의 발언이라는 것이 과연 실제로 YMCA에서 연설한 것인지도 의문스럽다. 그러나 이런 의문 자체는 그다지 가치가 없다. 왜냐면 이 과잉해독을 통해 1920년 시점에서 식민지민이 가졌던 내면의 욕망과 대면할 수 있기 때문이다.

"헐스맨이 조선 청년의 용모가 미국 청년과 같이 향상의 활기가 충만하다고 말한 것은 과연 무슨 심중한 의미를 포함하얏는가 더욱이 미국의 청년과 갓치 그러하다함은 무슨 의미 깊은 대조인가"라고 질문한 다음 제시한 해답에서 그간의 민족적 모욕과 수치를 보상받고 싶은 식민지민의 정체성에 대한 날것 그대로의 욕망을 만날 수 있는 것이다. "제군의 용모에 나타나는 '향상의 활기와 광채'(원문 강조)를 '미국米國 청년과 비교'하여 칭찬하얏도다 아! 오인은 감사하고 또 기뻐하노라 오인은 오인의 현재 허무한 것을 두려워하지 아니하노라 현재는 잠간이오 장래는 영원이라……무슨 광채인고 모든 문화를 예고하는 천사의 광채로다……오인의 귀한 바는 현재가 아니라 이 활기의 기운이니……문화의 수립을 위하야 용왕매진勇往邁進해야 한다"고 했다. "용모가 미국 청년과 같다"는 언급에 감격했고 이를 근거로 귀하고 천사 같은 광채를 지닌 조선 청년의 자부심과 정진을 독려한 것이다. 2회 차 사설 〈정의와 인도〉 편에선 '정의와 인도로서 인류의 옹호자'가 되어야 하며, 3회 차 〈학술과 공업〉 편에선 '학술과 공업에 노력하여 조선 민족을 위해 문화운동자'가 되어야 한다고 강조했다. 헐스맨의 말에서 키워드를 뽑아 조선 청년들이 가슴에 품어야 할 목표와 과제, 그리고 자존감의 근거를 제시한 것이다.

1920년 8월 그리고 여름 동안 한편으론 콜레라의 공포에 떨면서 조선인들이 가졌던 미국을 향한 염원과 신뢰 그리고 의존 심리는 일본의 식민통치가 만들어 낸 식민지의 아메리카니즘이다. 분노와 모욕을 견뎌 내야 하는 식민지의 일상에서 미국을 향한 근거 없는 기대는 절망적인 상황에서도 한 줄기 희망의 불씨마저 꺼 버리고 싶지 않았던 사람들에게는 유일한 버팀목이었을 것이다. 몇 개의 조짐이 불씨를 살려 두고 있었다. 영국과 일본의 동맹 약화, 미국 내 배일 분위기, 윌슨의 민족자결주의와 국제연맹론이 강화한 미국의 소프트 파워, 세계를 진두지휘하는 최강대국 미국의 파워가 그 조짐들이었다. 더구나 점차 대중화되어 갔던 할리우드 영화에서 미국은 자유, 인도, 정의 그리고 자본주의 풍요를 구가하는 민주주의 국가였다. 1905년 러일전쟁 막바지에 영국과 일본의 우호관계는 금이 가기 시작했다. 또 영국과 일본의 동맹을 지지했던 미국과의 관계도 그 무렵 악화되기 시작했다. 미국은 영국에 일본을 포기하도록 압력을 가하는 한편 미국 내 일본인 이민자들에 대해 강경노선을 취하기 시작했다.[59] 미국의 배일노선이 조선인들에겐 일본이 세계에서 고립되고 있다는 인상을 주었고 미국을 향한 기대감을 높이게 한 현실적 근거였다.

1924년 《동아일보》에 투고한 한 독자의 만평이 검열에 걸려 삭제 처분을 받았는데 만평의 내용은 성조기를 몸에 두른 거대한 한 명의 미국 군인이 옹기종기 모여 있는 왜소한 일본인들에게 기관총을 겨누고 있는 장면이다. 검열자는 만화가 미국과 일본의 크기를 과장했기 때문이라고 이유를 밝혔지만 진짜 이유는 크기가 아니라 조선인에게 존재하는 미국의 존재감에 대한 거부감이었을 것이다.[60] 1920년대까지 친일적이었던 이인직, 이광수 등 유명 소설가들이 쓴 소설의 주인공들이 최후에는 미국행을 택하는 친미성을 드러냈던 것이 식민지 조선에서 미국이 존재하는 방식이었다.[61] 미국은 조선인의 마음에, 심장 속에 박아 놓은 독립과 해방의 거의 유일한 구원자였다.

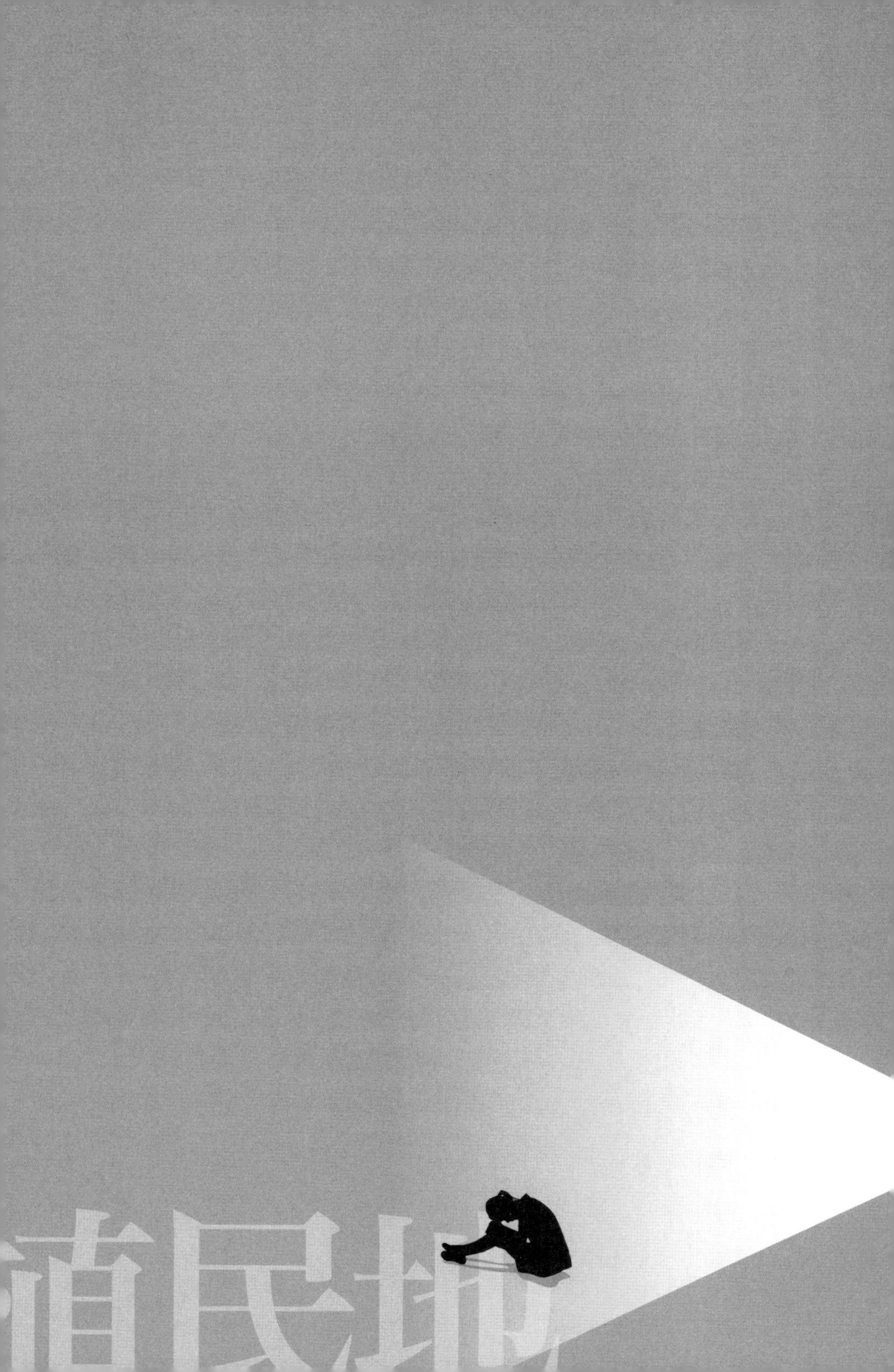
民地

# 동정과 연예의 민족주의

상호부조의 민족주의

식민지민의 불온한 동정열同情熱

연예를 매개로 한 동정의 민족화nationalization

온 겨레가 거든 '해삼위 학생음악단' 전국순회공연

식민지 동정의 감정역학

# 7

## 상호부조의 민족주의

3·1운동 이후 민족주의적 신문화건설운동이 전개되었다. 운동의 한 방법론으로 모색된 것이 크로포트킨P. A. Kropotkin(1842~1921)의 상호부조론Mutual Aid(A Factor of Evolution,1902)이다. 크로포트킨은 20세기 아나키즘(무정부공산주의)의 시조로 한국, 중국, 일본의 아나키스트들에게 두루 영향을 미쳤는데 조선에선 민족주의와 사회주의 진영 모두에 하나의 시대정신으로 수용되었다.

아나키즘은 1906년 파리에서 저널(*New Era*)이 발행되었고 아시아에서는 동경에서 아나키스트들이 저널(*Natural Justice*)을 발행할 정도로 사상기지 역할을 했다. 당시 동경은 전 세계에서 지식인들이 모여드는 초국적 도시였고 다양한 사상적 흐름들이 번역되는 초국적 공간이었다. 일본을 방문하거나 유학 온 중국의 지식인들과 사회주의자들에게 아나키즘은 사회혁명의 급진사상으로 수용되었다. 1911년 신해혁명에서 1920년대 초까지 중국의 급진사상에 영향을 미친 것은 아나키즘이었다고 해도 과언이 아니다.[1]

일본과 중국에서 아나키즘 사상과 주요 글들이 번역되면서 민족개조의 방향을 고민하던 조선의 지식인들에게도 영향을 미쳤다. 생존하면서 진보하기 위해 필요한 것은 상호부조라는 주장이 인류 사회 개조의 방향을 제시하는 것으로 받아들여진 것이다. 19~20세기 사회변화를 이끌었던 적자생존과 경쟁원리에 기초한 사회진화론은 인류 발전의 원리가 아니라 제국주의의 강권을 정당화하는, 공리公理가 결여된 이론이라고 공격하던 차에 그 대안으로 도덕적 혁명의 방식, 즉 상호부조의 원리를 제시하자 제국주의와 민족주의를 극복하는 사회진보의 원리로 이해한 것이다.

제국주의의 다른 이름은 자민족중심주의이므로 민족주의 또한, 제국주의의 폐해에서 보듯 인류 진보에 장애가 될 수 있다는 사유의 흐름 속에서 아나키즘이 청년세대의 마음을 흔든 것이다. 중국에서 독립운동가이자 역사학자로 활약한 단재 신채호(1880~1936)는 그런 조선 아나키스트의 전형을 보여준다. 그는 1905년 《황성신문》에 처음 소개된 일본인 아나키스트의 글을 읽고 아나키즘에 관심을 가졌고 중국에서 독립운동을 하면서 반제국주의 신념이 강고해지는 것과 비례해서 무정부주의자로 사상의 전회轉回를 이루게 되었다. 특히 3·1 운동을 통해 민족적 저력을 확인하고는 아나키즘 단체에 가입했다. 피압박민중을 연대시키고 조선 민중의 직접혁명에 토대가 되어 줄 사상은 아나키즘 외에 없다고 확신하게 된 것이다.[2]

조선의 아나키스트들은 상호부조를 전래의 대동사상과 결합해서 이해했고 1920년 무렵부터는 일본 유학생들이 본격적으로 소개했다.[3] '남을 사랑하고 동정하는 사람이 선량한 사람이며 열정적으로 사랑하는 것이 인격의 발전'이라는 상호부조론, 상조론相助論, 상애론相愛論이 1920년대의 정세와 사상의 문맥 안에서 무리 없이 개별 인격 및 민족개조론과 결합하여 식민지의 감정, 행위, 운동 실천윤리로 부상한 것이다.[4] 전후의 (민족자결주의적) 인도주의도 결국은 '상애의 원리를 기초로 지상에 천국을 건설하자는 이상주의'이므로 우리 민족이 사는 땅에 진리와 애愛의 나라를 먼저 건설하자고 주창했고[5] 상호부조와 애, 타아보조他我輔助의 동기하에 내적 개조를 이루는 것이 사회진보의 제1 요소라고 설파했다.[6] 경쟁과 강권이 아닌 애에 의해 민족 결합이 공고하면 의와 도의 지상천국이 실현될 것이라는 이상주의에 매료된 것이다.[7]

식민지민이 생존하기 위해서는 민족공동체를 복원하고 구성원 간의 상호부조에 의존할 수밖에 없다는 인식을 공유했는데 여기에는 민족의 대동단결과 봉공적奉公的 도덕의 함양만이 민족의 위기를 극복하는 유일한 방책이라는 현실인식이 바탕에 있었다.[8] 정부란 인민의 공동생활을 위한 기관에 지나지 않아 하등 힘이 없으니 학교 진학을 못해 방황하는 어린 동포를 위해 총독부도 지방단체도 아닌 부형들이 노력해야 한다고 생각했고[9] 국민이 국가에 우선하므로 생활이 안전하다면 (국가 없이) 부락생활로도 충분하다고 자위했다.[10] 총독부는 조선인의 정부도 조선인을 위한 정부도 아니므로 동포사회가 스스로 해결해야 한다는 식민지민의 냉정한 현실인식에 근거한 것이었다.

상호부조의 상애주의가 민족의 방법론으로 부상하면서 개개인의 실천윤리로서 동정심과 공감의 감정능력은 사회와 민족에 대한 사회적, 윤리적, 심리적, 도덕적 가치 판단능력으로 간주되었다. 이광수의 《무정無情》(1917)이 동정능력을 배양하기 위한 감정교육 텍스트였다는 주장도 당대의 정서구조에 비추어 보면 무리가 없다.[11] 1920년대 초반 동정열同情熱은 민족감정과 동일한 의미였으며 동정한다는 것은 민족적 행위와 다르지 않았다.[12] 1920년대 거의 매일 여기저기서 열렸던 음악회, 연주회, 연예회, 강연회는 다양한 목적의 사업에 필요한 경비를 모금하는 통로였다. 기부금이라는 말보다 동정금이라는 말이 훨씬 정확했고 또 그렇게 통용되었는데 모든 것이 부족하고 가난한 식민지민이 타자를 위해 부조한다는 것은 동병상련 감정, 곧 동정에 의해 추동되지 않고는 가능하지 않았기 때문이다. 이때의 동정은 단순히 연민이나 공감만을 의미하지 않았고 민족적이고 사회적이며 공적인 실천을 포함하는 의식화된 동정이었다.

이런 사회 분위기를 타고 일본 및 경성에서 수학하는 고학생들이 우선적으로 부조를 받아야 할 대상으로 부상했다. 청년과 학생은 공부를 통해 민족의 지도자로 성장해야 할 무거운 짐을 어깨에 진 세대였으므로 돈이 없어 못 배우거나 고생하는 고학생을 사회가 부조하는 것은 문자 그대로 민족적 실천이었다. 1920년에 일본에서 고학생동우회[13]와 경성에서 갈돕회[14] 등이 조직되었고 이들을 부조하기 위한 자선음악회와 행사가 시작되면서 기부금은 동정금으로 불리기 시작했다.

경성 거주 고학생들의 단체인 갈돕회의 1921년 동정금 모금 공연은 연극사적으로는 소인극素人劇(아마추어 극)운동의 효시였다.[15] 갈돕회 회장 최현은 순회극단 출범식에서 이렇게 연설했다.[16] "연예를 팔아 사회의 동정을 추구하려 함은 본의가 아니며 다만 정성과 심력을 다해 예술적 천재도 보이고 신비한 영감을 교통케 하여 유지 존위尊位의 인애와 부조의 동정 동감을 후몽厚蒙케 할 것을 예상한다"고 했다. 그리고 매우 비장한 어조로 "국가와 민족에 대한 중대한 사명을 다하기 위해 전선에 출전한 군대처럼 시산혈강屍山血江의 비극을 맞이하더라도 적심赤心으로 사회인사에게 주의를 선전하자"고 열변을 토했다.[17] 신문들은 이 공연에 민족감정을 얹었다. "물질의 참혹한 고통을 받고 있는 800여 명 회원의 갈돕회"의 레퍼토리는 음악, 연설, 연극으로 구성되었고[18] 유명한 계정식桂貞植(1904~1974)의 바이올린 독주, 독창, 사회적 비극과 희극을 무대에 올렸지만 1910년대 신파극 수준의 공연으로[19] 거의 학예회 수준의 무대였다고 보는 것이 옳다.

## 식민지민의 불온한 동정열

1920년대 동정금 모금을 위한 아마추어素人—유치원생, 어린이, 학생, 청년, 해외동포 학생 등—공연은 거의 매일 있었다. 동정금을 주고받는 각종 '연예의 현장'에서 사람들은 식민지민이라는 현실과 민족적 정체성을 확인했다. 일제가 때때로 수재민을 위한 의연금 모금까지 중단시키는 등 기부금 허가제와 경찰 통제를 시행한 것은 동정금 모금이 갖는 사회적 효과, 즉 민족적 각성과 확인 효과를 간파했기 때문이다. 수재민을 위한 의연금을 모금했다는 이유로 공연 중단은 물론 경찰의 심문과 취조를 받고 즉결재판에 넘겨지는 일이 비일비재했다.[20] 일제는 〈기부금모집 취체규칙〉(총독부령 제138호, 1911년 제정)으로 기부금의 모금과 수증受贈을 규제했는데 1922년 문화통치로 전환하면서 종래 경무부장과 헌병분대, 헌병분견소에 신고하고 허가받도록 한 것을 민간의 도지사에게 받도록 개정했다. 그러나

1933년에는 수해 구제와 의연금 모금도 허가제로 개정했다. 이는 기부금 취체규칙 적용을 피하기 위해 '회비'로 징수하는 편법을 차단하기 위한 것으로 위반 시에 징역 3개월 또는 고액인 200원의 벌금에 처하는 '엄벌주의'를 채택했다.[21] 200원이면 교사나 신문기자의 4~5개월 치 월급에 해당하는 큰돈이었다.

동정금 모금 공연을 둘러싸고 당국과 경찰 그리고 식민지민의 갈등과 분쟁은 끊이지 않았다.[22] 1924년 함경남도 이원利原의 소년회가 주도한 순회연극 관련 후기에서 그 점을 확인할 수 있다. 소년회는 경찰의 감시와 방해에도 불구하고 10일간 공연을 했는데 방문지마다 지역청년회가 지원을 해 주었고, 유지들이 주최한 만찬회 및 환영회 접대를 받았으며 관중에게서는 기부금과 박수갈채를 받았다. 공연은 "큰 민중예술로서 실제의 가치는 의심하더라도 일반 민중을 대상으로 공공하게 서로 위자慰藉 받고 황홀의 경을 맛보게 되는 점"에 의미를 부여했다. 많은 동정금을 준 관객들은 "우리 부모형제"였고 "불행하고 약한 사람들일수록 서로서로 도와주는 것을 망각치 말라는 교훈을 가슴에 박아주었다"고 감동을 표했다.[23] 초라한 공연이었지만 이를 매개로 촉발된 민족적 감정을 공유하는 것 자체가 '황홀한 위로'가 되었음을 토로한 것이다.

여학교소녀순극단의 공연에서도 "의미 깊고 원한 많은 가극이 만장滿場의 청중에게 무한한 자극을 주었는데 한순간 장내의 공기가 홀연히 침묵에 잠기어 어떤 사람이 북받쳐 오르는 가슴을 문지르며 눈물로 옷깃을 적시는" 일이 연출되었다. 이것은 "신경과민한 경찰 당국의 제재"를 초래했고 결국 각본을 변경한 후 이틀간의 공연을 끝내야 했다.[24] 1921년 윤심덕尹心悳(1897~1926)의 노래와 2편의 연극을 올린 진주의 음악연주회에는 20명의 정복 경찰들이 경계를 섰고 다음 공연은 허가하지 않아 무산되었다. 첫날 1,200명의 관중이 몰려 진주에서는 처음인 대성황을 이루었고 110원의 동정금을 거두었으나 경찰 방해로 무산된 것이다.[25] 아마추어 연예공연을 중단시킬 정도로 과민한 경찰의 반응은 모금공연에서 민족적 감정을 격동시키는 불온함을 감지했음을 짐작케 한다. 하지만 조선인의 입장에선 동정금을 낸 사람까지도 경찰 취조와 처벌, 징계를 받는 상황은 그 자체로 동정금을 주고받는 행위에 민족주의적 의미를 더하는 셈이었다.

문화통치로 전환할 것을 선포한 국면에서 기부금 모금공연을 금지하는 것은 명분도 실익도 없었다. 일제의 입장에서도 유흥, 향락, 쾌락, 감정, 휴식을 제공함으로써 식민지민의 감정을 관리하는 데 유용한 점이 있었다. 연예와 유흥은 저급한 대중오락물에 불과했고 오락이 주는 쾌락과 현실도피는 세상이 그렇게 위험하지 않게 돌아가고 있다는 느낌과 일상이 계속될 것이라는 안정감을 줄 수 있었다. 식민지민의 상호부조는, 이렇듯 일제의 허가와 규제를 통과하기 위해서라도 연예공연을 매개로 수행되고 실천될 수밖에 없었다. 1920년 초 함경남도에서 7명의 청년들이 음악대를 조직하여 구미를 순유巡遊하며 독립자금을 모으려 했다가 국경에서 체포된 사건은 시사적이다.[26] 연예는 식민지 청년들이 경찰과 헌병의 감시를 뚫고 국경을 넘기 위한 위장수단이 될 수 있었던 것이다.

지금도 그런 경향이 일부 있지만 연예는 사적이고 즉각적인 쾌락과 즐거움의 영역이고 정치는 공적인 국가운영의 영역이라는 구분선이 명확하게 작동하던 시대였다. 근대 이전에 놀이는 종교적인 의미를 재생산하면서 삶과 깊이 연관되었고 예악禮樂 또한 풍속 도덕과 인격 수양의 일환으로 접근했다. 그러나 근대는 신성神聖과 권위의 세속화를 추진하면서 문화, 놀이, 오락을 노동의 재생산을 위해 필요한 여가용 '레크리에이션' 정도로 평가절하했다. 서구에선 도시화와 함께 인구가 밀집하는 추세를 따라 보드빌, 서커스, 놀이공원, 유흥가, 극장, 아케이드, 파노라마, 영화, 카페, 댄스홀 같은 상업적 문화 양식들이 생겨났고 이것들은 이제까지 문화생활에서 배제되었던 노동자, 부녀자, 이민자, 중산층과 하층민의 (대중)문화로 간주되었다. 근대는 대중문화의 다양한 양식들을 만들어 간 동시에 고급예술에 미학적 권위를 부여하면서 지배층과 피지배층의 문화적 분리 또한 강화해 간 시대였다. 연예, 오락, 유흥은 제국의 시각으로 보면 저급한 대중 위안물이었고 강압적 통치에 필요한 요소이기도 했다.

동정금이 필요한 집단은 학예회 수준의 연예를 무대에 올렸고, 대중은 공연을 빌미로 한자리에 모여 민족의 미래를 위해 기꺼이 지갑을 열었다. 동정금을 증여받고 연예로 답례하는 교환관계가 식민지민이 상호부조의 윤리를 실천하는 방식이었다. 이를 통해 식민지민은 민족적 정체성의 확인, 운명공동체라는 감각, 그리고 감정적 카타르시스를 얻었다.

이러한 증여와 답례의 사회적 교환에 대해 의미를 부여하고 극대화한 것은 신문이었다. 신문은 동정금 모금공연의 일정은 물론 공연의 목적과 의미를 홍보하고 공연 지역이나 장소의 분위기, 동정금 액수, 관객의 반응, 공연을 후원하는 지역유지와 사회단체들의 활동이나 환영 소감을 엮어 민족공동체의 내러티브로 만들었다. 신문이 없었다면 기부금 모금 강연회와 연설회는 물론 모금공연도 민족적 공동체감을 확인하는 스펙터클로 심상화心象化하지 못했을 것이다.[27]

다소 과장을 섞어 관중과 연기자의 교감 그리고 감정 흐름을 상세히 묘사하는가 하면, 흥분한 듯한 선동적 뉘앙스로 공연의 이모저모를 포착했고 민족 사회가 실질적으로 존재한다는 실감을 부여했다. 자민족 정부의 보호를 받지 못하는 식민지민에게 이러한 상호부조의 실천윤리는 자기구제의 성격도 있었다.

그리고 상호부조의 동정심은 다른 피압박 약소민족도 한편으로 간주하는 초국적 감각으로 확산되었다. 20세기 현대사의 첫 조직적 학살사건으로 일컬어지는 터키의 아르메니아인 150만 명 학살사건(1915~1916)에서 살아남은 10만 고아 등 유족에게 보낼 동정금 모금 방안을 사회유지들이 논의했던 것이다. 조선에서는 처음인 간식회簡食會를 열고 환등음악 강연회를 통해 적은 액수이긴 하지만 130원을 모아 전달하기도 했다.[28]

## 연예를 매개로 한 동정의 민족화nationalization

강제 병합 이전 1900년대도 애국운동의 일환으로 기부금을 모아 근대적 공공시설을 설립, 운영하기 위한 자선공연이 개최되곤 했다. 유지 또는 독지가가 고아원 건축에 드는 경비를 지원하기 위해 기생들을 모아 '연예기부演藝寄附', '예기자선藝妓慈善', '자선연예회'를 개최한 데서 보듯 이때의 자선공연은 전문적 예인들이 공연하고 그 수익금과 기부금을 고아원이나 학교, 단체 등에 양도하는 형태였다.[29] 전문적 예인은 가무기생, 판소리와 민요 가창자, 남사당패, 만담을 하는 재인才人들이었다.

1920년대 동정금 모금공연은 필요한 단체나 집단이 직접 공연단을 조직했으며 일부는 전국순회공연을 다니면서 그 수익금을 단체 운영비로 사용했다. 일본 유학생, 해외동포, 고학생, 청년단체, 종교단체, 부인회, 학교, 어린학생들이 소인素人 또는 생수生手로 지칭된 아마추어 공연단을 꾸려 1~3일 또는 1~2개월에 걸쳐 전국순회공연을 다녔다.[30] 1930년대 들어 비로소 조선인의 손으로 가요의 작곡, 작사가 가능하게 되었던 사실이 방증하듯이 1920년대 연예는 대중의 오락물로서 존재했지만 초보적이거나 실험 단계에 있었다.

이러한 전환기에 아마추어 공연단의 연예는 바이올린 등 서양 악기 연주, 서양 민요 독창 및 합창, 신극新劇, 연설/강연, 창가와 유희, 국악 취주 등의 다양한 레퍼토리 공연을 의미했다.[31] 상업적 흥행사들이 기획하는, 활동사진, 신파극, 기생연예, 곡예와 마술이 위주가 되는 버라이어티 쇼variety show/varieté와는 달리 서구 고급예술의 여러 양식들을 혼합했고 이를 연예라고 했다. 세계적 문학작품이나 각본을 무대화한 신극(근대극), 서양 음악 연주와 성악, 외국 민요가 선보였으며 때때로 조선 악기 연주와 민요를 협찬 형태로 무대에 올렸다. 새롭고 낯선 아마추어 연예가 구성되어 간 것이다.

1920년대 동정금 모금공연들은 '연예' 앞에 주최 단체의 이름을 붙이거나 대상 관객의 범위, 목적, 계절적 특성을 반영하여 다양하게 표기했다.[32] 이재민 구제, 신문독자 위안, 해외동포 구제, 고학생 후원, 유치원과 여학교 등 각급 학교교사 신축이나 개축을 위한 경비 지원, 심지어 상인들의 시장 이전비용 모금공연도 '연예'공연이었다. 1923년 5월 1일 어린이날 기념 명목으로 시내 3곳에서 여러 단체들이 연설회와 연예회를 열었는데 천도교당의 연예회는 '어린이들의 놀음'을 구경하려는 수백 명의 부인관객으로 공전의 대성황을 이루었다.[33] 놀이공원(유원지)에는 연예관이 설치되어 영화, 연극, 기생연희 등을 공연했으며 지방에서는 연예연구회 같은 청년 조직이 생겨났다.[34] 청년회 조직에도 연예부가 설치되곤 했는데[35] 능주청년회의 경우 일제의 간섭과 외압으로 청년회를 유지하기 어려워지자 임시총회를 열어 교육적 '소인연예素人演藝'를 흥행키로 의결하고 연극 연습을 한 데서 보듯[36] 연예는 신문화 건설의 동력으로 기획되고 동원되었다. 1928년 기생의 승무, 댄스, 검무, 좌창 등의 공연은 '기생 연예종목' 또는 '기생 여흥종목'으로 표기되었는데 기생연예를 일반적 의미의 연예와 구분하면서 특수화하는 한편 연예가 유흥, 여흥, 오락이라는 인식도 점차 명확해지고 있었다.[37] 다수 대중의 참여를 도모하기 위해서는 음악회보다는 연예회라는 명칭이 더 효과적이었음은 두말할 필요가 없다.

1921~22년 2년간 3차례에 걸쳐 전국순회공연을 했고 대중 동원과 화제성, 공연 수준과 내용, 문화적 파급 면에서 다른 공연에 비해 독보적 위상을 가졌던 러시아 해삼위海蔘威(블라디보스토크) 학생음악단과 학생연예단의 모금공연은 동정이 민족화nationalization하는 과정을 잘 보여준다. 이 공연은 장기 공연이었음에도 신문들이 지속적으로 관심을 기울였고 거의 매일 일정과 동향을 보도할 정도로 화제가 되었다.[38]

## 온 겨레가 거든 '해삼위 학생음악단' 전국순회공연

한인의 러시아 블라디보스토크 이주는 1860년대 함경도 주민들이 연해주로 이주하면서 물꼬가 트였다. 1906년 이후엔 국권회복 및 독립운동, 교육언론운동을 활발하게 전개했고 해외 독립운동의 중심지가 되었다. 한반도와 지리적으로 가까운데다 1890년대 이주 한인들이 러시아정교로 개종하고 귀화하면서 경제적으로 안정을 누렸고, 중국-일본-유럽을 잇는 국제도시로서 교통이 발달한 덕분이었다.[39] 한인들이 신한촌新韓村(1911년 설립)에 집중 거주하게 될 무렵 블라디보스토크 거주 한인은 약 1만 명에 달했다. 신한촌 거주는 교육, 언론, 자치단체 활동을 하는 데 유리했으며 삼일절, 국치일, 단군 탄생 기념회, 추석과 단오를 함께 기념하고, 한복, 무속, 한방의료 등의 전통적 생활방식을 고수하면서 민족정체성을 유지할 수 있게 해 주었다.[40] 1920년 3월 볼셰비키 혁명세력이 연해주를 장악하고, 4월에는 일본 군대가 블라디보스토크 한인과 니콜리스크-우수리스키 지역 한인 독립운동 거점을 소탕하기 위해 신한촌을 급습, 살인방화 등의 만행을 저지른 '4월 참변'을 일으키자 1922년까지 항일운동이 치열하게 전개되었다.[41] '4월 참변' 이후 일본은 연해주에 친일 성향의 민회民會를 설립하고 적극적으로 한인 회유에 나섰고 1925년 소일蘇日 조약 체결 이후에는 한인들에게 압박을 가하기 시작했다.

1910년대 러시아 한인사회는 문화적, 민족적 동질성을 기반으로 동양대학교[42] 건물 개축과 운영비는 물론 신문 발행비, 성탄일 빈민 구제금 모금, 독립운동가를 위한 병원비 모금, 독립운동가 유족 돕기, 동포질환 치료비 모금, 동포단체 창립과 운영을 위한 기금, 신표

身標(신분증)를 분실한 동포의 신표 대금 모금 등 다양하고 구체적인 명목으로 모금공연을 해 왔다. 공연 레퍼토리는, 중국에서는 항일을 소재로 한 극이 많았지만 러시아에서는 본토 연극을 하는 경우가 많았다.[43] 러시아풍의 공연은 조선에서 다른 모금공연과 차별화될 수 있었고 높은 관심만큼이나 인기를 모았다.

더구나 만세운동 이후 식민지에서 사회주의는 청년 대중에게 반제국주의의 대안으로 급부상한 유행사상이었다. 여기에 1918~1922년 러시아 내전으로 경제가 붕괴되고 식량 부족사태를 겪으면서 많은 피난민이 발생했는데 일본군의 한인촌 습격, 즉 '4월 참변'은 조선에도 알려져 동포에 대한 우려가 높았다.[44] 그러던 차 1921~22년 3차례에 걸쳐 학생들이 연예단을 조직하여 동정을 구하기 위해 조국을 방문한 것이다. 혹독한 이국땅에서 풍파를 견디며 자란 2.5~3세대 혼혈 동포학생들이 말로만 듣던 러시아 음악과 무도舞蹈를 가지고 온 것이다.

조선에서 연예는 음악과 연극이 중심이었고 발레, 민속댄스, 서양춤을 가리키는 무도는 1910년대 초부터 언급되기는 했지만 이질적이고 생경했다. 조선에서 러시아는 오래전부터 예술의 나라, 특히 무도의 기예는 세계 제일이고 러시아 여자는 어릴 때부터 글 배우듯이 무도 연습을 하는, 춤의 나라로 알려져 있었다. 세계적 수준의 무도와 연예를 처음 만난다는 기대 또한 높았다.[45]

해삼위연예단의 방문을 환영하는 환영사에서 당시 매우 까다로운 공연비평가이자 직설의 독설가로 유명했던 현철(1891~1965)이 '예술국 러시아에 대한 오랜 동경'을 표명한 것은 전혀 이상하지 않았다. 현철은 국민이 국가에 우선하는 가치이므로 국가 정체政體가 무엇인

가는 중요하지 않다고 언급하며 (당국의 검열을 의식하여) 짐짓 '사회주의 국가 러시아'와는 거리를 두고 "시베리아의 한풍설천寒風雪天과 영락한 생활을 조화하는 음율의 비애"가 있을 것이며 조선에선 듣도 보도 못한 예술국의 풍조를 접하는 기회가 될 것이므로 간절히 기다린다면서 해외동포와 예술의 두 가지 명분을 강조했다.[46]

해삼위 학생음악단은 1921년 4월 21일 배편으로 해삼위를 떠나 24일 원산, 27일 경성에 도착했다. 《매일신보》는 "경성 30만 부민府民이 기다리던" 음악단을 마중하기 위해 원산까지 기자를 보냈다.[47] 블라디보스토크 동양대학교에 재학하는 조선인 학생 10명이 "아라사의 특수한 음악과 무도를 조선인에게 보이고자 해삼위기독교청년회 주최로 방문하며 수익금은 학생들의 학비와 해삼위청년회관 건축비로 사용한다"고 밝히고 이들을 음악단 또는 음악무도단으로 지칭했다.[48] 단장은 해삼위청년회 총무이자 독립운동가 이강李剛(1878~1964)[49]이었다. 1919년 9월 경성에서 50일간 구류되었던 이강이 조선을 방문할 수 있었던 것은 '4월 참변' 이후 일본이 시베리아 이권 확보를 위해 법적으로는 일본인인 조선인 회유에 적극적이었고 문화통치의 면모를 조선인들에게 과시하려는 의도도 있었겠지만 살벌한 풍문도 돌고 있었다. 음악단이 원산에 도착하면 곧바로 체포해서 감옥으로 보낸다든가 조선에서 여행권을 발급하지 않아 귀국을 못하게 할 것이라는 등의 소문이 긴장감을 조성했다. 또 일본영사관 및 경찰서와 교섭하면서 음악단 방문행사를 성사시키고 조국으로 안내하는 조선인이 사실은 일본 프락치라는 의혹이 있었다.

이 때문에 출발 전부터 단원들은 긴장과 경계의 끈을 놓지 못했고 불안한 시선으로 사방을 경계해야 했다.[50] 단장 외 부단장, 대학생 3

명, 중학생 4명, 소학생 2명으로 구성된 11인의 음악단원 중 10대 초중반의 어린 학생이 6명이었다.[51] 대학생들도 조선어를 잘 하지 못해 일행 중 조선어를 잘하는 박소피아(박기순)와 단장 이강이 통역을 맡았다.[52] 이 중 가장 화제를 모은 인물은 채엘리사벳타였다. 그녀는 동생 채체오판과 함께 러시아인 모친을 둔 혼혈 3세대였다.[53] 그럼에도 조선인들은 "그들이 조선말을 배울 기회가 적었든 생활이 도리어 동정의 눈물을 내이게 한다"면서 조선어를 못하는, 노란 머리 푸른 눈의 러시아 이름을 가진 혼혈아들을 민족의 일원으로 차별 없이 포용하는 뜨거운 동포애를 과시했다.[54]

학생들은 악기 연주, 춤, 노래, 연극을 가리지 않고 출연했다. 바이올린, 피아노, 플루트, 기타, 만돌린, 러시아 악기인 발랄라이카 balalaika를 연주했지만 러시아, 헝가리, 스페인 춤을 선보이는 등 춤의 비중이 높았다.[55] "해삼위에서도 엄지손가락을 꼽는 음악가이자 무도가여서 항상 사방으로 불리워 다녔다"는 성악가 채엘리사벳타와 바이올린을 연주한 김니콜라이는 특히 높은 예술적 수준과 재능으로 주목을 받았다. 채엘리사벳타는 블라디보스토크에서도 "혁혁한 성악가의 명예"를 가지고 있지만 목소리에 문제가 생겨 조선에선 비행선춤 등 주로 무도를 공연한다는 사연도 소개되었다. "일행 중 가장 아릿다운 꽃이 무색할 정도의 처녀"로서 외모의 아름다움이 자주 언급되었고 60년간 (민족의 운명이기도 한) 3대에 걸친 비극적 가족사로 화제의 중심에 있었다.[56] 김니콜라이는 중학생으로 10대 후반으로 추정되는데 "신묘한 바이올린" 연주로 매 공연마다 2, 3차례의 앙코르 요청과 박수갈채를 받는 스타가 되었다.

음악단은 4월 27일 경성에 도착하여 29일 밤 첫 공연을 몇 시간 남겨 둔 오후에 총독부에서 총독 등 고위 관료들 앞에서 특별공연을 했다. 오후 4시 총독부 제2회의실에서 열린 맛보기용 무도회에는 사이토 마코토齊藤實 총독을 비롯, 때마침 경찰부장회의에 참석하러 전국에서 온 경찰부장들, 총독부 각 국장, 과장 이하 100여 명의 관리들이 참석했고 총독이 직접 금일봉을 수여했다.[57] 단원 김니콜라이는 총독이 300원의 금일봉을 주자 크게 불쾌해했으며 원래 다혈질인 채엘리사벳타는 돈을 받은 매니저 겸 중개인인 나경석에게 "우리를 흥행여우興行旅優(유랑배우)로 대접하는 것이 아닌가, 시베리아에서는 학생 대접을 그렇게 하지 않는다"며 화를 냈다고 설명했다. 또 해삼위에 상주하는 총독부 사무관이 처음부터 자신들의 조국 방문을 탐탁하지 않게 여겼는데 총독부 공연에서도 아는 체를 하지 않아 의아했던 일, 사무관의 부하인 조선인 김 모金某가 방문계획을 방해했음을 언급하며 왜 자신들의 고국 방문이 "그네들을 불안하게 하는지 알 수 없었다"고 했다.[58] 지난해 '4월 참변'에 대한 기억이 생생한 시점에 총독부에서 일본인 고위 관료와 경찰 앞에서 춤과 음악을 연주하고 금일봉까지 받게 된 것은 견디기 어려운 수모였고 불쾌감을 일으켰지만 고국순회공연을 무사히 마치기 위해서는 어쩔 수 없는 일이었다. 언제든 공연을 중단시키고 추방하거나 체포, 귀국을 금지할 수 있는 일본이었다.

경성에선 4월 29일과 5월 2일 두 차례 공연을 했는데 장소는 2,000명을 수용할 수 있는 경성에서 가장 큰 종로 중앙청년회관이었다. 이 경성 공연은 큰 성황을 이루었고 신문에서도 상세히 보도한 덕에 해외동포 학생들의 동정금 모금공연이 민족적 행사로 의미를 확장해 가는 양상, 즉 식민지 대중의 감정의 결들을 생생하게 그려 볼 수 있다. 전국순회공연이지만 레퍼토리는 별 변화가 없었으므로 전 조선인의 반응으로 일반화해도 무리는 없을 것이다.

첫 회 공연은 불과 몇 분 사이에 상하층이 입추의 여지없게 인파가 운집하여 대혼잡을 빚는 가운데 조선기독교청년연합회 회장 이상재(1850~1927)의 사회로 막을 올렸다. 남학생 7명은 검은 양복을, 여학생 4명은 러시아 복장으로 등장했는데 합주연주가 진행될수록 "만장滿場의 정신은 몽롱하여지며 천여 명의 청중은 취한 듯 미칠 듯 때때로 일어나는 박수소리가 넓은 회장을 진동했다"고 묘사했다.[59]

> 가장 어린 리마니냐의 해군무도……새뜩한 푸른 치마 끝이 팔랑팔랑 나부기며 가는 다리를 재치있게 옮기며 꽃사이의 나비같이 가비압게 놀리는 사랑스럽고 어엿븐 태도는 관객으로 하여금 시선을 일시에 놀래게 하야 박수는 끊칠줄 모르고……양의 어린 몸을 두 번이나 무대에 피로케 했다……남셀게 '흰아카시야' 노래는 웅장하고 자유로운 성대가 청중을 놀래게 하고 김니콜라이의 신묘한 바이올린은……애연한 가는 소리와 고독에 우는 애인의 원망 같은 슬프고도 맑은 음조 검은 자켓에 가리워 있는 깊은 가슴속의 시베리아 찬바람에 외롭고 쓸쓸하게 자라나는 모든 슬픔과 모든 원망을 풀어 내이는 듯이 처량한 회포를 일으키어 한참동안은 회장이 깊은 적막에 잠기었다……거듭 출연을 청하야 4번의 앵콜에도 박수는 그치지 않앗다……

4월 30일의 두 번째 공연에는 청중이 더 많았고 모든 순서마다 2~3번의 앙코르가 나올 만큼 박수가 끊이지 않았다. '밤새도록 들어도 만족하지 못할 만치 실로 큰 인기'리에 진행되었다. 냉정한 평론가 현철이 1921년의 예술계를 회고하는 글에서 음악회가 퍽 많이 넘치게도 열렸지만 '노령露領 조선인학생음악단' 외에는 음악회라고 할 만한 것이 하나도 없었다고 단정했을 정도니 당대 신문의 과장법을 감안한다 하더라도 대중의 열광적인 호응은 사실에 가까웠을 것으로 보인다.[60]

그러나 음악단의 귀로는 비극적이었다. 5월 7일 두 명이 졸업시험을 치기 위해 먼저 귀환했고 8명이 남아서 살인적인 일정을 소화해야 했다.[61] 결국 이 강행군은 춤으로 사랑받았던 11~12세에 불과한 소학생, 땋은 머리와 곱게 늘인 귀밑머리에 옥색 치마를 입고 해군무[水兵舞]와 천사춤을 추던 리마리아의 죽음으로 끝이 났다. 리마리아가 군산병원에 입원한 이후 나머지 7명이 전라도 순회 일정을 수행했고 경성의 고별연주회는 겨우 5명만 남아 3일간 연속공연을 강행했다.[62] 리마리아는 군산 인근 공동묘지에 매장했는데 장례식에 군산 기독교청년회 등 다수 단체와 유지 등 수천 명이 참례했고 6월 6일 남은 단원들도 모두 돌아갔다.[63]

## 식민지 동정의 감정역학

《동아일보》는 4월 29일자 사설 〈해삼위 형제를 환영하노라〉에서 고국을 떠난 이주자의 고독과 무친無親의 감상을 논하면서 '해외에 유리流離하는 조선의 자녀들이 부모의 품을 사모하는 자녀의 정과 같은 간절한 정'으로 왔으니 도와줄 것을 요청했다. "조선 사람의 형편이 해내 해외를 물론하고 모두 곤궁하며 고독하니……조선 사람은 거룩

한 키쓰로서 합하며 서로 도와야 한다"는 것이다. 실제로 공연 중간에 유명 인사가 동정금 기부를 독려하는 연설을 하면 지폐를 종이에 싸서 이름을 쓴 후 무대 쪽으로 던지는 등 분위기가 뜨거웠다.

경성에서의 첫 공연에서 355원, 2차 공연에선 440원이 모였으며 10~30원의 큰 액수를 낸 사람들도 있었다. 평안도 지역에선 평양 360원, 진남포 700원, 사리원 395원, 재령 300원, 개성 500원을 거두었고 인천 500원, 마산 755원, 군산 174원 등 대단히 많은 모금이 성사되었다.[64] 1922년 9월 평양에서 황해도 수재민을 위한 동정구제금 모금에 현금 406원과 백미 등 곡식 10포대가 모금된 것과 비교하면 아낌없는 성원이었다.[65] 이런 성원에 힘입어 음악무도단은 불과 40여 일 동안 개막 및 고별공연을 한 경성을 비롯하여 원산, 경성, 평양, 진남포, 사리원, 개성, 인천, 대구, 부산, 마산, 경주, 군산, 이리, 광주 등 한반도 전역을 순회하는 고된 여정과 공연을 소화해야 했다. 경성은 4~5일 머물기도 했고 평양 등 큰 도시는 좀 더 오래, 대개는 방문지마다 1박2일, 2박3일 일정으로 체류했다.

학생음악무도단의 40여 일간에 걸친 '살인적인' 일정을 가능하게 한 것은 조선인 사회였다. 정거장에 수십 명 또는 수백 명이 나와 마중하거나 배웅했고 이동용 자동차를 대절했으며, 공연 장소와 숙식을 제공하고, 만찬과 오찬회, 명승고적 탐방, 후원단체의 조직, 기부금 모금을 위한 제반 절차를 진행하고 홍보를 하는 한편 다음 방문지 교섭 등 필요한 모든 업무를 담당한 것은 조선인들이었다. 각 지역에서 대개는 지역청년회, 기독교 및 천도교 청년회, 《동아일보》와 《매일신보》·《조선일보》 지국이 앞장섰고 그 외 크고 작은 사회단체들이 연합주최 형태로 협력했다. 일례로 마산에서는 2개 사립학교 학생

주최로 예배당에서 환영회를 개최했는데 기도, 성경 낭독, 환영사, 답사, 학생 환영가와 창가, 다과회를 열었고, 운동장으로 자리를 옮겨 70여 명의 남녀학생이 체조 및 유희, 10여 종의 운동프로그램을 시연하며 음악단을 환대하고 위로했다.[66] 대구에서는 대구청년회, 기독청년회, 해성체육단, 불교청년회, 여자청년회, 노동공제회, 영남공제회, 동성구락부, 예월회, 《동아일보》/《조선일보》 대구지국, 《매일신보》 대구지국, 한약상조합, 여인숙조합, 고보高普구락부 연합주최로 환영회를 주선하고 기념품으로 금반지를 증정했으며 다시 달성공원으로 이동해서 기념사진을 찍었다.[67]

'도처到處 인사의 백열적白熱的 환영'은[68] 과장이 아니었다. 공연을 후원한 단체나 기관들은 환영에서 공연까지 필요한 자원과 인력, 프로그램을 조직하고 유지들은 행사 진행을 맡거나 환영사와 축사 등의 역할은 물론 동정금을 출연하고 자택까지 환영회나 만찬장소로 내놓았다.[69] 사회단체는 총회를 열어 음악단 초빙을 의결하고 이들의 숙박비와 여비 등을 마련하고 기다렸다.[70]

경성에서의 1차 공연 때는 이틀 전에 《매일신보》 기자가 원산까지 마중을 나가 경성으로 들어왔으며 다음날 창덕궁, 박물관, 동물원을 구경시켰고 밤에는 이화학당음악회가 만찬회를 열어 환영했다. 29일 공연을 마친 다음날엔(30일) 잡지사 신민사新民社의 오찬 환영회, 31일엔 정동예배당에서 배재학당 동창회의 오찬회, 5월 1일 중앙과 휘문, 보성, 배재 등 시내 5개 학교 및 중요 청년단체가 발의하고 일반인사들이 참가한 공식 환영회가 요릿집에서 개최되었다. 일반인들이 회비를 내고 참가하는 환영회의 주선과 연락은 《동아일보》가 맡았고 회비는 2원 50전이었다. 환영회에선 휘문고보 교장이 환영사를 했고 음악단원들은 무한 회포와 슬픔, 눈물, 기쁜 위로 등 형용키 어려운 기분에 젖었다.[71] 5월 3일에는 2차 환영회가 중앙청년회 발의로 역시 요릿집 해동관에서 열렸는데 참가비가 2원이었음에도 100여 명의 인사가 참여했고 이상재의 사회, 윤치호의 개회사, 독립운동가 윤익선(1871~1946)의 환영사, 《매일신보》 사장의 축사가 있었다. 단장 이강은 "로국혁명의 여파로 거지가 되어 고국 부형에게 구조를 청하여 학업을 계속하기 위해 들어왔다"고 호소했다.[72]

신문기사는 이들의 곤궁한 처지를 말할 때면 "우리 선인이 옛날에 남의 땅으로 이주할 때 얼마나 참담한 운명으로 더불어(함께) 싸운 것을 상상할 수 있을 것", "해외에 유리하는 조선의 자녀들의, 부모의 품을 사모하는 자녀의 정과 같은 간절한 정", "고독하든 그들, 무한한 회포, 오랫동안 맺히었던 한과 하염없는 슬픔"[73]같이 혈연가족에 비유하면서 민족감정을 자극하는 신파적 표현을 구사했다. 슬픔, 조국을 떠나 떠도는 동포들의 유리流離, 운명, 정, 조국에 대한 사모와 동경, 눈물, 위로, 회포, 고향, 돌아온 방랑아, 동족, 우리, 유대감, 하나 됨, 일체감 같은 말들은 식민지민의 비참을 묘사하는 말과 글에서 반복적으로 재생산되고 있었다.

이런 정황에서 러시아 이주 3세대의 혼혈아이들이 서툰 조선말로 더듬더듬 "돌아가면 조선어를 배워 착실한 조선 사람이 되겠다"는 말을 들으면 사람들은 "형용하기 어려운 기분"에 빠져들곤 했다.[74] 인천 공연(5월 16일)에서도 음악단의 인솔자 중 누가(단장 이강으로 추정) 오랜 이주생활 탓에 조선말을 못하는 것은 유감이라며 돌아가면 조선글을 1만 학생에게 가르치겠다는 다짐을 하자 관객 일동은 '일종의 이상한 늣김'을 받았고 그 자리에서 500여 원의 기부금을 모으는 예상외의 대성황을 거두었다.[75] 그것은 슬픔과 통분을 넘어 무대 위에 서 있는 '쫓겨 간 동포'들의 후손과 조국에 남아서 고통받고 있는 동포들 간에 시간의 공백과 거리를 완전히 뛰어넘는 민족적 일체감, 하나 됨의 감동이 주는 카타르시스의 시간이었다. 민족의 공통성을 확인하고 진정으로 하나 되는 일체감이야말로 식민지민이 얻을 수 있는 가장 큰 보상이었다.

1920년대 초반 조선 사회는 동정에 의해 추동되고, 조직되었다. 바꿔 말하면 1920년대 민족주의는 동정-감정에 의해 추동되었고, 연예에 의해 매개되고 실감되었다. 사람들은 공연을 관람하면서 옆과 주변, 그리고 공간을 가득 채운 동족이 만들어 내는 분위기, 표정, 소리, 말도 함께 보고 들었다. 무대와 관객은 구분되지 않았고 그들은 나라를 잃은 망국민이고 식민지민이었다. 이 일체감이야말로 식민지민이 향유한 가장 강력한 카타르시스이고 쾌락이었을 것이다.

# 친일과 매판 협력의 존재양식

'쫓겨 간 조선인' 이등신민이 되다
오갈 데 없는 재만조선인의 생존법
소수민족이자 일본국적자, 민족 갈등의 뇌관
친일의 얼굴, 얼궤이즈二鬼子
'善良な 鮮人' 혹은 '나쁜 선인鮮人'

8

## '쫓겨 간 조선인' 이등신민이 되다

20세기 초반 전 지구적으로 전례 없는 대규모의 인구 이동이 진행되고 있었다. 대개는 식민지에서 제국으로, 인구 과잉 지역에서 선진국으로, 그리고 제국의 지배민족이 식민지로 이주했다. 대략 1억 5,000여만 명이 삶의 근거지를 바꾼 가운데 조선에서도 강제 병합을 전후하여 해외이주가 급물살을 탔다. 일본, 중국, 특히 국경과 인접한 동북3성(흑룡성, 요녕성, 길림성) 지역, 러시아 하얼빈과 블라디보스토크, 미주 하와이와 멕시코 등지로 이주하는 사람들이 늘어난 것이다.

이에 대해 1913년 무렵까지만 해도 《매일신보》의 논조는 이주 조선인을 "일본의 지배에 불만을 가지고 고토故土를 버리고 무한한 고초를 자초하는 가련한 사람들"로 비난하는 추세였다. 더욱이 상당한 재산을 가진 계층이 박대가 심하고 위험 많은 지방으로 자투自投하는 것을 이해할 수 없다는 반감을 드러내기도 했다.[1]

그러나 조선인의 중국-만주, 일본 이주의 절대적 요인은 일제의 토지 수탈로 인한 소작농의 붕괴와 극한의 빈곤 그리고 일용직에서마저 저임금 중국인 노동자들과의 경쟁에서 밀려나면서 생계유지가 어려워졌기 때문이었다. 그래서 일본, 중국 등지로 떠나는 이주자는 '쫓겨 가는 조선인'이라는 의식이 강했다. 일본인이 조선에 정착하러 오면 그보다 두 배의 조선인들이 춥고 황폐한 시베리아, 황무지인 북만주로 쫓겨 나가야 했기에 이주는 개인의 선택이 아니라 '사회적 고통'이었다.[2] 그 결과 1935~1945년간 인구의 자연증가분에 해당하는 총 1,260만 명 중 약 31퍼센트가 만주와 일본으로 이주했을 정도로 대규모의 인구 이동이 이뤄졌다.[3]

인구 이동은 일본 제국주의체제 안에서 조선인의 위상을 확인하는 계기이기도 했다. 이를테면 만주의 중국인들은 조선인을 '일본의 앞잡이', '일본의 개'로 불렀다. 1932년 만주국 성립 이후 조선인은 일본어 해독, 문화적 근접성, 그리고 근대성 면에서 만주 중국인보다 앞서 있었으므로 일본과 중국인 사이에서 다양한 수준에서 매판적 역할을 수행할 수 있었고 또 그리했기 때문이었다. 이에 따라 재만조선인은 이등신민 또는 하등민이거나 중국인과 일본인 사이에서 일제 지배에 기여하는 매판적 서벌턴이라는 새로운 위치와 정체성을 갖게 되었다.[4] 어느 쪽이든 제국의 신민으로서 불안정성을 성격구조로 내면화한 채 타민족은 물론 동족에게서도 혐오와 증오, 경멸을 받는 '민족의 일부'가 되어 갔다.

당시 조선의 신문에는 거의 매일 조선인 이민/해외동포의 소식이 실렸을 정도로 해외이주는 누구나 한 번쯤 생각해 볼 수 있는 삶의 선택지였다. 그중에서도 국경과 인접한 만주(중국)로 이주한 재만조선인은 적대적 중일관계 속에서 다양한 문제들과 씨름해야 하는 처지였다. 자연재해, 전쟁, 마적 피해, 기근, 중국 지주 및 관민의 착취와 학대, 집단추방과 조선인 구축驅逐운동으로 생존위기에 내몰린 동포들의 사정은 신문에서 사라지지 않았다. '기아동포', '피난동포', '재난동포'의 이야기가 쏟아졌고 이주나 이민이라는 말보다 유랑, 유이민流移民, 방랑, 표랑漂浪, 유리流離동포 같은 용어가 더 익숙했다. 일본, 러시아, 중국-만주는 식민지 약소민족의 비참과 무력, 부당함과 차별, 불의와 학대, 착취와 폭력이 반복되는 공간이었고, 가깝고 먼 친지들이 거주하는 심정적 근린공간이었다.

반면 미국(하와이) 교민 관련 보도는 예외적이게도 희망과 기대, 발전 가능성에 대한 낙관과 긍정적 전망이 투영되는 경우가 많았다. 실제로 미주의 조선인들은 1910년대 중반 이후 배일로 선회한 미국 정부의 암묵적 배려 속에 태극기를 자유롭게 게시하거나, 한인단체인 '대한인국민회' 회원증을 신분증으로 사용할 수 있었다. 한국인으로서 민족정체성을 유지할 수 있었고 일본 여권을 소지했음에도 '한국인'임을 드러내는 것이 유리했을 정도로 자기 삶의 주체자라는 자긍심을 가졌다.[5]

## 오갈 데 없는 재만조선인의 생존법

1915년, 1차 세계대전 참전국 간의 전후 협의에 따라 독일이 지배하던 중국 내 영토를 양도받아 본격적으로 중국 진출을 할 수 있게 되면서 일제는 조선인의 만주 이주를 장려하는 쪽으로 선회했다. 오래전부터 조선인이 만주와 몽골로 이주하여 공동생활을 한 역사가 길고 또 만주가 고구려의 영토였다는 등의 역사적 근거를 내세우며 만주 이주를 독려한 것이다. 그리고 일본 국적의 조선인이 만주 내에서

박해받고 착취당하므로 국민을 보호하기 위한 일본의 개입이 보장되어야 한다는 논리를 구사했다.[6]

1915년 1월에 일본은 위안스카이袁世凱 정부에 산동반도 할양 및 만주 남부의 이권을 확장하는 21개조 요구안을 통보했고 5월 9일에는 위안스카이가 만몽滿蒙조약을 체결하면서 일본의 요구를 승인했다. 만몽조약은 남만주와 내몽고에 일본인 토지소유에 관한 특권을 인정하고 영사재판권을 인정하는 등 치외법권적 지위를 보장했는데 일본은 조선인도 일본 국적이므로 만몽조약의 효력을 적용받아야 한다면서 조선인을 만주 지배에 이용하기 시작했다. 중국민은 이 사건을 기점으로 완전한 반일로 돌아섰으며 5월 9일을 국치일로 선포했다.

식민지민인 조선인이 만주의 광활한 황무지 개간에 나서면서 일본은 자국민 보호를 명분으로 중국에 군대와 경찰을 진주시킬 빌미를 잡았다. 일본은 중조中·朝 국경을 넘나들며 활동, 암약하는 무장독립군과 독립운동 세력을 토벌하기 위해 만주에 군대와 경찰력을 주둔시켜야 한다는 주장을 폈다. 이렇게 조선인은 일본의 만주 침공의 전위대, 앞잡이로 활용되었다. 그러자 항일독립운동 단체를 응원하는 중국인도 많았지만 일본 군대가 국경을 넘어 오는 것을 막기 위해 밀고자도 생겨났다. 이런 정세하에서 땅을 소유하려면 조선인은 중국인으로 귀화해야 했으나 일본은 조선인의 국적변경 신청을 받아주지 않았다. 그래서 조선인 무국적자가 양산되었다. 오갈 데 없는 조선인의 처지는 아래 인용문에 압축되어 있다.

땅을 얻기 위해, 그 지방 사람의 미움을 피하기 위해 국적을 바꿔야 하는 그들의 사회적 고통은 우리의 고통이다……토지개간을 해놓으면 중국인

지주가 과잉징수로 지작권地作權(경작권)을 박탈한다……조선의복을 입으면 독립단이라 박해받고 중국의복을 입으면 중국인이라고 멸시하고 서양의복을 입으면 선전자(사회주의자: 필자 주)라고 지방 관헌들이 취조를 한다……도시에 가면 생활경쟁의 곤란과 관헌의 취체를 받게 되고 지방에 가면 마적의 약탈 아니면 중국관헌의 주구誅求를 받는 생활 불안정은……[7]

1929년 중국 길림 지역 6개 현 20개 촌락에 거주하는 조선인 201가구에 대한 현지조사 결과를 보면 정치적 이유로 이주한 사람은 단 7인에 그쳤고 나머지는 다 조선에서는 생계를 잇기 어려워 선택한 경제이주였다. 대개는 중국인 지주의 토지를 소작하는 조선인이 있는 곳에 정착해서 처음 1년은 지주가 제공하는 농구와 일용품으로 농사와 생계를 꾸리므로 농노와 다를 바 없었다. 조사대상 가구 중 80퍼센트는 이미 3~7차례나 거주지를 옮긴 경력이 있었고 3가구를 제외한 198가구는 또다시 다른 곳으로 떠날 생각을 하고 있었다. 전체 가구의 10분의 1만 약간의 토지를 소유하고 있고 경작지 전부를 소유한 가구는 하나도 없는 데서 알 수 있듯이 토지 소유권 문제가 조선인 이주자를 유랑민으로 만들고 있었다.[8]

한편 일본은 1932년 관동군사령부가 실질적으로 지배하는 만주국(1932~1945)을 세우고 만주에 잡거하는 주요 5족인 한漢족, 만滿족, 몽蒙족 및 "일본·조선朝鮮"과 그 외 러시아인 등 32개 민족이 평등하게 공존공영하는 이상적 국가를 건국한다고 선포했다. 하지만 실질적으로는 만주국은 일본 민족의 우위를 전제로 한, 인종주의와 착종된 복합민족국가였다.[9] 근대적 독립국가의 외형을 갖추었고 행정조직, 인구정책, 복지정책, 관료제, 군대와 경찰, 국가주권 개념을 구축

했고 유교적 왕도정치를 구현한다는 슬로건을 내세웠지만 정상국가는 아니었다.[10]

한데 이런 만주국에서 식민자, 정복민, 우수한 지도민족의 역할을 수행해야 할 일본인 농민들은 이주를 기피했다. 1930년을 기준으로 만주로 이주한 일본인 가구는 총 1,100호(농민가구 749호, 반농半農가구 351호)에 그쳤고 그나마 다수가 남만철도 연선沿線의 도시에 정착했다. 상당액의 이민지원금을 주는 강제이주 프로그램에도 불구하고 1932~38년간 겨우 1만 가구와 소년자원대 2만 명을 이주시켰을 뿐이어서 일본인은 전체 만주 인구의 1퍼센트 남짓에 그쳤다.[11]

일본인 식민화계획이 차질을 빚자 만주에 대한 거부감이 적은 조선인이 대안으로 부상했다. 그리하여 조선인을 동북3성 지역으로만 이주할 수 있게 제한하면서 일본인의 정착을 원활하게 하는 준비 단계인 토지 개간작업에 투입했다. 한편 중국인 계절노동자의 만주 이주는 지속적으로 증가하여 1927년 한 해에만 84만여 명이 몰려왔는데 만주국을 건립한 이후에는 할당제를 실시하여 광산업과 농업 부문에 배치했다.[12] 어쨌거나 만주 인구의 절대 다수는 만주인, 중국인 노동자와 농민이었다.

조선인은 정복민족인 일본인과 절대 다수의 현지인인 중국인 사이에 위치했다. 1920년대 말 이래 태평양전쟁 말기까지 조선인은 전체 만주 인구의 약 3퍼센트를 점유했고 이 중 절대 다수가 농민이었다. 1929년, 1936년 기준 전체 재만조선인의 약 4~4.7퍼센트만이 남만주철도 연선 도시에 거주했다.[13] 1930년대 초에 대략 100만 명, 전쟁 말기에 170만~220만 명의 조선인이 거주한 것으로 추정되지만 그중 약 70만 명 이상이 국적이 없는 무적자로 방치되었다.[14] 중국 이주자의 거의 전부라 할 99퍼센트가 만주에 거주했고 나머지가 북경, 천진, 내몽고 등지로 흩어졌다.

## 소수민족이자 일본국적자, 민족 갈등의 뇌관

만주국에서 조선인은 1퍼센트도 안 되는 소수의 정복민족 일본인과 절대 다수의 중국인을 비롯해 러시아, 몽골 등 여타 다민족 사이에서 3퍼센트 남짓한 소수민족이자 중국인의 적인 일본국적자로 살아야 했기에 원주민인 중국인과 일본인 사이에 끼어 민족 간 갈등, 경쟁, 적대와 증오를 일으키기 쉬운 위치에 있었다.

이런 조선인의 처지와 유사한 사례는 17세기 초 이래 350여 년간 네덜란드의 식민지였던 인도네시아에서 살았던 중국인이다. 인도네시아 인구의 3~4퍼센트를 차지하는 중국계 인도네시아인은 지금도 원주민이 기회 있을 때마다 분출하는 대중 폭력의 희생양이 되곤 한다. '반중국인'이라는 인종주의적 편견은 인도네시아의 일상문화가 되어 버렸는데 이엔 앵Ien Ang은 이것을 식민주의 지배가 없었다면 생기지 않았을 역사의 잔해이며 가해-피해의 이분법으로는 규명될 수 없는 '모호성의 함정'에 갇힌 중국인의 곤경으로 규정했다.

시작은 민족분리정책과 인종주의에 근간을 둔 유럽 식민주의가 중국인에게 법적으로 원주민과 다른 신분을 부여하고 의복, 두발, 여행 제한 등에서 차별을 시행하면서부터였다. 중국인은 하급 경찰과 서무행정, 정보 및 조사원, 조세징수원, 물자 수급과 유통 부문에서 그들이 가진 언어능력, 행정능력을 발휘했고 노동, 시간 개념, 생활방식, 물질주의, 합리성, 효율성 등 근대성 면에서 원주민보다 앞서 원주민을 통치하는 데 유용했다. 이 과정에서 인도네시아인의 적대와 증오, 원한이 중국인으로 향한 것이다.[15] 이러한 중간자, 중개인, 협력자의 존재방식은 제국의 이등신민이자 매판협력자인 서벌턴의 존재방식이었다.

만주국 연구의 권위자인 야마무로 신이치山室信一는 만주에서 일본인 다음이 조선인, 그리고 한만인漢滿人을 3등민으로 구분하는 관행이 여러 현장에서 시행되었다면서 일례로 쌀 배급과 급료에서 조선인이 2등 대우를 받았다고 지적했다. 또 관동군사령관이 일본계 관리들에게 배포한 복무심득服務心得에 조선 민족과 한족이 충돌할 경우 시비가 동등하다면 조선 민족 편을 들어 한족을 억누르고 조선 민족에게 잘못이 있으면 한족과 동등하게 다루어야 한다는 지침이 명시된 것도 조선인이 2등민족이었음을 증명하는 근거로 제시했다.[16]

연변대학의 역사학자 최봉룡도 조선인이 만주에서 '이등국민', 즉 일본 신민으로서 치외법권에 속하는 존재였다면서 만주 지배에 활용도가 높아 일본이 그런 법적 외형을 만들어 냈다고 주장한다. 조선족은 만주국의 주요 구성분자인 5족의 하나로 다른 민족과 대등한 관계로 표상되었으나 일본인과 함께 특수한 위치 곧 '일본 신민의 일부분'인 존재로 과시되었다는 것이다. 이러한 민족 간 이간정책의 영향으로 조선인 스스로 타민족에 비해 우월하다는 자의식을 갖게 됐고 '사실은 조선인이지만 실제는 일본인'이라는 이중적 정체성을 가진 채 '일제의 주구'로 행세한 조선인 유력자들이 생겨났다고 주장했다.[17]

한편 조선인 이등국민설을 의문시하는 시각도 있다. 중국인에 비해 교육열이 높고 문자해독률도 높아 정치적 위상 면에서 일본인과 기타 민족 사이에 위치한 것은 사실이지만 이등국민이라고 할 만큼 지위가 공고하지 않았다는 것이다. 일례로 만주국을 실질 지배한 관동군사령부는 조선인을 만주국 국민으로, 조선총독부는 만주국에 거주하지만 만주 국민이 아닌 대일본제국의 신민, 즉 '일본 국민에 가까운 위치'에 있다는 입장을 고수했다. 한마디로 조선인은 공식적으로 어디에도 속하지 않은 모호한 상태로 방치되어 있었다는 것이다.[18]

이등국민은커녕 오히려 만주 사회에서 소외된 타자였으며 3등국민이었다는 시각도 존재한다. 재만조선인은 일본어 구사능력, 일본적 가치관에 동화된 정도가 중국인 쿨리(일용직 노동자)보다 높아 임금이 상대적으로 높았던 것은 사실이나 낮은 취업률과 진학률, 높은 빈곤율과 열악한 주거환경, 만주국 중앙 정부와 지방 정부, 법조계, 하급 법원, 경찰 등 공공기관의 하급 관리 임용률을 봐도 시기별, 지역별로 다소 차이는 있지만 내내 1퍼센트 내외에 그쳤다는 것이다.[19] 이등신민은 일제로부터 이용가치를 인정받을 때만 유지되었고 오히려 그 때문에 중국인에게 멸칭인 '얼궤이즈二鬼子(일본놈의 아류)'로, 일본인에겐 비굴하면서 중국인에겐 호가호위하는 교활한 노예, 일본의 앞잡이로 취급되었다. 일본인과 동격으로 대우받고자 하는 일부 조선인들의 인정 욕망이 반영된 허위적 수사修辭였음에도 결과적으로 중국인보다 우월하다는 잠재의식을 형성했고 일본인도, 조선인도, 만주국민의 어느 범주에도 소속되지 못한 회색인으로 살았다는 것이다.[20]

사실 '이등신민'이라고 회유하고 포섭하면서 실제로는 3등민의 지위에 방치하거나 이도 저도 아닌 모호한 상태로 둔 것은 일제의 전략이었다.[21] 이에 따라 중국인도 조선인을 고려인, 조선인, 한국인이란 3가지 호칭으로 구분해서 불렀다. 고려인은 나당羅唐연합군에 패배한 고구려 사람인 '고려팡스', 즉 옥수숫대처럼 아무 쓸모없는 사람이란 모멸적 명칭이다. 반면 한국인이라고 부를 때는 1897년 광무개혁 이후 대한제국의 독립을 위해 의병을 조직해 일본에 저항하고 독립운동에 투신하는 등 배일과 항일의 투지를 실천한 사람을 가리켰으며 이들에 대해서는 대우하고 존경심을 표했다. 반면 조선인이라는 호칭은 일본 세력을 배경으로 살아가거나 또 그렇게 보이는 사람들을 지칭했다.[22] 이 중 '조선인'이 넓은 의미의 친일적 조선인, 즉 친일적 이등신민에 가까운 유형이다.

그러나 친일적이지 않아도, 이등국민이라는 자의식을 갖지 않아도, 사안에 따라 일본의 치외법권적 특권에 기대거나 영사관과 영사경찰대의 보호에 의존할 수 있는 '유리한 위치'를 전략적으로 활용한 조선인은 많았다. 형사사건 연루자는 중국과 일본 중 먼저 수사하는 쪽이 주도권을 가졌고 세금 우대를 받으려면 일본의 보호가 필요했다. 또 아편 매매와 밀수 등 범죄와 연관된 용의자는 일본 영사재판을 받는 것이 유리했다. 그러나 토지 문제는 중국법에 의지해야 해서 사안에 따라 중·일 간 대립을 이용했다. 신분의 모호성을 자신에게 유리한 쪽으로 이용할 수 있었던 것이다.[23] 그러나 중국인 입장에서 보면 이런 조선인의 행태는 일본의 힘을 등에 업고 호랑이처럼 구는 간교한 여우이자 비열한 아류인 얼궤이즈의 그것이었다.

## 친일의 얼굴, 얼궤이즈二鬼子

일본은 1907년 조선인 집단거주지 간도에 파출소를 설치하고 1909년 중국과 간도협약을 체결했다. 이에 따라 개척지 거주 조선인은 일본 관헌의 입회하에 청국법에 따라 납세 및 행정상의 처분을 받고 인명人命 관련 사안이면 일본에 고지하는 것을 의무화했다. 중국이 조선인을 불법으로 재판한 경우의 복심청구권도 인정했다. 또한 용정촌 등 일부 지역 조선인에 대한 재판관할권을 일본이 갖는 치외법권도 부여했다. 1905년 이후 조선인은 중국에서 일본이 가진 치외법권을 부분적으로 향유하고 필요하면 일본영사관의 보호를 받을 수 있었다. 이런 치외법권적 특혜는 조선인이 일본영사관의 조치와 지시에 협조하게 만들었다.

중국과 만주에는 반만 항일투쟁에 적극적이었던 조선인, 일본의 입장에서는 불령선인이 다수 존재했다.[24] 또한 이들과 정반대의 대척점에 일제의 중국 침략전쟁과 병참기지화 정책에 주도적으로 부응한 '제2의 일본인'으로서 '만주 침략의 주구' '앞잡이' 역할을 수행하고 '일본 신민의 일부분'으로서 '특수한 위치'를 점하고 주도적으로 때로는 광적으로 충성심을 과시한 친일 조선인도 존재했다.[25]

1940년 관동군 육군소장 가네코 사다카즈金子定一는 《만선일보》에 기고한 〈재만조선인에 기寄함〉이란 글에서 만주국은 일본과 중국 민족의 융화가 중요하므로 조선인이 다소 소외되는 것은 어쩔 수 없으며 그럼에도 불구하고 조선의 지식층은 역사적으로 중국에 대한 이해가 높고 일본정신을 연마했으므로 중국인을 감동시키는, 민족 간 중개 사명을 수행해야 한다고 강조했다.[26] 다수 조선인의 소외-3등

신민화—를 불가피한 것으로 간주하는 한편 친일 지식층의 중개 기능은 활용하는 이중성을 내비친 것이다. 만주 관동군사령부의 작전주임참모로 만주국 통치의 청사진을 설계한 이시하라 간지石原莞爾(1889~1949)도 《만선일보》에 민족협화 초기에 조선인의 협조가 있었음을 인정하고 "조선인은 충분히 일본 국민이 될 수 있다. 동아東亞의 문제를 해결해 감에 우리(일본인)와 제일 인연이 가깝고 제일 관계가 밀접한 조선인을 '형님뻘인 일본 내지인'이 알아 줘야 한다"는 등의 수사를 구사하면서 유화적 태도를 취했다.[27] 그는 얼마 후 다른 잡지에서도 "지도민족指導民族인 야마토민족[大和民]과 가장 인연이 가까운 조선인이 견실한 접합제가 되어야 만계滿系 대중의 모범이 되고 협화 증진의 도력道力이 되어야 한다는 것이 지도적인 일본 지식인의 견해"라고 강조했다.[28]

일본의 만주 지배를 위해서 조선인이 전위대가 되어야 한다는 정책 기조가 일관되게 유지되었지만 조선인의 위상과 신분을 모호한 상태로 둔 채 활용한다는 기조도 처음부터 확고했던 셈이다. 이런 기조 위에서 조선인의 귀화를 독촉하는 중국 정부의 요구도, 조선에서 재만동포의 안위를 위해 중국 귀화를 허용하라는 여론도 통하지 않았다. "현재와 같이 애매모호한 상태로 두어 귀화하는 자는 귀화하게 한다"는 입장 정도만 피력했을 뿐이다. 조선인의 '모호한 위치'가 일본의 만주 운영에 더 유용했기 때문이다.[29]

2차 세계대전 종전 후 참혹한 위치에 있었지만 이미 경제적 기반을 가졌기에 귀국할 수 없었던 112만 명의 조선인 잔류자들을 이등신민으로 살아간 조선인에 포함시켜야 한다는 주장은 사실일지도 모른다.[30] 해방된 조국에서 친일청산 문제가 불거질 것이 확실했으므로 귀국하지 못하고 그대로 잔류할 만한 사정을 가진 사람들이 많았다는 의미이다.

만주에서 이주자로 살았던 작가 안수길(1911~1977)의 소설에서 그 사정이란 것을 짐작해 볼 수 있다. 안수길은 해방 후 귀국한 한국에서 자신의 만주 체험을 그린 소설 《북간도》를 발표했는데 친일 반민족 행위를 죄악시하는 한국 사회의 분위기를 의식하지 않을 수 없었기에 만주 조선인의 제일의 가치는 친일이 아니라 생존이었다는 해명의 메시지를 부각시켰다. 소설의 주요 인물을 통해 그들의 친일적 타협행위를 단순하게 친일로 규정할 수 없는, 생존을 절대 가치로 하는 재만조선인의 '독특한 체험'으로 재구성하는 식으로 다수 재만조선인의 입장과 처지를 대변한 것이다.[31]

만주의 조선인들에게 친일은 생존을 위해 불가피한 점이 있었다는 것 또한 사실이다. 일본이 만주에서 조직한 관변단체들은 일상생활의 전 영역에서 조선인에게 필요한 금융 및 행정서비스를 제공했기 때문이다. 일제는 일본인 거류민회, 조선인회, 금융조합 등 각종 조합, 구제회, 자위대 성격의 민생단, 민족협화회 등 조선인과 일본인을 대상으로 각종 관변단체들을 만들어 재정을 일부 지원하면서 조선인을 등록시키고 지휘, 감독했다. 이런 다양한 관변단체에 등록하면 생존에 필요한 지원을 받을 수 있었지만 친일 조선인, 얼궤이즈로 오해받거나 멸시받는 것 또한 피할 수 없었다. 관변단체의 회장 등 임원진은 일본영사관에서 임명했고 이들은 영사관을 배후에 두고 중국의 관청과 경찰을 상대했다. 그중 일본인 거류민회와 이에 부속된 하급 단체 격의 조선인회(조선인민회)는 여러 비리를 저질러 조선에서도 물의를 일으키곤 했다.

그러나 모호한 신분의 조선인들은 일본인 거류민회를 통해 중국의 관청 및 경찰서와 얽힌 많은 일을 해결할 수도 있었다.[32] 이주 도중에 사망한 조선인의 시체를 중국의 경찰들은 거류민회에 인도해서 처리했고, 실종 및 타살, 유기된 조선인의 시체가 발견될 시 수사 및 장례도 거류민회가 경찰서와 교섭해서 해결했다. 악독한 중국인 지주가 160여 명(40여 가구)의 조선인을 감금하면서 강제노동을 시키자 탈출한 조선인들이 달려간 곳이 거류민회와 《동아일보》 지국 두 곳이었다는 것은 상징적이다. 이런 정도의 사안은 당연히 일본영사관이 중국 당국과 교섭해야 실익이 있었다.[33] 토지 문제로 조선인이 부당하게 중국 경찰에 체포, 폭행을 당해도 이에 항의하고 중국 관청과 교섭하는 한편 일본영사관을 동원하여 해결책을 강구하고 나서는 것도 일본인 거류민회 부속 조선인회였다.[34] 조선인회의 회장이나 임원 중에는 양식 있고 평판 좋은 조선인이 없지는 않았으나 노골적 친일파로 요리점, 여관, 기생술집 등을 운영하며 사리사욕을 채우는 사람들이 많았다. 이들은 독립운동자나 단체의 동향을 밀고하여 일본의 신임을 얻기도 했으므로 독립단의 암살이나 협박, 공격에 자주 노출되곤 했다.[35]

조선인 밀집 지역인 간도 용정촌에는 1910년대 초에 조선인 거류민회가 창설되었고 일본영사관이 임원을 선임해 오다가 1922년에야 조선인들의 여론이 임원 선거에 반영되었다. 조선인회가 영사관의 지도하에 수행하는 대민업무는 다양했다. 영사관의 지원을 받아 조선인 1만여 명 분의 천연두 예방접종용 두묘痘苗를 구입했고, 40여 명의 조선내지시찰단을 조직하여 경찰의 보호를 받으며 보름 간 조선을 시찰했다.[36] 1924년 조선인들이 발기해서 만든 봉천거류민회에선 모범농촌을 건설하기 위해 봉천동아권업공사 측에 3,000평의 토지를 무상대여해 줄 것을 요청, 교섭했고 주택 건설 비용 1만 원 대출 프로젝트를 추진했다. 또 조선 여성들의 직업을 장려하기 위해 3개월 기한의 재봉강습회를 열어 40명의 강습생을 교육했고 거액의 비용도 부담했다.[37] 토지, 주택, 노동에서 교육, 직업훈련, 예방접종, 시체 처리 및 경찰 수사에 이르기까지 거류민회의 힘이 작동하고 있었던 것이다. 중국인으로 귀화하지 않는 이상, 자의든 타의든 무등록자로 살아가는 어려운 길을 선택하지 않는 이상, 독립단에 들어가 불령선인으로 살지 않는 이상 친일적 조선인회에 가입하여 일본영사관의 보호하에 있는 것이 훨씬 안전하고 생존에 유리했다.

## '善良な 鮮人' 혹은 '나쁜 선인鮮人'

만주에서 동포들이 겪는 참상, 재난, 마적단 습격, 중국 관민에 의한 추방과 학대 등 소식을 들을 때면 한중 간의 민족갈등을 첨예하게 고조시킨 책임자로 곧잘 성토 대상이 되는 부류가 바로 '센료나 센징善良な 鮮人', 즉 일본의 시선에서 볼 때 '선량한 조선인'이다.

국내에서도 곧잘 '善良な 鮮人'이라고 표현했는데 이는 반어적 표현으로 불량한 친일 조선인을 가리킬 때 사용했다. 어떤 사회주의자는 센료나 센징을 "만주에서 'xx(일본) 세력지대에 서식'하는 조선민회 회원 등 친일적 조선인으로 일본영사관과 경찰, 금융조합, 구제회를 통해 혹은 그 힘을 빌려 중국에서 토지 소유, 경작권 등 이권을 챙기는 사람들"이라고 정의했다. 한마디로 힘깨나 쓰는 친일파들이다.

이런 친일 조선인은 일본의 입장에서는 '센료나 센징'이므로 친일파를 가리키는 의미로 일본어 발음을 그대로 차용한 것이다.

'센료나 센징'들이 활약한 지역은 일본영사관이 설치되었던 봉천, 길림, 통화, 서안 등이었다. 이들은 치외법권을 누리는 영사재판권의 보호하에 있다는 자부심이 충만해, 중국 측의 지시에는 시비 여부를 떠나 불복종할 뿐 아니라 중국 관민에 모멸적 행동을 일삼았다. 대부분이 부도덕한 직업을 갖고 있고 비교적 교통이 편리한 곳(만주철도가 지나는 도시들)에 서식하면서 그들의 특권인 X(日)人 동양同樣의 취급을 받는 것을 기화로, 아편 등 마약류 제품을 매매하는 자가 다수였다고 알려졌다. '善良な 鮮人'들이 중국 민중의 살과 피를 xx하는 '비선량非善良'을 공공연히 행하고 있다는 것이다. 이들은 만철南滿州鐵道株式會社(1906~1945))과 동척東洋拓植株式會社의 토지 구입에도 생명을 걸고 노력하고 있어 중국의 관민이 일본 만몽滿蒙정책의 앞잡이라고 간주하는데 이는 '전혀 틀린 역선전'만은 아니라는 것이 다른 조선인들의 생각이었다(xx 표시는 원문의 표기).[38]

이 '센료나 센징'은 중국인과 적어도 배일의식을 가진 조선인들에게는 '비선량非善良한' 조선인들이었다. 이들은 중국과 일본, 일본인과 조선인 사이에서 이간질, 밀고, 정탐, 친일매판 협력행위로 혐오와 경멸의 대상이 되었다. 또 일본의 비호하에 유흥업, 마약류 취급, 인신매매와 성매매업에 종사하는 자가 많았다. 중국인과 조선인 모두에게는 '나쁜 선인'일 수밖에 없었다. 이들은 일본인을 대신해서 중국인의 토지를 매입하고, 독립군을 비롯한 조선인들의 동향을 일본 경찰과 영사관 등에 넘기는 밀정으로 암약하기도 했다.[39]

만주에서 쌀농사를 짓는 농민, 건설 붐을 타고 일하러 온 노동자를 제외하면 다수의 만주 거주 조선인은 탈법과 합법의 경계를 오가며 살았다. 중국인은 조선인의 다수는 무직의 유동인구라고 인식했지만 그런 인식도 지역별로 차이가 있었다. 일례로 흑룡강성黑龍江省에서는 수만 명의 조선인 중 농민, 아편과 무기 밀수자가 3할을 차지하고 나머지 7할은 다시 친일과 반일의 두 부류로 나뉘는데 친일파는 일본과 합자하는 상인이 많고, 반일파는 혁명주의를 선동하면서 서로 상극으로 지내고, 조선거류민회는 일본 정찰기관이라는 조선인 분류법이 통용되고 있었다.[40] 조용히 농사를 짓고 사는 농민을 제외하면 다수의 조선인이 어찌되었든 중국과 중국민의 삶에 불편과 해악을 초래하는 민족으로 간주된 셈이다. 1929년 무렵 논농사를 짓는 조선인이 많았던 요녕성의 경우 조선거류민회가 조사한 직업 분포를 보면 조사인원 중 농업 및 농작공 종사자가 절대 다수를 점한다. 그러나 그 외에 조선인 100인 이상이 종사하는 업종은 여관 및 기생관(166명),[41] 주점의 시녀(132명), 농구제조업(162명), 정미업(159명), 상업(102명)에 그치고 그 외 회사원, 점원, 교원, 의약업, 기관의 직원, 자유업 및 기타 직업 종사자는 각기 50명 내외였다.[42] 농사 부문을 제외한 직업 중 가장 많은 26퍼센트(298명)가 유흥업에 종사한 것이다.

친일파가 장악했던 상업 및 자영업은 일본인이 자본을 대는 것이 많았고 주요 업종은 요리점, 술집, 카페, 여관업이었다. 사회악이라는 비난을 듣는 접대부와 여급 등에 조선인 종사자가 유독 많았다. 중국인들은 물론 의식 있는 조선인들도 조선인 유흥업소와 아편 판매업이 번창하는 것에 민족적 수치와 죄책감을 가졌다.

일례로 1940년 조선인 집단거주지인 용정에 사는 김순동이 《만선일보滿鮮日報》에 기고한 글에는 인구 3만 명이 채 안 되는 용정에 조선인 경영의 요릿집이 5개소, 카페가 4개소에 이르며, 요릿집의 창기娼妓(접대부)가 업소 평균 17~18명에 달하고 카페여급이 평균 10명에 이르는데 전시경제하에서도 홍등가는 연일 불야성을 이룬다고 개탄했다.[43] 심한 경우 조선인 가구가 약 50~60호 남짓인 마을에서도 요리점이 4~5집이나 난립하고 카페까지 있을 정도로 "흰옷 입은 사람이 다섯 집만 살아도 의례히 있어야 할 것처럼 무슨 관館, 무슨 루樓가 생겨난다"는 탄식이 나올 정도였다.[44]

만주와 간도 지역을 방문한 지식인들은 이런 유흥업종을 '인육人肉장사'로 통칭하곤 했다. 이광수는 잡지 《삼천리》가 기획한 좌담회에서 재만동포의 생업 현황을 전하면서 80~90퍼센트는 농민이고 도회지 거주자의 대부분은 '인육장사와 밀수, 여관업'에 종사한다고 개탄했다. 봉천, 길림, 하얼빈, 신경 등 도시에는 조선인 요리업자가 없는 곳이 없고 대개는 성공적인데 조선 여자가 인기가 많기 때문이며 다음으로 아편 밀매가 많다고 했다. 좌담에 참석한 다른 인사도 도회지에 창기업娼妓業이 성하다면서 조선인 만 명이 거주하는 봉천에 요릿집이 40~50집이나 되고 신경, 길림 등에도 10~20호씩이며 다음으로 많은 것이 아편업이라며 이광수의 발언에 동조했다.[45] 이들의 주장은 정확한 통계에 기반한 것은 아니지만 전반적인 추세가 그러했음은 분명하다. 조선인회, 청년회, 공제회, 조합 등 일본의 관변단체의 회장 및 임원 중에는 기생요릿집을 경영하고 권번이나 요리조합 관련자가 많아 내내 물의를 빚었는데 이것이 '센료나 센징'들의 실체였다.[46]

유흥업 다음으로 많다고 알려진 것이 아편 판매업이다. 조선인의 아편·마약류 취급이 많았던 배후에는 아편 판매를 방조한 일본이 있었다. 1920년대 조선은 세계적으로 아편과 마약류의 주요 생산지로 부상했고 1930년대 만주는 아편을 독점 공급하는 생산기지였다. 일본은 아편과 마약류 정책에서 본국 일본과 달리 조선, 대만, 만주 등에선 엄격하지 않았고 특히 판매 부문은 관대했다. 만주에서 아편과 마약류 제조 및 판매에 종사하는 조선인의 배후에 일본이 있다는 중국인의 인식은 사실이었던 것이다.[47] 실제로 조선인은 아편 밀매 등 범죄를 저지르고 중국 법망을 빠져나가기 위해 일본 영사재판을 이용할 수 있었다.[48] 일례로 길림성 안달安達 일대에는 일본인과 조선인이 공동운영하는 반공개 마약 판매소가 60여 곳에 이르렀다. 이들은 일본 경찰의 비호를 받으며 아편, 헤로인, 기타 마약류를 일본 우편국을 통해 배달하고 철도 연선에서 판매했다. 중국 당국이 마약 관련자를 체포하면 일본영사관에서 항의해 금지하기 어려울 정도였다.[49]

밀수업은 만주와 조선의 경계지대에서는 일상적으로 이뤄졌다. 일례로 두만강 서안에 위치한 국경도시 도문圖們의 인구는 조선인이 약 80퍼센트를 차지했는데 도문 사람은 전부 밀수를 한다는 말이 돌 정도로 밀수가 성행했다. 이 도문시의 밀수 실태에 대해 독립운동가 원세훈(1887~1959)[50]이 《삼천리》(1935. 1)에 물주物主, 청부업자, 운반책, 운반보호대로 분업화된 밀수 조직이 어떻게 움직이는지 상세히 서술하고 있다.

밀수 품목은 광목 등 전부 조선 상품이며 운반부運搬夫(등짐꾼)를 보호하는 보호대(경호대)가 곤봉이나 돌덩이를 휘두르며 세관 직원과 순사들에게 대항하곤 해서 50여 명의 순사가 배치될 정도로 살벌했다. 밀수 조직 외에도 도문시와 연결된 두만강 인도교를 왕래하는 보따리 행상이 하루 2만 명이 넘는다는 풍설이 돌았는데 이들은 함지

박, 양동이, 보자기에 소량의 생선, 계란, 인조견, 담요 등을 가지고 다니며 파는 부녀자들이 다수였다.[51] 바둑판 안에 숨긴 권총 10자루, 기름종이에 싼 아편으로 속을 채운 참외, 신문지 사이에 숨긴 춘화도, 금괴, 명주 등 다양한 밀수품들이 국경을 넘어갔다.[52] 조선인들이 불법 도박, 밀수, 아편, 매춘, 주점과 기생집, 고리대금업에 종사하면서 '나쁜 선인', '사악한 선인'으로 불리게 된 데는 변명의 여지가 없었다.[53]

친일파 '선량한 조선인'은 그렇지 않은 다수의 조선인들과 사회적 및 친교 관계를 맺기 어려웠다. 대신 일본인과 친일 중국인들과 교류하며 살았다. '친일'이라는 공통점은 민족보다 우선하는 기준이었다. 재만조선인들이 쓴 자전적 경험담을 보면 민족보다 친일이 사회적 관계와 정체성의 핵심 요소였던 삶이 드러난다. 1940년 《만선일보》는 만주 내 조선인을 대상으로 타민족과 협화하기 위해 봉사, 희생을 발휘한 미담과 실화를 공모했다. 현상금이 총 200원에 달했던 이 협화미담문예協和美談文藝[54] 공모전 당선작은 1등에서 가작까지 모두 《만선일보》에 연재되었는데 이것들은 친일 조선인의 미담이고 성공담이라는 점에서 시사하는 바가 많다.

그중에서 특히 2등작인 〈불멸의 상흔傷痕〉은 친일 조선인, 배일 조선인, 친일 중국인, 배일 중국인 간의 관계를 보여주는 흥미로운 글이다. 조선인 이형록이 간도 두도구頭道溝에서 살았던 중국인과 사귄 경험을 회고하는 내용인데 시기, 장소, 일화 등이 구체적인데다 필자도 누누이 실화임을 강조하고 있어서 당시 이주 조선인의 사회적 관계와 일상을 짐작하는 데 유용한 단서가 된다. 그에 의하면 두도구는 중국인 구역과 조선인 구역으로 양분되었고 조선인 아이들이 중국인

구역에 가면 몰매를 맞을 정도로 두 민족은 서로 소원하게 지냈다. 이형록의 부친은 이주 3세대로 조부와 함께 "열렬한 친중국파"를 자처했고 중국인 거리에서 어물전을 경영하는 등 경제적으로 성공한 편이었다.[55] 조선인들은 이런 조부와 부친을 '중국놈'으로, 자신을 '장꼬로', '짜구배'라 부르며 놀려댔다.

중학교 4년을 경성에서 유학하고 만주로 돌아와 보통학교 급우였던 중국 여성과 결혼하는데 장인도 잡화상을 경영하는 "열렬한 친일가親日家"였다. 그런 그가 보통학교 시절 겪었던 일은 다소 충격적일 만큼 조선인 사회의 골 깊은 갈등을 드러낸다. 식구들이 모두 출타하여 아무도 없는 집에서 혼자 장작을 패다가 도끼로 발등을 찍는 사고가 나 피가 솟구치는 바람에 놀라 정신이 없는데 지나가던 조선인 청년들이 한참이나 자신을 노려보다가 '짜구배 자식'이라고 욕하고 그냥 가 버렸다는 것이다. 이형록은 어린 마음에 외국 땅에서 동포에게 받은 충격으로 '치가 부들부들 떨렸다'고 회고했다. 이 일화는 친일 조선인, 즉 '센료나 센징'에 대한 민족사회 내부의 적대와 증오가 상상 이상이었음을 보여준다.

일등작인 〈농촌의 추억〉은 간도 지역 연길에서 50리쯤 떨어진 팔도구八道溝에서 성장한 박봉해의 미담이다. 그는 만주인들에게 일본어도 가르치고 자신은 만어滿語를 배우는 등 일본의 입맛에 맞는 민족협화의 미담을 써서 일등으로 뽑혔다. 조부 때 함경북도에서 북간도로 이주했고, 아버지는 정미소와 상점 등 4개의 사업체를 운영하고 있는 성공한 이주 조선인 2.5세대였다. 이 가족은 인근에서 양조장을 운영하는 성공한 만주인 점주 및 직원들과 명절에 음식을 나눠 먹을 만큼 친교가 깊었다.[56] 이 미담은 만주에서 경제적, 사회적 안정과 성공을 위해서는 친일이 결정적이었음을 시사한다. 친일이라는 기반 위에 형성된 이익공동체가 그들이 사는 세상이고 사회였다.

# 모욕과 폭력의 악순환

식민지민의 허위의식, 의사제국주의
‘일본의 개’ 간주, 구축운동 벌이기도
모욕 받은 자들의 폭력, 중국인 집단학살
식민지민의 민족주의, 히스테리 그리고 공격성

# 9

## 식민지민의 허위의식, 의사제국주의

식민지민 조선인이 중국인/만주인을 일본인과 유사한 시선, 즉 유사/의사類似/疑似제국주의적 시선으로 바라보았다는 논의가 있다. 만주를 방문한 조선인 작가나 지식인들의 여행, 시찰기, 체류기, 기행문, 견학보고서, 신문과 잡지 투고문, 소설 등 1932년 만주국 건국 이후 생산된 만주 서사를 관통하는 것은 의사제국주의이다.[1] 이들은 만주를 억압과 결핍을 보상받는 욕망의 공간, 제국에 의해 타자화되었던 경험을 만주에 투사하여 주체의 지위를 획득할 수 있는 기회의 공간으로,[2] 집단적 가학과 피학의 이중적 민족주의가 구현되는 공간, '일등국민'으로의 도약을 꿈꿀 수 있었던 공간, 그래서 식민지민의 무의식과 식민주의자의 의식이 분열적으로 실현되는 장소,[3] 문명은 열등하지만 미학적으론 보존되어야 하는 정복의 땅으로 중국을 이미지화했다고 말해진다.[4] 중국인을 3등민으로 낮춰 보고 만주라는 욕망의 공간에서 노골적으로 중국과 중국인을 경멸하고 천시했다는 것이다.[5]

중국과 중국인에 대한 의사제국주의적 시선은 중국이 아편전쟁,

청일전쟁에서 연속 패배하고 서구 열강의 이권쟁탈지로 전락하는 양상을 지켜보면서 생성되었다. 세기말 이래 동양 문명은 서구 근대성과 비교해서 열등한 것이었고 이는 곧 중국 문명의 열등성을 말하는 것과 같았다. 중국을 역사적 소멸의 운명에 직면한 동양 문화의 핵심으로 규정한 담론이 주로 일본을 통해 조선에 유입되었다. 그리고 중국을 대신하여 아시아의 운명과 미래를 지도할 새로운 패자는 일본뿐이라고 선전했다.

일본 중심의 새로운 아시아라는 구상에 솔깃했던 조선의 식자층은 1890년대에 조선인 스스로를 동양의 중간 민족으로 자처하기 시작했다. 1896년에 발행된 《대조선인 일본유학생친목회 회보》[6] 창간호를 보면 조선을 포함한 동양 민족을 인종주의적 잣대로 평가했고 이미 백인우월주의가 침습해 있다. "영국 등 다른 나라에서 우리를 소국이라고 하나 조선인이 재주가 없다 할 수 없고 신체상으로 보더라도 동양 제국 중에서 중등 이상의 인물이다. 현금現今 일본인보다 3분의 2의 기력을 가졌으며 체격으로 보더라도……무용 지식 기력武勇知識氣力이 상당하다"고 한 것이다.[7] 서양인보다 열등하고, 동양 민족의 지도자급인 일본 민족보다는 못해도 중국인보다는 문명화되어 있다는 허위의 중등민족론中等民族論이 의사제국주의의 시작인 셈이다.

1900년~1910년대 자료들을 보면 열등한 동양 문화의 발원지이자 전형으로 중국을 바라보는 시선은 거의 확고해졌다. 1914년 이광수가 상해를 처음 방문하고 첫발을 내딛은 부두에서 경험한 중국인과 중국에 대한 소회는 이후 식민시기 만주와 중국을 여행하거나 시찰하면서 중국에 대한 인상을 피력하는 지식인들의 그것과 거의 대동소이한 것이 그 방증이다. 여객선 3등 선실의 주 고객인 중국인 승객들이 서로 먼저 내리기 위해 몰려들어 혼잡해진 광경을 보며 "아마도 인생의 수성獸性이 발로된 모양……혹 이것이 미개한 동양이라서 그러한지도 모르겠다"면서 서양인이 동양인을 발로 차고 먼저 내리는 것을 당연한 듯 방관했고, 부두에서 다시 중국인 쿨리(지게꾼)들이 몰려들어 짐을 부리려 하자 동행한 친구가 "영어로 욕을 해야지 저희(중국) 말로 하면 우습게 본다"는 조언을 듣는다. 백인과 일본인에게 모욕을 당하는 중국인 쿨리들이야말로 "파산 멸망에 임박한 노대국老大國의 정경"을 압축하는 이미지였다.[8]

1910~1920년대도 중국, 하얼빈, 블라디보스토크 등 동북아시아 도시들을 여행하거나 경유하는 조선인들이 기차역과 부두 등 입국장에서 목격하는 첫 장면도 염치없고 시끄러운 중국인 쿨리들이 몰려드는 장면이다.[9] 이들 중국인 인부들은 한결같이 불결한 복장과 악취, 초라한 행색, 비굴한 행동, 서양인과 일본인 그리고 경찰에게 우마牛馬처럼 천대, 멸시당하는 모습으로 묘사되곤 했다.[10]

1922년 연희전문학교 학생이자 기독교잡지 《신생활》 기자 자격으로 만주를 순회한 독립운동가 김원벽(1894~1928)도 압록강과 안동 세관에서 우르르 몰려드는 중국인 인력거꾼들을 목격한다. 그리고 단정한 일본인 상점에 비해 '형색이 컴컴하고 불결하여 악취가 심한' 중국인 상점들, '불결한 것이 특색인' 장춘長春의 중국인 시가지, '앞머리 깎은 것에 정 떨어지는 느낌을 주는' 중국인 창녀들을 관찰했다. 장춘에서 우연히 일본영사관 소속 형사와 대화를 하게 되는데 형사가 일선日鮮융합이 조선에서보다 만주에서 더 잘 되는 것 같다고 말하자 김원벽도 동의하면서 그 이유를 이렇게 설명했다. "일본인의 태도가 (조선에서보다) 좀 다른 것 같다. 만주에선 일선인日鮮人의 이해

관계가 배치되지 않는 점이 많고 조선인보다 더 천대할 청인淸人(중국인)이 무수하니 청인을 싫어하는 심정으로 조선인에게 좀 호감을 두는 것 같다"고 답변한 것이다.[11] 일본인 형사라는 상대방의 신분을 의식한 발언이라 하더라도 중국인을 굳이 청인이라고 칭하는 것이나 만주에서 일본인이 조선인에게 더 호감 갖는 것은 인지상정이라고 당연시하는 태도는 그의 배일 성향을 고려하면 더욱 놀랍다.

완전히 일본에 복속된 식민지민인 조선인의 중국에 대한 우월감은 더 깊은 성찰이 필요하다. 자신들이 받는 모욕과 수치를 보상받기 위해 자신보다 열등한 집단이 필요했는지도 모른다. 힘의 열세로 인해 식민지배를 받으며 정치적으로 소외된 조선인에게 필요한 것은 자신에게 안정감을 주는 정체성이다. 부서지고 동요하는 정체성을 가진 조선인은 존재적 안정감을 실감하기 위해 비교 열세에 있는 타자를 찾아 주위를 두리번거린다. 일본에게 만주를 뺏긴 중국인은 조선인이 찾은 비교 가능한 타자였다. 그러나 중국인과의 비교 우위의 나르시시즘에 빠지는 것은 망상에 가깝다. 조선은 중국과 조공관계에 있었고 중국인은 조선인이 함부로 대할 수 없는 지배민족이었다. 중국인들은 이런 역사적 사실을 알고 있었다. 따라서 조선인들이 일본인 행세를 하며 자신들을 경멸하는 것은 가소로웠을 것이다. 조선인과 중국인의 민족적 갈등은 심화되고 적대는 깊어질 수밖에 없었다.

1940년 《만선일보》는 만주국 수도 신경新京에 살고 있는 조선 여성들 간담회를 열고 그 내용을 연재했다.[12] 여기서 가해자이자 피해자이기도 한 조선인들이 경험한 민족차별은, 신기루 같은 이등신민 그리고 중등민족이라는 자부심으로 살아가는 조선인들의 불안정하고 모호한 정체성이 초래하는 민족 간 균열과 적대의 선들을 적나라하게 드러낸다. 이들의 말을 정리하면 이렇다.

만주에 오는 조선인은 오자마자 "조선옷을 입으면 (중국인이) 마차를 안 태워 준다"는 충고를 듣거나 풍문에 노출된다.[13] 조선옷을 입고 백화점에 가면 일본인 점원에게 퉁명스런 대접을 받기도 하고 아예 무시를 당했다. 그래서 조선옷을 입고 외출하는 것을 수치로 여기게 되고 대신 격에 맞지 않는 양복이나 양장을 입으면서 일본인 행세를 하게 된다. 일본말을 구사하는 것은 물론 조선 이름은 아랫사람이 우습게 여기므로 내심 부끄럽지만 일본 이름 쓰는 것을 그만두지 못하는데 석탄을 주문하는 데도 일본 이름이 필요하기 때문이다. 하지만 분명한 것은 "조선인이 내지(일본) 사람 행세하는 것을 좋아하는 경향이 있으며 백화점에서는 일본인 점원보다 오히려 조선인 점원이 더 조선인을 싫어하고 차별하는 것이 신경新京의 생활"이라고 토로했다.[14] 또 일본 아동들과 민족차별 경험 없이 지내는 조선 아동도 있지만 대개는 우월감을 가진 일본 아동들과 함께 커 간다. 그러나 일본 아동보다 조선 아동들이 만주 아동에 대해 갖는 우월감이 더 커서 만주인 아동을 떠밀고 놀리는 '이지메'를 하는 편이다. 조선인들이 일상적으로 '되놈'이란 말을 쓰므로 이를 금지해야 한다는 제언도 했다.[15]

이렇듯 만주에서 조선인이 만주인을 "함부로 멸시"하여 민족 간 불화를 일으키는 탓에 조선에서도 물의를 빚곤 했었다.[16] 조선인은 '타민족에 대한 우월감'을 버리고 민족협화에 적극 참여해야 한다는 소리도 커졌다.[17]

1935년 중앙불교전문학교에서는 교사 포함 총 18인이 일본 정부가 만든 여행사 '저팬 튜어리스트뷰로Japan Tourist Bureau(JTB)'[18]의 후원 및 안내로 만주 일대로 수학여행을 갔다. 교사 김두헌은 요녕성

여순旅順의 일본전사자 충령탑 등을 견학하면서 '저절로 눈물을 흘리며 감동'하는 등 친일적 성향을 가진 인물인데 수학여행기를 학교회지에 게재했다. 이 중 귀로의 배 안에서 봉천 법률상담소에 근무하는 중국인을 만나 필담으로 대화를 나눈 일화가 기술되어 있다. 중국인에게 신만주국에 대한 소감을 묻자 '全額友邦之援助方成一個國家'(완전히 우방국의 원조로 이루어진 하나의 국가이다)라고 쓴 답문을 받는다. 이에 김두헌은 "수학여행단을 완전히 일인日人으로만 짐작한 탓에 만사 일본인의 의견에 복종한다는 표시로 그런 답을 내놓았으며 이는 만주인滿人의 대표 의사로 보기에 족하다"고 해석했다.

자신들을 일본인으로 알고 듣기 좋도록 그런 답을 했다고 판단한 것이다. 중국인이 일본인으로 오인한 것은 수학여행단이 배 안에서 대체로 일본어로 대화했음을 의미한다. 더욱 흥미로운 것은 그가 끝까지 조선인이라고 밝히지 않았다는 점이다. 자신들을 일본인으로 오해하고 비위에 맞는 답을 내놓는 중국인을 대하며 은근히 자부심을 가졌거나 즐겼음을 감추지 않았다.[19]

일본인과는 대등한 관계를 형성할 수 없었고, 중국인도 경멸과 증오를 드러내는 식민지민 조선인의 삶과 자의식은 불안정성과 분열을 특징으로 할 수밖에 없다. 1930년대 말 10대 초반의 나이에 만주로 이주하여 타이피스트 및 양재사 기술을 습득, 국제도시 천진天津에서 안정된 직업을 갖고 여유 있게 살던 두 조선인 여성의 구술은 일본인으로 행세하는 분열적 자의식의 심층을 보여준다. 이들은 만주에서 조선인에 대한 심각한 차별이 존재함을 알고 있는 상태에서 창씨개명을 했고 일본 학교에 다니며 일본어를 자연스럽게 구사했다. 그녀들은 일본적인 것이 근대적이라는 당대의 지배적인 통념에 따라[20] 외적으로 일본인과 구분되기 어려운 점을 이용하여 일본인 행세를 하며 일본화에 온 힘을 기울였다.

그러나 이런 신원의 분식이 일상화되면서 그녀들의 타자와의 관계는 사무적이었고 경어와 예법 뒤에 철저하게 자신을 숨기는 이중성을 내면화했다. 자칫 방심하거나 사소한 실수로도 조선인임이 탄로 날 수 있는 극도의 긴장 속에서 의심과 불안은 그녀들의 일상을 관통하는 기본적인 감정이었다. 또한 일본인 행세를 하면서도 내심 억압받는 조선인이라는 자의식은 어쩔 수 없는 것이어서 일본에 불만을 가졌고 일본이 일으킨 전쟁에 무관심했다. 이 불안정하고 양가적인 자의식은 외적으로는 더욱 강하게 일본적인 것을 추구하면서 근대화된 주체라는 자부심을 강화하는 방향으로 발산되었다.

그녀들에게 근대화된 주체는 '모던 걸'이었다. 모던 걸의 외양을 양장과 양산, 가방 등 패션으로 과시할 때 힘이 있는 존재로 느꼈고 '공부한 사무직 여성'이라는 이미지에 자기정체성을 의존했다.[21] 그럼에도 그들의 일상은 불안과 긴장의 끈을 놓지 못했다. 사람들에 대한 과민한 주의력과 긴장, 겉과 속이 다른 이중성, 일본인이자 근대인임을 인증받고자 하는 자기 과시, 과시적 소비와 신원 분식의 욕망에 추동되는 분열적이고 이중적인 삶이었다. 나르시시즘은 식민지민이라는 낙인에서 자유로울 수 없었던 (친일)조선인들에게 허용된 가장 매력적인 도피처였다.

## '일본의 개' 간주, 구축운동 벌이기도

1910년대 중반까지만 해도 조선인에 대한 중국인 지주의 착취가 논란이 되긴 했어도 중국인은 조선인에 관대하거나 비교적 친근한 반면 일본인에 대해서는 분요紛擾가 끊이지 않는다는 분석이 많았다.[22] 토지를 소유할 수 없는 조선인은 중국인 지주 및 농민들과 섞여 살면서 벼농사에 주력했다. 중국은 쌀이 주식이 아니어서 조, 밀, 수수 등 밭작물 재배가 주업이었던 현지 농민들과 서로 공존할 수 있었다. 수확한 쌀을 일본에 다량으로 수출하게 되면서 벼농사의 수익이 높아지자 협업이 많은 쌀농사의 특성상 적어도 농촌에서 두 민족은 상생관계를 지속했다.[23] 그러나 1920년대 들어서면서 분위기는 급격히 악화되었다.[24] 일본인은 중국 여행이 불가능할 정도로 적대시하는 가운데 조선인도 일본인과 같다면서 배척하는 중국인이 생겨나기 시작한 것이다.[25]

1920~21년간 일본이 봉천, 안동, 길림, 철령, 간도, 하얼빈 일본영사관에 조선인 보호를 위해서, 그리고 중·일 간 정치적 관계가 중요해졌다는 이유를 내세워 두 명의 조선인 부영사(봉천, 안동현)와 통역관을 파견하면서 상황이 급변한 것이다.[26] 조선인이 거주하는 곳에 국민 보호를 내세워 일본영사관과 부속 경찰대가 들어오고, 조선인이 소유한 토지는 일본의 통치하에 들어간다는 반일 여론이 확산되어 조선인을 일본 대륙침략의 앞잡이이자 '일본의 개'로 부르기에 이르렀다. 마침내 중국의 관리와 민간인들이 조선인을 추방하는 운동을 전개했고 이를 일본이 외교 문제로 받아치면서 자연 중·일 간 분규도 잦아졌다. 조선인의 만주 이주가 매년 증가하여 노동시장에서

중국인과 경쟁하게 된 것,[27] 또 벼농사 재배지가 늘어나 산동성에서 유입된 중국인 농민들과 경쟁하게 되는 등의 상황 변화도 조선인 추방운동에 불을 지폈다.[28]

1927년 길림성에서 조선복 착용을 금지한 것은 조선인 압박이 강경노선으로 전환하는 신호탄이었다.[29] 1927년 9월~1928년 1월까지를 '전 만주 조선인 대압박' 시기로 구분할 정도로 중국 군경의 금품 강요가 잇달았고, 배일사상이 강한 현지사縣知事가 있는 지역에선 군경과 지주를 동원하여 조선인의 토지와 가옥 임대를 거부 내지 방해하고 귀환시키거나 만철 연선 지역으로 이주하도록 강제했다. 그 외 소작료 부당 인상, 조선인 학교 해산 또는 폐쇄, 퇴거 명령, 소작료 수령 거절, 귀화 강요, 교거僑居 증명서 휴대 강요, 부당 과세, 과도한 벌금 처분, 군경의 개인적 금품 약취, 구타와 폭행, 모욕, 가택과 신체 검색 등으로 압박했다. 일본이 외교 문제로 시비를 걸 수 없도록 불령선인이 공산당과 연락하기 때문이라는 등의 이유를 붙이기도 했다.[30] 장제스蔣介石가 이끄는 국민당 정부(1928~1937)는 일본과의 충돌을 원치 않아 조선인을 일본 신민으로 간주하고 귀화정책을 추진했으나 1928년 봄~1930년 3월까지 약 14퍼센트만이 귀화하는 등 성과가 부진했다. 또 귀화인 중에도 여전히 일본의 보호를 기대하고 협력하는 조선인이 적지 않았다. 이에 귀화한 조선인 중 '친일배지분자親日排支分子'(친일배중조선인) 감시지침이 시달되는가 하면 조선인을 중국인화 하기 위해 조선복을 벗고 중국어를 쓰게 하는 강경한 동화정책을 시행했다.[31]

만주를 방문한 한 조선인 인사는 중국인의 배척 이유는 너무나 간단하고 명백하다면서 "고려인은 ××××(제국주의-저자 주)의 전초대요 주구다. 동북3성(만주)이 큰 병이 들었는데 이 병독은 ××××이다. 이 병균작용을 하는 자가 고려인이다. 동3성 소생을 위해선 이 병균을 제거하고 소제해야 한다. 재만고려인을 일소하지 않을 수 없다"는 중국 측의 주장은 사실이라고 한탄했다.[32] 또 다른 인사도 중국의 조선인 배척 이유와 분위기를 전하면서 중국인을 이해한다는 뉘앙스를 담았다.[33] 조선인은 위호작창爲虎作倀(호랑이를 등에 업고 미친 듯 날뛴다) 한다거나 20년 후에는 조선인이 전부 만주로 이주한다는 등의 풍설을 중국 언론이 퍼뜨리고 있지만 조선인이 사는 곳에 일본이 영사관 설치를 요구하고 영사관이 생기면 일본 상점, 전당포, 척식회사 출장소, 거류민회, 경찰대가 생기고 중국의 사법행정권을 정지시키고 유사시엔 교민 보호 명분으로 관동군사령부에서 군대를 파견하는 실상을 이해해야 한다고 했다.[34] 중국 언론은 만주의 조선인 중에 '소동을 피우지 않고 농사만 짓는 사람'은 전체 10분의 1 정도에 그친다면서 나머지 직업 없이 유랑하는 부정업자不定業者, 다수의 아편 판매업자, 매춘 등 불법영업자, 친일파, 사회주의자 등 독립운동자도 중국에 해를 끼치는 존재로 규정했다.[35]

조선인이 "중국의 편을 들지는 못 할망정 강도 일본의 주구가 되어 왜노보다 가일층 심한" 행위를 일삼고 있는데 한국인(대한제국)과 고려인(식민화 이전)은 선했으나 "지금의 조선인(일제 치하)은 악질뿐이고 중일전쟁 때 조선인에게 받은 선물은 욕뿐"이라는 것이 중국의 분위기였다.[36] 만주사변 이후 1931년 9월부터 1932년 4월까지 7개월간 마적 및 중국 패잔병이 저지른 '일본 신민'에 대한 살해, 납치, 약탈, 방화, 강간, 중상, 실종사건 빈도의 민족별 비율을 보면 일본인보다 조선인 피해자가 훨씬 많다. 전체 피살자 중 일본인은 49명이지만 조선인은 193명에 이르고, 약탈 건수는 일본인 43건에 조선인은 1,983건에 이른다. 일본인에 대한 방화, 중상, 강간, 실종자는 없는데 조선인은 각기 95, 40, 28, 57건이나 발생했다.[37] 일본에 대한 중국인의 분노와 적대감이 일본인이 아닌, 만만한 아니 심정적으로 더 괘씸한 조선인에게 분출되는 국면이 전개된 것이다. 일본인이 영사관과 경찰의 보호하에 주로 도시 지역에 거주한 데 반해 조선인의 절대 다수가 농촌과 벽촌, 산간 오지에서 무방비 상태에 있었던 것이 주요 이유임은 분명하다. 하지만 중국인의 일본을 향한 분노와 적대감이 힘없고 만만한 조선인에 대한 폭력과 살상으로 표출되었다고 해도 무리는 없다.

이런 상황에서 《동아일보》·《조선일보》는 조선인의 중국 귀화가 문제 해결의 필요조건임을 주장하고 귀화 절차에 필요한 일본 국적 탈적운동을 제안했다.[38] 조선에서 귀화가 대안으로 제시된 것은 귀화한 후 조선인 자치기관 혹은 자치구역 설립을 중국에 요구할 수 있다는 복안을 갖고 있었기 때문이다.[39] 그러나 일본은 조선인의 탈적을 허용하지 않았고 그대로 이중국적 혹은 무국적 상태로 방치하는 편을 택했다. 중국인과 조선인 사이에 거세지는 민족적 갈등과 적대, 혐오범죄, 경멸, 폭력을 방관하고 오히려 그것을 이용했다. 두 민족 간의 분규와 폭력은 일본이 자국민 보호를 들어 국제법상 합법적으로 군대와 경찰을 중국에 파견하고 군사작전을 수행할 수 있는 빌미가 되었기 때문이다.

그리고 일본의 민족 간 분쟁을 도발하는 아시아정책-제국주의는 식민지 조선인들의 중국인 학살, 즉 제노사이드genocide의 파국을 초래했다.

## 모욕받은 자들의 폭력, 중국인 집단학살

### 과장, 왜곡된 오보가 불질러

1931년 7월 2일 밤 중국 길림성 장춘현 만보산 삼성보三姓堡에서 중국인 지주들이 농민 400여 명을 동원하여 중국과 조선의 농민들이 새로 개간한 논의 수로를 매몰해 버린 '만보산萬寶山사건'이 발생했다. 조선인들이 개간한 15만여 평의 토지는 원래 친일파 중국인들이 일본의 사주를 받고 중국 정부로부터 임대한 토지로, 이를 정부 허가 없이 다시 조선인들에게 넘겼고 조선인들은 쌀을 재배하기 위해 관개수로 공사에 착수하여 사건이 날 즈음엔 거의 마무리 단계에 있었다. 이에 조선인 농민들이 격분, 반항하면서 경상자가 발생했으나 사망자는 없었고 문제 해결을 위해 중·일 간 교섭도 시작되었다.

만보산사건 다음날인 7월 3일 오전 1시에 《조선일보》가 사건을 왜곡, 과장한 오보를 호외로 제작해서 뿌렸다. 일본이 국제연맹에 제출한 보고서에 기재된 호외의 내용은 이렇다. '7월 2일 오전 8시에 중국 삼성보에서 일본과 중국 관헌이 150미터 거리에서 1시간 넘게 교전했는데 중국 관헌이 200미터 바깥으로 퇴각하여 일시 정전 중이다. 중국 관민 300여 명이 무장한 채 시위 중이며 중국 기마대 600명이 출동하는 등 동포의 안위가 급박해졌다. 사태가 극히 험악해진 상태이며 3일 밤 다시 교전이 일어날 수 있어서 일본이 수비대, 경찰관, 기마병에 이어 군대를 동원할 수도 있다. 현재 일본 병력은 40여 명으로 경찰을 포함해도 중국 측에 비해 수적으로 열세에 있다'는 내용이었다.[40] 이는 분명한 오보였다. 그러나 《동아일보》도 4일부터 만보산사건을 보도하면서 '동서남북으로 유리하는 400명 동포가 유랑 끝에 만보산을 발견하여 황무지 상태의 땅을 수전으로 개간했는데 중국 관헌의 박해가 이루 형용키 어렵다'는 류의 기사를 양산하였다. 만보산사건에 유랑민 서사를 덧씌워 식민지민의 피해의식과 민족감정에 호소한 것이다.[41] 《조선일보》의 호외를 보면 자연스럽게 일본 경찰과 군대가 이주 조선인을 보호하는 역할로 존재감을 드러내고 있지만 문제는 이것이 아니었다.

《조선일보》가 호외까지 내면서 오보를 퍼뜨린 것을, 《동아일보》와의 민족주의 경쟁에서 우위를 점유하려는 의도가 지나쳐서 생긴 결과로 해석하는 견해도 있다. 사회주의와 거리를 두는 한편 민족, 동포, 동족애, 혈연의 수사학을 구사하면서 민족주의를 강화하려다가 선을 넘어 버렸다는 것이다.[42] 조선 농민을 피해자로, 중국의 관헌과 농민을 야만스런 가해자로 설정한 대립구도를 만들어서 재만조선인의 행태는 무시하고 이주동포의 안전과 생존만을 강조하는 식민지 민족주의의 이중성에서 비롯된 오보였다.[43] 조선인은 만주에서 일본의 보호하에 토지를 획득하고 문제가 생기면 일본의 힘에 의존하다가 중국의 핍박을 받게 되면 피해자로 행세하는 이중성을 생존논리로 합리화하는 경향이 있었다.

만보산사건을 1927년 재만조선인 대구축운동 시절을 환기시키는, 중국 관민이 일체가 되어 불쌍한 동포에 대해 자행하는 핍박으로 서술한 것이다. 그러나 중국 언론의 대응은 달랐다. 조선인의 토지 소유나 귀화가 일본의 사주를 받은 경제침입임은 사실이지만 만보산사건은 일본이 배후에서 조종하는 일이므로 조선인에 차분히 대처할 것을 당부했다.[44] 그러나 고국의 동포들은 갓난아이부터 노인까지 중국인을 무참히 학살하는 것으로 분노를 표출했다.

## 평양선 갓난아기까지 살해

1931년 7월 조선에는 대략 8만여 명의 중국인이 살고 있었다. 이들 중 다수가 조중朝中 국경 지역인 함경도에 거주했고 그 외 평안남북도, 경기도에 많이 살았다. 중국인의 80퍼센트는 노동자였고 호떡집, 요리점 등 영세영업, 그리고 소수가 비교적 규모가 큰 포목점과 잡화점 등을 운영하고 있었다.[45]

《조선일보》 호외가 뿌려진 시간대인 3일 한밤중인 오전 1시 무렵 인천에서 다섯 명의 조선인이 중국인 요리점에서 중국인을 폭행하고 유리창을 부수었다. 이를 시작으로 3일 밤까지 인천에서만 8건의 가옥 습격사건이 발생했다. 만보산사건에 대한 유언비어가 확산되었고 저녁 무렵이 되자 시내에 조선인들이 늘어나기 시작하더니 9시쯤엔 곳곳에서 수백, 수천 명에 달하는 무리들이 나타났다. 군중은 떼로 몰려다니면서 중국인 떡집과 이발소에 돌을 던져 유리창을 부수고 기물과 가옥을 훼손하기 시작했다. 경성에서도 3일 저녁 중국인 집단거주지인 서소문(북창동~태평로)에서 조선인 군중과 중국인들이 충돌했다. 다음날인 4일, 밤중에 다시 시내 중국 가옥들이 습격당했고 충돌이 일어났다. 인천에서도 사태가 악화되어 중국인 2명이 살해되었다.

전국에서 가장 격렬하게 중국인에게 폭력을 가한 곳은 평양으로 이 사건으로 인한 중국인 사상자는 대부분 평양에서 나왔다. 평양은 4일 밤까지는 소규모 폭행이 이어지다가 유언비어가 나돌면서 걷잡을 수 없이 폭력적인 사태가 되었다. 5일 밤 8시부터 6일까지 수천 군중이 중국거류민 479가구 전부를 습격, 폭행, 방화하는 참극을 일으켜 91명의 중국인을 죽이고 수백 명의 부상자를 낸, 말 그대로 유혈 참극이 벌어진 것이다. 6일에는 부산, 7일엔 신의주 그리고 전국에서 중국인을 대상으로 폭행, 가옥 파손, 투석, 기물 파괴, 절도가 자행되었다. 7일 이후에야 격앙된 분위기가 가라앉으며 점차 평정을 되찾아 갔다. 이 며칠 동안 함경북도에서만 400여 건의 폭행이 일어났다.[46]

처음 폭행이 일어난 인천에서도 사망자가 2명이고, 경성은 아예 없었던 데 반해 평양에서 절대 다수의 사망자가 발생한 이 사건은 신문 등에서 '배화排華사건', '중국인 배척사건', '평양폭동사건'으로 지칭되다가 점차 '평양사건'으로 통일되었다. 중국인, 학살, 폭력의 의미소들이 제거된 채 평양만 부각시킨 '평양사건'으로 정리된 것이다. '평양사건'이라는 기표 자체는 사건의 기의에 해당하는 중국인 학살을 전혀 드러내지 않는다는 점에서 이 사건은 당시에도 기억에서 지우고 싶고 역사에서도 삭제하고 싶은 사건이었음을 보여준다. 평양에서 유독 사망자 110여 명에, 부상자 수백 명 그리고 재기가 불가능할 정도의 재산 피해가 발생했던 것은 사실이었다. 평양 사람들은 중국인의 집과 상점은 무차별적으로 파괴했고 창고에 쌓아 놓은 재고 물품도 모조리 부숴 버려 사건 후 중국인 상인들에게 남은 것은 빚뿐이었다. 결국 중국으로 돌아가는 것 외에는 방도가 없었다.[47]

총독부 경무국이 외교상의 문제란 이유로 보도통제를 한 탓에 사건의 진상은 자세히 알려지지 않았다. 그러나 이후 공판과정에서 가해자들의 극단적 폭력행위가 공개되면서 '중국인 대학살사건'의 실체가 일부 드러났다.

평양사건 관계로 열린 최초의 재판 피의자는 김연식 등 3인이었다. 이들은 7일 강동탄광에서 중국인 동흠화(37)의 다리를 톱으로 썰고 돌과 곤봉으로 때려죽인 일로 기소되었다. 살해된 동흠화가 아무 반항도 하지 않았다고 증언한 피고인들은 사형을 구형받았으나 판사는 무기징역과 13~15년형을 선고했다. 같은 법정에서 중국인 가옥 4채에 방화한 이겸용은 징역 6년형을 선고받았다.[48] 가장 화제가 되었던 가해자는 사건 당시 중국인 36명을 학살했다는 혐의를 받았으나 경찰 취조과정에서 21명을 살해하고 가옥 7채에 방화한 혐의로 기소된 장봉진(27)이었다. 그러나 최종 기소문에는 17명을 살해한 것으로 적시되었고 500여 명의 피고인 중 가장 흉폭한 인물로 기록되었다. 그해 말 예심에서 장봉진은 살인, 살인미수, 소요, 건조물 손괴 등의 혐의에 대해 유죄 결정을 받고 평양지방법원 합의부 공판에 회부되었다. 예심재판에서 그의 기소 내용은 다시 수정되었는데 5일 밤 곤봉으로 9명을 살해하고 11명에게 중상을 입혔다고 했다.

보도에 의하면 장봉진은 어릴 때 양친을 사별하고 13세에 평양에 들어와 걸인 노릇을 하다가 뱀 장사, 일본 나막신 장사 등을 하던 사람으로 세상에 대해 불평을 일삼다가 7월 폭동에서 피를 보고 잔인한 쾌감에 취해 함부로 날뛴 가해자였다.[49] 검사가 사형을 구형한 가운데 관선변호인 김필응이 장봉진의 변호를 맡았다. 김필응은 그 무렵 만주에서 직접 운동(만주를 근거지 삼아 사회주의사상 선전, 관공서 파괴, 암살 등의 직접 타격방식으로 독립운동을 한 과격 독립파)을 주도한 오동진사건, 해주고보 맹휴海州高普盟休사건 등의 변호를 맡는 등 조선인 관련 주요 시국사건에서 두루 활약한 유능한 변호사였다. 그는 검사가 제시한 증거가 불충분하고 지극히 애매한 점, 다수 군중이 공모하지 않은 일시적 행위로 피고의 살인행위가 입증되지 않는다고 장시간에 걸쳐 변론했다.[50]

한편 의주에서 중국인 1명을 돌로 쳐 죽이고 시신 위에 나무를 쌓아 태워 버린 2인에게 최종적으로 사형이 선고되었다.[51] 또 어떤 17세 소년은 2,000여 명의 군중 속에서 계란 크기의 돌로 중국인을 쳐 중상을 입혔는데 검사는 살인을 의도한 투석이라고 주장하면서 12년 형을 구형했다.[52]

재판과정에서 검사의 기소 내용은 피의자의 범죄혐의를 구체적으로 적시하기 때문에 실태를 파악하는 데 유용하긴 하지만 사건 발생 당시의 분위기와 군중의 감정상태에 대해서는 알 길이 없다. 그런 점에서 《동아일보》 평양지국 기자 오기영(1909~1949)이 자신이 목격하고 경험한 것을 그해 《동광》 9월호에 기고한 텍스트는 평양에서 일어난 학살의 참극 현장으로 우리를 안내해 준다.[53]

그는 평양의 7월 5일 밤을 진실로 무서운 밤, 참극, 완전히 피에 물든 평양, 유아와 부녀의 박살난 시체가 시중에 널린 민족의 학살극이었다며 질척거리는 피와 길바닥에 널브러져 있는 시체 사이에서 '민족의식의 오용誤用'을 통곡했다고 그날의 충격을 절절히 토해 냈다. 그리고 검열관의 가위를 피하면서 거두절미한 회고록을 공개한다고 부언했다. 이 글이 묘사하고 있는 참혹한 정경들도 정제되고 순화된 것임을 미리 밝힌 것이다. 따라서 오기영의 표현을 가능하면 그대로 살리는 편이 그날의 분위기를 짐작하는 데 더 유용할 것이다.

평양에선 4일까지도 만보산사건에 촉발되어 중국인을 힐난, 협박, 구타한 사건은 6건으로 모두 경미한 충돌에 그쳤다. 이는 총독부 보고서에도 기술되어 있다. 그러나 다음날인 5일 '중국인 대학살이라는 인류 혈사血史의 한 페이지를 더하게' 될 일이 일어났다. 5일 밤 8시 10분경 중국인 요정 동승루東昇樓를 향해 10여 명의 어린이들이 투석을 시작했다. 평양살인귀 장봉진이 처음 중국인을 구타했다고 진술한 바로 그 동승루이다. 여기에 60여 명의 장정들이 가담하여 돌을 던지자 정문과 유리창이 부서져 옥내로 진입하는 자가 생겨났다. 그 사이 군중은 수천 명으로 불어났고 그들이 내지르는 고함소리를 듣고 사람들이 더 모여들었다. 군중은 동승루 2층 구석에 있던 전화기 1대만 남기고 가구·집기를 모두 부순 후 다음 집으로 이동했다. 이런 식으로 대동강변에 늘어선 중국인 요정을 모두 파괴한 후 중국인 포목, 잡화 무역상들이 집중된 대동문통과 서문통의 상가로 몰려갔다.

대동문통에서 군중은 200~300명씩 떼를 지어 다니며 굳게 닫힌 상점을 향해 돌을 던지기 시작했고 일부는 굵은 목재를 구해 와 문을 부수기 시작했다. 문이 깨지면 수십 명 장정들이 들어가 손에 걸리는 대로 상품, 집기를 밖으로 내던졌다. 거리의 군중은 이것들을 밟고 찢고 뜯었으며 남문정에서 종로통까지 1만여 명에 이르는 군중이 성난 파도와 같이 움직였다. 군중이 들썩대는 도로에는 비단과 포목, 일본제와 서양제 잡화雜貨 등이 찢어지고 깨어진 채 도로를 뒤덮었고 사람들은 비단더미를 짓밟고 다녔다. 저녁 11시가 되자 평양의 중국인 상점과 가옥은 하나도 남김없이 전부 파괴되었다. 총독부 보고서에서 이날 평양에서 중국인 거주지 479곳이 모조리 파괴되었다고 한 것과 일치한다.

그때 무서운 유언비어가 퍼졌다. 중국인 목욕탕에서 조선인 4명이 칼에 찔려 죽었다, 평양 바깥 대치령리에서 조선인 30명이 중국인에게 몰살되었다, 서성리에서 중국인이 작당하여 무기를 들고 조선인을 살해하며 성안으로 들어오는 중이다, 만주 장춘에서 동포 60명이 학살되었다 등의 근거 없는 얘기들이었다. 그러자 군중의 분노는 다시 무자비하게 분출되어 몸을 피했다가 소동 후에 돌아와 집안 정리를 하던 중국인들을 잡아 죽이기 시작한 것이다. 이미 죽은 아이를 부둥켜안고 경찰서로 도망왔다가 비로소 갓난아기가 시체가 되었음을 안 여성, 젖을 물고 있는 아기를 껴안은 채 부축을 받아 경찰서까지 와서 땅바닥에 눕히자 숨이 멎어 버린 여성 등 곳곳에서 공공연히 살인이 저질러졌다.

군중은 완전히 잔인한 '쾌감'에 취해 버렸고 3~4명 또는 6~7명씩 패거리를 이룬 장정들이 핏물 떨어지는 곤봉을 든 채 앞에서 선도하고 그 뒤를 200~300명의 무리가 따르면서 피에 굶주린 이리떼처럼 중국인을 찾아 다녔다. "여기 있다!"는 외침이 떨어지면 두 손을 모으고 살려 달라고 빌던 중국인이 10분도 못 되어 시체로 변해 버렸다. 고사리 같은 두 주먹을 예쁘게 쥔 채 두 눈을 멀뚱멀뚱 뜨고 땅바닥에 엎어져 있던 영아의 시체! 날이 밝자 전신줄에는 찢어진 포목들이 걸려서 휘적거리고 중국인 시체가 곳곳에서 발견되었다. 어떤 집에서는 한꺼번에 10구의 시체가 나왔다. 오기영은 이날 적어도 100명은 죽었으리라 예상했는데 그건 사실이었다.

날이 밝자 무장한 경찰대가 출동하여 경계를 섰음에도 불구하고 피난소로 가던 중국인들이 제2, 제3의 습격을 받아 살해되었고 숨어 있다 발각된 8~9명의 중국인도 몰사당했다. 군중은 공책 한 권, 잉크 한 병까지 남김없이 찢고 부수었다. 오후에는 장정 30명을 태운 화물 자동차가 깃발을 꽂고 앞장서고 그 뒤를 1,000여 명이 따르면서 살아남은 중국인 색출에 나섰다. 이들 무리를 향해 경관이 총격을 가해 1명이 죽었고 2명의 중상자가 나왔다. 밤이 되자 다시 군중은 평양시 외곽의 중국인 가옥을 닥치는 대로 부수고 불을 질렀다. 평양성 밖은 밤새도록 불꽃이 피어올랐다.

중국인은 결코 반항하지 않았는데 군중은 그들 약자에게 무자비했다. 군중이 살인의 쾌감에 젖었다는 오기영의 표현은 평양 사람들의 광기를 보고 느꼈기 때문일 것이다. 재판에서 피고인들의 진술에 의하면 다리가 톱으로 잘린 뒤에 돌로 구타당해 죽은 동흠화란 중국인도 반항하지 않았다고 했다. 왜 중국인은 자신들을 죽이려는 무자비한 군중 앞에서 아무런 반항도, 구명을 위한 자비도 구하지 않았을까. 목숨을 애걸해도 광기에 휩싸인 조선인들에게 통하지 않을 것을 알아서 자포자기한 것일까, 아니면 조선에 살면서 알게 된 조선인에 대한 나름의 고정관념 때문이었을까.

소설가 김동인(1900~1951)은 사건 후 3년 만에 〈유가광풍柳絮狂風에 춤추는 대동강의 악몽, 3년 전 조중인사변朝中人事變의 회고〉에서 평양사건에 대한 자신의 기억을 풀어 냈다.[54]

그의 기억은 5일 밤 9시 무렵부터 시작된다. 초저녁부터 멀리서 수백 명이 "와 와"하는 함성을 듣자 중국인 습격이 있을지도 모르겠다던 형사의 말이 생각났다. 예배당에 간 아이들이 돌아오지 않아 좌불안석하다 찾아 나선 길에 집에서 가까운 중국인 이발소 앞에 100여 명이 고함을 치고 있는 장면을 보게 된다. 경찰 2명이 그 앞을 막고 있었는데 유리창은 돌에 맞아 깨진 상태였지만 더 이상 험한 일은 일어나지 않을 듯한 분위기였다. 비로소 호기심이 생겨 중국 거상들이 집결해 있는 법수머리로 가니 흥분한 군중이 여기저기 몰려다니는데 분위기는 험악해 보였지만 역시 별일 없을 듯하여 10시 30분 쯤 집으로 돌아왔다. 그러나 아이들이 돌아오지 않은 것을 확인하고 다시 거리로 나갔다. 이 대목은 오기영이 말한 것과 일치한다. 밤 11시까지는 군중이 중국인 집이나 상점, 물건을 부수는 데 주력했고 더 부술 만한 것이 남아 있지 않은 상태에서 폭동이 끝날 거라는 느낌을 가졌던 시간이다.

그러나 밤 11시를 지나 중국인 습격이 본격화되었다. 김동인은 그 사이에 사세가 완전히 바뀌어 아까 본 이발소를 군중이 돌과 방망이로 부수고 있었다고 회고했다. 경찰은 속수무책이어서 뒤로 물러나 있었다. 거상들이 집결한 남대문 일대는 사람으로 꽉 찼고 머리 위로 찢겨진 비단과 포목들이 날아다녔는데 중국상관商館 다락에 사람들이 올라가 행길로 비단과 포목필을 내던지는 중이었다. 거리는 찢어진 비단과 포목이 나뒹굴고 널브러졌다. 거의 발목까지 올라올 만큼 많은 포목이 도로를 덮고 있어서 발걸음을 옮기기 어려울 정도였다. 군중심리의 놀라운 힘에 몸서리를 치고 있는데 지나던 행인이 어깨를 치며 "노형은 왜 찢지 않고 보고만 있소?"라고 힐난했다. 어쩔 수 없이 자기도 발 아래 있는 세루 양복지를 찢는 시늉을 했다. 이때 김동인도 오기영이 들었던 유언비어를 듣게 된다. 중국인이 칼을 들고 목욕탕에 들어가 벌거벗은 조선인 7~8명을 모두 죽였다, 요릿집에서 중국인이 칼을 들고 조선인 손님과 기생들을 모두 죽였다, 어떤 중국인 상점에서 조선인 종업원을 모두 참살했다 등의 유언비어였다.

폭도가 다녀간 대동강변 중국인 요리점들은 하나같이 문이 부서졌고 중국인 시체 하나가 행길에 방치되어 있었다. 시체는 여기저기 있었고 중상자의 신음소리도 들렸다. 그때 무장 경관과 기마 순사에게 쫓기던 수만 군중이 신창리에 이르렀다. 그리고 다시 중국인들이 칼을 품고 골목에 숨어서 통행인을 살육한다는 유언비어가 나돌았다. 다음날 새벽 경관과 소방대가 철통같이 방비하는 한편 길바닥에 널려 있는 포목을 수습했다. 세계에 보도 듣도 못한 비단보도緋緞步道를 걸어 어느 골목으로 들어가니 경관이 지키고 있는 집이 있어 안으로 들어갔다. 지인과 몇몇 신문기자가 와 있었다. 툇마루에 중국 여인의 시체가 엎어져 있고 창고에도 17~18세가량의 중국인 소년이 약하게 숨을 쉬며 엎드려 있었다. 그 옆에는 인형인지 뭔지 구분하기 힘든, 3~4개월가량 되는 아기시체가 보였다. 그때 뒤에서 조선옷을 입은 중국 노인이 나타나 소년의 이름을 부르며 다가왔다. 또 다른 3~4세가량의 어린애가 노인의 다리를 두 팔로 부둥켜안고 있는데 아이의 눈도 없어지고 입도 찢긴 참혹한 형상이었다. 김동인은 더 볼 용기가 없어 그 집에서 나왔다.

오기영이 시종일관 희생자 중국인에게 감정이입한 채 동족의 잔인한 학살과 광기에 충격받아 이리저리 뛰어다닌 것과 달리 김동인은 비교적 냉정한 관찰자의 시선을 유지했다. 기자와 경찰이 서 있던 집에서 조선옷을 입은 중국 노인이 거의 다 죽게 된 아이들의 이름을 부르며 나타날 때의 표정을 보고는 이렇게 썼다. "노인의 얼굴에 나타난 표정 그것은 소설가인 나에게는 무엇에 비길 수 없는 큰 수확이었다"고 한 것이다. 그 노인의 표정은 경악도, 비애도, 겁먹은 것도 아니었다. 하룻밤 사이에 가족을 모두 학살당한 노인의 무표정이 소설가로서 흥분될 만큼의 '수확'이었다고 했다.

사족이지만 오기영과 김동인의 글에서 드러난 차이는 전 가족이 독립운동에 투신해 온갖 고초와 불행을 겪고 해방된 조국에서 몇 년을 보낸 후 1949년 월북한 오기영과 친일 반민족행위자로 산 김동인의 인생 여정을 떠올리지 않을 수 없다.

## 서둘러 사죄, 구제금품 모금도

중국인 대상 폭력과 파괴, 살인, 학살은 서울, 인천, 개성, 청주, 공주, 전주, 광주, 군산, 사리원, 수원, 해주, 평양. 안주, 선천, 조치원 등 전국에서 일어났다. 7월 16일 경무국은 그간의 보도금지를 해제하고 사상자 및 피해 상황을 발표했다. 이에 따르면 중국인 사망자 100명, 부상자는 수백 명이었고, 평양의 경우 즉사자가 남자 66명, 여자 6명, 입원 중 추가된 사망자가 22명으로 총 94명이 평양에서 죽었다.[55] 1932년 총독부가 국제연맹에 보고한 바에 따르면 최종적으로 중국인 91명이 죽었고, 27명의 중상자, 58명의 경상자가 발생했다. 사망자를 연령별로 보면 5세 이하 4명, 11~19세 8명, 21~50세 76명, 51세 이상이 3명이다. 사망자는 7월 6일에 가장 많이 발생하여 68명이 죽었고, 7일에 20명, 8일에 3명이 죽었다. 사망자 중 남자는 82명, 여자는 9명이다. 조선인 사망자는 남자 1명, 중상자는 7명, 경상자는 신고하지 않고 병원도 거치지 않아 정확한 집계를 할 수 없었다. 이 과정에서 경찰도 중상자 9명, 경상자 41명의 피해를 입었다.

사망자와 부상자는 평양에서 단연 압도적으로 많았다.[56] 그러나 총독부 보고서의 다른 쪽에 실린 〈별보別報: 사건피해표〉에 의하면 사망자 수는 앞의 91명보다 많다. 총 119명의 사망자가 집계되었으며 평양에서만 108명이 죽은 것으로 되어 있다. 평남 강동에서 1명, 평남 평원에서 3명, 평북 의주에서 2명으로 평안 남북도에서 114명의 사망자가 발생한 것이다. 그 외 인천에서 2명, 강원도에서 1명, 함경남도에서도 2명이 죽었다.[57] 나중에 작성된 표에는 병원에서 치료 중 사망한 사람들이나 추가로 발견된 주검이 반영되었을 것으로 추정된다.

일제는 매우 신속하게 가담자, 폭행 가해자, 군중선동 주도자, 살인

자 등의 검거에 나섰다. 또 오보를 호외로 뿌려 유례없는 제노사이드를 일으킨 《조선일보》도 사과를 표하는 한편 《동아일보》는 7월 7일 사설 〈이천만 동포에게 고합니다〉를 시작으로 만주에 거주하는 200만 동포를 위해 이제라도 진정해야 한다는 메시지를 분명히 했다. 만보산의 동포는 안전하고 평안하며 중국 백성은 동포들에게 손을 댄 적이 없다는 해명으로 서두를 연 사설은 "헛된 선전을 믿고 생명보다 사랑하는 민족의 전도前途에 칼과 화약을 묻히는 일을 하지 말아주십시오. 설사 폭행을 당했더라도 보복함은 이로움이 없다. 인도적으로 호떡을 팔고 노동으로 생계를 이어가는 중국인이 무슨 죄인가?" 라고 호소하고 설득했다.[58] 그도 그럴 것이 7월 6일 중국의 국민당 정부가 '귀화하지 않고 만주에 거주하는 조선 사람은 전부 구축驅逐한다'는 결의안을 동북3성에 지시했고, 지방의 관헌들도 즉시 퇴거명령을 내리는 등 강경 조치가 잇달았기 때문이다.[59] 일본이 만주국을 세우고 완전 지배하기 몇 개월 전이었으므로 이 조치는 충분히 위협적이었다.

조선 언론은 "불분명한 풍설과 선전이 무모한 군중들로 하여금 무고한 중국인의 생명과 재산을 위협하고 무참한 참화를 일으키게 한" 동기이며 진정한 조선인의 소위所爲는 아니라는, 진정한 조선인과 거짓 선전에 영향 받은 무지한 군중을 구분하는 프레임으로 해결을 모색했다. 학살사건은 근래 희유의 불상사, 만용, 민족의 씻지 못할 누累임을 강조하고 200만 조선인이 귀국貴國의 영토에서 보호받으려 하는 이때 민족을 연민하는 진정한 조선인이 이런 불상사를 저질렀을 리 없고 다만 '무근無根한 선전'에 휩쓸린 군중의 만행일 뿐이라며 중국과 중국민에게 유감, 사죄의 뜻을 표하고 구제금품 모금운동을 개시했다.[60] 구제금품 모금용 삐라 1만여 장을 뿌리고 당국(총독부)에 피난수용소의 열악한 시설과 처우의 개선을 요구하는 한편 각 지역 사회단체연합회가 결성되어 중국인 보호방안을 논의했다.

수용소에서 굶고 있는 중국인을 위해 밀가루, 과자, 구호주머니를 만들어 전달했고 하얼빈에서도 금품이 도착했다. 또 공포에 떨고 있는 중국인들은 전국의 경찰서, 중국영사관에서 마련한 임시수용소에 모여 보호를 받았다. 평양에서는 5,500여 명이 수용소에서 거주했다.[61] 8일, 도립병원 마당에서 열린 평양사건 희생자 고별식에는 조선의 관민 대표, 진남포 중국영사관의 부영사, 중국인 유력 인사가 참여했다. 이어 20명의 무장경찰이 경비를 선 가운데 화물차에 시체를 싣고 공동묘지로 이동, 자정 무렵까지 매장을 완료했다.[62]

또 중국과 만주가 독립운동의 주요 거점지인데다 200만 가까운 조선인이 이주한 상태이므로 중국을 우인友人의 나라로 생각해야 한다, 극히 합법적이고 평온하게 의견을 전달해야 한다, 군중심리가 이상한 현상을 일으키고 유언비어가 '그렇지 않아도 예민한 조선 사람의 신경'을 더욱 예민하게 만들 수 있음을 우리가 이미 잘 알고 있으므로 루머에 휩쓸리지 말아야 한다는 등 사태 진정을 위해 노력했다. 중국을 잘 대접해야 우리 말이 권위가 있고 세계의 동정이 집중된다면서 세계의 여론을 의식하기도 했다.[63] 더 나아가 미담도 발굴, 홍보했는데 곤란을 무릅쓰고 중국인을 숨겨 주고 보호해 준 사례, 유언비어와 군중심리에 쏠려 흥분한 끝에 중국인 살해에 가담했다가 참회의 눈물과 함께 자수한 20세 청년의 사례도 부각시켰다.[64]

## 1,300여 명 검거, 600여 명 기소

평양사건에 책임을 지고 평남 경찰부장이 사표를 제출했고, 11일 평양경찰서는 300명의 경찰을 18개 반으로 나누어 가해 조선인을 색출하고 증거물 압수 및 검거에 나섰다. 절도혐의자까지 잡아들였는데 당일 오후 6시쯤에는 벌써 200명을 검거하는 속도전이 전개되었다. 이튿날까지 검거자는 총 900명에 달했고 경찰은 일단 그중에서 취조가 끝난 290명을 검사국에 넘겼다. 경찰은 "조선인 가해자들의 신분은 전부가 무식계급이고 평상시에도 폭력행위가 많은 인물로서 이번 사건이야말로 그들의 무지가 이렇듯 끔찍한 사변을 일으키어 무죄한 중국인을 희생시킨 사건"이라고 규정했다. 조선 언론은 학살의 가해자를 '선전선동에 휩쓸린 무지한 군중'으로 이들 또한 유언비어(오보 포함)에 선동되었기 때문이라고 해명한 데 반해 총독부는 원래 폭력 성향이 있는 무지한 사람들이 저지른 일로 규정했다.[65]

원래 폭력적인 부랑자들이 일으킨 범죄로 규정된 이상 경찰의 검거와 기소는 속전속결로 이뤄졌다. 무리한 수사와 기소가 예고된 셈이다. 검거자가 늘어나면서 검사국에서 6명의 전담검사가 상대해야 하는 피의자는 500명에 달했고 형무소가 좁아 임시수용소를 만들었다.[66] 검사국에서는 7월 17일 최초로 21명을 살인, 살인미수, 방화, 소요, 파괴 등 '무거운 죄명'으로 기소했다.[67]

사건 발생 후 보름 만에 8,200여 명의 중국인이 귀국했고 또 재공격의 루머가 돌아 귀국자가 계속 늘어나는 와중에 경찰과 사법당국의 취조, 기소, 재판은 신속하게 진행되었다. 8월 중순경 경찰이 검거한 사건가담자는 총 1,300여 명에 달했고 이 중 600여 명이 기소되었다.[68] 그리고 재판도 속개되었다. 죄질이 비교적 가벼운 222명이 단독공판으로 이관되었는데 이 중 4명만 무죄 선고를 받았고 나머지는 소요죄, 폭력행위 취체 위반, 건조물 손괴, 절도, 상해, 등으로 벌금형에서 최고 징역 2년형이 선고되었다.[69] 경찰은 피신해 있던 중국인 700여 명을 습격한 조선인을 체포하는 과정에서 1명은 사살하고 다리에 관통상을 입고 도주한 김인섭(29)을 몇 달 후 은신처에서 체포했다.[70]

1,300여 명에 달하는 피의자를 상대로 경찰의 검거와 취조, 검사국의 기소, 예심과 단독공판, 지방법원 공판, 복심 등이 빠르게 진행된 만큼 무리한 기소는 예고된 재앙이었다. 일례로 평양 인근 한천에서 중국인 살해, 소요, 절도 등을 저지른 혐의로 평양지방법정에서 재판을 받은 22인 중에 주범으로 지목되어 검사에게 무기징역을 구형받은 전창섭(27)의 경우가 그러했다.

전창섭은 무정부주의자로 《동아일보》·《조선일보》 지국도 경영한 지식인이었다. 그는 폭동이 일어나자 군중을 진정시키려 동분서주했으며 사태 방지에 노력했다고 주장했고 다른 피고인들도 이를 증언했으나 경찰의 의견서, 예심결정서는 한천사건을 순전히 전창섭의 음모로 몰아갔다. 전창섭과 함께 재판에 회부된 최정욱은 재판정에서 경찰의 고문에 못 이겨 허위자백했다며 기소 내용을 부인했다. 경찰 2명이 취조실에 3명의 기생을 불러들여 술을 먹이고 때리는가 하면 물고문을 해서 허위자백했다는 것이다.[71] 전창섭은 진남포에서 상공학교를 졸업한 후 일본, 중국 등지에서 몇 년간 유랑하다가 귀국하고부터는 신문사지국 경영, 자유노동조합을 창설하고 활동하던 중 평양사건에 휩쓸렸는데 1심에서 무기징역, 복심에서 7년형을 선고받고 복역하던 중 2년 만에 병을 얻어 가출옥(가석방) 상태에서 사망했다.[72] 강서군에서 군중을 선동, 지휘했다는 혐의로 기소된 김태훈 등 2명도 범행을 강력 부인하면서 오히려 군중을 진압하고 망동하지 않도록 극력 권유했다고 주장했다. 변호사가 이 주장을 뒷받침할 증인 9명을 재판정에 신청하여 수리되었다. 김태훈 등은 전창섭과 마찬가지로 상당한 지위에 있는 사람이었고 법정 공술 내용이 경찰 수사보고서와 완전 달랐던 것도 같았다.[73]

## 식민지민의 민족주의, 히스테리 그리고 공격성

평양사건에 대해 지식층은 민족의식이 낳은 폐해라는 관점에서 접근하는 경향이 있었다. 앞에서 소개한 오기영이 부끄럽게 여기며 반성했던 것도 바로 민족주의의 과잉이었다. 오기영, 김동인의 경험담 외에 이 사건에 대한 보고서, 회고, 경험담은 더 이상 나오지 않았다. 잊힌 사건이 된 셈이다. 환기하고 싶지 않은 부끄러운 기억이었고 무엇보다 2개월여 후인 1931년 9월 일본이 만주사변을 일으키면서 국내외적으로 이 사건을 전면화하기 껄끄러운 상황이 전개된 것도 원인일 수 있다. 그런 중에도 중국의 외교적 압박으로 피해 사실은 상당히 정리되었지만 가해자인 조선인 문제는 여전히 들추지도 드러내지도 않은 채였다.[74]

조선의 지식인들과 지도층은 민족주의가 과잉된 것을 부끄럽고 안타깝게 여기면서 전체 조선인, 진정한 조선인과 잘못된 선전·선동·군중심리에 휩쓸려 학살을 저지른 야만적 조선인을 구분하는 것으로 사건을 정리하려 했다. 민족주의의 과잉을 성찰하게 된 것은 의미가 있었다. 그러나 민족주의의 과잉만이 문제였을까. 이론으로서 그리고 이데올로기로서 민족주의 과잉 때문이라기보다 식민지민에게 누적된 감정, 심리, 소외의 문제를 성찰하는 것이 더 합리적일 것이다.

세기말~20세기 전반기에 형성된 한국의 민족주의는 민족적national이기보다는 종족주의적ethno-centric으로 발전해 왔다. 대포와 거대한 흑선黑船의 위력과 위용에 놀라 겁먹은 채 제국과 조우한 약소국민이 갖게 된 민족주의는 적대해야 하고 싸워야 하는 상대가 있는 민족주의, 즉 타자지향적인 것이 될 수밖에 없다. 국가 부재상태에서 '민족'이라는 개념하에 뭉치고 연대해야 했으므로 이들에게는 정치적 운명공동체의 강고한 연대를 가능하게 하는 원초적이고 생체적生體的(신체적)이며 모욕의 일상을 공유하는 동종同種/족族/의식이 민족주의였다. 식민지민의 동족의식이 민족주의이며 이때의 민족주의는 사상과 이념으로서가 아닌 구체적이고 직접적인 일상 경험을 통해 실감되고 감정적으로 체감되며 신체화되는 민족주의이다.

민족주의는 식민지민의 사고, 느낌, 행위, 의식, 가치관과 도덕에 방향을 제시하고 힘을 주는 감정구조로 존재하는 것이다. 그런 관점에서 한국의 민족주의를 종족적인 것, 혈연적이고 열정적이며 감정으로 보는 시각은 상식이 되어야 한다.[75] 구조화된 감정상태로 존재하는 민족주의란 애초부터 그랬듯이 자신의 삶과 안전, 생명을 위협하는 적대적인 타자를 향한 저항적 종족주의로 모습을 드러낸다. 민족감정은 원초적이고, 이분법적이고, 비이성적이며 감성적, 본능적으로 표출될 수밖에 없다. 동족공동체가 공유하고 있는 식민지민적 동질성은 동정과 연민에 기반한 연대를 생성하고, 위협적 타자에 대해 경계를 늦추지 않게 하며, 즉각적이고, 공격적이며 자기중심적인 감정을 분출하게 한다.

삶의 모든 면에서 불안과 불안정을 안고 살았으므로 적대적 타자에 대해서는 빠르게 대항적 에너지를 끌어내지만 타자가 부재할 때 그 적대의 에너지는 자기 자신, 가족, 이웃, 마을, 지역의 구체적이고 사적인 이해를 위해 투입된다. 국민국가 경험의 부재는 공과 사, 국가와 시민사회, 개인과 국가의 역할과 기능에 대한 합리적 이해를 방해하기 때문이다. 민족과 나(사적 영역) 사이에서 중간자 역할을 해야 할 공적, 공익적, 공리적 관념들은 모호해진 대신 그 자리에 폭력과 모욕으로 구조화된 감정이 들어서는 것이다.

민족주의의 과잉이 문제의 본질이 아니라 민족감정이 폭력으로 분출되는 그 심리적, 정신적 메커니즘이 문제인 것이다. 민족주의를 반성하고 부끄럽게 여기는 것은 지식인의 자기성찰이라는 점에서 바람직한 것이지만 중국인 학살에 대한 접근으로는 충분하지 않다. 왜 민족주의가 사흘에 걸쳐 119명의 무고한 중국인, 그것도 갓난아기와 서너 살짜리 유아, 임신한 부녀자와 노인까지 무차별적으로 돌로, 몽둥이로, 불로, 톱으로 공격하는 폭력, 살인, 학살로 분출되었는가 하는 의문에 답해야 하는 것이다.

거리를 뒤덮은 채 찢기고 더럽혀진 엄청난 양의 비단, 광목, 세루 양복지, 일제와 서양제 수입잡화를 가난한 식민지민은 탐하지 않았다. 오히려 그 비싼 상품들을 길바닥에 던지고 부수고 깨트리는 것으로도 분이 풀리지 않아 발기발기 찢고 짓이겨야 했던 분노만 있었다. 사리사욕 따위는 없었고 오직 분노를 분출하는 방법으로서 폭력만 있었다. 만보산사건은 내재해 있던 분노를 폭력으로 끌어낸 도화선 역할을 한 것뿐이다. 한마디로 식민주의와 식민지민이 처한 현실, 고통, 하등민의 위치가 만보산사건이나 《조선일보》의 오보, 민족주의 과잉, 유언비어보다 우선한 요인이었다.

대중잡지 《별건곤》(1927. 8) 〈의분공분심담구상 통쾌義憤公憤心膽俱爽痛快!! 가장 통쾌痛快하엿든 일〉에 실린 식민지 명사들의 이야기가 이 학살과 폭력, 공격성을 이해하는 데 유용한 단서를 준다. 이 기사는 당대 언론계, 문학, 법조계, 학계 전문 등 이름깨나 날린 명사들(김병로, 최남선, 한용운, 권덕규, 박팔양, 유광열, 김기진, 박영희, 심훈)이 자신들이 경험한 가장 통쾌했던 일을 소개한 것이다. 한 가지 공통점은 이들이 "조선 사람으로서 통쾌한 일도 느꼈던 적도 별로 없었다"고 전제하고 이야기를 시작한다는 것이다. 또 어린 시절과 청년기에 읽고 보았던 소설과 역사적 사실을 접하면서 가졌던 통쾌감을 거론하는 이도 적지 않다. 중국의 《수호지》, 외국과의 전쟁에서 승리한 역사, 동학혁명 때 탐관오리를 숙청한 일, 대원군의 서원 철폐 등 역사적 사건이나 소설 속 장면에서 대리만족하기도 하고 기자, 변호사, 의사는 직업에서 얻었던 보람이나 성취감을 언급하기도 했다.

이 중 주목되는 몇 사람이 있다. 시인이자 독립운동가, 승려인 한용운(1879~1944)은 "평생 통쾌한 일이라고는 보지를 못했다"면서 《수호지》의 몇 대목을 사례로 들었다. 힘없는 약자가 핍박 끝에 탐학 관리나 세도가를 참혹하게 응징하는 대목을 꼽은 것이다. 단순한 응징이 아닌 '참혹한 응징'에 방점을 두었음은 물론이다. 기자이며 모더니스트 시인인 박팔양(1905~1988)도 서두에서 "기자생활 중 통쾌한 일은 그야말로 한 번도 없었다"고 밝히고 그럼에도 직업상 유쾌하고 재미있는 일이 있기는 했다고 했다. 그것은 "피압박층의 제諸 운동을 사실대로, 당국의 허용 범위 안에서 보도한 것"이다. 그리고는 운동 사실을 보도하는 것은 단지 유쾌한 데 그치며 이것이 통쾌가 되려면 일보 더 나아가서 "피압박층의 일부가 정규의 어떤 반항이 아니

라 발작적으로 히쓰테리칼하게 반항의 소리를 지르는 때, 또 불의의 압박에 대해 돌발적 폭행이 일어날 때, 소위 의분에서 일어나는 행동"에서 통쾌미를 얻는다고 했다. 사실 (그런 통쾌한 일은 검열상 말하지 못하지만) "재판장에게 경어 사용을 요구하고 자신은 신문, 기립, 선서를 거부하는 아나키스트이니 '너お前'라고 부르면 답변하지 않겠다고 재판장과 대등한 지위를 요구하는 사회주의자의 공판을 보도할 때 말할 수 없는 통쾌미를 느꼈다"고 고백했다.

사회주의자이고 문학자인 박영희(1901~?)의 통쾌감은 더 극단적이다. "우리 생활에 통쾌한 일이 있었든가?"라고 반문하면서 〈독일남獨逸男 힌케만〉이라는 희곡을 보았을 때 통쾌했다고 했다.[76] 전쟁에서 생식기를 잃은 힌케만이 제대 후 빈곤에 시달리다가 연극 무대에서 연기하는 한 장면에 꽂혔다는 것이다. 주인공이 "살아 있는 쥐를 군중 앞에서 선혈이 낭자한 채 뜯어 먹는 참담한 광경이 전개되는 장면에 세계와 인간을 저주하는 폭백暴白"이 있어서 통쾌했다고 했다. 또 《개벽》에 연재된 〈인조노동자RUR〉의 3막에서 공장의 노예들이 자본주, 공장주에게 반란을 일으켰을 때 통쾌했고,[77] 소설 《정글》에서 미국에 이주한 리투아니아 출신 노동자가 일자리를 미끼로 아내를 농락한 십장에게 분노를 터뜨리며 폭력을 행사하여 피가 낭자하게 흐르는 장면도 통쾌했다고 꼽았다.[78] 천도교 문화운동의 주요 인물인 박달성은 아직까지 통쾌감을 경험해보지 못했다면서 고대 중국사의 몇 장면을 들고 조선 역사에서는 논개, 홍경래, 동학군이 통쾌했다면서 이렇게 부언했다. "본성이 악해서 그런지 대파괴가 있을 때는 반드시 통쾌하다. 대사건(홍수나 화재 등)이 발생해서 (신문의) 초호初號, 호외가 빗발칠 때 통쾌하다"고 했다. 또 자신이 꾸는 꿈을 이야기하며 속내를 드러낸다. "자객과 싸우다 그놈을 찔러 죽이고, 경찰서에 붙들려 가다가 순사를 찔러 죽인 후 심산유곡으로 달아나다 잘못해서 층암절벽에서 떨어져 전신이 콩가루 될 뻔하다가 번쩍 깰" 때 "에! 시원하다"는 말이 절로 나오고 아릿자릿하면서도 통쾌하다는 것이다. 그리고 학생 때 사소한 일로 불평이 대발大發하여 주먹으로 선생을 때리고 무기정학을 받은 후 분김에 금강산에 가서 동해를 내려다봤을 때가 통쾌했다고 회고했다.

이들의 통쾌는 분노를 드러냈을 때, 히스테리칼하게 소리지르며 공분公憤을 터트리거나 압박하는 대상에게 폭력을 행사했을 때, 선혈이 낭자하도록 칼로 찌르고 베고 배를 가르는 폭력, 노예의 반란, 대량 파괴, 피압박민의 발작적인 반항, 자본가·경찰·압박민족·불의한 강자를 향해 약자가 일시에 돌발적으로 폭력을 행사하는 순간이다. 상이군인 '독일남 힌케만'이 산 쥐를 물어뜯으며 자신의 분노를 표출할 때 통쾌감을 느끼는 식민지 지식인들이었다. 이들은 압박받고 착취당하는 약자들이 온갖 수모와 고통을 견디다 마침내 비명과 고함, 발작적 폭력, 솟구치는 피, 파괴, 혁명, 반란, 응징과 처벌을 시행할 때 정의가 구현되는 쾌감을 느낀다. 국가도, 군대도, 구원세력도, 경제력도, 문명도, 과학기술도, 지식도 갖지 못한 식민지민은 폭력만이 유일한 정의구현의 방도라는 현실인식에 도달한다. 그렇지만 폭력은 비인도적이고 반문명적인 행위이기 때문에 악몽을 꾸고 대리만족을 하면서 때를 기다리는 것이다.

식민지민의 히스테리는 그렇게 발작의 순간을 기다리며 발톱을 감추고 있다. 평양사건 혹은 조선사건, 중국인 대학살사건은 이렇게 분출되기를 기다리면서 고통받았던 식민지민의 현실 같은 악몽이다.

불자佛子였던 한용운은 그런 점에서, 식민지민의 히스테리가 종교적 구원보다 더 깊고 근원적인 고통임을 일깨운다. 《수호지》의 무송이 산에서 호랑이를 때려죽인 일이 통쾌하고, 노지심이 참선 수행하는 선객禪客의 입에 강제로 돼지고기를 쑤셔 넣고 문지른 일, 그리고 임진왜란 때 사명대사가 가토 기요마사加藤清正에게 "네 대가리를 가져 가겠다"고 호언하면서 죽음에 이른 역사적 장면이 통쾌했다고 꼽은 것이다.

식민지민의 무의식은 이렇듯 피가 흐르고 신체가 부서지는 폭력, 공격, 반란, 혁명의 무의식이다. 반드시 한번은 폭력적으로 가해자를 응징하고 부숴 버려야 사라질 악몽을 꾸고 있는 것이다. 악몽은 자신을 개돼지로 취급했던 가해자를 무릎 꿇리고 응징하는 폭력으로 해소될 수도 있지만 그것이 지체되는 동안, 자신의 존재감, 정체성을 다시 정립하기 위해 그리고 자기를 보호하고 방어하기 위해 신경증의 한 가지 증상인 나르시시즘에 의존한다. 성공, 승리, 부, 권력과 지배자를 욕망하고 타자와의 비교를 통해서 우위를 확신할 때, 비록 일시적이지만 존재적 안정감을 회복하는 식민적 주체성colonial subjectivity이 구성되는 것이다. 이 나르시시즘은 폭력적 식민주의와 겹쳐져 있는 근대성, 근대주의, 근대, 물질문명이라는 관념에 뿌리를 내린다.

# 폭력과
# 호환된 소비
# 그리고
# 나르시시즘

비교의 욕망에 사로잡힌 식민지민
근대성이라는 근원적 공포와 히스테리
혼란스러운 '근대 레시피'
타인의 시선에 과민한 식민지민의 인상학

# 10

한국에서 근대는 서구 열강과 일본의 군사력과 기술, 국력에 압도당한 채 위기의 국가를 일으켜 세우고 독립을 위해 문명화가 시급하다고 자각했을 때부터 물질문명화를 의미했다. 서구 열강 중에서도 미국의 기업, 상인, 선교사가 정부의 지지를 받으며 개화기의 변화를 주도했다. 기독교도 부국강병한 나라의 종교였기에 아시아에서 가장 빠르게 개종자가 늘어났고 선교사들은 한국 정부와 인민은 돈과 교회의 영향력에 취약하다는 확신을 가졌다.[1] 미국의 자본, 전기와 철도사업, 수도사업, 석유, 광산, 학교, 교회, 병원, 복지시설은 서구 문명의 이미지를 구성했고, 교육과 계몽, 의료에 주력한 선교사업은 미국에 대해 호의적인 이미지를 심으면서, 형제의 나라로 믿고 의존하게 만들었다.[2]

인류사의 진화와 발전에 비해 자국의 행정, 제도, 경제, 문화, 정신, 도덕 등 거의 대부분이 지체되었다는 자각을 갖게 된 사회에서 문명화 여부는 증기선, 철도, 전선, 우편, 기계, 공업 발전, 자본, 전기, 극장, 양복, 위생, 군사력, 산업화의 유무로 판단되었다.[3] 세기말의 계몽과 교육의 구호는 부국강병을 위해 자신과 민족을 각성시켜야 한다는 혁신의 구호들이었고, 3·1운동을 계기로 분출된 민족개조론, 개조주의, 문화주의, 실력양성주의 또한 물질문명화를 겨냥하고 있었다. 민족성 개조와 자기 혁신의 고통은 물질적 성취와 세계적 보편성을 성취하는 해피엔딩으로 종결되어야 했다. 이것이 식민시기 민족주의 내러티브의 핵심이다. 물질적 및 경제적 성공에 가치를 부여하는 근대화 서사가 개인의 행위와 의식을 추동하는 민족주의의 심장이고 동력인 것이다.

외부인들도 식민지 조선에서는 발전에 대한 목표를 심어 줄 경우 훨씬 자발적으로 전통, 필요(동기), 가치를 변형하는 '이상적인' 상황이 전개되고 있다고 평가할 정도였다. 조선인들은 일본인을 문화 수준과 인종 면에서 비슷한, 경쟁상대로 생각했기 때문에 자기도 할 수 있다는 것을 의심하지 않았고 경제적인 목표를 제시할 때 전통의 변형도 훨씬 용이하게 이뤄졌다.[4] 물질적 문명화는 일본을 이기기 위한 수단이었고 세계적 문명권의 일원이 되면 해방과 독립을 이루게 될 것이라는 소망과도 같은 희망을 품은 것이다.

많은 희생을 치른 만세운동으로도 독립이 좌절되었다는 실패감은 문명화를 통해 독립을 성취한다는 민족주의 노선으로 전환되었다. "반드시 신이상新理想 신지식新智識으로 인성人性의 선미善美한 방면을 발달시켜 인류 공존의 대의를 향해 인생의 개조를 성취"할 것을 다짐했고,[5] 이 기조 위에서 교육기관 확충, 물산장려운동, 청년운동, 노동운동, 문맹퇴치운동, 농촌진흥운동도 수행되었다. 문화적, 정신적 민족운동을 통해 문화 발전과 생활수준 향상을 이루어 인류 발전에 공헌하는 것이 세계적 대조류에 동참하는 길이라고 간주했다. 1920~30년대 민족주의는 세계주의(코스모폴리타니즘)의 노선이었다.[6]

구한말 이래 문명(개화)론은 한국인의 가장 절박한 의지이자 욕망으로 구조화되었던 것이다.[7] 제1차 세계대전을 계기로 서구에선 물질주의, 자본주의, 경쟁적 성장주의, 과학주의와 기계주의, 도시화에 내재된 반인간주의 속성을 반성하는 신낭만주의와 문화주의운동이 일어났다. 근대성의 변화가 물질적 문명화에 기울어져 사회 발전과정에서 문화적 고려가 상대적으로 빠져 있다는 반성이었다. 문화가 없는 문명이 결국 인류의 참사인 세계대전으로 귀결되었고 서구는 몰락했다는 성찰이 문화주의를 대안으로 모색하게 한 것이다.[8]

문화주의는 근대 문명이 자연 정복을 거듭하면서 실용성과 기계공학의 세계가 되었고 창조적 영성, 신앙, 예술은 그러한 근대의 발전과정에서 배제되어 서구의 몰락을 초래하게 되었으므로 이제 물질세계는 생명의 자연성과 본능이 살아 있는 문화의 적극적 개입에 의해 재구성되어야 한다는 사상이다.[9]

이러한 문화주의적 성찰은 프랑스 계몽주의 문명론에 강한 거부감을 가졌고, '유럽의 예외'로 취급되던 독일에서 세를 이루었다. 프랑스 문명론은 인본주의, 자유, 이성, 행복, 아름다움, 정의, 평화를 말하고, 이를 보편화한다는 명목으로 세계전쟁도 불사한다는 점에서 반인간적이며, 보편이 아닌 프랑스 문명론일 뿐이라고 비판했다.[10] 프랑스 합리주의 문명이 지성적으로 구성된 세계라는 점에서 인간에게 유용한 것은 분명하지만 이것을 다른 사회로 확장하는 것—동화주의 또는 보편주의—은 그 사회가 본래 가진 합리성, 즉 이미 자신들의 종교, 사유방식, 예술과 미학, 시간성, 지역성이 내적으로 연관되어 있는 고유의 합리성을 부정하는 것이다. 따라서 근대 합리주의와 물질주의적 발전은 그 사회에서 특수하게 형성된 직관, 영혼, 정신의 문화 영역에 의해 조절되고 재구성되어야 한다. 문화가 사회 발전과정에 아무런 역할도 할 수 없는 사회는 새로운 시대의 감수성을 생산할 수 없는 사회이며 창조의 동력 또한 재생산되지 않는 사회일 뿐이기 때문이다.[11]

이러한 독일식 문화주의의 문제의식은 하버마스Jürgen Habermas의 '미완의 근대' 논의에서 현대적으로 인용되고 해석되었다. 그는 포스트모더니즘을 자본주의 경제 발전에서 문화 영역의 개입을 배제한 신자유주의적 현상일 뿐 계몽주의에 기반을 둔 낭만적이고 창조적인 근대성은 아직 완전히 구현되지 않았다고 주장했다.[12] 근대성의 완성은 인지적-도구적, 도덕적-실천적, 미학적-표출적 합리성의 동시적 발전을 통해 일상 및 사회적 생활의 합리화가 구현되는 것, 즉 문화적 근대성을 성취하는 것이지만 20세기는 이 세 영역을 분리해 놓았고 그나마 각 영역을 해당 분야 전문가들이 관장하도록 함으로써 유동성과 쾌락주의, 일시성을 찬미하는 포스트모더니즘을 부추겼다는 것이다. 부분적 자율성만을 가진 전문가들은 서로 격리된 채 전적으로 경제적(자본) 및 행정적(국가) 합리성에 끌려다니고 추동되었다. 행정 및 경제논리가 지배한 20세기가 신자유주의체제로 귀결되었고 포스트모던 문화현상을 떠안게 된 것은 필연이었다.[13]

그러나 조선의 문화주의운동은 세계적 사조로서, 문명주의의 대안을 모색하는 사회사상으로서의 문화주의와는 다르게 전개되었다. 조선에서는 과학과 합리주의에 기반한 물질적 문명화를 비판적으로 성찰하지 못했다. 일본에서도 문명개화는 유럽의 물질문명, 과학적 합리성과 산업혁명의 성취를 의미했으므로[14] 일본을 통해 서구를 중역重譯 수입했던 식민지에서, 더구나 자력으로 물질문명의 성취를 경험한 바 없는 식민지에서 반자본주의, 반물질주의, 반기계주의, 반인공주의의 전후戰後 사상은 이해하기도 수용하기도 어려웠을 것이다.

식민지 조선을 풍미한 1920년대 문화주의는 세기말 이래 물질문명주의의 문명론의 근간을 그대로 계승했으며 이 물질문명의 발전을 위해 개인들의 의지, 실력, 문화력을 개조하자는 운동으로 변용되었다. 문화주의를 구호처럼 외치며 문화주의 용어로 물질문명론을 역설하는 도착倒錯과 아이러니의 시대였다.[15] 문화주의는 말 그대로 과학적 기계주의와 도구적 합리성이 주도하는 물질문명주의와 거리를 두는 운동이고 사상이었으므로 서구 근대성에 압도된 식민지민에게는 문명의 트라우마를 극복할 수 있는 계기를 내포하고 있었다. 그러나 근대성에 압도되어 자기 문화의 모든 것—역사, 과거, 종교, 지식, 가치와 규범 등—을 부정하고 폐기하며 절멸을 주저하지 않던 식민지민에게 문명 비판의 문화주의는 애초에 뿌리 내릴 수 없는 사상이었다. 식민지민에게 주어진 것은 문화 영역뿐이었고 사람들은 문화를 통해 물질적 풍요와 부국강병을 욕망했을 뿐이다.

## 비교의 욕망에 사로잡힌 식민지민

파농이 식민지 알제리 흑인들의 임상 분석을 통해 도달한 명제 '니그로는 비교이다The Negro is comparison'는 서구 문명과 인종주의를 내면화한 식민지민의 트라우마와 콤플렉스를 함축적으로 드러낸다.[16] 식민지 흑인의 백인과 서구 문명에 대한 동경과 욕망은 그 자체로 자기 민족의 야만성-흑인성에 대한 열등감과 짝을 이룬다. 그리고 열등하다고 간주되는 동포들과 자신을 비교하면서 제국의 언어를 모국어처럼 말하고, 근대 교육을 받고, 서구적 매너와 스타일을 체현하고자 한다. 그리고 여전히 미개한 상태의 동포에 대한 자신의 비교우위를 확인하면서 나르시시즘에 빠진다.

어느 면에서 비교우위를 확인하는 나르시시즘은 식민지민이 살아갈 수 있는 힘이다. 신경증의 하나로서 나르시시즘은 불안 증상과 마찬가지로 모든 살아 있는 생명체가 보유하고 있는 자기보존 본능이기 때문이다. 프로이트에 의하면 나르시시즘의 임상적 증상은 외부세계에 대한 외면 그리고 과대망상증으로 나타난다. 다른 말로 하면 나르시시즘은 외부 위험으로부터 도피하기 위한 심리적 메커니즘이다.[17] 또 나르시시즘의 환상은 실제 현실과 구분되지 않는다. 그래서 프로이트는 현실성이 없다는 이유로 환상의 중요성을 과소평가해선 안 된다고 했다.[18]

식민지민이 지각하고 경험하는 외부 위험은 직접적인 폭력에서 암시적인 차별에 이르기까지 다양하고 체계적이지만 그중에서도 가장 근본적인 위협은 자신의 정체성이 모호해지는 경험이다. 자아정체성, 민족정체성, 문화정체성, 그리고 사회적 정체성이 외부의 시선과 힘에 위협받을 때 그의 존재적 안정감도 흔들리고 붕괴되기 때문이다.

식민지민과 조선인이라는 범주는 미개하고 약소하며 열등하다는 낙인이기도 한 때문에 그의 정체성과 존재적 안정감은 애초 불가능하다. 사회에서 '비정상'·'탈선자'의 낙인stigma이 찍힌 사람들의 정체성에 대한 고프만E. Goffman(1963)의 통찰은 비교에 집착하며 신경증적 나르시시즘으로 도피하는 식민지민의 내면을 이해하는 데 도움이 된다. 고프만에 의하면 낙인은 사회적 지위보다는 사회적 정체성과 관련된 문제이다. 사회적으로 통념화된 특정 집단, 계층, 민족에 붙여진 낙인은 그 집단범주에 소속된 사람들을 개별자로 인식하는 것이 아니라 집단에 붙여진 낙인, 즉 바람직스럽지 않은, 나쁘거나 위험한, 심약하거나 믿을 수 없는, 잔인하거나 게으른, 이기적이거나 분파적인 등의 속성으로 파악해 버리기 때문이다.

조선인은 조선인일 뿐 다른 사람과 구분되는 독자적 개성을 가진 ○○○은 전혀 관심의 대상이 아니며 고려할 가치도 없다. 그는 그에게 붙여진 민족이라는 집합적 낙인에 의해 이미 간파되고 있다. 낙인이 그의 사회적 정체성인 것이다. 그리하여 식민지민은 식민주의가 그에게 부여한 사회적 정체성에 합당한 모욕, 외면, 불신, 배제, 차별을 받으며 그 자리에 고정된다. 그리고 그렇게 고정된 자기 자리에서 벗어나는 것도 허용되지 않는다. 그러나 이 낙인은 정복민족과 식민지민 사이에만 작동하는 것은 아니다. 낙인이 각인된 계층, 계급, 민족 안에서도 서로를 무시하고 경멸하게 하는 효과를 발산한다. 사회적으로나 심리적으로 낙인을 공유한 자들과 동일시할 수밖에 없음에도 불구하고 그들과 동일시하지 못하기 때문에 언제나 중심을 잃은 채 흔들린다. 동포의 행위에 수치심을 느끼기도 하지만 한편이 될 수도 또 무관해질 수도 없는 상태, 즉 양가성의 분열적 상태에서 부단히 갈등하고 동요하는 것이다.[19]

1920년대 초 새로운 시대를 모색하는 조선인(지식층 또는 지도층)들 사이에서 자기 망각, 자기 경멸, 자기 모욕의 기괴한 암시적 병증이 유행하는 것도 모자라 특히 민족에 대해선 거의 멸시에 가까운 태도를 드러내는 경향이 관찰된다. 그런 자들은 조국에 대해 악언惡言하고, 민족성[種性]을 천시하는 것을 마치 큰 이익이나 자랑처럼 여기는 사람들로, 시대의 현상처럼 불거지고 있었다.[20] 민족성에 대한 부정과 비하는 사회주의자건, 민족주의자건 식민지 지식인들이라면 외면하기 어려운 유혹이었다. 어느 면에서 식민지의 먹물깨나 들었다는 식자층은 조선과 조선인을 매도하고 질타하는 것을 사명으로 알았다.[21] 낙인을 가진 식민지민이 동족의 낙인을 확인하며 중심을 잃고 흔들린 것이다.

낙인은 식민주의체제에서 생성된 것이 분명하지만 그것이 시작은 아니다. 거슬러 올라가면 이 낙인은 파농이 일깨웠듯이 서구 근대의 합리주의 문명과 조우하면서 시작되었다. 1950년 잡지 《민족문화民族文化》(1950. 1)에 실린 작자 미상의 제목도 없는 4연짜리 시는 '나는 푸른 항만港灣의 숨통을 해방한다. 나는 서양의 동경憧憬을 연결한다'로 시작해서 '난 위대한 원시인이다. 난 위대한 문명인이다. 서건 눕건 난 위대한 노예다'로 끝난다. 그는 서양을 동경하는 자로서 규율과 섭리 앞에 순종하고 배신을 모르는 원시인, 문명인, 노예이기도 한 정체성의 분열을 토로하고 있다.[22]

조선인은 서구 근대와 조우하는 순간부터 원시인이었다. 서구 근대성에 대한 열등감과 욕망은 식민자 일본의 문명과 일본인에 대해 존중하기보다 오히려 경쟁해 볼 만한 상대로 인식하게 했다. 일본은 근대의 원산지가 아니었고 또 임진왜란 이래 수백 년에 걸쳐 왜소한 왜구로 간주해 온 상대였다. 또한 조선에 이주한 일본인들은 대개가 영세 상인들이었다. 개화기에는 히로시마·시모노세키 출신 어부, 목공, 인부 등 극빈층 낭인들이 주를 이루었고 이들은 조선인을 상대로 사기, 고리채, 유흥업, 매춘업 등을 일삼아 원성을 샀다. 식민시기에는 규슈 출신이 많이 들어왔으나 조선인은 이들도 민도民度 면에서 경쟁해 볼 만한 상대로 여겼다.[23] 근대는 서구, 이성주의 그리고 백인의 문명이었다. 조선인을 원시인으로 규정한 것은 근대의 이성주의였던 것이다.

1948년 반민족행위 진상규명보고서는 친일파 중 '피동적으로 활동하는 체'하는 사람들에 대해 이렇게 언급했다. "원래 미국과 영국에 호의를 가졌고 일본에 호감을 갖지 않았다. 또는 친미 배일사상의 소유자였으나 위협에 공포를 느끼고 직업을 유지하기 위해 과도한 친일적 태도나 맹종에 가까운 협력을 한 자들"로서 장덕수, 유진오, 김활란, 주요한 등이 이에 해당한다고 서술했다.[24] 친일을 하면서도 동일시했던 대상은 미국인이었던 지식인들이 있었고[25] 제국의 수도 동경에서 금발의 미국 소녀 메리를 짝사랑한 김동인이나 염상섭 같은 작가들이 있었다.[26] 짐승의 눈 같다고 무서워하고, 흉하다고 하는 사람도 있었지만 어렸을 때부터 '서양 여자의 푸른 눈'을 좋아한 화가 안석영安夕影의 심리에서 우리가 간파할 수 있는 것은 미국, 메리, 금발, 푸른 눈에 대한 동경과 그들의 아름다운 자태가 상징하는 서구 근대성을 향한 욕망이다.

사회주의자 허헌(1885~1951)은 1926년 5월 일본 요코하마에서 배편으로 하와이로 떠나는데 약 14일이 걸린 여정 중에 오직 영어 공부에 열중하느라 객실에만 박혀 지냈다. 그의 영어 공부 편력을 보면 당시로는 드물게 기간도 길고 서양인에게 개인교습을 받는 등 학습 환경도 좋았다. 청년 시절엔 또래들이 그러했듯이 관립 한성외국어학교(1906~1911)에서 미국 초등학교용 교과서인 《나쇼날 독본*The National Reader*》 5권을 배웠고, 그 후 영국, 미국, 프랑스, 독일에 갈 생각으로 영국인과 미국인에게서 영어 개인교습을 받았다. 일본에서 메이지明治대학을 다닐 때도 열심히 공부해서 영자신문을 거침없이 읽을 정도가 되었다. 하와이로 떠나기 전 서울에서 영어를 다시 공부했지만 '서양 가서 코 큰 벽안노碧眼奴'의 생활을 할 걱정에 혼자 영어 공부에 시간을 쏟았다. 하와이 교포 방문을 마치고 다소 여유가 생긴 듯 샌프란시스코로 가는 배 안에서는 "꽃같이 어여쁜 백인 여자들을 보며 실로 장관"이라고 감탄했다. 대패로 민 듯 간 듯하게 생긴 두 종아리를 내놓고 방글방글 웃고 속삭이는 모습을 보며 "다시 젊어져 연애하고 싶다"는 브라우닝R. Browning(1812~1889)의 시처럼 한 번만 젊어지고 싶은 생각에 가슴이 타올랐다. 나비 같은 그네들을 보면서 한참 땀을 뺐다고 회고했다.[27] 20세 전후부터 줄곧 영어 공부에 열을 쏟았던 40대 초반의, 식민지 초엘리트라고 할 변호사이며 사회주의자인 허헌이 백인 여자들을 보며 연애하고 싶은 욕망에 땀을 뺐다는 고백에서 근대에 대한 열망이 백인 여성에 대한 연모의 감정으로 표출되는 식민지 지식인 남성의 내면을 마주하게 된다.

백인을 정점에 둔 인종주의, 서구중심주의, 근대성과 물질문명을 향한 욕망은 그것들에 대한 흉내mimicry를 실행하고 수행하는 식으로 근대성을 성취하려는 욕망으로 표출된다. 흉내 내기는 서구 근대성에 대한 숭배와 자신의 과거와 민족성 전부에 대한 부정이 동시적으로 공진供進하는 양가성의 공간에서 일어나기 때문에 모방을 통한 식민지민의 정체성 구성은 틈새, 과잉, 차이, 균열을 남긴다. 그의 흉내는 애초부터 번역 불가능한 것의 흉내였기 때문이다. 그리하여 정체성은 균열을 간직한 채 불확실한 것이 되고 만다. 이 불확실성은 식민지민의 정체성을 '미완의 가상적인 존재'이자 '부분적 현존재'로 만든다. 흉내 내기는 자신의 흠집을 감추는 '미완의 가상假想/假像'인 동시에 그가 흉내 내는 것은 전부가 아닌 단편이거나 파편이고 미지의 것일 수밖에 없기 때문이다. 그러므로 정체성 효과는 언제나 결정적으로 분열적이며 나르시시즘과 편집증이 쌍을 이루어 걷잡을 수 없게 된다.[28]

파농에 의하면 식민지민은 식민주의의 폭력과 모욕으로 피부 아래 적을 향한 공격성과 히스테리를 간직한 자이다. 해체되고 부정된 사회적 정체성을 새롭게 복원하기 위한 흉내 내기에도 공격성과 히스테리는 잠복해 있다. 근대성의 부분적 흉내 내기로 문명화를 일부 성취해도, 아니 그 때문에 공격성은 사라지지 않고 치유되지도 않는다. 그의 정체성은 끝없이 깊은 심연abyss을 숨기고 있다.

이렇게 보면 서구 근대의 이성주의 문명은 황인종 식민지민에게는 폭력이다. 갈퉁J. Galtung(1990)의 개념을 빌리면 그것은 정확히 문화적 폭력cultural violence이다. 갈퉁은 세계에서 지속되는 폭력의 구조를 간파하기 위해선 폭력을 직접 폭력, 구조적 폭력 그리고 문화적 폭력의 세 수준으로, 즉 폭력의 3각 편대triangle라는 큰 프레임으로 접근할 것을 제안한 바 있다. 구체적이고 직접적으로 발생하는 직접 폭력, 그리고 중심부에 의한 주변부, 약자, 소수자에 대한 착취를 장기적으로 지속되게 하는 구조적 폭력은 익히 알고 있는 폭력 유형들이다. 중심의 주변, 제국의 식민지, 강자의 약자, 주류의 소수자에 대한 착취의 지속은 그것을 가능하게 하는 시스템이 공고하게 작동하고 있기 때문에 구조적 폭력이지만 구조는 주체에 의해 전복될 수 있다는 점에서 영구적인 것은 아니다. 파업, 노동혁명, 반란, 봉기와 소요, 대중시위를 통해 착취와 폭력의 구조는 해체하거나 혁신할 수 있는 것이다. 구조적 폭력은 부침이 있다.

문제는 문화적 폭력이다. 갈퉁은 인간 존재의 상징 영역인 문화,

즉 종교, 이데올로기, 언어, 예술, 실증주의 사회과학, 논리학 등 형식과학이 구조적 폭력을 정당화하고 합법화하고 있다며 이를 문화적 폭력이라 했다. 문화적 폭력은 행위의 도덕성을 판단하는 기준을 바꾸고 현실을 흐릿하게 만들어서 폭력을 보지 못하게 하거나 최소한 느끼지 못하게 하는 방식으로 구조적 폭력을 장기화, 정당화, 합리화한다. 착취당하는 하층부의 빈곤, 기아, 질병, 그리고 약자를 비참하게 만드는 착취구조가 문화적 폭력에 의해 거의 영구적으로 지속된다는 것이다. 그리고 폭력은 대항적 폭력을 일으키기도 하지만 동시에 무력감, 박탈감과 좌절, 희망 없음의 증상을 초래한다. 이러한 심리적 내상內傷이 결국 자아를 향한 공격성으로, 그리고 외부를 향한 무관심과 포기의 증상으로 나타난다고 경고했다.[29]

서구 근대의 이성주의와 물질문명은 식민지민에게는 문화적 폭력이다. 일본이 조선을 구원하기 위해서는 식민지배 외에 방법이 없으며 식민통치를 통해 문명화를 이룩하겠다는 '문명화 사명론'을 내세워 서구 열강으로부터 식민지배를 인정받았을 때부터 문명은 식민자의 직접 폭력을 정당화하고, 착취와 수탈구조를 합법화했다. 권력과 권위를 가진 강자가 약자에 대해 착취와 폭력을 행사하는 것을 당연하게 받아들이는 세계관, '세상은 다 그런 것' '어쩔 수 없는 현실' '세상은 변하지 않는다'는 식의, 반쯤 눈을 감아 버린 도덕적 판단 기준이 작동하면 구조적 폭력은 장기화된다. 수동적이고 무기력한 주체야말로 강자의 영구적 권력기반이기 때문이다.

문명의 차이가 세력과 힘의 차이가 되고 지배와 피지배관계로 귀결되는 20세기 문명론의 뿌리가 깊을수록 적자생존의 세계에서 성공한 강자에 대한 숭배cult도 깊어진다. 강자의 권위, 힘, 세력에 대한 순응과 복종에서 존재의 안정감을 갖는 권위주의 문화가 안착되고 구조적 폭력은 멈추지 않게 되는 것이다.

## 근대성이라는 근원적 공포와 히스테리

파농은 식민지의 문제는 경제적 소외에서 기인하는 심리적 소외와, 정복자의 문화체계에 의해 열등한 자로 규정되는 인종주의적인 지적 소외라고 단정했다.[30] 모든 식민지 주민들은 자신의 문화가 능욕당하는 것을 바라보면서 열등감을 각인하게 되며 (타자에 의해 규정된) 야만상태에서 벗어나기 위해 스스로를 비난하기에 이르는데 이는 서로 다른 세계에 존재하는 두 타자와 동시에 조우한 상태에서 자기정체성을 구성하기 때문이다. 이 중 하나가 자신에게 힘의 열세와 열등감을 각인시켜 준 식민자-정복민족이라면 다른 하나는 자신의 우월성을 확인시켜 줄 야만인(동물)에 불과한 자기 동족이다.[31]

파농이 주인과 노예의 관계로 설정한 식민자-식민지민은 백인과 흑인이다. 흑인이 상상하고 소망하는 이상적 자아상은 주인인 백인이며, 동종同種의 흑인은 자신의 위상을 비교 측량할 수 있게 해 주는 존재, 낙인찍힌 동류同類의 타자이다. 이처럼 그는 언제나 비교 대상이 되는 타자가 현존할 때만 자신의 사회적 위치와 정체성을 평가할 수 있다. 외부의 타자 없이는 자신의 자아상을 정립할 수 없는 상태는 중심이 없이 결핍되고 텅 비어 있는 정신의 상태를 가리킨다. 그래서 식민지민은 비교에 집착한다. 비교에 집착하는 신경증을 일으키는 사회가 식민지 사회인 것이며 이때의 신경증은 나르시시즘의

증상을 수반한다.[32]

열등감과 인정받고자 하는 욕망(우월감의 확인)이 신경증적 나르시시즘으로 발전하는 것은 식민지민이 여러 개의 경계선으로 구획되고 서열화된 위계적 차별체계에서 살아가기 때문이다. 식민지민은 처음부터 자기들에게 허용된 경계를 넘지 않도록 은밀히 강제되고 강박된다. 식민자들이 거주하는 구역을 중심으로 안과 밖, 중심과 주변을 나누는 구획선이 선명해질수록, 할 수 있고 될 수 있는 것과 할 수 없고 될 수 없는 것 사이의 경계가 뚜렷할수록 식민지민은 발산하지 못한 공격성을 동족에게 드러내 보이는 한편 식민자-정복자에게는 적대와 동경을 동시에 보낸다. 그러나 이 양가적인 감정과 심리상태는 순탄하게 공존하지 않는다. 식민지민은 그 양가성으로 인해 저주와 같은 죄의식을 갖게 되며 히스테리적 민감성으로 발작한다. 파농의 임상적 진단에 의하면 식민지민 흑인은 피부 아래 공격성을 억누르는 근육의 떨림이 머물러 있다. 그의 영혼은 위축되고 대신 에로티즘을 통해 히스테리성 민감성을 충족하고자 하는데, 흑인이 춤추기에 몰입하거나 잦은 귀신들림(빙의)과 같은 증상에 시달리는 것은 공격성을 다른 형태로 분출해야 하기 때문이다.[33]

식민지 조선인의 피부 아래에 도사린 공격성은 어떤 히스테리와 민감성으로 표출될 것인가. 사회가 불안정할 때 개인에게 가장 문제가 되는 것은 자신의 정체성이다.[34] 식민화는 모든 사회구성원들에게 자신의 정체성이 무엇인지를 질문하게 하고 의심하고 여러 가능성 중 하나를 선택하도록 밀어붙이는 체제라는 것은 의문의 여지가 없다. 근대성은 과거, 전통, 역사를 부정하고 파괴하고 난 후 힘써 도달해야 할 목표가 되었으며 특히 학생, 청년세대에게 강력한 구심력을 발휘했다. 3·1독립운동의 실패는 근대성의 위력에 대한 확신으로 전환되었다.

식민화 처음 10년간의 회의와 절망, 무력감, 일제에 대한 반감으로 아이들의 보통학교 진학도 거부하던 분위기가 일시에 바뀌었다.[35] 만세운동 직후 1~2년간 조선인은 청년은 물론 소년이건 부인이건 새로운 지식을 탐했다. 사람들은 일본서적보다 외국서적을 뒤지고 다녔고, 사회 문제와 정치에도 많은 관심을 기울여 신간잡지 구독 주문이 쏟아졌으며 문학도 통속물보다 세계적 명작의 번역본을 갈구했다. 근대화와 문명화는 부국강병에 도달하는, 검증된 역사 발전의 경로였기에 신지식을 추구하는 대중의 열망은 금지된 정치적 집회 대신에 학술강연회로 쏠렸다.[36] 강연회에 몰린 수많은 군중을 해산시키기 위해 출동한 경찰의 존재는 식민지민의 모든 집단행위가 정치일 수밖에 없음을 나타내는 징표였다.

전과 달리 상투를 튼 사람, 중년 이상의 청중도 다수 참여했고 계급타파, 연합 단결의 말이 나오면 박수갈채가 쏟아졌다.[37] 개조와 혁신, 격변의 사조는 "되든지 못 되든지 성成하든지 패敗하든지 좌우간 무엇이든지 해 보려는 신新 현상"을 연출하여 과거엔 무료강연에도 없던 청중들이 유료임에도 두 배나 늘었다. 무엇보다 새 종교가 발흥하고 각종 청년회가 발흥하여 청년교육에 대한 열정이 높아진 것이 괄목할 변화였다.[38] 기독교에 대한 인식이 급격히 호의적으로 되어 신도가 5~6배 증가한 것도 같은 맥락이었다. 선교사에게서 직접 지식을 배우고 미션스쿨에서 더 많이 공부하기 위함이었다.[39] 일본의 보호통치하에서 애국계몽운동으로 들끓었던 1907년, 전 세계에서 유례를 찾을 수 없는 기독교 개종과 부흥회 열기가 일어났던 것과 다르지

않은 변화였다.[40]

동경유학생학우회 순회강연회가 1920년 7월 18일 경성 단성사에서 개최되었을 때는 수천 군중이 쇄도했다. 신경과민이 된 경찰은 기마 순사를 동원해서 군중을 통제하다가 "독립선전의 혐의가 있다"는 이유로 중간에 강제 해산을 시키고 말았다. 신문은 "지식에 동경하야 쇄도하는 수천 군중" "전후 세계는 자유평등의 전장戰場"의 헤드라인으로 이날의 흥분을 전달했다.[41] 1921년 동경유학생강연단(강원도 홍천) 강연은 우천에도 불구하고 시작 전에 이미 만원이 되어 경관들이 강연장 안팎을 경계하는 긴장된 분위기에서 진행되었다. 약 3시간에 걸친 강연회의 주제는 인생과 교육, 신시대의 신세계, 인류의 자연성과 종교 등이었다.[42] 함흥 영흥청년구락부에서 개최한 여자강연회에는 청중이 쇄도하여 인산인해를 이룬 가운데 '거구취신去舊就新'(옛것을 버리고 새것을 따른다) '나는 어데로 갔나' 등의 주제로 열변이 쏟아졌다.[43] 경성유학생회가 주최한 밀양 남녀현상 웅변대회에서는 12명의 연사들이 "모두 통쾌한 열변으로 현대사조를 통론通論하야" 만장의 박수소리가 끊이지 않았다.[44] 조선학생총연합 발기회에서는 "사상계가 혼란함은 세계적 사실이라 역사적 필연으로 사회의 묵은 조직과 낡은 도덕의 만단의 폐해를 폭로하고 권위를 잃어 새 도덕 새 조직을 낳으려 한다"고 부르짖었다.[45] 교회에서 개최한 안주청년회 강연회는 인격 개조주의를 설파하고 있던 이돈화를 초청했다. 1,500여 청중이 자리를 꽉 채운 가운데 열변을 토한 '현대 청년의 각오'를 들은 청년 제군은 10년 넘게 암흑 한가운데서 취한 듯 앞길 모르고 방황하다가 뇌산흉해腦山胸海(머리가 높아지고 가슴이 바다처럼 넓어지는)와도 같이 일대 전환하야 신문명, 신풍조, 평등, 자유, 신인물新人

物을 자성하게 했다.[46] 개성의 고려청년회는 '개인과 사회'라는 연제하에 개인이 철저한 주의를 실행해야 사회 지배에 성공하는 것이므로 단체의 권위에 맹종하지 말고 자급자결하라며, 근대 개인으로서 세계의 사상을 지배하는 인물들인 루소, 데모스테니스, 맑스, 크로포트킨 등을 언급했다. 그러자 경찰이 치안방해를 이유로 해산을 명했고 강연회는 중단되었다.[47] 평북 정주군의 기독여자전도회에서는 연사가 "자발적 정신으로 맹렬히 대개혁을 할 시기"라고 통쾌하게 논변하자 만장의 박수소리가 천지를 진동케 했다.[48] 안동군 예안청년회 창립총회에서는 "암흑에서 방황하는 청년에게 정신을 일으켜 신풍조의 신인물이 되어야 한다"는 열변이 나왔다.[49]

국문학자 양주동(1903~1977)은 평양고보를 1년 다니다 일본 교육에 불만을 품고 자퇴한 후에 5년간 낙향해 있다가 3·1운동을 계기로 다시 신학문을 배우기로 작정했다. 영어와 수학을 독학한 후 상경하여 중동학교 고등속성과(4년 과정을 1년에 이수하는 과정)를 다녔다. 책상 걸상도 없는 학교에는 전국에서 향학열에 불타는 많은 수재들이 모였고 교사가 가끔 모세의 출애급기를 이야기하면 눈물을 흘리며 들었다.[50] 학교에서 기하를 배우면서 "진실로 서구 문명에 대한 실제적인 경이와 감복"을 경험했고 "그 순간에 여태껏 쌓아 올렸던 동양적, 한문학적인 교양과 그 낡은 사고방식이 일조에 토담처럼 무너짐을 느끼는 동시에 서구적인 과학적 실증적 학풍 앞에 스스로 무릎이 굽혀짐을 실감했다."[51]

《동아일보》의 사설 〈청년남녀의 위기〉(1921. 5. 15)는 그런 점에서 근대체제 안에서 현재의 자기 위치와 중심을 잃은 식민지민의 불안에 대한 고백이다. "급히 몰려오는 세계 사조가 꿈 속에 싸여 있던 조선 사람의 머리에 부딪힘에 어찌된 영문을 알지 못하게 되었다…… 길 잃은 아이가 사방을 돌아보며 어디로 갈까 헤맬 때 주위의 모든 괴물들이 우리를 유인하여 함정에 빠트리는 듯"한 충격, 무력감, 혼돈, 공포, 아노미를 경험한 것이다.[52]

여기서 괴물이 은유하는 것은 세계의 사조, 근대성의 세계이다. 새로운 사조를 알아야 한다는 초조감에 여기저기 신지식을 찾아다녔지만 그것은 여전히 미지의 것이었다. 세기말에 서양인의 에스코트를 하며 생계를 잇던 20대의 조 씨 청년이 부리부리한 눈의 서양인이 책상을 집어 던지며 문명과 도덕을 말하고 조선의 무지와 부도덕을 질타할 때 느꼈던 공포[53]가 20여 년이 지난 1920년대 식민지 청년에게는 사방에 나타난 괴물에 둘러싸여 어디론가 끌려 다니는 듯한 두려움으로 반복된 것이다. 강연을 듣고 외국서적도 사 보고 잡지도 구독하지만 세계의 새로운 사조는 영문을 알 수 없는 것이었다. 말 그대로 '혼돈, 몽롱, 방황의 미분명未分明한 기분'은 어떻게 해도 해소되지 않았다.[54] 1910년대 중반 중학생 소년이 진학 차 서울에 와 처음 거리를 걸으면서 서양의 지식과 과학의 원리를 깨우치리라고 다짐하는 중에 자기만 낡은 채로 있는 것 같아 불현듯 앞에서는 사자가 뒤에서는 호랑이가 쫓아오는 듯한 공포를 느낀 것도 이와 다르지 않다.[55]

자신들만 낙후, 지체, 미개한 채로 있고 세계는 혁신을 거듭하며 향상하는 것 같은 근원적 불안감, 그러나 있는 힘껏 최선을 다해 노력해도 영문(원리)을 파악할 수 없는 식민지 현실에서 불안감은 무력감이 되고 공포가 되었다. 근대, 문명, 신지식은 사방에서 달려드는 사자와 호랑이 그리고 괴물이었다. 조 씨 청년이 자기네 문명을 설명하는 서양인에게서 맹수의 모습을 보고 두려워하면서도 경외감을 가졌던 것처럼 근대도 그러했다.

## 혼란스러운 '근대 레시피'

근대의 문명은 두렵지만 경외할 수밖에 없는 세계, 그리고 반드시 따라잡아야 하는 맹수이고 괴물이었다. 조선의 대중이 문명이라는 괴물 앞에서 혼미한 채 두려움에 떨었던 것은 그들이 근대 세계의 외부자이고 이방인이었기 때문이다. 이제까지 살던 사회를 떠나 다른 사회로 이주한 이방인이 그러하듯이 새로운 사회에서 살아가기 위해서는 그 사회의 운영체계를 이해하고 익숙해져야 했다. 현상학자이자 인류학자인 슈츠A. Schuetz(1944)가 만든 레시피recipe 개념은 식민지 지식인과 대중이 근대에 다가갔던 방식과 과정을 이해하는 데 매우 시사적이다.

사람은 누구나 자신이 살면서 구축한 세상에 대한 나름의 지식, 즉 레시피를 갖고 있다. 처세술, 통념과 상식, 문화적 특성, 교양과 매너 등 그 사회에서 다른 사람들과 사회적 관계를 원만히 맺기 위한 지식을 구축하고 있는 것이다. 레시피는 자신의 관심 영역에 따라 주관적으로 구성되며 또 살아가면서 달라지는, 세계에 대한 부분적이거나 단편적 지식들의 모음이다. 비유하건대 목적을 이루기 위한 요리법이고 처방전이며 지도이고 매뉴얼이다. 요리 레시피가 요리하는 사람이 가진 식재료, 조리기구, 시간, 미각과 취향, 상황에 따라 달라지듯이 이방인의 레시피 또한 자신의 관심사와 중요도에 따라 달라진다. 그래서 레시피는 진리도 아니며 객관적인 것도 아니고 정확성을 추구하지도 않는다. '그럼직한 정보들', 당장 눈앞의 상황에서 얼마나 기회가 있고 위험한지를 알아챌 수 있게 해 주는 정도의 식견을 갖게 해 주는 것으로 충분한 그런 지식이다.[56]

이방인은 자신이 이제까지 구축한 레시피가 유용하지 않은 낯선 사회에 발을 들여 놓은 사람이다. 이방인이 새로운 사회에 대한 레시피를 다시 만들어야 하듯이 근대에 대해 무지하며 혼란스럽고 불분명한 상태의 식민지민도 근대 세계에 대한 레시피를 새로 구축해야 했다. 근대의 이방인인 조선인은 '생활 세계에 대해 본질적 불명확성'을 간직한 자였으며 심지어 불분명성이 그의 존재조건을 구성하는 상태에 있었다.[57] 불명확성과 불분명성은 식민지 조선인이 근대와 문명에 대해 가지거나 갖게 될 지식의 가장 근본적인 속성일 수밖에 없었다.

그런 조선인은 만세운동 직후 근대의 구경꾼에서 잠재적 구성원이 되기 위해 자신의 위치를 바꾸는 결단을 했다. 그리고 근대의 전체상을 탐문하기보다는 현재의 여건에서 접근 가능한 지식, 관심 있거나 필요한 영역들, 부분적 정보와 지식들을 획득하기 위해 분투했다. 19세기 말 이래 근대 문명과 서구 열강에 대해 정보와 지식, 경험을 축적하지 않은 것은 아니었지만 1920년대 국면에서 이제까지의 레시피—선입견, 믿음, 통념—들이 실재에 부합하지 않다는 것을 자각하게 되면서 혼란에 빠진 것이다. 세기말 이래 그들이 여러 경로로 꿰어 맞춘 레시피는 근대 세계와 직접 상호작용할 목적으로 만들어진 지식이 아니었기에 유용성이 낮은 요령이나 지침 정도의 수준이었다.[58] 식민지민의 근대에 대한 레시피는 검증되지도 않았고 그렇다고 허위도 아닌, 무책임한 해석에 의존한 지식일 수밖에 없는 것이고 언제인가 진짜와 직면하면 사라지고 말 지식이었다.

레시피가 무책임한 지침서가 되고 마는 것은 이방인은 어디에서 시작해야 할지를 모르는 자이기 때문이다. 자신의 현 위치를 모르고 중심을 잃은 채 모든 것에 의문을 갖는 자는 세계를 조망하는 자신만의 스키마(관점)을 가질 수 없기 때문에 그가 만든 레시피는 불명확하고 자기 자신도 못 믿을 처방에 그친다. 또 현지에서도 통용되는 것인지 확신할 수 없기 때문에 대상(근대)과 인식(레시피)의 불일치에서 비롯하는 불안감에서 벗어나기 어렵다.[59] 3·1만세운동 직후의 신지식 붐과 문화운동이 불과 몇 년 만에 혼돈과 모호성, 불분명한 기분에 빠지게 된 것은 그들이 생산하고 구축한 지식이 레시피의 한계를 넘지 못했기 때문이다.

한국 최초의 서양 음악 교사였던 김인식(1885~1963)은 1890년대 평양에서 선교사들에게서 오르간, 노래, 바이올린, 악보 독보법을 배웠고 중학교 3학년 때는 아래 학년의 음악지도를 담당했다. 음악교사가 된 것이다. 바이올린 줄 하나를 구하려면 미국에 주문하고 3~4개월을 기다리던 때였다. 중학교를 몇 년 다니고 나서 처음으로 '호만 바이올린 교측본*Hohmann's Practical Method for Violin*'(1899)[60]을 접하니 과거 배운 것이 엉터리임을 깨달았다. 하지만 1910년 상경하여 최초의 음악교육기관인 조양調陽구락부의 교사로 재직했고 홍난파(1897~ 1941)에게 바이올린을 가르쳤다.

조선에서 천재적 음악가로 촉망받던 홍난파는 미국 유학을 모색하다가 조국에 음악교사가 없음을 염려하여 유학을 포기하고 배재중학교에서 YMCA 혼성합창단을 조직, 지도했다. 그는 헨델의 합창곡 〈메시아〉 연주 중 "서양의 격식에 따라 왕 중의 왕이라는 기사騎士가 나오는 장면에서 청중을 일어서게 했으나 반응이 없어 진땀을 뺐다"고 회고했다.[61] 서구 중세 궁정문화를 클래식의 불모지인 식민지 음악회에서 그대로 재현하려 했다는 것은 자신만의 '레시피'에 의존한 흉내내기였기에 일어난 불상사였다. 나혜석(1896~1948)이 1924년 여름 YMCA음악회에 대해 쓴 논평에 홍난파 연주에 대한 언급도 있는데 "바이올린이 작년보다 기술 진보가 별로 나을 것 없이 들었다"고 일축했다. 윤심덕은 음량은 충분하나 소프라노가 아니고 알토인데 음악이라기보다 창가였고 표정을 일부러 지어 내어 비열한 편이었다고 했다. 또 김인식과 마찬가지로 중학생 때 선교사 부인에게 오르간과 아코디언을 배우고 일본에서 피아노를 전공, 1918년 귀국하여 바로 연희전문학교 조교수가 된 피아니스트 김영환(1893~1978)의 소나타 연주에 대해선 "아무 생각 없고 표정도 없이 눈만 보고 손만 놀리라면 우리 같은 사람도 할 것 같다"고 혹평했다.[62] 이들은 모두 서양 음악의 선구자들이었지만 일본 유학도 하고 파리에서 살기도 한 화가이자 소설가인 나혜석에게 아무런 감흥도 주지 못했던 것이다.

경기도 파주에서 독학으로 신학문을 깨우치고 1919년에 상경하여 《매일신보》에 기자로 입사한 후 평생 언론인으로 산 유광열(1898~1981)의 사례는 식민지민의 근대성이 구성되는 과정을 이해하는 데 도움을 준다. 고향에서 일본인들이 점점 늘어나던 때인 1910년대 중반, 15세 무렵 그는 서당에서 교편을 잡고 있었다. 다른 아이들이 보통학교 다니는 것을 보고 부러워만 했는데 이는 그가 부모의 반대로 한학만 공부했음을 의미한다. 그러던 중 마을에 들어온 일본인이 구독하던 《대판조일신문大阪朝日新聞》을 얻어 보게 되면서 비로소 세계 소식을 접하게 되었다. 매우 깊은 충격을 받아 빌린 신문을 첫 줄부터 끝까지 모두 읽었으며 다음날 치를 보기 위해 밤이면 10리 길을 등불을 밝히고 가서 얻어다 읽었다. 한 2년 매일 밤 이런 생활을 하고 나니 마침내 산골에서 벗어나고 싶었다. 17세 되던 해 일산역 앞에 있는 면사무소에 서기로 취직했고 초임 6원을 받아 책을 사 보는 한편 국민중학회에서 발행하는, 매월 50전을 내야 하는 강의록으로 공부했다. 일본어 신문을 통독하고 면사무소에 취직한 것으로 보아 일본어 해독이 어느 정도 가능했다고 짐작된다. 면사무소에서 금단추 달린 교복에 책보를 끼고 기차로 통학하는 중학생들이 너무 부러워서 강의록 발행처에서 보내준 중학생 모표를 '캡'(모자)에 꽂고 다녔다. 그렇게 면사무소에서 보낸 3년간 자기가 가진 지식의 대부분을 얻었으며 1919년에 경성으로 올라와 신문기자가 되었다. 신문기자 중 몇 중학 출신이 '영어만 하고 또 영어를 읽는 것을 보고 그것을 배워 보겠다는 맘'으로 《나쇼널 독본》 1권을 지인에게 배웠다. 2개월 후에는 매일 독학으로 영어를 몇 자씩 익혔고, 신문잡지의 (영어 중) 쉬운 것은 자전字典과 씨름하면 볼 수 있을 정도가 되었다.[63] 그의 지식은 3년간의 중학강의록에서 독학으로 얻은 것이었으나 신문기자가 될 수 있었다.

식민지민의 레시피는 이처럼 단편적이고 불명확하며 피상적이고 실제와 괴리가 큰 것이었다. 식민지의 현실 속에서 꿰맞추듯 만든 레시피가 실제와 다름을 잘 아는 식민지민에게 근대 문명은, 그 격차를 실감할수록 좌절감, 무력감, 열등감도 더 커진다.

1930년대 초반 어느 지식인의 눈에 비친 세태는 비교에 집착하는 식민지민의 나르시시즘과 열등감, 자괴감, 냉소와 자기비하가 자신들이 구축한 레시피로 인해 부메랑처럼 되돌아오는 것을 보여준다.

그가 보기에 조선인은 대체로 조선에서 태어난 것을 한탄하는 경향이 있으며 지식이 많을수록 조선 사람을 업수이 여기는 정도도 심했다. 누군가 아무리 놀라운 업적을 이루어도 그가 '조선놈'임을 확인하는 순간 코웃음을 친다는 것이다. 왜냐하면 그들의 지식은 '단편의 혼합'에 그치며 그저 눈과 귀에 머물러 있을 뿐 머리로 들어와 화합된 지식이 아니기 때문이다. 지식인이라고 하면 '지식의 단편을 차용하는 패들'로 치부해 버리는 경향이 있었다.[64] 자신의 레시피가 '단편들의 혼합물'에 불과하여 믿을만한 것이 못 된다는 것을 잘 아는 식민지 지식인들은 자신의 레시피를 희화화하면서 냉소를 짓는 사람들이었다. 그들은 중심을 잃었고 세계를 바라보는 자신의 위치, 관점, 스키마를 상실한 채로 버티었다.

그런 점에서 1921년《개벽》11월호에 실린〈양복자洋服者는 들이고 한복자韓服者는 내몰아〉에서 묘사된 세태는 상징적이다. 박달성(1885~1937)은 1920년대 신문화운동의 선두에서 잡지 창간과 발행을 함께 한 절친 야뢰夜雷(이돈화, 1884~?)와 어느 학교의 성적품전회成績品展會에 관람권 없이 입장하려다 양복 입은 경비원들과 언쟁을 벌인 소회를《개벽》에 토로했다. 둘 다 입장권이 없었지만 이돈화는 별 문제없이 그냥 들어가고 자신만 제지당하자 시비를 벌인 끝에 자신이 양복이 아닌 한복을 입었기 때문이었음을 확인하게 된다. 자기만 들여보내지 않는 이유를 따지자 "글세 그 양반은 어찌 되엇든지 당신은 아니되어요……어서 나가요"라면서 내몰았다는 것이다. 하는 수 없이 '00사'(《개벽》으로 추정)의 이름을 대고 입장했는데 학교도 그러하고 극장, 기차, 전차, 강연회 등 사람들이 모이는 곳이면 어디서나 양복자는 들이고 한복자는 내모는 모욕이 행해지고 있다고 개탄했다. 그는 글에서 양복자와 한복자의 비유를 통해 조선적인 것을 원시성으로 규정하고 있는 세태에 분노했다. 양풍이 득세하고 청년들이 양복론을 주장하며 다만 '겉행세'를 거짓되게 꾸미는 일을 당연시하고, 양복을 입지 않는 것이 곤욕이자 민욕民辱이 되어 버린 세태를 새삼 확인하게 된 것이다.

> 자 이것 보라. 양복자는 들이고 한복자는 내몬다. 아! 망하려는 징조인가 흥하려는 징조인가. 그래 이 세상은 양복자만 살고 조선한복자는 못살을 세상이란 말인가. 양복자의 행세, 한복자의 당욕當辱 어찌 이때 이곳의 우리뿐이겠는가. 기차나 전차나 인력거나 자동차나 극장이나 연설단이나 연회석이나 모두가 모이는 그 장소 또는 개인 간 교제에 어느 때 그 아니꼬운 양풍洋風이 득세를 아니 하며 우리 전래의 의복이 굴욕을 아니 당하는가. 근래 소위 신진新進이라는 자가 양복을 대개擧皆 입게 됨은 의복의 편불편便不便도 아니오, 경제의 이불리利不利도 아니오 지위의 보불보保不保도 아니다. 다만 것(겉) 행세行世 거즛 잘난체 하기 위함이 분명하다. 그래서 청년자는 모여 안즈면 반듯이 양복론을 주장한다……양洋코가 놉다니까 양복까지 높이 함은 실로 애석한 일이다. 근래 조선 각지에서 양화점이 가장 우세를 점占한 것이 이 까닭이다. 아! 양복 곤욕을 보이고 민욕民辱을 보이는 양복. 나는 진실로 출세를 못할지언정 영원히 배척코저 한다. 아니 양복을 배척함보다 조선복을 어데까지 환영하기로 하겠다.[65]

비슷한 시기에 《동아일보》 사회부 기자였던 이서구(1899~1982)도 똑같은 일을 겪었다. 화재 현장에 취재를 갔는데 순사가 어깨를 붙잡아 끌어내려 했고 주변의 기자들이 '동아 기자'임을 확인해 주자 한

마디 내뱉고선 놓아 주었다는 것이다. 순사가 내뱉은 한마디는 "무슨 놈의 기자가 요보 옷을 걸치고 다녀!" 였다. 그러자 자신이 꾀죄죄한 무명 두루마기에 옹구바지를 걸쳤음을 알아차렸고 한복 입었다고 모욕 받은 일을 간과할 수 없어 관할 본정경찰서 서장에게 "왜 양복 입은 기자는 허용하면서 두루마기 입은 기자는 몰아내는가?" 라고 항의했고 서장은 사과했다. 해당 순사는 상관의 지시에 마지못해 사과하면서 설마 《동아일보》 기자가 한복을 입었을 것이라고는 생각하지 못했다고 변명했다.[66]

이처럼 양복은 벌써 서구 문명-근대성의 기호이자 상징, 코드로서 사람들을 분류하는 기준으로 작동하였다. 양복은 근대 교육, 학력, 중산층, 서구적 지식과 교양, 사교성과 매너, 도시성, 문화력을 의미하는 기호였고 한복은 근대와 대척점에 있는 시대착오, 퇴행성, 문화지체를 의미했다. 일본인 순사의 관점에서 한복은 민족주의적 저항과 오만의 기호였을 수 있지만 양복자를 우대하는 식민지의 사회분위기에서 근대적 감각과 생활방식은 특권이 될 수밖에 없었다.

값비싼 양복을 맞춰 입을 수 없는 식민지민들은 하얼빈 등 외국의 고물상에서 구입해 수선한 중고양복이라도 입어야 했다. 이러한 양복 행상 중에 유대인들이 많았는데 헌 양복들을 수선한 후 경성의 양복상점에서 판매했다. 뿐만 아니라 번화가에서 또는 지방의 조합이나 면사무소 등 관공서로 영업을 다니며 매출을 올렸는데 이돈화는 이들 유대인 양복상인들을 '빡빡한 월급에 양복은 입어야 하는 양복세민洋服細民'의 주머니를 노린다는 이유로 "조선을 빠러 먹는 무리들"로 손꼽았다. 물론 식민지민을 '빠러 먹는' 외국인 무리에는 광산 등에서 조선인 노동자에게 채찍질과 린치를 일삼는 영미인英美人 그

리고 상술이 뛰어난 중국인들도 있었다.[67]

자신의 문화도, 역사도 부정당한 사람들은 중심(주체성)을 세울 수 가 없으며 결국은 정체성도 흔들리고 만다. 식민지민은 이중의 곤경에 처한 자이다. 자의식의 토대가 되는 과거의 일체를 부정당하는 곤경 그리고 자신을 바꾸기로 결정하고 새롭게 구성하는 레시피가 단편적이고 실제에 맞는 것도 아니라는 사실에 무력감과 냉소에 빠지고 마는 곤경에 직면한 것이다.

## 타인의 시선에 과민한 식민지민의 인상학

양복 착용 여부로 사람의 근대성, 학력과 지위, 내면의 성향, 직업을 간파하고 분류해 버리는 사회는 표면의 말과 행동, 외양, 신체기술 body technique에 과도한 의미를 부여하고 응시하는 사회이다. 근대성이 사회생활의 심층구조, 원리, 운영체계와 연관된 것이 아니라 단편적 레시피, 신체에 전시된 상품들, 외양의 포즈와 연관되어 버렸다.

식민지에서 근대성은 시각적으로 확인할 수 있는 것, 즉 물질적으로 외화外化externalization되고 확인되어야 하는 자의식과 정체성의 자원이 되었다. 외양을 구성하고 있는 양복, 구두, 시계, 영어, 서구적 매너가 그의 근대성을 가리키는 기호가 되고 사회적 지위와 정체성이 부여되는 사회에서 근대성은 겉으로 드러나고 시각적으로 형상화되어야 하는 것이다.

이런 사회에서는 인상학人相學physiognomy이 사회적 관계를 매개한다. 외양과 표면에 드러나 있는 형상과 표정으로 내적인 자질을 읽어

내는 인상학에 기우는 것이다. 근대성은 세계를 구성하는 관점으로 탐구되고 지향되는 것이 아니라 타자의 시선에 근대적으로 보이는 인상을 주는 데 의미를 둔다. 외양과 실재의 불일치, 모순, 불명확성을 내재한 채 단편적 연출과 모방을 통해 근대를 경험하고 전시하는 방식으로 진행되는 것이다. 양복은 그의 신체에 전시된 근대성, 그가 소망하는 이미지이다. 근대적 지식, 취미와 취향이 자신의 근대성을 과시하기 위해 공개적으로 연출/재현되어야 하는 사회, 스스로 허구이고 불완전하다는 것을 의식하면서도 레시피를 따라 자신의 사회적 및 문화적 정체성을 구성해야 하는 주체들이 양산되는 사회가 식민지 사회였다.

1920년대 거리에서 보이는 것을 관찰하고 그대로 기술한 고현학적 텍스트들이 잘 팔리는 상품이 될 수 있었던 것은 타인을 응시하고 관찰하면서 자신 역시 타인에게 보여지는 존재임을 알고 있었던 사회, 시선에 예민했던 식민지 주체들이 그 텍스트들을 필요로 했기 때문이다. 식민지민은 타인의 시선을 느끼며 그들에게 근대인으로, 문명인으로, 각성한 자로 보이기를 욕망했다. 보고 보이는 시선의 교차 속에서 자기정체성을 구성해 간 것이다. 식민지의 인상학과 고현학에 따라 '식민지형 청년'은 미국 영화를 흉내 낸 100원짜리 양복, 닦지 않은 구두, 풀린 구두끈, 번지르르한 디자인의 넥타이, 게걸스런 식사를 하는 청년신사로 유형화되고 전형화되는 것이다.[68] 식민지 시기는 레시피에 따라 어떤 전형을 만들고 그 전형성을 가시화하는 방식으로 자기를 구성해 간 시대이다. 이렇게 만들어진 전형성은 일상에서 매우 단순한 스테레오타입(고정관념)으로 구체화되고 대중화된다. 스테레오타입이 사람들이 세계를 해석하는 기본적인 틀(스키마)

로 작용하게 되는 것이다.

그럼에도 레시피는 문명 세계에 막 진입하는 식민지민들에게 유용했다. 특히 근대적(서구의) 지식의 공급과 소비 면에서 그러했다. 이를테면 일본 작가들인, 이쿠타 쵸코生田長江의 《근대사상 16강講》과 구리야가와 하쿠손廚川白村의 《근대문학 10강講》 같은 책들은 식민지 청년들을 '신천지'로 인도하는 안내자들이었다. 이 두 권의 책에서 르네상스, 휴머니즘, 헤브라이즘, 헬레니즘, 자연주의, 상징주의, 신낭만주의, 악마파, 퇴폐파 같은 수백 년에 걸친 서양사상사를 훑었고 '인간의 재발견' '영육일치' '제3제국' '신인神人' '데카당' '압상트' 같은 기상천외한 새 문자, 새 사상들을 접하고 넋을 잃었다. 톨스토이, 졸라Emile Zola, 보들레르, 베를레느Paul Verlaine, 오스카 와일드Oscar Wilde 등 근대 문학 대가들의 이름과 주요 작품들의 다이제스트를 섭렵한 것이다. 이 책들을 읽고 나서는 바로 러시아 셔츠인 루바시카rubashka에 보헤미안 넥타이를 매고 직접 고안한 독특한 구두를 신고 동경과 경성 거리를 휩쓸고 다녔다.[69] 키스하는 법도 글로 배웠다. 동양과 서양의 키스에 대한 태도와 방법,[70] "혈연 간에 습관적으로 하는 키쓰는 문제될 것이 없으나 연인끼리 하는 키쓰는 알아둘 필요가 있는데 방법은 남성이 사랑하는 여성의 아랫입술을 자기의 위아래 입술로 쪽쪽 빠는 것이다. 이것이 신사로서 그 연인에게 보내는 정식의 키쓰이다"[71]라는 식의 맥락을 결여한 섹슈얼리티의 수행방법들이 소개된 것이다.

이화여전, 중앙보육학교 등 졸업자 등 89명 인텔리 여성을 대상으로 '미래의 남성상'을 설문조사한 결과를 보면 "고전으로는 괴테의 《파우스트》, 셰익스피어의 《햄릿》, 톨스토이의 《부활》을, 현대작품으로는 앙드레 지드의 《좁은 문》, 제임스 조이스의 《율리시즈》 등 작품의 줄거리와 주인공 이름쯤은 알아야 하고 베토벤의 바이올린 소나타, 슈베르트의 미완성 교향곡을 감상할 귀, 야구, 정구, 럭비 경기 규칙 정도는 알고 있는 남성"이라고 답했다.[72] 1930년대 말의 고학력 여성들이 이상형으로 꼽은 남성은 이렇게 서구 대문호들 이름, 대표 작품, 클래식의 대가와 주요 작품들, 근대 스포츠의 규칙 정도는 알아야 했다.

이렇게 비현실적이고 맥락을 결여한 근대의 레시피가 식민지의 근대성, 즉 사회적 관계와 정체성을 구성하는 회로가 만들어지고 있었다. 괴테의 《젊은 베르테르의 슬픔*Die Leiden des jungen Werthers*》(1774) 주인공 베르테르가 입은 옷이 남藍(쪽)빛이라고 했기에 고등보통학교를 졸업하자마자 남색 교복에 캡을 쓰고 동경으로 간 카프KAPF의 일원 김남천(1911~1953)은 당시 젊은이들에 비해 유별난 존재는 아니었을 것이다.[73] 신여성, 신사, 모던 걸, 모던 보이, 지식인, 유명인사의 정체성은 양복을 사 입고 영어책을 들고 다니는 것으로도 꾸밀 수 있었다. 이렇게 전형화된 레시피와 매뉴얼은 새롭게 자신의 정체성을 구성하고 사회적 위상을 설정해야 하는 식민지 대중에 의해 전략적으로 활용된다. 동시에 레시피에 대한 불안감은 자기비하, 냉소와 자조의 감정을 식민지민의 성격으로 전이되고 있었다.

대중잡지 《별건곤》의 〈대풍자! 대희학大戱謔 현대 조선 10대 발명품 신제조법〉(1931. 12)은 레시피, 매뉴얼, 흉내 내기와 전형성을 동원한 식민지민의 정체성 구성전략을 희화화한 것이지만 허구로 간주해 버리기에는 아쉬운, 아니 그 어떤 평론보다 의미심장한 진실을 전해주는 텍스트이다. 익명의 필자에 의하면 조선의 10대 발명품은 미인美

人, 가명사假名士, 가假사회운동자, 박사, 민중대표자, 얼치기 문인, 사업가, 신문사 중역, 모범농촌, 돈벌이 교육가들이다. 그리고 이들처럼 사회적으로 인정받는 사람이 될 수 있는 비결을 말해 준다.

가짜 명사 제조법은 "큰 학식은 필요 없고 그저 일본말, 영어, 심지어 한문을 조금만 알아도 된다. 결혼식은 물론이고 미국이나 일본에서 외국인이 오면 후록코트를 입고 정거장 환영회에 참여하고 신문기자에게 명함을 건네주되 명함에는 반드시 회사 간부의 이름이라도 박아야 한다." 박사 제조법은 경성대학을 나오려면 시간이 걸리니 야소교에 입교해서 서양 목사의 눈에 들어 미국 유학을 가면 2~3년 후에 박사가 된다. 그리고 귀국 후에도 야소교 일에 적극 참여해야 한다고 조언했다. 민중대표자가 되려면 반드시 돈을 들여서라도 신문사 중역이 되어야 하고 무슨 국제적 회합에 참여하면 되고, 문인이 되려면 일본이나 조선의 잡지에 글을 번역하거나 표절해서 기고하고, 단편적 글들을 모아 단행본을 발행하면 대접받는다고 풍자했다. 1920~ 30년대 만주, 러시아 등지에서 존중받는 '자칭' 사회주의자가 되는 방법은 "고등보통학교 2~3년을 다니다가 동맹퇴학한다. 이후 학교에 가는 대신 머리를 기르고 헌책방에서 레닌주의나 동경에서 발행하는 〈전기戰旗인터내쇼날〉[74]을 사서 양복 포켓에 반쯤 내민 상태로 넣고 다니며, 레닌 사진을 집에 걸어 둔다. 또 신술어新術語사전을 빌려 부르주아, 프롤레타리아, 헤게모니, 인터내쇼날 등의 말을 알아두며 무산자 동무, 소부르주아, 자본주의, 제국주의 등 문자 쓰는 법을 배우면 된다"고 했다.[75]

'스크린 빨-쥐'라는 필명으로 투고된 〈고급 영화팬 되는 비결秘訣 10칙則〉(《별건곤》, 1930. 6)은 풍자, 희화화를 넘어 '사용자 설명서'에 의존하는 식민지민의 자조적 냉소를 직설적이고 구체적으로 드러내 보인다. 1910년대 중반 이래 영화는 빠르게 흥행계의 중심이 되었고 1920년대 중반에는 할리우드 장편 무성영화가 식민지의 문화적 헤게모니를 누렸다. 1930년이면 토키talkie 영화가 이제 막 한두 편씩 들어오던 시기이다. 영화는 가장 첨단의 과학기술, 과학으로 상징되는 근대성 그리고 서구적이고 도시적인 라이프스타일을 구현하는 매체였다. 무엇보다 영화의 원산지는 서구와 미국이었고 모더니티를 시각적으로 형상화해서 보여주는, 오락 이상의 문화이고 근대성의 교과서였다. '고급 영화팬'이라는 지위는 그러므로 근대성 면에서 선도적임을 인정받는다는 것을 의미했다. 필자는 영화가 현대문화의 대표 격인 시대이므로 영화의 고급팬이 되어야 대접받을 수 있다면서 고급 팬 되기, 정확히는 '고급팬으로 보이기'의 비결을 전해 준다.

필자가 고급팬의 비결을 알려 주는 이유는 "모든 것을 'make believe' 하는 세상이니 현대청년이란 모름지기 언어, 행동, 손가락짓 하나도 모두 고급을 과시하고 연출해야 하는" 시대이기 때문이다. 고급팬으로 보이고자 하는 사람은 신문에서 새로 출시되는 영화에 대한 기사를 미리 읽고 숙지해야 한다. 이유는 영화를 보면서 흥분하거나 놀라는 등 감정을 드러내지 않기 위함이며 또 옆자리의 누군가가 질문했을 적에 대한 준비이다. 하지만 영화에 감격하기보다는 오히려 냉소와 독설로 비평하는 자세가 중요하다. 냉소적 태도야말로 기나긴 변설로 내용의 공허를 폭로시키지도 않고 자신의 부족한 점을 남에게 들키지 않을 수 있기 때문이다. 비슷한 이유로 외국의 영화잡지 등을 미리 보고 와서 신작 미국 영화에 대한 지식을 드러내기, 사회주의 사상이 유행하고 있으므로 소비적인 모던 보이보다는 진지하고 멜랑

콜리한 분위기를 풍기는 '맑스 보이'로 보이게끔 화려하지 않은 복장하기, 영화잡지는 외국 것 외에는 휴대하지 말기, 우울하고 경멸할 줄 아는 '천학박식淺學博識' 되기, 또 최근 등장한 토키 영화를 모르면 집에서 근신하는 것이 좋고 지식과 교양이 없다면 "무조건 경멸하는 것이 모토고 철학이고 전술임을 확실히 해두어야 한다"고 못 박았다.[76] 토키는 변사(해설자)의 설명이 없어도 일본어 자막으로 내용을 이해하거나 드물게 영어를 해독할 수 있어야 감상할 수 있는 지식층의 전유물이었으므로 고급팬은 토키를 아는 사람, 즉 일본어 자막을 읽을 수 있고, 영어나 프랑스어 기초가 있는 사람, 다시 말해 엘리트를 의미했다.[77]

가볍게 접근하고 있지만 '고급 영화팬'의 포즈를 연출하는 자들을 지배하는 것은 자신이 잘 알지 못하는 것을 전문가인 척 과시해야 하는 불안감과 긴장감이다. 그들은 그 불안을 감추기 위해 일부러 냉소, 독설, 허세, 멜랑콜리의 언변과 제스처를 과시한다. 그들은 타인에게 보이는 것에 극도로 민감하게 반응한다. 그들은 그런 식으로 주변의 타인들과 거리를 만든다. 만주의 도시에서 신여성들이 자신이 조선인임을 들키지 않기 위해 일본어를 유창하게 구사하고 양장으로 근대성을 과시하면서도 무표정, 무관심, 냉소적 표정으로 다른 사람들과 거리를 유지하려 했던 것과 다르지 않은 것이다.

냉소와 독설, 우울과 경멸의 포즈는 사람들을 은밀하게 밀어냄으로써 자기 안의 불일치를 간파하지 못하게 하기 위한 최소한의 방어기제이다. 타자에게는 다만 멀리서 바라보고, 동경하고 질시하는 시선만 허용된다. 호기심을 넘어서는 타인의 관심과 질문을 차단함으로써 빈약하고 공허한 자신의 근대성을 방어하는 것이다. 조선인들이 다른 조선인이 이룬 성취를 조롱하고 평가절하하는 경향이 있다는 한탄은 역으로 조선인들이 조선인에게 결여된 것, 레시피의 허세를, 그 근원적인 불일치를 이미 간파하고 있다는 말이다. 그리고 그 조롱은 자기 자신이 누리는 성취마저 불신하는 근원적인 불안감, 열등감이기도 했다.

에필로그

# 모욕받은 민족의 감정구조

1930년대 식민지 사회의 분위기는 세기말 그리고 1920년대와는 달랐다. 근대성의 트라우마, 문명화를 빙자한 식민주의로 인해 부서진 자의식과 정체성, 인간적 존엄을 되찾기 위해 저항했으며, 혁신과 개조를 부르짖고 동정에 기반한 민족주의를 실천했던 식민지는 무력감에 빠져들고 있었다. 도시의 경관도 눈에 띄게 달라지고 있었다. 일본 재벌의 상사와 사무소 건물이 번성했고 미국식 건물들이 남촌에 들어섰으며 일본 백화점 체인점들도 건물과 인테리어를 개축하는가 하면 고급 영화관(명치좌, 1938)과 호텔도 생겨났다.[1]

1929년 신년사에서 어떤 이는 이렇게 말했다. 지난 10년간 조선의 변화는 일종의 경이를 느낄 정도가 되었다고. 내적으로는 몰라도 외적으로만 보면 도시의 번영, 몇 층짜리 양관洋館이 즐비해졌고 교통망 완비, 상공업 발전, 신식 선박이 늘어선 항구, 어획량 증대, 수리사업으로 늘어난 쌀 생산량 등 산업 면에서 조선의 외양이 바뀌었는데 이는 일정 부문 문화통치의 기여도 있다는 것이다.[2] 문화통치가 식민지민의 자유와 권리 등 자율성을 증대하는 것이 아니고 산업적 발전에 치중하는 식으로 진행되었음을 비판하는 내용에서 산업 발전이 언급된 것이다. 그와 함께 사람들의 삶의 방식과 의식에도 일련의 변화가 관찰되었다.

1930년대 문학 부문의 변화는 시사적이다. 출판인들과 문인들이 일제의 검열 기준에 따라 자기검열을 하면서 보다 상업적으로 기울어진 글을 쓰는가 하면 1939년에 이르면 국내 출판물은 거의 완전하게 저항적 논조를 포기하는 변화가 가시화된 것이다.[3] 신문 저널리즘도 3·1운동 직후 드높았던 "조선 사람의 엇더한 부대部隊의 이즘"을 대표하여 조선인의 정치의식을 일깨웠으나 이제는 "정치의식을 무리하게 거세하는 한편 아메리카를 위시한 선진자본주의 제국의 모던 저널리즘을 모방코저 한다"는 비판을 받기에 이르렀다. 독자의 인기를 얻기 위해 모더니즘을 모방한 통속적 취미를 보급, 고조하는 영리주의 신문이 되었다는 것이다. 1930년대 초 신문은 벌써 상품화되었다는 비판에 직면해 있었다.[4] 1930년대 식민지 사회의 외관의 변화와 내면의 징후는 이렇게 짝을 이루었다.

산업화, 규모화, 도시화의 방향으로 식민지의 건조建造 환경이 변화하면서 새로운 일상 공간들이 생겨났다. 백화점, 상업구역, 유흥지구, 놀이공원과 유원지, 극장과 공연장, 도로와 거리 등 상업, 유흥, 소비의 공간들이 확장되었고 이것들을 채운 것은 1930년대 비로소 구색을 갖춘 대중문화이다. 1920년대 대중사회로 진입한 일본에서는 모더니즘에 기반한 도시적 라이프스타일의 대중문화가 부상했다.[5] 모던 라이프스타일로서 대중문화 개념은 1920년대 중반 이후 조선에 수입되어 1930년대 일상화되었다. 대중문화는 소비적 상업문화 또는 저급의 하층문화로 들어온 것이 아니라 모던 라이프스타일로 들어온 것이다. 이 시기에 "모든 생활형식이 문화적으로 되어간다"는 말은 양식洋式 문화생활자가 늘어난다는 의미였다. 또 "턱없이 외인外人의 유행을 전 문화적 가치로 평가하는 경향"이 생겼고, 이에 따라 문화생활의 외적 조건인 양복, 코트, 구두가 바지저고리를 대체하고 양복자와 비양복자를 구분하는 시대가 되었다.[6] 양장을 하면 신여성, 안 하면 구여성이라는 분류법도 일반화되었다.[7] 소비는 문화적인 것이었고 모던 라이프스타일의 실행이었다.

1927년 《별건곤》이 신년 현상퀴즈 공모전에서 출제한 두 문제는 흥미를 끈다. 2명의 양복 입은 중년 신사의 허벅지 윗부분까지 찍힌 사진을 제시하고는 첫째 사진 속 틀린 부분을 찾을 것, 둘째 한 사람은 40세인데 다른 사람은 몇 살인지 맞추라고 하였다. 첫째 문제의 정답은 넥타이를 칼라 밖으로 맨 것, 토시를 낀 것, 넥타이가 조끼 밖으로 나온 것, 시계 줄이 단추 위에 걸린 것이고 둘째 문제의 정답은 40세로 동갑이다. 현상에는 총 5,327명이 응모했고 이 중 정답자는 단 65명이었다. 이들에게는 회중시계, 구두, 자켓, 수첩이 상품으로 주어졌다.[8] 당시 양복을 제대로 입는 법이 중요했음을 시사하는 이 퀴즈는 그만큼 매뉴얼에 대한 수요가 많았음을 짐작케 한다.

1930년 무렵에도 "문화 발전이 없으면 야만종이라는 차별을 받고 오욕의 낙인이 찍혀 후손까지 낙인에 시달릴 것이며 인류 공동생활에 하등의 공헌이 없는 민족에게는 만종蠻種보다 더한 수치심의 선고를 받을 것"이라는 위기감이 여전히 지속되고 있었던 것이다.[9] 문명의 진보와 문화 발전으로 인류생활에 기여하기가 불가능했던 식민지민은 음악회, 연극장, 영화관과 영화, 백화점, 벽돌 양옥집, 고층건물, 자동차, 카페를 소비하면서 모던 라이프스타일을 구현하는 데 의미를 부여했고 소비는 그들이 할 수 있는 유일한 자유이고 실천이었다.

이러한 변화는 식민지 사회의 중심 문제가 경제, 정치, 이데올로기의 문제가 아닌 모던 라이프스타일로서 문화생활, 즉 문화의 문제로 수렴되어 갔음을 의미한다. 모더니즘의 구현과 문화생활의 여부가 식민지민에게 중요한 심급이 된 것이다. 그러나 문화적·미학적 상상력과 창의성이 극도로 제한된 식민지 현실에서 모던 라이프스타일은 서구, 일본, 또는 세계적인 것의 피상적 모방과 소비를 통해서 구현될 수 있었다. 라이프스타일은 물질적으로 시각화되어야 했고 상품의 형태로 전시되었으며 소비를 통해 향유할 수 있는 것이 되었다.

문화생활, 곧 모던 라이프스타일의 실천이 모방과 소비에 의존하는 식민지 사회에서 필요한 것은 사전류, 교재, 수험서류, 실용도서, 처세술, 취업 관련 도서, 오락과 취미 관련 도서였다. 가히 '매뉴얼의 시대'라고 할 만한 출판시장이 형성된 것이다.[10] 매뉴얼은 사물의 작동원리와 그것이 생산되는 과정에 대한 지식이 아니라 이미 만들어진 완제품을 사용하는 사용자에게 설치, 주요 기능과 부품, 사용법, 보관 및 관리방법, 고장 시 대응방법 등을 정리한 설명서이다. 레시피가 단편적이고 불명확하지만 지식의 형태로 생성되고 유통된다면 사용자 설명서는 화폐를 지불하고 구매한 상품의 정확한 사용을 위한 안내서이다.

1930년대 '……하는 법' '……되는 법' 같은 매뉴얼에 대한 대중의 수요가 늘어났고 출판자본은 이를 충족시켰다. 《별건곤》(1926년 창간), 《삼천리》(1929년 창간), 그리고 1931년에 속간된 잡지 《신여성》 같은 대중잡지의 등장과 꾸준한 인기는 대중의 수요에 부응하는 상업적 출판시장이 커졌음을 의미한다. 이들 잡지에서 모던 라이프스타일의 매뉴얼이 양산되었다. 몇 개의 사례를 예시하면 이런 것들이다.

〈당세여학생독본當世女學生讀本〉(《신여성》, 1933. 10)은 여학생의 "첨단적 기풍을 극력 지지하는 사람"의 입장에서 여학생답기 위해 가져야 할 필수 요건 또는 태도를 여학생의 특징, 사명, 대화법, 구애법, 취미, 교제, 충고의 7개 주제로 나눠 다루고 있다. 모던 여학생은 구두를 신고 저벅저벅 걸으며 방긋 웃고, 《신여성》 잡지를 구독하면서 세련된 '모던 화법'을 구사하되 외국어, 특히 프랑스어를 많이 섞어 쓰는 것이 바람직하다고 조언한다. 무성영화가 아닌 토키 영화도 자주 보고 회화법을 익히되 설명이 많은 '설명적 서술'이 아닌 간결한 '인상적 회화'를 구사한다. 구애를 받아도 호의를 보이지 말고 답장도 하지 말며 취미는 골프나 승마 등 스포츠, 오락은 레코드 수집을, 그리고 신문과 잡지 소설을 통해 교양을 갖춰야 한다고 제안한다.[11]

사교계 언어인 프랑스어, 인상적 대화스타일, 풍부한 표정과 발랄함을 강조한 데서 보듯 여학생의 매뉴얼은 생활방식과 가치관의 변혁을 요구하면서 식민지 현실과는 동떨어진 유럽 상류층 여성을 모델 삼아 재현하고 있다. 설명적 서술이 아닌 '인상적 회화'를 구사하라는 조언은 길게 설명할 만한 지식과 소양이 없으므로 짧게 언급하고 말라는 충고이다.

〈모던 아가씨 되는 법〉(《중앙》, 1933. 11)도 사교학, 윤리학, 취미학의 3부로 구성된 매뉴얼인데 사교학에서는 '연희장이나 요릿집에서 입을 꼭 다물고 있기보다 주위를 둘러보고 화려한 장식품들에도 반응을 보이고, 옆자리 손님에게 차를 권한다든지, 명랑성, 귀염성을 드러내야 한다'는 등 매우 구체적이고 상세한 행동요령을 제시한다.[12] 〈모던 여성 10계명〉(《신여성》, 1931. 5)은 신여성이라면 노인 말을 듣지 말고 유희를 배우며 시류의 주관을 잡는 센스가 있어야 한다고 주문했다.[13] 〈취미독물趣味讀物-여엽븐 아가씨네들 양말 신는 법 연구〉는 활동사진에 나오는 서양 여배우들의 날씬한 몸맵시와 미끈한 다리를 탐내는 아가씨들에게 (모던 섹시 아이콘이었던) 마리네 디트리히Marlene Dietrich(1901~1992)처럼 검정 양말을 넓적다리까지 치켜올려 신으라고 권한다.[14] 이 매뉴얼들은 모던 여성이 되는 법이라기보다 모던 여성으로 보이는 법을 말하고 있다.

이화여전을 중퇴하고 《개벽》 기자 등을 역임하며 1930년대 다수의 소설을 썼던 장덕조(1915~?)가 잡지 《만국부인萬國婦人》에 기고한 〈내 이상理想하는 스윗트홈〉은 '남편이 아침식사를 준비하는 가정, 햄 샌드위치를 만들며 피크닉 준비로 소란한 가정, 한강 상류에서 피크닉, 연애감정으로 한 결혼, 월급쟁이 남편, 가난하지만 (미국 여배우들과 같은) 아름다운 웃음을 짓는 (자신의) 얼굴, 계란 하나와 버터 칠한 빵 한 조각이 진수성찬인 식탁, 명랑과 쾌활함이 있는 가정'이다.[15]

필자도 허황된 꿈이라고 했지만 중요한 것은 이런 레시피의 비현실성이 아니다. 미국 중산층 가정에 대한 단편적이거나 부정확한 인식이 문제인 것도 아니다. 이상적 스위트홈이 미국 영화의 장면들처럼 시각적으로 묘사되고 물질적으로 형상화된 점, 그리고 상투적이고 진부한 이미지들일지언정 연애감정에 기반한 결혼, 평등한 가족관계, 실용적이고 합리적인 생활, 명랑감정. 토스트와 버터, 피크닉 등 모던 라이프스타일에 대한 관념이 만들어지고 있다는 사실에 주목할 필요가 있다. 핵가족에 기반한 스위트홈은 근대적 라이프스타일을 표상한다. 동시에 이상적 스위트홈은 풍족한 소비에 의해서만이 가능하다는 것을 보여준다. 다른 말로 하면, 스위트홈이라는 모자이크를 완성하는 것은 양옥, 화폐, 가구, 월급, 햄과 버터 등 소비재들이다. 이런 퍼즐 조각들을 소유하고 소비할 수 있다면 그는 모던 라이프스타일로 살아가는 사람이며, 문화생활자이고 양식洋式생활자로 보일 수 있다.

이렇게 시각적 이미지로 꿰맞춰진 모던 라이프스타일에 식민지배의 그늘은 없다. 식민지민의 문화생활에 스며든 것은, 할리우드 영화에서 시각적으로 형상화된 미국 중산층 라이프스타일의 한 특징인 소비주의이며 소비주의에는 식민주의의 그늘이 들어설 자리가 없다. 식민지 현실과 모던 라이프스타일의 이미지는 분리되어 있다. 이 분리는 식민지 현실에 대한 종합적이고 총체적인 이해를 방해한다. 1930년대 식민지에서 유통된, 현실성을 상실한 모던 라이프스타일의 이미지는 기 드보르Guy Ernest Debord(1983)가 말한 스펙터클이다. 스펙터클은 단순히 이미지의 집합체가 아니다. 스펙터클은 현실 세계를 정당화하는 이미지들이자, 현실 세계를 보완하지 않은 채 현실과 분리된 그러나 실재하는 비실재(이미지, 환타지)로 존재한다. 무엇보다 실재하지 않는 이미지들이 사람들 간의 사회적 관계를 매개하면서 실재가 될 때 그것은 스펙터클이 된다. 스펙터클은 현실을 구축하며 또 그렇게 현실이 된다. 드보르는 자본주의 사회에서 지고의 스펙터클은 두말할 것도 없이 상품임을 강조했다. 상품물신주의는 세계를 만질 수 있는 물건/사물들이 지배하게 된다는 의미이다.[16]

1920년에도 오사카에서 수입해 온 넥타이를 종로의 잡화상에서 원산지 일본에 비해 3배나 비싼 가격으로 구입하고, 손목시계는 이런저런 연줄을 통해 상해에서 구입하는 민족주의자들이 있었다.[17] 소비는 식민지민의 나르시시즘에 실물성entity을 부여했다. 소비를 통해 근대성을 과시하고 현시하는 식민지민의 나르시시즘은 외부의 타자(근대성)를 자기 안에 통합하고 내부화하는 과정을 통해 자기를 재생산한다는 점에서 뱀파이어처럼 정체성vampiric identification을 구성하는 자이다.[18]

이런 심리적 기제의 나르시시즘은 모욕과 폭력에 갇힌 식민지민의 현실인식을 방해한다. '한 방울의 인간적 모욕a small doses of personal devaluation'이 정치적 소외와 경제적 착취 이상의 폭력 효과를 내는 것이 식민지 사회이다. 인간으로서 존엄성을 훼손당한, 자신의 정신과 감정을 훼손당한 채 권위에 복종하게 되는 심리적 메커니즘이 식민주의를 완성시키는 것이다.[19] 이런 상황에서 가장 문제적인 것은 식민지민은 진정으로 자신이 무엇을 원하는지 알 수 없게 된다는 것이다.

그래서 파농은 민족해방전쟁에 참여하면서 그가 가졌던 질문, "흑인은 무엇을 원하는가?"를 되뇌었다. 그의 해답은 폭력을 되돌려주는 것도 독립을 쟁취해서 탈식민화를 하는 것도 아니었다. 그가 원했던 것은 흑인에게 인간성humanity을 돌려주는 것이었다.[20] 탈식민화는 식민지민이 그리고 식민지배의 역사를 겪은 주체들이 나르시시즘에서 벗어나 현실을 직시하면서 제국이 부정하고 스스로 파괴했던, 식민주의의 폭력과 모욕에 의해 너덜너덜해진 자신의 인간성을 복원할 때 비로소 완료될 것이다. 근대가 인간에게 기여한 것이 있다면 그 자체로 존엄하고 가치 있는 인간성이라는 관념을 창안하고 보편성을 부여한 것이다. 근대는 자기의 인간성을 온전히 전유할 때 비로소 시작될 역사적 시간대이다.

# 주

## 1장 민족 모욕과 감정의 역사

1) 커밍스Bruce Cumings는 19세기 말까지 한국을 소개한 서구인들의 저작을 개관하면서 절대 다수가 부정적이었다고 결론지었다. 예외적인 경우는 단 두 사례로 '조용한 아침의 나라Land of Morning Calm' 같은 긍정적 이미지를 부여한 천문학자이자 미국이 조선에 파견한 사절단의 일원이었던 로웰Percival Lowell(1855~1916)과 조선의 불교사찰과 자연의 아름다움을 찬양한 해밀턴Angus Hamilton(1874~ 1913)이다. 지배적인 부정적 논의의 한 전형을 이룬 것이 비숍Isabella Bird Bishop(1831~1904)인데 그녀는 조선을 "형언할 수 없는 무미건조함"으로 일축했고 파충류의 나라, 야만적 원시종교(불교)의 나라로 묘사하기도 했다(Bruce Cumings, *Korea's Place in the Sun: A Modern History*, N.Y.: W. W. Norton & Company, 1997, pp. 127~138 참조); 그 외 Angus Hamilton, *Korea*, 2nd ed., London: William Heinemann, 1904: Percival Lowell, *Choson, The Land of the Morning Calm—A Sketch of Korea*, Boston: Ticknor and Company, 1886: Isabella Bird Bishop, *Korea and her neighbours*, N.J.; Princeton, 1897 참조).

2 이를테면 동경제국대학의 교수였던 William Elliot Griffis, *Corea: The Hermit Nation*, 2nd ed, New York: Charles Scribner's Sons, 1885는 일본의 주류적 대조선 인식인 정한론에 입각하여 고립된 중에도 한국이, 영국의 아일랜드와 마찬가지로 고대에는 일본의 부속 도서島嶼였고, 현재도 중국보다 훨씬 결합된 관계하에 있다고 기술했다; Mary Cate Smith, *Life in Asia: World and Its People*, Book VI,

New York: Silver,Burdett & Company, 1898에서도 hermit kingdom에 대해 W. E. Griffis의 설명을 반복하고 있다.

3 이승렬, 〈 '식민지 근대론'과 민족주의〉, 《역사비평》 80, 2007, 82~110쪽; 정연태, 〈일제강점기 한국인의 식민지 체험과 새로운 근대 기획〉, 《역사비평》 90, 2010, 12~47쪽; 조형근, 〈근대성의 내재하는 외부로서 식민지성/식민지적 차이와 변이의 문제〉, 《사회와 역사》 73호, 2007, 385~418쪽.

4 커밍스B. Cumings의 발전식민주의*developmental colonialsim*가 식민지 근대화론의 기반이 된 것은 분명하다. 커밍스는 해방 이후 한국의 현대사가 분열, 파행, 비정상적 관행들에 장악되고 있는 문제를 비판적으로 성찰하기 위해 그 파행의 시원을 식민시기로 거슬러 올라갔지만 식민지 근대화론은 이러한 비판의식이 약하거나 결여되어 있다(Bruce Cumings, *Korea's Place in the Sun: A Modern History*, N.Y.: W. W. Norton & Company, 1997).

5 Donal M. Nonini, Race, Land, Nation: A(t)–Tribute to Raymond Williams, *Cultural Critique*, No.41(Winter), 1999, pp. 158~183.

6 Alfred Weber, Civilization and culture–A synthesis: Fundamentals of culture–sociology: Social process, civilizational process and culture–movement, 1921, in John Rundell & S.Mennel, eds. *Classical readings in culture and civilization*, London: Routledge, 1998, pp. 191~215 참조.

7 Stuart Hall은 유동적이고 경계적이며 모호한 정체성과 주체성의 구성과정을 문화적 디아스포라이제이션cultural diasporization 개념으로 설명했다. 식민시기 제국의 메트로폴리스로 이주한 흑인은 생의 경험lived experiences 속에서 자신의 문화적, 인종적 정체성이 흔들리고 미끄러지며, 해체되고 재결합하며, 혼종화 되고, 또 잘린 채 뒤섞이는 것을 경험하고 의식한다. 이 과정에서 흑인의 과거와 전통에 대한 관계는 기억, 환상, 욕망에 의해 복합적으로 매개되고 변형된다. 그들의 정체성도 디아스포라 상태에 있는 것이다. 식민지 근대성의 구성 메커니즘도 디아스포라이제이션과 다르지 않다는 것이 이 책의 기본 시각이다(Stuart Hall, New Ehnicities, in David Morley and Kuan–Hsing Chen eds. Stuart Hall, *Critical Dialogues in cultural studies*, London, Routledge, 1996, pp. 441~449.

8 Stuart Hall, Cultural studies: two paradigms, R. Collins et al. eds. *Media, culture*

*and society: A critical reader*, London: SAGE Publication. pp. 35~39.

9 Pierre Bourdieu, *The Logic of Practice*, Cambridge: Polity Press, 1990/1980, pp. 53~55.

10 Henri Lefebvre, H. S. Rabinovitch, trans. *Everyday life in the modern world*, New Brunswick: Transaction Books, 1984/1971, pp. 30~31.

11 Peggy. A. Thoits, The sociology of emotions, *Annual Review of Sociology*, Vol.15, 1989, pp. 318~319.

12 Christina Kotchemidova, From good cheer to "Drive–by–smiling": A social history of cheerfulness, *Journal of Social History*, Vol. 39(1), 2005, pp. 5~37.

13 Dibinga Wa Said, An African theology of decolnization, *The Havard Theological Review*, Vol. 64(4), 1971, pp. 501~524.

14 Isaac Prilleltensky and Lev Gonick, Polities change, oppression remains: On the psychology and politics of oppression, *Political Psychology*, Vol. 17(1), 1996, pp. 127~148.

15 Peggy. A. Thoits, The sociology of emotions, *Annual Review of Sociology*, Vol. 15, 1989, p. 328.

16 Rebecca E. Karl, Creating Asia: China in the world at the beginning of the twentieth Century, *The American Historical Review*, Vol. 103(4), 1998, pp. 1096~1118.

17 《대한민국임시정부 자료집》 39/1920년대 175/피압박민족연합회선언(HOI:NIKH.DB–ij_039_0020_00820)

18 Dominique Moïsi, The clash of emotions: Fear, humiliation, hope, and the New World Order, *Foreign Affairs*, Vol. 86(1), 2007, pp. 8~12.

19 Edward Said, *Orientalism*, N.Y.: Vintage Books, 1978.

20 William A. Callahan, National insecurities: Humiliation, salvation, and Chinese nationalism, *Alternatives*, 29, 2004, pp. 199~218; Zheng Wang, National humilation, history education, and the politics of historical memory: Patriotic education campaign in China, *International Studies Quarterly*, Vol. 52(4), 2008, pp. 783~806.

21 다카사키 소지高崎宗司, 이규수 옮김, 《식민지 조선의 일본인들–군인에서 상인,

그리고 게이샤까지》, 역사비평사, 20~25쪽: 이 책의 저자는 서문에서 일본인들이 식민지에서 행한 모멸과 부당한 행적에 관한 보고로서 불행한 역사를 반복하지 않기 위한 의도로 썼다고 했다.

22 한철호, 〈일제강점기 미주 한인의 국치일 인식과 그 변화〉, 《사학연구》 100, 2010. 12, 707~747쪽.

23 〈국치무망일國恥無忘日과 신한촌〉, 《勸業新聞》 제73호, 1913. 8. 31; 〈신한촌 각 단체와 본사〉, 《勸業新聞》 제73호, 1913. 8. 31.

24 김동춘, 〈사상의 전개를 통해 본 한국의 '근대' 모습–자유주의, 사회주의, 민족주의〉, 《한국의 '근대'와 '근대성' 비판》, 역사비평사, 1997. 273~309쪽.

25 〈뇌민惱悶의 사회〉, 《동아일보》 1926. 7. 12, 사설.

26 전재호, 〈민족주의와 역사의 이용: 박정희체제의 전통문화정치〉, 《사회과학연구》 7, 서강대 사회과학연구소, 1998, 83~107쪽.

27 Park Chong Hong, Modernization and cultural development, *Korea Journal*, 1969, pp. 8~10; 고영복, 〈민족성의 개조는 가능한가–진지한 과학적 검토가 필요하다〉, 《세대》, 1964년 6월호, 88~95쪽; 고영복, 〈문화예술의 사회개조기능〉, 《세대》, 1977년 2월호, 106~110쪽.

28 Frantz Fanon, *The Wretched of the Earth*, Constance Farrington trans, New York: Grove Press, 1963, pp. 50~58.

29 Thomas J. Scheff, 2000, op. cit., pp. 92~95.

30 Blema S. Steinberg, Shame and humiliation in the Cuban missile crisis: A psychoanalytic perspective, *Political Psychology*, Vol. 12(4), 1991, pp. 653~690; Thomas J. Scheff, Shame and the social bond: A sociological theory, *Sociological Theory*, Vol. 18(1), 2000, pp. 84~99.

31 Katrine Fangen, Humiliation experienced by Somali refugees in Norway, *Journal of Refugee Studies*, Vol. 19, No. 1, Oxford Univ. Press, 2005, pp. 69~ 93.

32 Frantz Fanon, *The Wretched of the Earth*, Constance Farrington trans, New York: Grove Press, 1963.

## 2장 '업수이 여김'과 분노감정의 계몽

1 Bruce Cumings, *Korea's Place in the Sun: A Modern History*, N.Y.: W. W. Norton & Company, 1997, p. 132.

2 통감부, 《통계연보》, 1907, 40쪽; 1910, 166~168쪽.

3 원재연, 〈1880년대 문호 개방과 한성부 남문 내 명례방 일대의 사회경제적 변화〉, 《서울학연구》 제14호, 서울학연구소, 2000, 49~82쪽.

4 John. M. Jennings, The forgotten plague: Opium and narcotics in Korea under Japanese rule, 1910~1945, *Modern Asian Studies*, 29(4), October, Cambridge University Press, 1995, pp. 795~798.

5 서울 중구 충무로 2가에서 남산으로 이어지는 구역. 진흙이 많아 진고개泥峴로 불렸다.

6 1888년 서울에 거주한 일본인 190명의 직업분포를 보면 서양 물품상(11), 과자상(10), 음식점(14), 흥행업(신파극, 서커스, 관람, 2), 오락장(2)을 개설, 영업했고 1896년(총 632명)엔 과녁 맞추기 놀이射的(1), 사진관(3), 작부酌婦(140), 예기藝妓(10), 인쇄 및 서적업(3)을 했다(김종근, 〈서울 중심부의 일본인 시가지 확산: 개화기에서 일제 강점기 전반기까지, 1885~1929년〉, 《서울학연구》 제20호, 2003, 198쪽).

7 한우근, 《한국 개항기의 상업연구》, 일조각, 1970, 92~95쪽.

8 김정기, 〈1890년 서울 상인의 철시동맹 파업과 시위 투쟁〉, 《한국사연구》 67, 한국사연구회, 1989, 77~100쪽.

9 신용하, 《한국근대사와 사회변동》, 문학과 지성사, 1980, 109~120쪽.

10 M. F. Scranton, Woman's work in Korea, *The Korea Repository*, 1896. January, Vol. 3. pp. 2~5.

11 이전문, 〈김홍집과 어윤중의 비명횡사〉, 《한국논단》, 2011.

12 Anonymous, The New country/Seoul, *The Korea Review*, No. 1. 1901, pp. 3~11.

13 Philip Jason, What Korea Needs most, *Korea Repository*, March 1896, pp. 108~109.

14 서재필, 변영로 옮김, 〈A few recollection of the 1898 revolution〉, 〈회고 갑신정변〉, 《동아일보》 1935. 1. 1.

15 〈도라간 토요일 오전 십일시에〉, 《독립신문》 1898. 5. 19. 3면.

16 《독립신문》 1896. 4. 25. 논설.
17 《독립신문》 1896. 4. 25. 논설.
18 《독립신문》 1896. 4. 9. 논설.
19 《독립신문》 1896. 4. 23. 논설.
20 《독립신문》 1896. 5. 9. 논설.
21 《독립신문》 1896. 4. 30. 논설; 《독립신문》 1896. 5. 12. 논설
22 Naw, The Foreigner, *The Korean Repository*, June 1898, pp. 207~211.
23 《제국신문》 1900. 5. 26.
24 《제국신문》 1902. 11. 26.
25 《독립신문》 1896. 11. 14. 논설
26 Andre Schmid, *Korea between Empires, 1895~1919*, New York: Columbia Univ. Press, 2002, pp. 121~129.
27 서기재·김순전, 〈한국 근(현)대의 《수신교과서》와 근대화에 대한 열망〉, 《일본어문학》 제31집, 2006, 469~492쪽.
28 신주혜, 〈잡지 《조선》에 나타난 교육담론〉, 식민지 일본어문학·문화연구회 엮음, 《제국의 이동과 식민지조선의 일본인들》, 도서출판 문, 2010, 285~308쪽.
29 김호일, 〈한국 근대 개화·애국계몽기의 학생운동에 대한 일 고찰〉, 《인문학연구》, 중앙대학교 인문학연구소, 1987, 237~270쪽; 전영우, 〈협성회의 토론에 대하여〉, 《한힌샘 주시경연구》 3, 1990, 33~71쪽.
30 《독립신문》 1896. 5. 26. 1면 논설.
31 〈(강원도 횡성의)장우탄 씨가 글을 지여 신문사에 보내엿기에〉, 《독립신문》 1897. 9. 30. 사고.
32 《독립신문》 1896. 6. 6. 3면; 《독립신문》 1896. 12. 26. 3면.
33 〈내가 회를 가지고 연설을 할 터인데 몬저 회의자〉, 《독립신문》 1898. 6. 28.
34 〈박문회원 연설〉, 《독립신문》 1898. 7. 6. 3면.
35 박명규, 《국민 인민 시민-개념사로 본 한국의 정치 주체》, 소화, 2009; 류준필, 〈19세기 말 '독립'의 개념과 정치적 동원의 용법: 《독립신문》 논설을 중심으로〉, 《근대 계몽기 지식개념의 수용과 그 변용》, 이화여대 한국문화연구원, 소명출판사, 2005, 15~58쪽.

36 〈기이한 일〉, 《독립신문》 1898. 9. 29. 3면.

37 《독립신문》 1898. 3. 5. 4면.

38 《대한매일신보》 1909. 2. 2. 논설.

39 박경숙, 〈식민지 시기(1910~1945) 조선의 인구 동태와 구조〉, 《한국인구학》 32(2), 2009, 29~58쪽.

40 손영대, 〈한말의 단군운동과 대종교〉, 《한국사연구》 114호, 2001, 217~264쪽; 김동환, 〈일제하 항일운동 배경으로서의 단군의 위상〉, 《선도문화》 10, 2011, 131~196쪽.

41 고동환, 〈조선 후기 서울의 인구추세와 도시문제 발생〉, 《역사와 현실》 28권, 1998, 175~211쪽.

42 《독립신문》 1896. 6. 6. 2면.

43 〈이달 일일밤에〉, 《제국신문》 1899. 4. 4. 3면.

44 〈아는 친구가 서로 문답하기를〉, 《매일신문》 1898. 11. 8. 별보 2면.

45 《독립신문》 1896. 6. 20. 논설; 《독립신문》 1899. 9. 15. 논설: 형제간에 서로 싸우더라도 담 밖에서는 그 업수이 여김을 막는다면서 서로 보호할 것을 권유하는 내용.

46 《독립신문》 1897. 3. 9. 논설.

47 《독립신문》 1897. 10. 7. 3면. 외방통신; 《독립신문》 1896. 9. 1. 3면; 《독립신문》 1896. 9. 26. 3면.

48 〈조선 사람이 남에게 눌려 지내 버릇한 까닭에 생각들 하기를〉, 《독립신문》 1896. 8. 1. 논설.

49 《독립신문》 1897. 1. 9. 논설.

50 《독립신문》 1896. 9. 3. 논설.

51 정교, 《대한계년사大韓季年史》 권3. 1898. 9. 1: 음력 7월 16일에 있었던 기원경절 기록에서 "말소리와 낯빛이 화답하여……이천만 명의 백성이로다"는 구절이 있다.

## 3장 문명의 트라우마, 민족의 스티그마

1 홍순창, 〈한말韓末 민족의식(위정척사)의 성장과정-1880년대 채서사상과의 관계에

서〉, 《성곡논총》 제2집, 1971, 167~187쪽; Hwang, In K, Cambridge: Schenkman Publishing Co. 1978, pp. 70~71.

2 김민환, 《개화기 민족지의 사회사상》, 나남출판사, *The Korean reform movement of the 1880s: A study of transition in Intra-Asian relations* 1988, 56~57쪽.

3 노대환, 〈1880년대 문명 개념의 수용과 문명론의 전개〉, 《한국문화》 49, 2010, 221~248쪽.

4 한보람, 〈1880년대 조선정부의 개화정책을 위한 국제정보수집-한성순보의 관련기사 분석〉, 《진단학보》 100호, 2005, 109~164쪽; 한보람, 〈1880년대 조선정부의 개화정책을 위한 국제정보수집: 한성주보의 관련기사 분석〉, 《진단학보》 101, 2006, 291~339쪽.

5 박찬승, 〈1890년대 후반 도일渡日 유학생의 현실인식-유학생친목회를 중심으로〉, 《역사와 현실》 31, 1999, 118~155쪽.

6 홍석현, 〈연설: 대조선군주국 형세 여하如何〉, 《친목회회보親睦會會報》 1호, 대조선인일본유학생친목회, 1896, 20~27쪽.

7 윤태헌, 〈나의 모교와 은사〉, 《삼천리》, 1932. 1(4권제1호), 21~22쪽.

8 이상재, 〈나의 모교와 은사: 관립외국어학교〉, 《삼천리》 제4권 제1호, 1932, 21~22쪽.

9 유정열, 〈나의 모교와 은사: 관립외국어학교 중 한어漢語학교〉, 《삼천리》 제4권 제1호, 1932, 22~23쪽.

10 이윤주, 〈20년 전 한국학계 이약이〉, 《별건곤》 제5호, 1927, 19쪽; 장응진, 〈20년 전 한국학계 이약이〉, 《별건곤》 제5호, 1927, 18쪽.

11 최규동, 〈20년 전 한국학계 이약이-독학 10년으로 금일까지〉, 《별건곤》 제5호, 1927, 21쪽: 정리사는 1906년 동경물리학교 출신 유일선이 경성에서 개교한 수리전문數理專門학교로 1909년 사립학교로 인가받았다: 《근세산술》의 원저명은 Charles Smith, *A treatise on Algebra*, N.Y.: Macmillan and Co.(1888)이다.

12 최명환, 〈20년 전 한국학계 이약이-내가 입학시험 치르던 때〉, 《별건곤》 제5호, 1927, 22쪽.

13 김창제, 〈나의 모교와 은사: 한성사범학교편〉, 《삼천리》 제4권 제1호, 1932, 17~20쪽.

[14] 김형식, 〈나의 모교와 은사: 평양 대성학교편〉, 《삼천리》 제4권 제1호, 1932, 14~17쪽.

[15] 백남산인白南散人, 〈국민학과 물질학〉, 《서북학회월보》 제7호, 1908, 5~8쪽.

[16] 〈기차운행〉, 《황성신문》 1898. 3. 8. 3면; 〈철도개업 례식〉, 《황성신문》 1899. 9. 19. 3면

[17] 《황성신문》 1903. 3. 31. 4면 광고; 〈피개화皮開化〉, 《대한매일신보》 1906. 1. 10. 3면; 〈연설동인演說動人〉, 《대한매일신보》 1906. 7. 19; 《대한매일신보》 1908. 7. 3. 2면.

[18] 《대한매일신보》가 보기에 두 개의 일본인이 경영하는 마귀신문(《국민신보國民新報》, 《대한신문大韓新聞》)의 논조는 크게 3가지 강령에 기초해 있다. 일본의 한국 보호통치를 손발을 들어 환영하는 것, 현 정부의 매판을 칭찬하고 노래하는 것, 한국의 제일 은인은 일본이지만 영국인 배설은 관민을 이간질하고 국제평화를 해치는 인물이라고 꾸짖는 것이다(〈국민 대한 두 신문을 위하여 혼쵸하세〉, 《대한매일신보》 1907. 12. 17~18; 〈대한신문기자의 마귀난 한번 보라〉, 《대한매일신보》 19071. 2. 19~25).

[19] 《대한매일신보》 1909. 2. 2. 논설.

[20] 〈공공한 붓〉, 《대한매일신보》 1908. 2. 15. 3면.

[21] 〈대구 광학廣學회 취지趣旨〉, 《대한매일신보》 1906. 8. 21. 2면; 〈대구광학회 취지〉, 《황성신문》 1906. 8. 27. 3면.

[22] 1차 세계대전 이후 프랑스혁명과 계몽주의 사상이 견인한 근대 문명에 대한 반성은 한마디로 자연, 휴머니즘, 전원, 예술, 종교, 도덕을 우선하는 낭만주의 사조의 반격이라고 할 수 있다. 낭만주의 사조는 프랑스와 영국 주도의 서구 물질문명론의 대척점에 있던, 유럽의 이단으로 취급된 독일에서 사상적 기초를 다졌고 유럽의 일부 젊은 세대 라이프스타일로 확산되었다. 자유, 방랑, 모험과 전원생활을 추구하면서 세속적이고 기계적이며 물질 위주의 생활방식과 거리를 두려한 이 흐름을 통칭해서 문화주의라고 한다. 문화주의는 인류를 동일한 생활방식으로 동화시키는 '인류 보편'이라는 관념을 거부하면서 '보편성' 관념이야 말로 제국주의의 첨병이라고 비판했다. 대신 특정 민족집단이 고유하게 발전시켜 온 영적이고 지성적인 특성, 자연과 전원의 생명력, 인간의 창의력에 기반한 예술 활동과

같은 초월적이고 선험적인 문화가 물질문명을 제어해야 한다고 주창했다. 1920년대 조선의 문화주의 운동은 서구 근대문명을 비판하는 독일식 문화주의가 아닌 서구 문명화를 위한 실력양성주의 그리고 도덕운동의 성격을 띤 인격 개조주의로 변용되었다(유선영, 〈식민지의 '문화'주의, 변용變容과 사후事後〉, 《대동문화연구》 제86집, 2014, 365~407쪽 참조).

23 소성小星(현상윤), 〈동서문명東西文明의 차이差異와 급기장래及其將來〉, 《청춘》 제11호, 1917. 11, 66~75쪽.

24 장백산인(이광수), 〈민족개조론〉, 《개벽》 제23호, 1922. 5, 19~22쪽.

25 이동곡의 1920년대 초 활동상에 대해서는 한기형, 〈근대 초기 한국인의 동아시아 인식-《청춘》과 《개벽》의 자료를 중심으로〉, 《대동문화연구》 제50집, 성균관대학교 대동문화연구원, 2005. 6. 167~198쪽 참조.

26 북여동곡(이동곡), 〈동서의 문화를 비판하야 우리의 문화운동을 논함〉, 《개벽》 제19호, 1922, 31~39쪽.

27 Prasenjit Duara, The discourse of civilization and Pan-Asianism, *Journal of World History*, Vol. 12, No. 1, 2001, p. 113.

28 H. Buckle의 지리결정론을 인용하여 동서양 문화차이를 설명한 글은 앞의 소성小星, 〈동서문명東西文明의 차이差異와 급기장래及其將來〉와 이동곡(1922)의 〈동서의 문화를 비판하야 우리의 문화운동을 논함〉(《개벽》 제19호, 1922년 11월호, 33쪽) 2편이다.

29 이돈화, 〈조선인의 민족성을 논하노라〉, 《개벽》 제5호, 1920년 11월호, 2~10쪽.

30 이규목, 〈일제시대 한국의 도시경관 변천 및 그 요인에 관한 연구〉, 《연구논총》 제21집, 서울시립대 수도권개발연구소, 1995, 118~126쪽.

31 원인圓人, 〈조선청년의 무거운 짐〉, 《서광》 창간호, 1919. 11, 13~16쪽.

32 《동아일보》 1924. 2. 25. 사설 〈지도자와 민중〉은 시베리아 조선인의 생활실태를 시찰하고 돌아온 일본인 관리의 시찰담을 인용하면서 지도자론을 피력했다. 시찰담에 '시베리아 50만 조선인이 모세를 기다리고 있다'는 구절이 있는데 비단 시베리아뿐 아니라 조선인들이 있는 곳은 어디서나 모세 같은 위대한 지도자의 영도하에 정권政權(정치적 권리 또는 정부를 의미: 지은이)과 문명을 가진 생활을 하게 되길 고대하고 있다고 부언한 것이다.

33 취공鷲公, 〈조선과 천재〉, 《동아일보》 1924. 11. 17. 5면.

34 소성小星, 〈경성소감京城小感〉, 《청춘青春》 제11호, 1917. 11, 124~129쪽.

35 소성小星, 〈동서문명의 차이와 급기장래及其將來〉, 《청춘青春》 제11호, 1917. 11, 66~75쪽.

36 작자 미상, 〈발행사發行辭〉, 《서광曙光》 창간호. 1919. 11.

37 호상몽인滬上夢人, 〈상해서〉, 《청춘》 제3호, 1914. 12, 102~106쪽; 작자 미상, 〈海蔘威로서〉, 《청춘》 제6호, 1915. 3, 79~83쪽: 1914~1915년간 잡지 《청춘》에 기고한 사람은 최남선, 이광수, 민태원, 현상윤, 진학문 등 5~6인에 불과한데 이 시기에 상해를 거쳐 해삼위를 여행한 사람은 이광수이다. 해삼위(블라디보스토크) 여행기의 첫 마디가 "정월에 상해를 떠나 해삼위에 도착……"에서 보듯 서로 연속된 한 필자에 의해 쓰인 글이다. 호상몽인에 이어 작자 미상으로 원고를 발표한 것은 상해는 물론 해외 독립운동의 거점지였던 해삼위에서 해외 독립운동가 및 단체, 교민과 접촉한 때문인 것으로 짐작된다.

38 외배(이광수), 〈거울과 마조 안자〉, 《청춘》 제7호, 1917. 5, 79~83쪽.

39 Frantz Fanon, *Black skin, White masks*, N.Y.: Grove Press, 1967, pp. 17~18.

40 Frantz Fanon, 앞의 책, pp. 211~216.

41 Homi Bhabha, Remembering Fanon: Self, Psyche and the Colonial Condition, in P. Williams and L. Chrisman eds. *Colonial Discourse and Post-Colonial Theory: A Reader*, New York, Columbia University Press, 1994, p. 116.

42 이상춘, 〈기로岐路〉, 《청춘青春》 제11호, 1917. 11, 41~55쪽: 이광수가 뽑은 소설 〈기로〉의 저자는 이상춘(생몰 미상)으로 국어학의 시조인 주시경의 문하생이었고 1925년 《조선어문법》을 저술한 국어학자이다.

43 F. Fanon, 앞의 책, pp. 133~138.

44 F. Fanon, 앞의 책, p. 120.

45 F. Fanon, 앞의 책, p. 140.

46 F. Fanon, 앞의 책, pp. 110~111.

47 조규태, 〈1920년대 천도교인 박달성의 사회·종교관과 문화운동〉, 《동학학보》 제22호, 2011, 7~44쪽.

48 박달성이 거세게 비난한 최근의 사회현상은 이런 것들이다. 아동들의 욕설과 싸

움이 일상이 된 것은 성인들이 자주 싸우는 것을 보고 배운 탓이라거나 소위 사회 중견으로 자처하는 이들의 공명심·탐욕·이기심·시기·이간질이 만연해 있다면서 조선인의 인격적 개조-도덕적 개혁의 필요성을 강조했다.

49 이성태(1901~?)는 ST, SY, YS생, 성태, 동관생이라는 필명으로 신문, 잡지에 글을 기고했다. 주로 계급운동 중심의 기사를 쓴 사회주의 운동가 및 언론인으로 평가된다. 1920년대 조선 사회를 풍미한 사회주의와 아나키즘 운동에 영향을 미쳤고 하나의 시대정신이자 식민지의 사상적, 방법론적 기반을 제공한 상호부조론相互扶助論의 주창자 크로포트킨에 관한 글을 집필한 지식인이다. 조선공산당 간부로 활동했고 1929년 치안유지법 위반으로 6년 징역형을 받았다. 1934년 출옥 이후 행적은 알려지지 않았다.

50 경서학인京西學人(이광수), 〈예술과 인생(未定稿), 신세계와 조선 민족의 사명〉, 《개벽》 제19호, 1922. 1, 1~21쪽

51 1920년대 미국 시카고 사회학파의 태두인 팍R. E. Park(1864~1944)이 이민자의 문화 동화 필요성을 논의하면서 경계인, 문화적 혼종cultural hybrid 개념을 제시했다. 그에 의하면 두 문화 사이에서-경계에서 갈등하며 살아가는 경계인margin은 성격적 불안정성, 강한 자의식, 조급성, 정신질환 등의 특질을 지닌 존재이다(Robert E. Park, Human Migration and the Marginal Man, *American Journal of Sociology*, Vol. 33. No. 6, 1928, pp. 881~893). 경계에 있는 이주자의 정체성 및 주체성에 대한 논의에서도 경계인의 성격적, 정신심리적 특질을 수동성, 무관심, 냉소, 무기력의 성향을 띠거나 반대로 창조적, 공격적, 기회주의적 저항성 등으로 설명한다(Tibor Dessewffy, Strangehood without boundaries: An essay in the sociology of knowledge, Poetics Today, Vol. 17, No. 4. *Creativity and exile: European/American perspectives* II, 1996, pp. 599~615).

## 4장 모욕을 합리화하는 식민지 사회

1 《독립신문》 1897. 3. 9. 논설.

2 Angus Hamilton, *Korea*, 2nd ed., London: William Heinemann, 1904, pp.

134~135; Stephen King-Hall, *Western civilization and the Far East*, London: Methuen & Co., 1924, p. 62.

3 《대한매일신보》 1907. 8. 9. 1면 논설.

4 〈일 순사의 만행〉, 《대한매일신보》 1908. 5. 16. 3면.

5 1872년 일본에 거주하던 영국인과 미국인이 요코하마에서 창립한 일본학을 연구하는 학술 단체이다. 당시 선교사, 외교관, 기업가 등이 회원으로 참여했고 역대 회장도 전부 서구인들이다. 1874년부터 현재까지 저널 *Transaction of the Asiatic Society of Japan*을 발행하고 있다.

6 Percival Lowell, *Choson: The Land of the Morning Calm; A Sketch of Korea*, Boston: Ticknor and Company, 1886.

7 Albert Bushnell Hart, *The Obvious Orient*, New York and London: D. Appleton and Company, 1911, pp. 155~156.

8 John Manning Ward, *Colonial Self-Government the British Experience, 1759~1856*, Cambridge University Press, 1976, pp. 213~235.

9 Homer B. Hulbert, *The Passing of Korea*, New York: Doubleday, Page & Company, 1906, p. 9.

10 Mark R. Peattie, Japanese attitudes toward colonialism, 1895~1945, in R. H. Myers & M. R. Peattie eds. *The Japanese colonial empire, 1895~1945*, N. J.: Princeton Univ. Press, 1984, pp. 96~97.

11 강상중, 이경덕·임성모 옮김, 《오리엔탈리즘을 넘어서》, 이산, 1997, 95~98쪽.

12 미즈노 나오키 외, 정선태 옮김, 〈일본의 식민주의를 생각한다〉, 《생활 속의 식민주의》, 산처럼, 2004/2007, 22~25쪽.

13 加藤扶桑, 〈사설: 朝鮮現狀及將來(2)-상호의 양해〉(상), 《매일신보》 1920. 8. 29.

14 Noel Buxton & T. P. Conwil Evans, *Oppressed Peoples and the League of Nations*, London & Toronto: J. M. Dent & Sons Ltd., 1922, pp. 179~210.

15 Thomas Baty, Korea, Japan and Freedom, *The Asiatic Review*, Vol. 24, No. 78, 1928, pp. 217~222.

16 Stephen King-Hall, *Western Civilization and the Far East*, London: Methuen & Co. Ltd, 1924, p. 187.

17 Alleyne Ireland, *The New Korea*; New York, E. P. Dutton & Company, 1926, reprinted by Kyung-In Publishing Co. for Royal Asiatic Society Korea Branch, 1975, pp. 56~61.

18 Andrew J. Grajdanzev, *Modern Korea*, Research Associate of Institute of Pacific Relations, New York; The John Day Company, 1944, p. v. 3. 이 보고서는 1944년 태평양 연안 국가들이 태평양 문제 조사를 위해 만든 Institute of Pacific Relations에서 일했던 A. J. Graidanzev가 작성한 것이다. IPR은 1925년에 창설된 비정치적인 태평양문제연구기관으로 태평양 지역에 이해관계가 있는 주요 국가들의 회의체인 National Council 산하에 있었다. 재원은 National Councils, 기업과 재단의 기금으로 운영되며 정책 또는 노선을 주창하거나 국제문제에 대한 의견 제시는 금지되었다. 이 기구에서 조선이 세계의 관심에서 소외된 채 있었다고 보고한 것이다.

19 Bruce Cumings, *Korea's Place in the Sun: A Modern History*, N. Y.: W. W. Norton & Company, 1997, pp. 162~163.

20 加藤扶桑, 〈사설: 조선현상급장래朝鮮現狀及將來(9)-소위민족자결설所謂民族自決說〉, 《매일신보》 1920. 9. 9.

21 Hechter, M. Ioana, E. Matesan & C. Hale, Resistence to alien rule in Taiwan and Korea, *Nations & Nationalism*, 15(1), 2009, pp. 38~39.

22 I-Te Chen, E. Japanese colonialism in Korea and Formosa: A comparison of the systems of political control, *Harvard Journal of Asiatic Studies*, Vol. 30, 1970, p. 158.

23 I-Te Chen. E, Japan: Oppressor or Modernizer?: A comparison of the effects of colonial control in Korea and Formosa, in A. C. Nahm, ed., *Korea under Japanese colonial rule: Studies of the policy and technique of Japanese colonialism*, Western Michigan University, 1973, pp.251~260.

24 M. Hecher, Ioana Emy Matesan & Chris Hale, Resistence to alien rule in Taiwan and Korea, *Nations and Nationalism*, 15(1), 2009, pp. 36~59.

25 Andre Schimid, *Korea between empires, 1895~1919*, New York: Columbia University Press, 2002, pp. 126~128.

26 이종민, 〈1910년대 경성주민들의 죄와 벌: 경범죄 통제를 중심으로〉, 《서울학연

구》 제17호, 서울시립대 서울학연구소, 2001, 99쪽.

27 서재근, 〈일제의 한국식민지 경찰정책에 관한 연구: 조선총독부 경찰시대를 중심으로〉, 《동국대 행정논총》 20, 1992, 203~206쪽.

28 이종민, 앞의 글, 116~117쪽.

29 Lee Chulwoo, Modernity, legality, and power in Korea under Japanese Rule in Gi-Wook Shin and M. Robinson, eds, *Colonial modernity in Korea*, Cambridge and London: Harvard Univ. Asia Center, 1999, pp. 36~39.

30 〈무지전능〉, 《동아일보》 1924. 1. 22. 3면.

31 정근식, 2011, 앞의 글.

32 1919년과 1920년의 콜레라 발병 상황에 대해서는 백선례, 〈1919·1920년 식민지 조선의 콜레라 방역활동-방역당국과 조선인의 대응을 중심으로〉, 《사학연구》 101호, 2011, 205~240쪽 참조.

33 〈자미있는 문답〉, 《독립신문》 1899. 6. 20. 1면.

34 《독립신문》 1896. 12. 12. 논설.

35 〈회원위생〉, 《독립신문》 1898. 7. 25. 3면; 〈토론회〉, 《독립신문》 1897. 12. 4. 3면; 〈독립협회 토론회〉, 《독립신문》 1897. 9. 7. 3면; 《대한매일신보》 1907. 9. 22. 3면; 〈인민위생〉, 《독립신문》 1897. 12. 11. 4면.

36 〈호열자 역사 及 예방법〉, 《황성신문》 1907. 10. 6. 2면; 〈호열자균〉, 《황성신문》 1902. 10. 28. 2면.

37 〈환등설회〉, 《황성신문》 1907. 7. 31. 2면; 〈위생환등〉, 《황성신문》 1907. 8. 19. 2면; 〈환등二回〉, 《황성신문》 1907. 1. 19. 3면; 〈위생환등〉, 《황성신문》 1907. 1. 14. 2면; 〈위생환등〉, 황성신문》 1906. 11. 17. 2면; 〈경서警署환등〉, 《황성신문》 1909. 5. 16. 2면; 〈위생환등〉, 《황성신문》 1909. 8. 20. 2면; 〈위생환등〉, 《대한매일신보》 1907. 7. 31; 〈금요일이면 광무대에서 위생환등회〉, 《대한매일신보》 1907. 8. 24; 〈중부 경찰서에서 단성사에서 무료 위생환등회〉, 《대한매일신보》 1909. 6. 27; 〈위생환등〉, 《대한매일신보》 1909. 6. 30 외 다수.

38 《대한매일신보》 1907. 9. 22. 3면.

39 정근식, 〈식민지 위생경찰의 형성과 변화, 그리고 유산-식민지 통치성의 시각에서〉, 《사회와 역사》 90, 2011, 221~270쪽; 한지원, 〈1910년대 조선 위생풍습록에

나타난 식민지 위생조사와 의료민속 실태〉, 《역사민속학》 39, 2012, 133~174쪽; 이형식, 〈1910년대 식민지제국 일본의 전염병 방역대책-조선 전염병예방령을 중심으로〉, 《일본학보》 92, 2012, 291~307쪽.

40 Todd A. Henry, Sanitizing Empire: Japanese articulation of Korean otherness and the construction of Early colonial Seoul, 1905~1919, *The Journal of Asian Studies*, Vol. 64(3), 2005, pp. 639~675.

41 Chin Hsien-Yu, Colonial medical police and postcolonial medical surveillance systems in Taiwan, 1895~1950s, *Osiris*, Vol. 13, Beyond Joseph Needham: Science, technology, and medicine in East and Southeast Asia, 1998, pp. 326~338.

42 이원임, 〈신여자와 결혼생활〉 2, 《동아일보》 1921. 2.28. 3면.

43 〈위생사상의 보급도 일사명一使命〉, 《동아일보》 1920. 4. 1. 7면: 의학박사 芳賀榮次郎의 소견 및 제안의 내용.

44 〈여론과 위생사상〉, 《동아일보》 1920. 7. 1. 4면; 〈사설: 시급한 보건문제〉, 《동아일보》 1924. 1. 26. 1면.

45 〈사설: 위생행정의 등한〉, 《동아일보》 1931. 3. 9. 1면.

46 〈금년의 전염병 예방〉, 《동아일보》 1938. 3. 12. 3면.

47 〈사설: 조선인과 위생 악선전의 일례〉, 《동아일보》 1927. 2. 1.

48 〈사설: 괴질의 유행과 당국의 방역〉, 《동아일보》 1920. 8. 21.

49 《동아일보》 1920. 4. 25. 사설.

50 정민재, 〈일제강점기 순화원의 설립과 운용〉, 《한국근현대사연구》 57, 2011, 33~59쪽.

51 〈영맹獰猛한 괴질군怪疾軍 수遂히 경성에 쇄도〉, 《동아일보》 1920. 8. 7. 3면; 〈경성괴질 거익去益창궐!〉, 《동아일보》 1920. 8. 15; 〈괴질! 괴질! 경성에 환자발생〉, 《동아일보》 1920. 7. 30. 3면.

52 〈경성에 유사괴질〉, 《동아일보》 1920. 7. 24. 3면.

53 〈괴질유행과 남문역 대혼잡〉, 《동아일보》 1920. 8. 14. 3면.

54 〈전선모범농촌조사〉10, 《동아일보》 1929. 1. 18. 5면; 〈재차再次 청결일정〉, 《동아일보》 1921. 10. 18. 3면.

55 〈각지 춘계 청결〉, 《동아일보》 1925. 4. 12. 3면.

56 〈사설: 인권유린〉, 《동아일보》 1924. 1. 11. 1면: おまえ호칭은 야! 너! 이 자식! 이 놈! 과 유사한 하대의 표현.

57 〈휴지통〉, 《동아일보》 1923. 8. 29. 3면; 1923. 10. 29. 3면.

58 〈홍원洪原순사배의 만행〉, 《동아일보》 1924. 12. 19. 3면; 〈대취한 순사가 발검, 양민 구타 상해〉, 《동아일보》 1935. 11. 20.

59 〈인권유린한 순사는 면직〉, 《동아일보》 1922. 10. 5. 3면.

60 〈인권유린빈人權蹂躪頻〉, 《동아일보》 1922. 9. 13. 3면.

61 〈청결검사 간 순사〉, 《동아일보》 1935. 5. 21. 5면.

62 〈휴지통〉, 《동아일보》 1921. 4. 16. 3면.

63 조선총독부, 《대정 8년 호열자병방역지誌》, 1920. 141~143쪽.

64 〈검분피난, 대소변검사로 촌부녀가 피란〉, 《동아일보》 1926. 9. 20. 3면; 〈보균자가 도주〉, 《동아일보》 1920. 9. 1. 3면: 이성녀라는 24세 유부녀는 채변 후 집에서 검사결과를 기다리는 중 경찰의 감시를 뚫고 이웃집 담을 넘어 도주하고 자취를 감추었다.

65 〈검변을 빙자하고 야간에 부녀능욕〉, 《동아일보》 1926. 10. 5. 3면.

66 1920년 8월의 뒤숭숭하고 긴장감이 돌던 식민지 민족사회의 불온한 분위기에 대해서는 유선영, 〈일제 식민지배와 헤게모니 탈구: '부재하는 미국'의 헤게모니〉, 《사회와 역사》 제82집, 2009, 83~121쪽 참조.

67 〈방역에 대한 오해의 폐弊〉, 《동아일보》 1920. 8 .20. 3면.

68 최남백, 〈식민지-불신시대〉 133, 《동아일보》 1971. 6. 18. 5면.

69 〈16일야 종로4정목의 소요〉, 《동아일보》 1920. 8. 18. 3면.

70 〈군중 무려 삼천〉, 《동아일보》 1920. 8. 19. 3면.

71 〈제3차의 괴질소동〉, 《동아일보》 1920. 8. 21. 3면.

72 〈종로6정목 환자 괴질은 아니었다〉, 《동아일보》 1923, 7. 28. 3면.

73 〈시체를 둘너메고 한의가漢醫家를 습격〉, 《동아일보》 1926. 7. 2. 5면.

74 박윤재·신동환, 〈일제하 사립 피병원설립운동 연구〉, 《醫史學》 제7권 제1호, 大韓醫史學會, 1998, 37~45쪽.

75 〈사설: 보균자에 대하야〉, 《동아일보》 1920. 8. 22.

76 1924년 기준 조선에서 비농업인구는 14.9퍼센트에 그쳤다. 당시 기준에 의하면

중산층은 연간 1천원 이상의 소득이 있는 가구로 전국에서 가장 소득수준이 높은 경성에서도 11퍼센트에 그쳤다(선우전, 〈조선인 생활문제의 연구:其1〉, 《개벽》 제3권 2호, 20호, 1922, 45~55쪽; 1930년대 중산층을 소득수준이 아닌 직업으로 분류할 경우 상류층 재산가, 자영업자, 봉급생활자가 해당하고 전체의 17.6퍼센트를 차지했다; 길인성, 〈일제하 계층구성과 소득분배에 관한 소고〉, 《서강경제논집》 제29집 2호, 2000, 255~278쪽).

77 〈사설: 미인米人의 반도래유半島來遊〉, 《매일신보》 1920. 8. 20; 〈조선인과 미의원〉, 《매일신보》 1920. 8. 16; 《매일신보》 1920. 8. 18; 《매일신보》 1920. 8. 19.

## 5장 식민지민이라는 저주

1 Edward I-Te Chen, Japanese colonialism in Korea and Formosa: A comparison of the systems of political control, *Harvard Journal of Asiatic Studies*, Vol. 30, 1970, pp. 139~140.

2 〈경찰규칙의 주의〉, 《매일신보》 1912. 5. 2. 사설.

3 이종민, 〈1910년대 경성주민들의 죄와 벌: 경범죄 통제를 중심으로〉, 《서울학연구》 제17호, 서울시립대 서울학연구소, 2001, 95~130쪽.

4 〈부랑자제조사〉, 《매일신보》 1912. 12. 3.

5 〈경고부랑청년警告浮浪青年〉, 《매일신보》 1912. 6. 4. 사설.

6 〈무직업자구류無職業者拘留-직업 없는 자를 잡아 가두어〉, 《매일신보》 1912. 9. 10. 3면.

7 《매일신보》는 1913년 1월 29일자 3면 〈평양의 부랑자 성토〉 기사에서 부랑자의 실명과 주소, 재산, 간략한 행적까지 공개했다. 평양의 대표적인 부랑자 6인의 개과천선을 돕고자 기사화한다면서 평양의 박공립(본명 박용호)은 유명한 박찬규의 아들로 수만 원을 기생질과 도박으로 탕진하고 경성에서 도박범으로 벌금 15원을 낸 적 있고 평양에서 의복 사치로는 첫째이다, 5~6년 전 하와이를 다녀온 전의균은 가무명창으로 유명하다, 전택균은 전의균의 족형, 김은영은 평양 제일 재산가인 김진모의 조카, 곽중현 등 6인을 특정하면서 이들의 부랑 행각을 자세히 소개했다. 1913년 3월 21일자 〈부랑자의 말로〉에서도 충남의 유명 부자 자제

라는 박성훈을 실명 공개했다.

8 극장과 요리집, 기생집 등에서 감시받고 있거나 체포, 심문 중인 부랑자들의 면면을 거명한 기사를 보면 '귀족 자제 모모씨' '저명한 자 13명' '부호가의 자제로 20세 내외의 청년들' '재산가로 저명한 조 모, 천 모, 한 모 등 8명' '경성 내 대가 자질' '모두 양반 신분으로 전일에 대관까지 지내던 자들' '상당한 부호 명문의 자제' '지방 부호의 자제' '상류자제' '명문과 부호의 자손들' '금일의 부랑자는 부형과 집안家室이 모두 '세록세수지가世祿世守之家' '유산계급의 호화자질豪華子姪' '호유유민豪華遊民' 등으로 표현했다: 《매일신보》 1911. 7. 20. 2면; 《매일신보》 1911. 9. 7; 《매일신보》 1911. 6. 4; 《매일신보》 1912. 10. 9; 《매일신보》 1914. 9. 26; 《매일신보》 1918. 6. 11; 《매일신보》 1918. 6. 1; 《매일신보》 1918. 5. 30; 《매일신보》 1918. 5. 31; 《매일신보》 1918. 5. 3; 《매일신보》 1916. 5. 30; 《매일신보》 1918. 9. 14. 사설; 《매일신보》 1922. 5. 26. 사설

9 《매일신보》 1918. 5. 30.

10 〈풍기진숙風紀振肅〉, 《매일신보》 1911. 6. 12. 사설.

11 풍속경찰에 대한 정의는 1916년 3월 31일 경무총감부령으로 시행된 '요리점, 음식점, 예기작부예기치옥영업藝妓酌婦藝妓置屋營業, 대좌부창기貸座敷娼妓취체규칙'의 취지를 설명하면서 사용되었다. 이 규칙은 그 외 매음, 유흥장, 사행행위, 동물학대, 외설음란, 도박, 예배소 및 분묘 관련 죄, 신문지 규칙, 출판 규칙의 풍속괴란 등에 관한 죄를 규정하고 경찰범 규칙 등으로 처벌한다고 했다(永野清, 〈風俗警察に就て〉, 《警務彙報》 1916년 5월호, 제120호, 15~16쪽).

12 〈부랑배의 주목〉, 《매일신보》 1911. 6. 4.

13 〈요풍일소搖風一掃〉, 《매일신보》 1911. 7. 8.

14 〈부정연주회의 폐해〉, 《매일신보》 1911. 6. 25.

15 〈부랑자제의 취체〉, 《매일신보》 1911. 7. 20.

16 〈부랑자의 감계〉, 《매일신보》 1911. 9. 7.

17 〈부랑자의 말로〉, 《매일신보》 1913. 3. 21.

18 〈금회今回 부랑자검거〉, 《매일신보》 1915. 6. 23.

19 〈부랑자제군에게〉, 《매일신보》 1918. 9. 14.

20 〈구류拘留된 부랑자浮浪者〉, 《매일신보》 1916. 5. 30. 3면.

21 〈부랑자의 검거와 기 영향급影響及효과 암흑사회는 면목일신〉, 《매일신보》 1914. 12. 1. 3면.

22 〈부랑자 대소탕〉, 《매일신보》 1914. 9. 26.

23 〈황금정 분서에서 부랑자 대청결〉, 《매일신보》 1914. 11. 18: 황금정 분서의 경우 관내 광무대가 최초 시찰지이다.

24 같은 시기 대구에선 부랑자들이 25일의 구류처분을 받았다(〈대구에도 부랑청결〉, 《매일신보》 1914. 11. 18). 지방 경찰서장이 즉결처분하므로 경찰서마다 그리고 사안별로 구류의 양형이 달랐다. 이후 대체로 5~25일 내외를 유지했다.

25 〈부랑자 대청결과 고발적 감사장-감옥서의 부랑자 붉은 바지저고리 징역군보다 고역〉, 《매일신보》 1914. 11. 15.

26 《매일신보》 1914. 10. 3: 1914. 11. 11: 1914.12. 1. 3면: 1914. 12. 27.

27 HOI: NIKH.DB-kd_004_0030_0220_0020: 한국독립운동사 자료 4(임정편Ⅳ) / 史料集 第三 /9. 警察 /기사제목 2. 權限萬能과 暴虐行爲

28 국사편찬위원회 한국사데이터베이스 http://db.history.go.kr]/ HOI : NIKH.DB-hd_035r_0040_0380) 韓民族獨立運動史資料集 35(獨立軍資金募集 4) 韓民族獨立運動史資料集 35 獨立軍資金募集 4 국한문 경찰신문조서(國漢文)/문서제목 金光鎬 소행조서

29 〈유직도 무직으로 간주-대구경찰의 기괴한 법리해석〉, 《동아일보》 1920. 1. 27; 〈26명 검속상보〉, 《시대일보》 1925. 1. 27; 〈대구경찰을 탄핵-소위 부랑자 검속 사건으로 데사청년회에서 탄핵을 준비〉, 《동아일보》 1925. 2. 14; 〈치안유지법과 경찰〉, 《동아일보》 1925. 7. 8.

30 국사편찬위원회 한국사데이터베이스 http://db.history.go.kr]/ 한민족독립운동사자료집(HOI : NIKH.DB-hd_030r_0030_0010) 韓民族獨立運動史資料集 30(義烈鬪爭 3) /韓民族獨立運動史資料集 30 義烈鬪爭 3 국한문 경찰신문조서(國漢文) /문서제목 정치범죄 발각의 건 다음 /작성일 소화 五년 七월 一四일 발송자 京城서대문경찰서 근무 도순사 金永浩/수신자 京城서대문경찰서장 도경시 吉川貞吉 귀하

31 한국사 데이타베이스 HOI : NIKH.DB-im_109_00462

32 〈부랑자 중 강도〉, 《매일신보》 1914. 12. 27. 3면: 북부경찰서 고등계의 부랑자 검거에서 사기도박단 11명을 체포했다는 보도.

33 김태웅, 〈1915년 경성부 물산공진회와 일제의 정치선전〉, 《서울학연구》 18호, 2001, 139~168쪽 참조.

34 〈진지한 감사의 성聲-경성의 모某 빈민굴 일노옹一老翁의 담談〉, 《매일신보》 1915. 11. 2. 3면

35 유광렬은 《매일신보》, 《조선일보》 등 당대 신문사를 두루 거쳤으며 1941~45년간 식민 통치를 정당화하고 일본이 촉발한 태평양전쟁을 선전, 선동하여 해방 후 친일 반민족행위자로 구분되기도 했으나 정부 수립 후 국회 및 《한국일보》 등에 재직했다.

36 〈약차하면 일천의 패검이 일제히 출동하도록〉, 《동아일보》 1923. 9. 28. 3면.

37 〈노상에 불온서신〉, 《동아일보》 1923. 10. 8.

38 〈공진회의 초일初日〉, 《동아일보》 1923. 10. 6. 3면; 〈휴지통〉, 《동아일보》 1923. 10. 6.

39 농구생弄球生(유광열), 〈영남에 열닌 공진회들〉, 《개벽》 제41호, 1923. 11. 73쪽.

40 총독부청사는 1916년에 착공, 1926년 10월에 대리석 건물로 완공되었으나 공진회 당시 청사는 공사 중이었다.

41 有狂熱(유광열), 1923, 〈나 역亦 구경求景의 영광을 입던 니약이〉, 《개벽》 제41호, 11월호. 67~72쪽.

42 1921년 유명한 〈표본실의 청개구리〉를 발표하고 문단에서 인정받은 염상섭은 서울의 중인 출신으로 일본에서 유학했다.

43 개최한 지 1주일도 안 되어 공진회는 지방 관람객들로 연명하는 양상이었는데 특히 공진회 주최 궁술대회가 인기를 끌어 참가자가 많았다. 다소 적막해진 공진회와 달리 시내의 극장, 창경원, 전차는 매일 밤 만원을 이룰 정도로 성황을 이뤘다. 극장에서는 기생연주회가 지방 관객을 끌어들여 대만원이었고 일본인 극장에서도 남도 기생연예대회로 인기를 모았다. 그래서 공진회 덕에 경성전기회사와 극장만 배를 불린다는 말이 돌았다(〈바닥의 관람객은〉, 《동아일보》 1923. 10. 11. 3면).

44 (염)想涉, 〈세 번이나 본 공진회〉, 《개벽》 제41호, 1923. 11. 61~66쪽.

45 Frantz Fanon, *The Wretched of the Earth*, C. Farrington, trans. New York: Grove Press. 1963, pp. 52~53.

46 R. Zahar, 1970, *L'oeuvre de Frantz Fanon—colonialisme et aliénation dans l'oeuvre de Frantz Fanon*, Paris, Francois Maspero. 한마당 편집부 옮김, 《프란츠 파농》, 도서출판 한마당, 1981, 38~41쪽.

47 유진오, 〈편편야화片片夜話-17 민족감정〉, 《동아일보》 1974. 3. 20.

48 〈응접실〉, 《동아일보》 1929. 11. 30. 5면.

49 〈휴지통〉, 《동아일보》 1920. 4. 10. 3면.

50 〈독자의 성: 何其甚耶아〉, 《동아일보》 1920. 5. 24. 3면.

51 〈휴지통〉, 《동아일보》 1922. 9. 5. 3면.

52 일출옥인一出獄人, 〈독자의 성聲: 수인囚人에게도 차별〉, 《동아일보》 1920. 6. 3. 3면.

53 〈독자의 성: 감옥에 근무하는 간수 행동에 대하여〉, 《동아일보》 1920. 5. 17. 3면; 〈이원吏員간의 차별〉, 《동아일보》 1920. 5. 19. 3면; 〈요보란 모욕적 언사에 조선인 의원議員 퇴장〉, 《동아일보》 1932. 3. 20. 3면.

54 〈때의 소리〉, 《동아일보》 1921. 8. 13. 4면,

55 〈불평: 원통하오〉, 《동아일보》 1924. 8. 24. 3면.

56 〈때의 소리〉, 《동아일보》 1921. 9. 28. 4면.

57 〈원산에서 고무여공 맹파盟罷〉, 《동아일보》 1924. 5. 11. 3면,

58 〈고동 틀면 절로 나오는 긔차표 파는 기계〉, 《동아일보》 1926. 2. 10. 3면.

59 1인칭 소설로 주인공 나와 세태에 대해 말해주는 파리가 주인공인 풍자우화소설이다. 《동아일보》 정간으로 연재가 중단되었고 초기에는 부자와 권력가를 풍자하나 후반부에는 연애담이 주를 이뤘다.

60 이광수, 〈천안기千眼記 29〉, 《동아일보》 1926. 2. 2. 6면.

61 작자 미상(이광수), 〈해삼위海參威로서〉, 《청춘》 제6호, 1915. 3. 79~83쪽.

62 최승일, 〈신변잡사身邊雜事-동경행〉, 《별건곤》, 제1권 1926년 11. 창간호, 132~141쪽.

63 김추색金秋色, 〈학생문단-요보의 길〉, 《조선일보》 1929. 10. 18.

64 〈일본인선부日本人船夫 등 조선동료를 살해〉, 《동아일보》 1927. 8. 18. (3); 〈이취차부泥醉車夫 폭행〉, 《매일신보》 1921. 6. 9. (3).

65 〈황해도수해黃海道水害 참적慘跡을 방訪하야 7〉, 《동아일보》 1922. 9. 9. (3).

66 〈휴지통〉, 《동아일보》 1927. 6. 18. (3); 〈뽀족한 소리〉, 《동아일보》 1930. 1. 15.(3).

67 〈휴지통〉, 《동아일보》 1924. 12. 4. (3); R.生, 〈물산장려 반년간〉, 《동아일보》 1923. 9. 23. (6).

68 〈사설: 자작회自作會〉, 《동아일보》 1922. 12. 18. (1).

69 〈요보란 畢竟自初〉, 《매일신보》 1919. 9. 17. (1).

70 〈시민대회를 보고〉, 《동아일보》 1924. 2. 5. (3).

71 〈자유종(독자투고)〉, 《동아일보》 1924. 5. 2. (1).

72 성태, 〈광란狂亂〉, 《개벽》 제51호, 1924. 9, 48~51쪽.

73 김추색, 앞의 글, 《조선일보》 1929. 10. 18.

74 Judith A. Howard, Social psychology of identities, *Annual Review of Sociology*. Vol. 26. 2000, pp. 367~369,

75 이일광李逸光, 〈동경 긴좌에 진출한 조선각씨朝鮮閣氏, 직업부인이 되어 씩씩하게 할동함니다〉, 《삼천리》 제3권 제12호, 1931. 12, 93~95, 75쪽.

76 〈"요보" "선인" 등등의 멸시적 언사를 금폐禁廢〉, 《동아일보》 1937. 12. 21. (2); 〈횡설수설〉, 《동아일보》 1937. 12. 22. (1); 1938. 8. 6 (1).

77 〈대구기자단주최 생활개선좌담회 3〉, 《동아일보》 1939. 3. 12. 7면.

78 〈배일조선인은 무엇을 표준으로 한 칭호인가〉, 《동아일보》 1921. 9. 29. 4면.

79 〈인권유린빈人權蹂躪頻〉, 《동아일보》 1922. 9. 13. 3면.

80 〈약자의 비애 배일과 친일〉, 《동아일보》 1922. 4. 9.

81 〈반항성: 조선민중의 의기여하意氣如何〉, 《동아일보》 1922. 8. 4. 사설.

82 淺利三朗, 〈조선의 경찰과 위생〉, 《朝鮮》, 10월호, 1929, 46~54쪽.

83 〈순사를 난타, 행인을 취조한다하야 주정군들이 따려주어〉, 《동아일보》 1921. 2. 23. 3면.

84 〈관화일요觀花日曜의 황혼黃昏에 황금정의 대소요〉, 《동아일보》 1921. 4. 26. 3면.

85 〈고문 중 사망한 남편의 보수報讎로 주재소를 습격한 여자 허만적 외〉, 《동아일보》 1921. 5. 24. 3면.

86 〈심야 여자의 비명〉, 《동아일보》 1921. 8. 4. 3면; 〈태전순사수구인〉, 《동아일보》 1921. 8. 12. 3면; 〈부녀의 팔을 꺽근 太田순사 판결〉, 《동아일보》 1921. 9. 12. 3면.

87 1921년 경성에서 종로와 경성부청(현 서울시청사) 앞의 통행 인구를 조사한 결과 3만 명으로 집계되었다. 오전 11시 40분에서 12시까지 20분 만에 경성부가 배

포하는 전단지 1,200장이 모두 소모될 정도였다. 오전 7시~저녁 10시 사이에는 2만 7,000명이 종로 네거리를 지나갔는데 10분간 300명이 오갔다(〈매일 삼만명의 군중이〉, 《동아일보》 1921. 6. 13. 3면).

88 〈검광총영劍光銃影의 살풍경에 흉흉한 경성시가〉, 《동아일보》 1921. 12. 7. 3면.

89 〈경찰관의 무기사용규정〉, 《매일신보》 1925. 3. 19. 4면.

90 〈격노한 천여 명의 군중이 주재소습격을 결의〉, 《동아일보》 1923. 6. 23. 3면.

91 〈우미관전에 대 활극〉, 《동아일보》 1924. 5. 21. 3면.

92 〈황금정에 살풍경〉, 《동아일보》 1924. 6. 7. 3면.

93 〈재작야再昨夜 남대문통에서〉, 《매일신보》 1925. 8. 24. 2면; 〈흥분 천여군중 파출소를 석격石擊〉, 《시대일보》 1925. 8. 24. 2면.

94 〈조극朝劇에 돌연 격문을 살포〉, 《동아일보》 1929. 12. 28.

95 〈조선극장에 청년 돌현 격문 살포 0000〉, 《동아일보》 1930. 1. 17. 호외; 〈청년, 학생 등 돌현 조선극장에 격문살포〉, 《동아일보》 1930. 1. 18. 1면.

96 〈철야취조해도 진범은 불명〉, 《동아일보》 1930. 1. 18. 7면.

97 〈십칠일 조朝엔 0000으로 삼처 학교에 만세성〉, 《동아일보》 1930. 1. 17. 호외 2면.

98 임성구(1887~1921)는 일본 신파극단과 가부키 극단에서 잡역부로 일하면서 보고 배운 것을 토대로 신파극단 혁신단(1911)을 창설했다. 1914년을 전후한 무렵은 통속적 가정비극 장르를 주로 올렸으며 학교 건립을 위한 자선공연도 많이 한 신파극의 선구자이다.

99 작자 미상, 〈'눈물' 연극을 견見한 내지부인內地婦人의 감상〉, 《매일신보》 1914. 6. 26~28.

100 〈경성 북부경찰서에서 공표한 훈시〉, 《매일신보》 1910. 12. 11.

101 《매일신보》 1911. 8. 4. 2면.

102 최영철, 〈일본 식민치하의 영화정책〉, 《한양대한국학론집》 11, 1987, 248쪽.

103 유민영, 《개화기 연극사회사》, 서문사, 1987.

104 《매일신보》 1913. 8. 19.

105 〈전람회 잡관〉, 《매일신보》 1921. 10. 5.

106 《매일신보》 1913. 5. 3.

107 1910년대 극장의 임검경찰과 일본인에 의한 민족차별과 억압에 대해서는 유선

영, 〈초기영화의 문화적 수용과 관객성–근대적 시각문화의 변조와 재배치〉, 《언론과 사회》 12권 1호, 2004, 36~40쪽 참조.

108 강제병합 후 경무총감부령으로 '어떤 성질의 것이든지 정치적 집회는 일체로 금지'했다. 만세운동 이후 집회결사를 다소 허가했고 총독부 조사에 의하면 1927년 말 현재 5,000개의 사회단체(상당수가 종교 관련 단체)가 등록된 상태이다(〈총독부조사 단체수 5천〉, 《동아일보》 1929. 1. 4. 5면).

109 편집부, 〈신문경영·편집좌담회〉, 《동광》제35호, 1932. 7. 43쪽.

110 1931년 잡지 《혜성彗星》(개벽사)은 각 신문 사회부 기자들을 명월관에 초빙하여 즉석 좌담회를 개최키로 했으나 당일 경찰서로부터 집회를 할 수 없으니 경찰을 대동하고 가서 해산시키겠다는 통보 전화를 받는다. 이에 개벽사는 경찰서에 출두하여 시사 문제는 다루지 않는다는 약속과 함께 계출계를 제출하고 허가를 얻어 다음날 좌담회를 개최했다. 참석한 기자들은 시사 문제를 말할 수 없으므로 아예 누워서 대담하자는 발의를 하여 좌담회를 와담회臥談會로 명명하고 취재와 편집과정에서 겪는 고통이나 저널리즘의 문제를 논했다. 참석한 사회부 기자들은 《매일신보》 김을한, 유도순, 《동아일보》 이길용, 《조선일보》 홍종인 등이다(김을한 외, 〈각 신문 사회부기자 大臥談會〉, 《혜성》, 1931. 8, 84~92쪽 참조).

111 편집계, 〈신문사와 그 조직〉, 《철필》, 1930. 8, 15쪽.

112 〈3반에 11계, 4면에 8방〉, 《동아일보》 1927. 4. 30. 3면.

113 김기전, 〈우리 사회의 실상과 그 추이〉, 《개벽》 제11호, 1921. 5, 73~74쪽: 그 외 학사學事 및 기타 문화시설에 과한 것이 44건, 전차자동차 기타 차마車馬의 탈선 충돌에 관한 것이 28건, 화사火事 32건, 사기 26건, 절도 24건, 강도 19건, 교회 11건, 일선인 알력軋轢이 5건, 개인 사투私鬪가 5건, 신구사상의 충돌이 9건, 일본관광 6건, 기타 잡보 287건이 다루어졌다.

114 〈중대한 위기–관민에 대한 희망〉, 《동아일보》 1920. 8. 25., 사설.

115 편집부, 〈신문경영·편집좌담회〉, 《동광》 제35호, 1932. 7. 43쪽.

116 이지광, 〈가정은 제일 낙원이다〉, 《동아일보》 1933. 9. 7. 3면.

117 〈사회면 기사〉, 《동아일보》 1924. 3. 18, 3면: 생활관계로 인한 비참한 9건의 사건 중에는 파업, 술값 인상, 급수부給水夫 진정陳情, 기갈로 인한 죽음 등이 포함되어 있다.

118 〈생에 대한 태도〉, 《동아일보》 1934. 3. 30. 사설.

119 박윤석, 〈천편일률의 비애와 고민상의 병적 사회의 뉴스〉, 《삼천리》 제3권 10호, 1931. 10, 71~72쪽.

120 김만형 외, 〈평양기자 좌담회〉, 《백광》, 1937. 2, 84쪽.

121 〈가을과 의지와 용기와 정력精力〉, 《동아일보》 1935. 9. 28. 사설.

122 유광렬, 〈신문기자에 대한 호사란상胡思亂想, 비판〉, 《철필》, 1931. 7, 76~79쪽.

123 〈뇌민惱悶의 사회〉, 《동아일보》 1926. 7. 12. 사설.

124 김기림, 〈신문기자로서의 최초 인상-쩌날리즘의 비애와 희열〉, 《철필》, 창간호, 1930. 7, 47쪽.

125 〈범죄통계로 본 사회상〉, 《동아일보》 1929. 10. 7. 3면; 〈범죄에 나타난 사회상〉, 《동아일보》 1923. 5. 16. 3면; 〈범죄에 나타난 사회상〉, 《동아일보》 1937. 8. 3. 3면.

126 황정현, 〈《엉클 톰 스캐빈》과 《검둥의 설움》의 간격〉, 《한국학연구》 38, 2011, 549~575쪽.

127 우수진, 〈갈돕회 소인극 연구-사실성과 동정의 스펙터클〉, 《한국극예술연구》 제35집, 2012, 47~79쪽.

128 몽소夢笑, 〈아 조선아〉, 《동아일보》 1925. 5. 28. 3면.

129 〈일천만중一千萬衆의 심금心琴에 부딕친 조선 10년간 희비곡喜悲曲〉, 《동아일보》 1930. 4. 1. 3면.

130 박헌호, 〈문화정치기 신문의 위상과 반검열의 내적 논리-1920년대 민간지를 중심으로〉, 검열연구회, 《식민지 검열, 제도·텍스트·실천》, 소명출판, 2011, 214~232쪽.

## 6장 식민지민의 인정認定투쟁과 아메리카니즘

1 나가타 아키후미長田彰文, 박환무 옮김, 《일본의 조선통치와 국제관계: 조선독립운동과 미국, 1910~1922》, 일조각, 2005, 145~146쪽, 170쪽: 나가타는 이러한 해석을 기존 연구 및 일본 외무성기록 MT-4-3-2-2-1-5. [不逞團關係雜件 鮮人ノ部 在歐米] 3 문서를 통해 소개하고 있다; 전상숙, 〈파리강화회의와 약소민

족의 독립문제〉, 《한국근현대사연구》 제50집, 2009, 7~36쪽.

2 Noel Buxton & T. P. Conwil Evans, *Oppressed Peoples and the League of Nations*, London & Toronto: J. M. Dent & Sons, Ltd., 1922, pp. 15~19.

3 Noel Buxton & T. P. Conwil Evans, 앞의 책, 1922, pp. 179~210.

4 나가타 아키후미, 앞의 책, 72~87쪽.

5 George Feaver ed., *The Webbs in Asia: the 1911~12 Travel Diary*, London: The Macmillian Press Ltd., 1992, pp. 16~18.

6 George Feaver, 1992, 앞의 책, pp. 105~109.

7 George Trumbull Ladd, LL. D., *In Korea with Marquis Ito*, New York, Charles Scribner's Sons, 1908, p. ix, pp. 8~9.

8 Cicely Palser Havely selected, *This Grand Beyond: The Travels of Isabella Bird Bishop*, London: Century Publishing, 1984, pp. 8~26.

9 Anonymous, World's Sunday School Convention, *Korea Review*. vol. 2. No. 8. 1920. 10, pp. 3~4.

10 《매일신보》 1919. 5. 4; 《매일신보》 1919. 5. 18.

11 淺利三朗, 〈조선의 경찰과 위생〉, 《朝鮮》 10월호, 1929, 46~54쪽.

12 〈미의원단 우래호又來乎〉, 《동아일보》 1920. 5. 11.

13 〈조선인과 미의원〉, 《매일신보》 1920. 8. 16.

14 나가타 아키후미, 2005, 앞의 책 참조; 《동아일보》 1920. 8. 8.

15 〈구미시사歐米時事-민주당과 조선문제〉, 《동아일보》 1920. 7. 5.

16 〈미국의원단 동정〉, 《동아일보》 1920. 8. 10; 〈미의원단에 대하야 靑木庶務部長談〉, 《동아일보》 1920. 8. 10.; 〈미의원단여정〉, 《동아일보》 1920. 8. 11; 〈구미의원단 내유일정來遊日程〉, 《동아일보》 1920. 8. 12.

17 〈미의원단의 착경기着京期는 내來24일 오후〉, 《동아일보》 1920. 8. 14.

18 〈조선을 방문할 미국의원의 면영面影〉, 《동아일보》 1920. 8. 16.

19 만세운동 이후 기존의 헌병경찰제도를 개정하여 도지사 직할의 보통경찰제로 전환하면서 제3부로 칭했으나 1920년에 경무부로 개칭했다.

20 〈미국의원단의 입성을 기회로 배일조선인의 대비밀계획〉, 《매일신보》 1920. 8. 17; 〈미국의원단의 내방來方에 제際하야 朝鮮人의 第二次 獨立運動〉, 《동아일보》

1920. 8. 17.

21 〈과격파와 호상결탁하야 국외 감사대敢死隊를 조직〉, 《매일신보》 1920. 8. 18.

22 〈여자 폭탄범〉, 《동아일보》 1921. 5. 2; 안경신은 1921년 6월 10일 평양지방법원에서 사형선고를 받아 복심 법원 항소 등 10 차례의 재판 끝에 1922년 4월 8일 최종으로 치안방해와 공모혐의에 대해 징역 10년형을 받았다. 그리고 1927년 12월 14일 총 8년의 복역 후 출소했다. 안경신 관련 신문보도는 체포 이후 출옥까지 재판 때마다 보도되었다. 《매일신보》 1920. 8. 26; 《동아일보》 1921. 6. 18; 《매일신보》, 《동아일보》 1922. 3. 18; 《동아일보》 1922. 3. 25; 《동아일보》 1922. 4. 10; 《동아일보》 1921. 10. 20; 《중외일보》 1927. 12. 17; 《동아일보》 1922. 4. 10; 《동아일보》 1921. 10. 1; 《매일신보》, 1921. 5.10; 《매일신보》 1921. 11. 1; 《매일신보》 1921. 9. 10 등 참조; 《동아일보》 보도의 일부를 발췌하여 안경신 사건을 정리한 《독립운동사자료집 11》; 《의열투쟁사자료집-안경신등의 의거》 참조.

23 〈178명이 군집, 순사여관을 포위〉, 《매일신보》 1920. 8. 19.

24 《동아일보》 1920. 8. 17: 이날 지면에 제2차 독립운동 관련 보도는 7개가 더 있다: 〈평양지방의 경계〉 〈楠野 府尹의 실패〉 〈남녀학생의 피착被捉〉 〈화약다수도난火藥多數盜難〉 〈작년9월을 연상케한 水野 총감總監의 귀래〉 〈000000과 0000의 대검거〉 〈山縣公에게 우복험악又復險惡한 협박장脅迫狀〉이 기사제목이다.

25 〈미의원단의 착경기는 내 24일 오후〉, 《동아일보》 1920. 8. 14; 〈조선을 방문할 미국의원단의 面影〉, 《동아일보》 1920. 8. 16; 《매일신보》 1920. 8. 17; 《동아일보》 1920. 8. 17; 《매일신보》 1920. 8. 23.

26 〈경성호열자 종식〉, 《매일신보》 1920. 8. 23.

27 〈사설-米人의 半島來遊〉, 《매일신보》 1920. 8. 20.

28 〈배일排日에 반대선전反對宣傳〉, 《동아일보》 1920. 8. 25.

29 《매일신보》 1920. 8. 22.~23. 3면.

30 이런 차별이 알려지면서 조선사회의 비난이 커지자 매우 곤란하게 된 백대진은 고민 끝에 《매일신보》를 사직하고 잡지 《신천지》를 발행, 총독정치를 거세게 공격했다가 발행금지를 당했다. 이 일로 6개월의 징역을 살았는데 《신천지》사건은 1920년대 문화통치를 개시한 이래 첫 번째 필화사건이다.

31 〈백대진의 특파기사〉, 《매일신보》 1920. 8. 27.

32 9월 21일에 동대문서에서 조사를 종료한 이 사건의 개요는 이렇다. 동대문 사는 김상옥이 상해에서 독립운동 하다가 8월 초 4인조 암살단을 조직하여 걸어서 개성까지 왔고, 개성에서 기차로 23일 경성의 자기 집에 도착했다. 그러나 그날 밤 즉시 경관에게 탐지되어 체포당할 시점에 도주하고 공모자들만 체포되었다. 이들이 소지한 무기는 모젤 식 10연발총 1정, 탄환 34개, 암살단 가맹계약서였고 경찰이 전부를 압수했다.

33 《동아일보》 1920. 8. 30. 3면의 관련 기사 정리.

34 《동아일보》 1920. 8. 24. 1면에 환영광고를 낸 업체와 단체는 다음과 같다: 조선매약주식회사, 화평당약국, 천도교, 한성도서주식회사, 제생당, 경성방직주식회사, 조선피혁주식회사판매점, 신행상회(금은세공), 문흥사(잡지 '서광' 발행사), 세창양화점, 천도교청년회, 경성상회, 개벽사, 조선출판사, 동양물산주식회사, 오자와주식회사(수입상), 조선식산은행, 스탠다드오일, 조선인삼 등.

35 국사편찬위원회 〈한국사데이터베이스 근대사연표〉 1920-08-24 참조.

36 《매일신보》 1920. 8. 24; 《동아일보》 1920. 8. 24; 《동아일보》 1920. 8. 25; 《동아일보》 1920. 8. 26; 《매일신보》 1920. 8. 25; 《동아일보》 1920. 8. 27; 《매일신보》 1920. 8. 26.

37 《동아일보》 1920. 8. 30. 3면.

38 《동아일보》 1920. 9. 1. 3면.

39 《동아일보》 1920. 9. 2; 1920. 9. 3; 《매일신보》 1920. 9. 3.

40 〈秘受 12185: 미국의원단ノ 來鮮ヨ 機會トシテ犯 シタリ爆發物取締罰則違反事件ノ受理處分ノ件〉 1920. 9. 20.

41 Anonymous, Korean women write to American congressmen, *Korea Review*. Vol. 2. No. 8, October 1920, pp. 1~2: *Korea Review*는 필라델피아, Chestnut Street 1524번지, The Korean Information Bureau에서 발행한 월간지.

42 〈미국의원단을 환영하노라〉, 《동아일보》 1920. 8. 24. 1면

43 〈의미있는 여송연呂宋煙 1본本〉, 《매일신보》 1920. 8. 27.

44 나가타 아키후미長田彰文, 이남규 옮김, 《미국, 한국을 버리다-시어도어 루스벨트와 한국》, 기파랑, 2007, 참조.

45 〈사설-조선현상급장래-賴米思想(상)〉, 《매일신보》 1920. 9. 11; 《매일신보》는

1913. 3. 4~8까지 5회에 걸쳐 사설에서 '기독교주의 학교'를 주제로 일본의 입장에서 기독교학교와 선교사의 반일본적 행태에 대해 비난했다. 기독교가 타국에 들어와서도 자국의 주의와 풍속을 이식하여 생도를 훈육한다고 비난하고 조선인은 사대기질이 강하고 국민성이 약하여 이러한 외국 풍속을 숭배하고 있으니 하루빨리 일본에서 했던 것처럼 기독교 및 기독교학교를 일본화하는 것이 시급하다고 주장했다. 일본에서도 미국풍에 대한 선망이 유행했을 때 국민성이 강한 일본신도들이 이를 극복했다는 것을 근거로 내세웠다.

46 1920년 8월 17일 같은 날 《동아일보》에도 동일한 내용의 기사가 게재되었다. 경무국 마루야마 사무관이 미 의원단 방문에 즈음하여 일어난 불온 배일사건들에 대한 수사결과를 발표하면서 표현한 내용이다.

47 Sakau Moriya, Development of Chosen and Necessity of Spritual Enlightment, *Government-General of Chosen*, September 1924, pp. 17~18.

48 〈미국인의 기부금〉, 《동아일보》 1921. 3. 26. 사설; 나가타 아키후미, 이남규 옮김, 《미국, 한국을 버리다: 시오도어 루스벨트와 한국》, 기파랑, 1992/2007, 29쪽; 장인성, 〈구한말 조선의 미국관에 관한 연구-1880년대까지의 미국관 형성을 중심으로〉, 서울대학교 대학원 외교학과 석사학위논문; 유선영,〈황색식민지의 문화정체성: 아메리카나이즈드 모더니티〉, 《언론과 사회》 제18호, 1997, 81~122쪽.

49 Walter Russel Mead, *Special providence: American foreign policy and how it changed the world*, N.Y.: A Century Foundation Book, 2001; Joseph Samuel Nye Jr., Soft Power and American foreign policy, *Political Science Quarterly*, Vol. 119, No. 2(Summer), 2004, pp. 256~257.

50 Mel van Elteren, Rethinking Americanization abroad: Toward a critical alternative to prevailing paradigm, *The Journal of American Culture*, Vol. 29, No. 3, 2006, pp. 345~367.

51 박종민, 〈온정주의 정치문화와 권위주의 통치의 정당성〉, 《한국정치학회보》 30집 3호, 1996. 105~122쪽.

52 《동아일보》 1920. 8. 24.

53 《매일신보》 1920. 8. 26; 《매일신보》 1920. 8. 27.

54 국제친화회는 1920년 7월에 경성에 거주하는 각국 영사 및 외교관들이 만들었다.

그러나 실제로는 일본 민간선전기관, 즉 일본 정보위원회와 같은 기능을 수행했다고 알려졌다.

55 〈난언難言의 실망失望, 의외의 환희-절망 침묵 중에 돌연히 미 의원 출현, 열렬한 환호리에 개인의 자격으로 교환交驩〉, 《동아일보》 1920. 8. 26.

56 《동아일보》 1920. 8. 27.

57 〈사설: 미국내빈美國來賓의 전傳하는 말- 헐스맨 씨의 연설, 스모-ㄹ 씨의 전언〉, 《동아일보》 1920. 8. 28, 8. 29, 8. 30.

58 《매일신보》 1920. 8. 26.

59 Charles Nelson Spinks, The termination of the Anglo-Japanese alliance, *Pacific Historical Review*, Vol. 6(4), 1937, pp. 321~340; Charles Nelson Spinks, The background of the Anglo-Japanese alliance, *Pacific Historical Review*, Vol. 8(3), 1939, pp. 317~339.

60 정진석, 《일제시대 민족지 압수기사 모음》, LG상남재단, 1998, 550쪽.

61 백낙청, 〈한국에 있어 미국의 의미〉, 《민족문학과 세계문학 II》, 창작과비평사, 1985, 244~249쪽.

## 7장 동정과 연예의 민족주의

1 Arif Dirlik, Vision and revolution: Anarchims in Chinese revolutionary thought on the eve of the 1911 revolution, *Modern China*, Vol. 12(2), 1986, pp. 123~165.

2 박걸순, 〈신채호의 아나키즘 수용과 동방 피압박민족 연대론〉, 《한국독립운동사연구》 제38집, 2011, 197~236쪽.

3 조세현, 〈동아시아3국(한중일)에서 크로포트킨 사상의 수용-상호부조론을 중심으로〉, 《중국사연구》 39집, 2005, 231~273쪽.

4 소영현, 〈아나키즘과 1920년대 문화지리학〉, 《현대문학의 연구》 36호, 2008, 345~375쪽; 최주한, 〈민족개조론과 상애相愛의 윤리학〉, 《서강인문논총》 30집, 2011, 295~335쪽.

5 필자 미상, 〈구주대전 이후의 민족적 이상의 진화〉, 《개벽》 제33호, 1923. 3월호,

16~20쪽.

6 최정순, 〈사회개조의 사회학적 고찰〉, 《동아일보》 1923. 6. 23~24: 일본유학생 그룹에서 이론가로 명성을 떨친 최정순은 《동아일보》에 연재한 '사회개조의 사회학적 고찰' 9~10회 기사에서 상호부조, 애, 데모크라시, 자유의 열정이 서로 연관되어 있음을 주장하고 (물질적) 소유욕을 어느 정도 충족한 상태에서 상호부조를 실천하는 것이 필요하다고 주장했다. 전후 문화주의가 물질주의와 소유본능을 완전히 폄하하는 것은 잘못된 것이라면서 상호부조를 위한 물질과 부의 소유는 필요하다고 했다.

7 이돈화, 〈인류상대주의와 조선인〉, 《개벽》 제25호, 1922년 7월호, 2~12쪽.

8 〈사설: 단결하는 방책이 如何〉, 《동아일보》 1923. 11. 25. 1면.

9 〈부형에게 고하노라–거처 없는 학동을 위하야〉, 《동아일보》 1921. 3. 30.

10 현철, 〈멀리 온 형제, 해삼위연예단을 환영함〉, 《개벽》 제23호, 1922년 5월호, 18쪽.

11 김현주, 〈문학·예술교육과 '동정': 이광수의 無情을 중심으로〉, 《상허학보》 제12집, 2004, 167~193쪽.

12 〈민족감과 동정열로 고조된 황해도 수해구제연설회〉, 《동아일보》 1922. 9. 9. 3면.

13 일본고학생동우회는 1920년 일본에서 고학생과 노동자의 상호부조를 표방하고 만들었고 아나키스트 박열이 간부로 활약했으나 1921년 상애회, 형설회 등으로 분열했다가 1923년 해체되었다(박찬승, 〈1920년대 도일유학생과 그 사상적 동향〉, 《한국근현대사연구》 제30집, 2004, 113쪽).

14 갈돕회는 1920년 6월에 조직된, 경성에서 공부하는 고학생 단체이다: 갈돕회는 국어사전에 없는 신조어로 정확한 의미는 알려지지 않았으나 갈은 우리말의 나란히, 똑같이, 마주, 서로의 뜻 외에 연마의 의미도 있고 돕은 돕는다의 돕이므로 "똑같이 마주 서로 돕는다"는 의미로 풀이되기도 한다(최덕교, 《한국잡지 백년 2》, 2004, 현암사(http://www.hyeonamsa.com), 〈17. 1. 조선고학생 갈돕회 기관지 갈돕〉 참조).

15 갈돕회 모금공연은 3대로 조직되었고 7월 27일부터 9월 3일까지 총 43개 지역에서 공연했다. 그보다 앞선 1920년 7~8월의 한 달여 간 일본 유학생과 노동자들의 상호부조단체인 동우회 순회공연이 있었고 홍난파의 바이올린, 윤심덕의 독창이 있었지만 이는 극예술협회라는 신극운동단체가 주도한 것이므로 엄밀한 의미의 아마추어공연素人公演團으로 분류되지 않는다.

16 최현은 생몰 미상의 인물로 당시 22세로 추정되며 평북 운산군 출신이다.

17 최현, 〈고학생 갈돕회 지방순회극단巡廻劇團에〉, 《동아일보》 1921. 8. 1.

18 갈돕회는 〈운명〉과 〈빈곤자의 무리〉라는 비극을 공연했고 희극도 1막 있었으나 경성 고학생들의 실제 생활을 그린 〈빈곤자의 무리〉는 관객의 눈물을 뿌리게 했다고 신문은 보도했다(〈갈돕극단 귀경歸京〉, 《동아일보》 1921. 8. 24).

19 유민영, 《개화기 연극사회사》, 새문사, 1987, 176~179쪽.

20 목포사립학교에서 가뭄피해 이재민을 위해 직원과 생도 합동의 음악대회를 열어 동정금을 모금하고 동정자의 이름과 액수를 게시했으나 경찰서에서 기부의 성격을 가졌다고 금지하고 관계자를 취조하여 여론이 악화되었다(〈기근 음악에 동정금도 금지〉, 《동아일보》 1924. 12. 19); 주최 측이 기부금을 받겠다고 공지하는 것은 취체규칙 위반으로 제재 받았다(〈평양만필平壤漫筆〉, 《동아일보》 1921. 12. 14); 기근구제회의 모금도 도지사의 명령으로 정지되었고 관청으로 모금을 양도하라는 압력에 시달려 갈등이 빚어졌다(〈도 당국까지 간섭〉, 《동아일보》 1925. 1. 9: 〈삼례 구기회救饑會 경찰이 또 간섭〉, 《동아일보》 1925. 1. 16); 보은청년회에서 허가 없이 기부금을 모집했다는 이유로 주최 측 2인을 즉결심판에 넘겨 구류 10일을 선고하자 이에 불복 항소했다. 정식재판에서 벌금형(20원)을 받았으나 불복하고 복심법원에 항소하여 무죄판결을 받는 길고 힘든 법정투쟁을 감행한 경우도 있었다(〈보은報恩 양씨 무죄〉, 《동아일보》 1927. 5. 28); 시민운동회 개최를 위해 영주청년회에서 60~70원을 모금하자 허가를 얻지 않았다는 이유로 경찰이 4~5차에 걸쳐 취조했고 동정금을 낸 시민도 소환해서 취조하고 운동회도 금지시켰다. 결국 동정금은 반환 조치하고 주최자 3인에게서 서약서를 받고 사건을 종결했다(〈영주榮州 운동 금지〉, 《동아일보》 1928. 5. 18); 황해도 일대 수해민 돕기 동정금 모금을 위해 신의주기독청년회가 경찰서 고등과에 의연금모집계義捐金募集屆를 제출했으나 다시 보안과에서 허가원 제출을 요구했다. 두 번째 지시대로 하자 경찰은 어쨌든 불허가 처분이 예상되므로 자진 철회하라 강요했다. 이에 불응하자 불허가 처분으로 종결했고 신의주의 여론이 악화되었다(〈동정금 모집을 금지〉, 《동아일보》 1922. 11. 2).

21 〈기부금규칙 일부 개정〉, 《동아일보》 1922. 8. 16; 〈개정된 기부금취체규칙 내용〉, 《동아일보》 1933. 8. 6.

22 기부금 모금 시책은 기본적으로 허가주의였다. 그리고 의연금, 동정금, 성금 등

모든 종류의 금품모금 행위에 대한 감시를 한층 강화했다(〈횡설수설〉, 《동아일보》 1933. 8. 7. 1면).

23 〈우리 소년회의 순극巡劇을 마치고〉, 《동아일보》 1924. 9. 29.

24 〈영신교永信校 주최의 소녀순극少女巡劇〉, 《동아일보》 1924. 11. 17.

25 〈음악회는 불허〉, 《동아일보》 1921. 7. 19; 《동아일보》 진주지국, 진주청년회, 천도교청년회진주지회, 기독교청년회가 후원한 음악연주회였다.

26 〈음악단원이 국경에서 피착被捉〉, 《독립신문》 1920. 2. 26.

27 우수진, 〈갈돕회 소인극 연구—사실성과 동정의 스펙터클〉, 《한국극예술연구》 제35집, 2012, 47~79쪽; 송민호, 〈일제강점기 미디어로서의 강연회의 형성과 불온한 지식의 탄생〉, 《한국학연구》 제32집, 2014, 125~154쪽.

28 〈사설: 알메니아 10만 고아를 위하야〉, 《동아일보》 1923. 12. 2; 〈조선 초유의 간식회〉, 1923. 11. 21. 3면; 〈알國고아구제孤兒救濟 음악회〉, 1923. 11. 29. 3면; 〈알국 고아에게 130원 기부〉, 1924. 2. 15. 2면: 알國은 아르메니아Armenia의 표기.

29 〈연예기부〉, 《대한매일신보》 1908. 6. 30; 〈본인 등이 고아원 수리비에 부족한〉, 《대한매일신보》 1908. 6. 30. 광고; 〈예기자선藝妓慈善〉, 《대한매일신보》 1908. 7. 3.

30 일례로 1921년 8월 1일자 《동아일보》 4면에는 6개 청년 및 학생단체의 기부금 모금을 위한 전국 순회공연 일정이 소개되고 있다. 기독교청년전도대, 함흥 거주 동경유학생들의 문예극 흥행계획 공지, 호남학생친목회 순회강연단 일행의 영광靈光 개강, 학생대회순회강연단의 안의安義 개강, 고학생 갈돕회의 서흥 공연(천도교당), 재경당진학생의 당진에서의 순강巡講에 대한 기사가 실려 있다.

31 작자 미상—記者, 〈범신유汎辛酉의 회고(하)〉, 《개벽》 19호, 1월호, 1922, 72~81쪽; 3·1운동 이후 신파극을 대체할 근대극 운동을 본격 전개한 것은 일본 유학생들이 조직한 극예술협회이다. 체홉, 괴테, 고리키 등의 작품을 번안해서 무대에 올렸다. 1921년 일본의 조선인노동자단체인 동우회同友會와 학생들을 위한 기금모금을 위해 동우회순회연극단을 조직하여 한 달여 간 전국 순회공연을 하는데 홍난파의 바이올린, 윤심덕의 독창, (사회주의)연극, 연설을 주축으로 구성했고 대성공을 거두었다(유민영, 《개화기 연극사회사》, 새문사, 1987, 170~176쪽 참조).

32 1920년대 《동아일보》 DB에서 '연예'로 검색하면 구제救濟 연예, 학생 연예, 독자위안 연예, 시민위안 연예, 동정 연예회, 신록新綠연예, 동포구제 연예, 의연義捐

연예회, 순회연예회, 음악 연예, 동정음악회, 음악급연예대회, 동정소인연예, 자선 연예, 고학생 연예회, 소년 연예대회, 민중오락회, 동정 연예, 위안 연예, 연예음악대회, 연예음악회, 납량 연예, 연예대회 등 다양하게 나타난다.

33 〈장유長幼의 제휴 절규提携 絕叫〉, 《동아일보》 1923. 5. 3.

34 〈연예연구회 진남포에서 조직 중〉, 《동아일보》 1924. 4. 4.

35 1922년 천도교청년회도 연예부를 두어 연극 등을 공연했다(〈천도교청년연예부〉, 《동아일보》 1922. 8. 1).

36 〈능주청년회 연예부〉, 《동아일보》 1921. 4. 22; 〈중앙연예 성황〉, 《동아일보》 1926. 12. 2: 중앙유치원 후원 연예회로 유치원생들과 유치원 사범과 학생들의 댄스, 희극, 익살을 공연했다.

37 〈전 시全市의 인기는 이곳으로 집중〉, 《동아일보》 1928. 5. 5.

38 제1차로 조선에 온 공연단은 해삼위학생음악단으로 불렸으며 1921년 4. 21(해삼위 출발)~6.8(해삼위 도착)의 일정으로 장기간 전국순회공연을 다녔다. 제2차 해삼위연예단은 1922년 4. 14(해삼위 출발)~8. 10(청진 공연)까지 강행군을 했다. 제3차 공연단은 해삼위연예단이 떠날 즈음 입국해서 별 성과 없이 귀국해야 했던 해항海港기독교학생음악단(1922. 7. 1~1922. 8. 9)이다.

39 임경석, 〈한말 노령의 애국계몽운동과 블라디보스톡 한인거류지〉, 《성대사림》 12·13합집-사학과 창설 50주년 기념논총, 1997, 285~306쪽.

40 배은경, 〈소련 고려인 사회의 문화생활(1920~1930년대)〉, 《대동문화연구》 제43집, 2003, 87~95쪽.

41 이정은, 〈3·1운동을 전후한 연해주 한인사회의 독립운동〉, 《한국독립운동사연구 11》, 독립기념관, 1997, 113~145쪽; 반병률, 〈3·1운동 전후 러시아 한인사회의 민족정체성 형성과 변화〉, 《한국 근현대사연구》 제50집, 2009, 95~96쪽.

42 1899년 차르 정부가 블라디보스토크에 설립한 동양학대학. 1900년에 한국어강좌가 개설되었다.

43 윤금선, 〈한인단체의 연극 활동 연구-일제 강점기 동북아시아 민족 단체 및 연극단체를 중심으로〉, 《한국 극예술연구》 제34집, 2011, 159~165쪽, 171~172쪽.

44 〈병화兵禍 중의 해삼위, 동포의 안위는〉, 《동아일보》 1920. 4. 12: 1910년대 《매일신보》의 러시아 관련 기사를 분석한 김문종의 연구에 의하면 《매일신보》는 러시

아혁명과 사회주의의 부정적 측면을 연성 스타일로 보도했고 러시아 내전, 일본의 이권이 개입된 시베리아의 경제적 가치 등을 강조했다(김문종, 〈《매일신보》의 러시아에 관한 기사내용 분석: 러시아혁명기(1917년 11월~1920년 2월)를 대상으로〉, 《한국언론학보》 49권 4호, 2005, 33~60쪽).

45 〈세계 제일의 무도가〉, 《동아일보》 1920. 6. 7.

46 현철, 〈멀리 온 형제, 해삼위연예단을 환영함〉, 《개벽》 제23호, 1922. 5, 18~20쪽.

47 〈해항음악단 입성入城〉, 《매일신보》 1921. 4. 29.

48 〈해항조선학생 부활주일을 이용해 고국을 방문할 계획〉, 《동아일보》 1921. 4. 10.

49 이강은 1902년 하와이로 노동이민을 가 샌프란시스코에서 안창호의 권유로 독립운동에 투신했다. 미국-조선-중국-러시아를 오가며 독립운동을 했는데 신문사 주필, 단체 창립, 안중근의거 당시 연락을 담당하기도 했다. 블라디보스토크에서 《대동공보》 편집자로 활동했고 1919년 9월 강우규 폭탄투척사건에 연루되어 체포, 50일간 구류 후 석방되었다. 석방 후 임시정부에 참여했고 광복 전까지 중국에서 활동하다가 3년간 투옥되었다.

50 화가 나혜석의 오빠이자 1923년 이래 친일파의 행보를 보인 나경석(1900~?)이 단원들이 일제 프락치로 경계했던 인물(중개인)이다. 나경석은 조선의 재산을 정리한 후 블라디보스토크에 오자 마자 신진 사업가 행세를 하며 학생음악단을 조직하고 재정을 후원했다. 일본영사관과 접촉하여 조선 방문을 성사시켰고 음악단의 통역 및 가이드를 자임했는데 단원들은 그를 일제의 스파이 또는 밀정으로 의심하고 경계했다(〈모국견학인상기〉 1~4회, 《동아일보》 1921. 7. 18~19, 7. 28~29).

51 〈동경하던 고국에〉, 《동아일보》 1921. 4. 27.

52 〈해삼위조선인학생음악단 중 박기순(박쏘피아)양〉, 《매일신보》 1921. 5. 5.

53 〈소설 이상의 파란波瀾만흔 사실事實〉, 《동아일보》 1921. 4. 28; 〈진객珍客의 비원배관秘苑拜觀〉, 《매일신보》 1921. 4. 29; 〈파란 많은 채 군의 생애〉, 《매일신보》 1921. 5. 18.

54 〈사모하든 고국, 환영하는 한양에〉, 《동아일보》 1921. 4. 29.

55 〈해삼위음악단 연주곡목〉, 《매일신보》 1921. 4. 30. 참조.

56 〈사모하든 고국, 환영하는 한양에〉, 《동아일보》 1921. 4. 29; 〈제2일의 해항동포음악회〉, 《매일신보》 1921. 5. 3; 〈珍客의 秘苑拜觀〉, 《매일신보》 1921. 4. 29.

57 〈총독이 금일봉〉, 《매일신보》 1921. 5. 2.

58 김니콜라이, 〈모국견학인상기〉(4), 《동아일보》 1921. 7. 28. 1면.

59 〈해삼위학생 연주의 제일야第1夜: 다감多感한 회향懷鄕의 곡으로〉, 《동아일보》 1921. 5. 1.

60 현철(효종), 〈예술계의 회고 1년간〉, 《개벽》 제18호, 1921년 12월, 112쪽.

61 〈해항海港학생동정〉, 《동아일보》 1921. 5. 8; 〈해항학생 제2차환영회〉, 《동아일보》 1921. 5. 9.

62 〈리마리아양 군산에서 병와病臥〉, 《동아일보》 1921. 6. 2; 〈3차의 고별연주〉, 《동아일보》 1921. 6. 3; 〈해항음악회의 성황〉, 《동아일보》 1921. 6. 4; 〈해삼위음악단 환영〉, 《동아일보》 1921. 6. 4.

63 〈고국혼故國魂으로 화작化作한〉, 《동아일보》 1921. 6. 10; 〈다한多恨한 기적 일성汽笛 一聲〉, 《동아일보》 1921. 6. 7; 〈남대문서 석별루惜別淚〉, 《매일신보》 1921. 6. 7.

64 〈각지의 동정금〉, 《매일신보》 1921. 5. 18; 〈해항학생 인천연주회〉, 《동아일보》 1921. 5. 18; 〈음악단동정금 상보詳報〉, 《동아일보》 1921. 6. 9; 〈해항음악단 동정금〉, 《동아일보》 1921. 6. 10; 〈해삼위음악단소식〉, 《동아일보》 1921. 5. 29.

65 〈수재 구제에 열성〉, 《동아일보》 1922. 9. 9. 3면.

66 〈해항학생단환영회〉, 《동아일보》 1921. 5. 29.

67 〈해항학생단환영회〉, 《동아일보》 1921. 5. 22.

68 〈해항음악단과 광주〉, 《동아일보》 1921. 5. 28.

69 그 외 순회공연을 후원한 단체들은 다음과 같다. 원산청년회, 천도교청년회, 신민사, 배재학당동창회, 중앙 등 학교청년단체, 학생대회, 중앙기독청년회, 연합청년회, 평양기독교청년회, 장로교조선기독교, 《매일신보》 지국, 예배당, 고려청년회, 엠윗청년회, 단체연합회, 대구청년회, 해성체육단, 불교청년회, 여자청년회, 노동공제회, 영남공제회, 동성구락부, 예월회, 동아-조선-매신 대구지국, 한약상조합, 여인숙조합, 고보구락부 단체연합회 , 부산청년회, 부산음악회, 교회청년단, 마산구락부, 마산야소교청년면려회, 창신학교, 의신여학교 학생회, 기독청년회, 경신구락부, 구암기독남녀청년회, 《동아일보》 지국 단체연합, 광주청년회, 광주야소교회 등이고 일반 인사들도 개인적으로 후원했다.

70 〈광주청년회총회〉, 《동아일보》 1921. 5. 5.

71 〈주객 80명의 서회교환敍懷交歡〉, 《동아일보》 1921. 5. 3.

72 〈만당화기滿堂和氣〉, 《동아일보》 1921. 5. 5; 〈환영회석상 광교기廣矯妓의 출연〉, 《매일신보》 1921. 5. 3.

73 〈소설 이상의 파란波瀾만흔 사실事實〉, 《동아일보》 1921. 4. 28; 〈사설: 해삼위형제를 환영하노라〉, 《동아일보》 1921. 4. 29; 〈사모하든 고국, 환영하는 한양에〉, 《동아일보》 1921. 4. 29.

74 〈주객 80명의 서회교환敍懷交歡〉, 《동아일보》 1921. 5. 3.

75 〈해항학생 인천연주회〉, 《동아일보》 1921. 5. 18.

## 8장 친일과 매판협력의 존재양식

1 〈만주 이주인이여〉, 《매일신보》 1913. 4. 28. 사설.

2 〈쫓겨 가는 조선인〉 1~6회, 《동아일보》 1924. 3. 25~30.

3 박경숙, 〈식민지시기(1910~1945년) 조선의 인구 동태와 구조〉, 《한국인구학》 제32권 제2호, 2009, 29~58쪽.

4 서벌턴 개념은 관점에 따라 달리 정의되지만 말 그대로 하급관리로서 순사, 경찰, 밀정/정보원, 서무직, 세무, 말단 행정, 인구조사 등의 업무를 통해 피식민자 위에 군림하면서 식민자의 이익에 기여한 집단을 가리키기도 한다. 그런 점에서 조선인 서벌턴subaltern은 포스트콜로니얼리즘에서 개념화한 하위 신민, 하층민으로서 서벌턴도 아니고 인도 'Subaltern Studies'에서 구성된 주체적 행위자로서 제국과 지배층의 헤게모니에 저항하는 전복적 농민, 천민, 여성 등의 서벌턴 개념과도 다르다.

5 목수현, 〈디아스포라의 정체성과 태극기: 20세기 전반기 미주 한인을 중심으로〉, 《사회와 역사》 제86집, 2010, 47~79쪽.

6 〈만몽과 조선인〉, 《매일신보》 1915. 6. 17. 사설

7 〈경제시론: 쫓겨 가는 조선인 6〉, 《동아일보》 1924. 3. 30.

8 Lee, Hoon Koo, Korean Migrants in Manchuria, *Geographical Review*, Vol.22, No.2, 1932, pp. 202~204.

9 임성모, 〈만주국 협화회의 대민지배정책과 그 실태-동변도치본공작東邊道治本工作과 관련하여〉, 《동양사학연구》 제42집, 동양사학회, 1993, 116쪽.

10 山室信一, 윤대석 옮김, 《키메라, 만주국의 초상》, 소명출판. 2009; 한석정, 《만주국 건국의 재해석: 괴뢰국의 국가효과 1932~1936》, 동아대학교출판부, 2007.

11 John R. Stewart, Japan's strategic settlements in Manchoukuo, Institute of Pacific Relations, *Far Eastern Survey*, Vol. 8, No. 4(Feb. 15), 1939, pp. 37~43.

12 John R. Stewart, 앞의 글, p. 40.

13 Lee Hoon Koo, Korean migrants in Manchuria, *Geographical Review*, Vol. 22(2), 1932, p. 196; 윤휘탁, 〈만주국의 '2등국(공)민', 그 실상과 허상〉, 《역사학보》 제69집, 역사학회, 2001, 148쪽.

14 1937년 《매일신보》는 만주에 거주하는 무적無籍 조선인의 수를 총독부가 추정한 전체 100만여 명의 조선인 의 70퍼센트인 70만여명으로 추산했다(〈재만 100만여 조선인 明春만주국에 입적-만주인과 동일한 권리의무〉, 《매일신보》 1937. 3. 4; 〈만주국에 입적 동시 조선에도 전부 취적〉, 《매일신보》 1937. 3. 7(2); 그러나 1933년 《조선일보》는 이주 조선인이 150만여 명에 이르고 이중 70만여 명이 무적자라고 보도했다. 전체 조선인 수에 대한 추정이 다르므로 무적자의 백분비도 달라지지만 무적자 70만명설은 유지되는 것이 흥미롭다(《조선일보》 1933. 10. 6(2))

15 이엔 앵Ien Ang, 〈모호성의 함정-중국계 인도네시아인의 피해자 되기와 역사의 잔해〉, 《흔적》 2호, 2001, 27~55쪽.

16 야마무로 신이치, 윤대석 옮김, 《키메라: 만주국의 초상》, 소명출판, 2009, 268~270쪽.

17 최봉룡, 〈만주국의 종교정책과 재만조선인의 종교활동〉, 《민족과 문화》 제12집, 2003, 62~66쪽; 최봉룡, 〈기억과 해석의 의미: '만주국'과 조선족〉, 《만주연구》 제2집, 2005, 100~102쪽.

18 장용경, 〈'조선인'과 '국민'의 간극-전시체제기 내선일체론의 성격과 조선지식인의 대응〉, 《역사문제연구》 제15호, 2005, 279~300쪽.

19 윤휘탁, 2001, 앞의 글, 141~159쪽; 윤휘탁, 〈만주국 정부의 민족구성과 운영상의 특징〉, 《중국근현대사연구》 제43집, 중국근현대사학회, 2009, 115~143쪽; 한석정, 《만주국 건국의 재해석: 괴뢰국의 국가효과 1932~1936》, 동아대학교출판

부, 2007. 179~190쪽

20 윤휘탁, 2001, 앞의 글, 168~171쪽.

21 Mariko Asano Tamanoi, Knowledge, power, and racial classification: The 'Japanese' in Manchuria, *The Journal of Asian Studies*, Vol. 59, No. 2, 2000, pp. 255~257.

22 〈만주 중인의 배한문제와 대책(1)〉, 《동아일보》 1927. 12. 7.

23 손승희, 〈만주사변 전야 만주한인의 국적문제와 중국·일본의 대응〉, 임경석·진재교 외, 《근대전환기 동아시아 삼국과 한국-근대인식과 정책》, 성균관대 동아시아 학술원총서, 2006, 215~249쪽.

24 1932년 길림총영사 石射猪太郎이 국제연맹 지나支那조사위원 吉田伊三郎 특명전권대사에게 보낸 기밀공령機密公領 제13호(1932. 5. 21)는 중국 내 배일 배선 분위기에 대한 내용을 정리한 문서이다. 일본은 만주 내 불령선인을 크게 민족적 독립주의자와 공산주의자로 분류하고 독립주의자는 세분해서 국민부國民府와 한족총연합회파韓族總聯會者派로 2분하고 공산주의자는 ML파, 화요파, 경성상해파로 구분했다. 1919년 조선독립운동 후 급격히 그 수가 증가한 조선인 망명자라는 것이다(조선총독부, 〈國聯支那調査委員關係書類-질문사항응답자료관계〉, 1932, 《국가기록원 자료집》, 476쪽)

25 만주국 성립과 함께 조선인은 토지 차지借地에서 많은 편리를 얻게 되었고 이를 '만주국의 국민'인 동시에 '일본 신민'이라는 특수한 지위이기에 가능한 혜택이라고 생각했다. 민생단, 협화회, 간도협조회, 무장자위단, 선무공작반 등은 친일 조선인들이 중심이었고 만주국 국군, 국경감시대, 경찰, 관리 등 직업에 종사하는 친일 조선인은 의도적이고 주도적으로 심지어 광적으로 일본에 대한 충성심을 표출했다. 이러한 충성심과 자발성을 촉발한 것이 이등국민이라는 자의식이었다(최봉룡, 2005, 앞의 글, 104~105쪽).

26 金子定一, 〈재만조선인에 寄함: 재만선계의 입장〉, 《만선일보》 1940. 1. 1, 3.

27 石原莞爾, 〈만주건국과 지나사변: 민족협화에 끼친 조선인의 공헌〉, 《만선일보》 1940. 5. 17.

28 이 잡지는 《동아연맹》 4월호이다. 이시하라의 칼럼은 잡지 기사 중 조선인이 지도민족 일본인과 가장 가까운 민족임을 강조했다는 부분을 중심으로 편집한 것으로 추정된다.

29 1930년 간도총영사 岡田兼一은 조선총독부 외사과장에게 보낸 귀화 관련 보고에서 14퍼센트의 귀화자 가운데 배일감정으로 충심으로 중국인이 되고자 하는 자 1.4퍼센트, 위험한 정치사상을 지니거나 귀화로 특별한 편의를 얻고자 하는 자 1.4퍼센트, 토지소유권 등 확보 목적을 가진 자 9.8퍼센트로 분류했다. 비귀화자 가운데 일본관헌 보호가 유리하다고 믿는 자 8.6퍼센트, 노동자농민계급으로 귀화 필요를 느끼지 못하는 자 68.8퍼센트, 이해관계 없이 귀화를 바라지 않는 자는 8.6퍼센트로 분류했다(손승희, 2006, 앞의 글, 236~237쪽).

30 야마무로 신이치, 2004/2009, 앞의 책, 341쪽.

31 한수영, 〈만주의 문학사적 표상과 안수길의 《북간도》에 나타난 '이산移散'의 문제〉, 《상허학보》 제11집, 상허학회, 2003, 105~133쪽.

32 거류민회는 자치의 성격이 있었으므로 일본의 치외법권이 철폐된 1937년 12월 무렵 해산 조치되었다.

33 《동아일보》 1928. 11. 7; 1935. 11. 30; 1934. 12. 10.

34 〈봉천에서〉, 《매일신보》 1917. 5. 18. 2면.

35 〈봉천 재주在住 청년문제〉, 《동아일보》 1924. 2. 1; 〈거류민회에 우복又復 폭탄투하〉, 《동아일보》 1931. 9. 27; 〈봉천일본 거류민회에 2회의 폭탄투하사건〉, 《동아일보》 1928. 6. 12.

36 《동아일보》 1921. 7. 4; 《동아일보》 1922. 4. 21

37 〈봉천거류민회〉, 《동아일보》 1928. 8. 23; 《동아일보》 1928. 10. 5.

38 필자 미상, 〈극동정세와 재만동포, 천진 관내關內〉, 《삼천리》 제3권 제9호, 1931. 9, 30~33쪽.

39 재만 조선인 친일단체를 중국관헌이 압박하는 이유는 일본이 이주 조선인을 교사하여 중국 내정을 염탐하고 치안을 문란케 하며 국제 문제를 일으키기 때문이라는 요령성 정부의 입장표명이 있었다: 〈친일 조선인 취체를 밀령〉, 《동아일보》 1930. 2. 18; 〈재만조선인 문제〉, 《동아일보》 1927. 11. 30. 사설; 〈재만동포와 제 대책 입적문제를 중심으로〉, 《조선일보》 1928. 1. 10. 사설.

40 〈하얼빈 조선인회 습격 실기〉, 《중국언론신보》 1927. 10. 17.

41 기생관의 한 사례를 들어 보자. 갑북閘北 지역 점령 후 일본인 업주들이 일본군 주둔지인 청도에서 고려기생관 3개 소조를 이전해 일본 군인들을 상대로 20여 명의

기생이 있는 주점을 경영했다(〈일본은 한국인을 이용하여 갑북을 식민화〉, 《중국언론신보》 1932. 4. 27).

42 〈한민족의 동북지역 이민연구(6)〉, 《중국언론신보》 1931. 7. 29.

43 〈자숙자계를 재차 요망함〉, 《만선일보》 1940. 8. 25.

44 〈해륜서수촌 일대 답사기 2〉, 《만선일보》 1940. 6. 8; 〈맹성猛省하야 자숙자계自肅自戒하라〉, 《만선일보》 1939. 12. 17.

45 편집부, 〈재만동포 문제 좌담회〉, 《삼천리》 제5권 제9호, 1933, 47~51쪽.

46 1924년 봉천 일본거류민회 부속 조선인협회 간부들이 사리사욕으로 해산되고, 다시 조선인청년회가 생겼으나 새 회장이 번화가에 2층 양옥을 신축하고 기생요릿집을 개설하여 화류계를 조성하는 일에 전력을 기울이는 바람에 해산했다. 다시 조선인민회를 창립하려는데 회장후보로 봉천권번과 요리조합사무소 임직원이 출마하여 반대 여론이 들끓고 있었다(〈봉천 재주在住 청년문제〉, 《동아일보》 1924. 2. 1).

47 John M. Jennings, The forgotten plague: Opium and narcotics in Korea under Japanese rule, 1910~1945, *Modern Asian Studies*, 29(4), Cambridge University Press. 1995, pp. 795~815.

48 손승희, 2006, 앞의 글, 229~230쪽.

49 〈한민족 동북지역 이민연구(속편9)〉, 《중국언론신보》 1931. 8. 1.

50 합병 후 독립운동에 투신했고 동만주 및 중국 일대에서 활동했다.

51 원세훈, 〈소연한 북만주행, 송화강까지〉, 《삼천리》 제7권 제1호, 1935, 68~71쪽, 101~108쪽.

52 적토마赤兎馬(작자 미상), 〈국경밀수비화, 천양 만양 판(1)〉, 《삼천리》 제5권 제10호, 1933, 106~108쪽.

53 한석정, 앞의 글, 179~190쪽 ; 윤휘탁, 앞의 글, 165~166쪽.

54 공모전은 실화 단편소설체 내지 이야기체로 서술하도록 서술기준을 제시했다. 당선작 중 일부는 실화임을 강조한 경우도 있지만 일부는 작가들이 썼을 것으로 추정되는 작품도 있다(〈협화미담 현상모집 공모〉, 《만선일보》 1940. 4. 10).

55 이형록은 만주사변 후 경성의 중학교로 4년간 유학을 한 후 만주로 돌아와 보통학교 급우였던 중국인 여성과 결혼하기까지 1927~1936년간의 일을 회고하고 있다(《만선일보》 1940. 8. 6~8. 3회 연재).

56 〈농촌의 추억〉은 《만선일보》 1940년 7월 17일자부터 7월 28일까지 11회에 걸쳐 연재되었다.

## 9장 모욕과 폭력의 악순환

1 차성연, 〈만주 이주민소설의 주권지향성 연구–안수길과 이기영의 소설을 중심으로〉, 《국제어문》 제47집. 2009, 293~296쪽.

2 한수영, 〈만주의 문학사적 표상과 안수길의 《북간도》에 나타난 '이산移散'의 문제〉, 《상허학보》 제11집, 상허학회, 2003, 105~133쪽.

3 김철, 〈몰락하는 신생新生: '만주'의 꿈과 《농군》의 오독誤讀〉, 《상허학보》 제9집, 상허학회, 2002, 123~159쪽: 김철은 모더니스트이자 리얼리스트 작가 이태준(1904~1956)의 《농군》(1939)을 일본의 만주 경영과 제국주의에 편승한 국책소설로 평가했다.

4 차혜영, 〈동아시아 지역표상의 시간·지리학–《문장》의 기행문 연구〉, 《한국근대문학연구》 제20호, 2009, 123~161쪽: 차혜영은 잡지 《문장》(1939. 2~1941. 4)에 게재된 기행문을 분석했는데 대부분이 만주를 자기화하는 기행문이었으며 일본이나 서구 기행문은 주변적으로 배치되었다고 지적했다.

5 김재용, 〈내선일체의 연장으로서 만주국 인식–장혁주의 《행복한 백성》을 중심으로〉, 《한국근대문학연구》 제6권 제1호, 한국근대문학회, 2005, 308~325쪽: 김재용은 장혁주(1905~1998)의 친일국책 작품 《행복한 백성》(1943)을 분석했는데 치외법권 철폐(1937. 12) 이후 조선인의 교육행정권이 일본에서 만주국으로 이관된 데 따른 불만을 토로하면서 조선 내 내선일체론자들의 입장을 대변했다.

6 이 조선의 일본 유학생 친목회는 당시 유학생 신분인 150명을 회원으로 한 단체로 1896년 창립했고 회보도 그해 2월 창간호를 발행했다.

7 홍석현洪奭鉉, 〈연설: 대조선군주국형세 여하如何〉, 《친목회회보親睦會會報》 1호. 대조선인일본유학생친목회, 1896. 2, 20~27쪽.

8 호상몽인湖上夢人(이광수), 〈상해서〉, 《청춘》 제3호, 1914. 12, 103쪽.

9 김원벽金元壁, 〈만주여행기–사성기간四星期間〉, 《신생활》 제9호, 1922. 9, 90~106

쪽; 이 글에서 필자는 압록강 세관에서 몰려오는 중국인 인력거꾼들을 '흑색 노동 자무리들'로 표현했다: 1930년대 조선인들이 만주 도시들의 기차역에서 처음 목격하는 것은 으레 조선인 지게꾼들끼리 손님을 잡기 위해 몰려들어 다투는 광경이다. 그러면 만주국 경찰(순보)들이 나타나 지게를 잡아끌어 내리쳤고 지게꾼들은 산지사방으로 흩어져 도망가곤 한다. 이런 장면은 "수십 년 이역생활 중 도처에서 눈물겹게 많이 본 광경"이었다: 원세훈, 〈소연한 북만주행, 송화강까지〉, 《삼천리》 제7권 제1호, 1935. 1, 69쪽.

10 1933년 안동 발 봉천 행 기차(안봉선)를 이용한 사회주의자 임원근(1900~1963)은 기차 안에서 목도한 광경을 이렇게 묘사한다. 3등 객차는 일중선인日中鮮人으로 만원을 이룬 가운데 중국인들은 약속이나 한 듯 모두 제일 끝 객실로 몰려 들어갔다. 승무원의 지시인지 자의인지는 알 수 없다. 객차 안에 무장한 일본군인, 경찰, 헌병 6~7명이 감시하다가 갑자기 기차를 정차시키더니 중국인 승객을 모두 일으켜 세워 일일이 신체를 수색하고 가방을 검색했다. 임원근은 이 상황을 만주의 '살인적 풍경'이라고 했다. 풍경이란 말을 쓴 것은 이런 장면이 반복되었기 때문일 것이다: 임원근, 〈만주국과 조선인장래, 만주국기행(2)〉, 《삼천리》 제5권 제1호, 1933. 1, 52~56쪽.

11 김원벽, 앞의 글, 90~106쪽.

12 1940년 1월에 연재된 기사; 〈여성의 입장에서 본 만주 조선인 생활-국도國都 조선인 가정직업 좌담회〉에 참석한 조선여성들은 조선인국방부인회지회 간부, 산파, 간호부, 교사, 타이피스트, 백화점 점원이다.

13 〈여성의 입장에서 본 만주 조선인생활-국도國都조선인 가정직업 좌담회〉, 《만선일보》 1940. 1. 1.

14 〈여성의 입장에서 본 만주 조선인생활-국도國都조선인 가정직업 좌담회〉, 《만선일보》 1940. 1. 6.

15 〈여성의 입장에서 본 만주 조선인생활-국도國都조선인 가정직업 좌담회〉, 《만선일보》 1940. 1. 5.

16 편집부, 〈재만동포 문제 좌담회〉, 《삼천리》 제5권 제9호, 1933, 47~51쪽: 좌담회 참석인사는 이광수를 비롯한 《동아일보》, 《조선일보》 전현직 편집국 기자 2인이 대련박람회 시찰 등으로 만주를 방문한 후 돌아와서 나눈 대담.

17 〈조선인과 만주국(5)〉, 《매일신보》 1937. 6. 19(2).

18 JTB는 일본 정부가 1912년에 외국인 방문객들의 관광 안내를 위해 창설한 정부 기구이다. 1941년에 동아여행사East Asian Travel Agent로 개편되었는데 당시 세계에서 가장 큰 여행사였다. 전 세계에 여러 개의 지사를 운영했고 본사는 동경에 두었다.

19 김두헌金斗憲, 〈만주국수학여행일기〉, 《일광一光》 제5호, 중앙불교전문학교 교우회지, 1935. 1. 13~21쪽.

20 일례로 인도네시아인들은 러일전쟁(1905)에서 일본이 러시아에 승리하자 백인 지배를 물리친 최초의 아시아 국가로서 아시아에 희망을 전파한 나라로 동경했다. 1945년 초대 대통령이 된 독립운동가 모하마드 하티가 일본을 아시아의 새로운 대표 권력으로 신화화했을 정도였다(구나완 모하마드Goenawan Mohamad, 2003, 〈인도네시아의 아시아〉, 야마무로 신이치 외 엮음, 양기호 옮김, 《파워: 아시아의 응집력》, 한울출판사, 2007, 183~196쪽). 아시아의 다른 나라들에서, 특히 백인의 지배하에 있던 나라들에서 서구 열강과 대등하게 맞서는 일본의 위상은 조선 그리고 중국과 질적으로 달랐다.

21 김미선, 〈식민지시대 조선여성의 제국 내 이주경험에 관한 연구-양충자(중국 천진)와 이종수(만주국 안동)의 구술을 중심으로〉, 《여성과 역사》 제11집, 한국여성사학회, 2009, 1~41쪽.

22 《매일신보》 1915년 12월 1일자 〈남만의 조선인: 지나 관헌의 태도〉에 의하면 봉천, 철령 지방에선 조선인에게 관대하지만 장춘, 길림 지방에선 대개 조선인을 멸시하는 경향이 있었다고 했다; 《매일신보》 1915년 12월 2일자 〈남만의 조선인(5) 지나인과 교의交誼〉에 의하면 토착 지나인과 조선인은 친목하는 편인데 조선인을 약자로 알고 감시하기는 하지만 조선인이 이를 감수하고 반항적 태도를 취하지 않기 때문이라는 등 몇 가지 이유를 열거했다.

23 김영, 〈중국 요녕성의 벼농사와 조선인 이민사회〉, 《범월과 이산: 만주로 건너간 조선인들》, 인하대학교출판부, 2009, 150~174쪽.

24 〈지나관헌의 동포압박이 거익우심去益尤甚〉, 《매일신보》 1925. 3. 22.

25 최의창, 〈도만渡滿 2개년 소감〉, 《매일신보》 1920. 6. 18(1).

26 〈조선인 영사 설치〉, 《동아일보》 1920. 8. 5; 〈守尾 비서과장 담談 "조선인 영사 임용

에 취就하야"〉, 《동아일보》 1920. 8. 7(2); 〈조선인 부영사〉, 《동아일보》 1921. 9. 25.

27 사설 〈만주의 조선인배척 문제〉, 《조선일보》 1925. 5. 23; 《동아일보》 1927. 12. 25.

28 손승희, 앞의 글, 238~239쪽.

29 〈조선이주민에 조선복 금제禁制〉, 《매일신보》 1927. 12. 6(2).

30 김삼민金三民, 〈신흥중국 전망, 현하의 재만 조선농민의 궁경窮境, 그 원인과 피해 상황〉, 《삼천리》 제16호, 1931. 6, 47쪽.

31 신규섭, 〈1920년대 후반 제국일본의 재만 조선인정책-선만鮮滿일체화의 좌절과 삼시三矢협정〉, 《근대전환기 동아시아 삼국과 한국-근대인식과 정책》, 성균관대학교 동아시아학술원 총서, 2006, 207~209쪽.

32 김우평金佑枰, 〈내가 본 재만동포문제 해결책〉, 《동광》 제24호, 1931. 8, 14쪽.

33 신언준申彦俊, 〈재만동포문제에 대하야 협의회조직을 제창함〉, 《동광》 제26호, 1931. 10, 7~9쪽.

34 인용문안의 00, xxx 등의 기호는 원문 그대로 표시. 검열에 의해 문맥에 따라 혹은 기사 성격에 따라 일본, 제국주의, 독립/독립군, 사회주의, 공산당 등은 삭제되었다.

35 〈한국인의 동북지역 이민 상황〉, 《중국언론신보》 1931. 2. 2; 이 기사는 중국 이주 조선인의 총수를 약 370만 명으로 추정했다. 신빙성 있는 조사결과에 비해 과장된 수치이다. 이 중에 20만 명만 성실한 농사꾼이라는 계산이니 사실 10분의 1도 안 되는 셈이다: 〈한민족의 동북지역 이민연구(8)〉, 《중국언론신보》 1931. 7. 31.

36 유재명, 〈중국인의 조선인 평〉, 《동아일보》 1947. 1. 21.

37 조선총독부, 〈國聯支那調査委員 關係書類九: 質問事項應答資料關係 5〉, 1932, 1266쪽.

38 편집부, 〈설문조사 제씨, 태평양회의는 어떠케 이용할까 재만동포는 어떠케 해야 살까〉, 《동광》 제26호, 1931. 10, 13~21쪽: 좌담회에 참석한 다수의 언론계 인사들은 익명으로 혹은 기명으로 귀화가 필연적임을 주장했다; 申彦俊, 〈재만동포문제에 대하야 협의회조직을 제창함〉, 《동광》 제26호, 1931. 10, 7~9쪽; 〈간도이주동포 3십만의 탈적운동〉, 《조선일보》 1923. 2. 22. 사설; 〈만주조선인의 귀화문제〉, 《조선일보》 1926. 7. 10. 사설; 〈재만동포와 제 대책, 입적문제를 중심으로〉, 《조선일보》 1928. 1. 10~12. 사설 1~3회; 〈재만동포중국귀화문제(1)〉, 《동아일보》 1927. 12. 18. 사설; 〈재만동포문제에 대하야-국적법을 적용하라〉, 《동아일보》

1929. 5. 2. 사설: 〈조흔백(박사) 담, 조선인문제 해결은 자유귀화뿐〉, 《동아일보》 1931. 9. 18.

39 다나카 류이치, 〈민족협화와 자치-조선인의 중국 동북이주의 정치사적인 성격에 대하여〉, 중국해양대학교 해외한국학 중핵대학사업단 편, 《근대동아시아인의 이산과 정착》, 경진출판사, 2010, 75~91쪽.

40 총독부 외사과, 앞의 책, 1181쪽.

41 〈전장 가튼 만보산 부유蜉蝣(하루살이) 가튼 4백 생령生靈〉, 《동아일보》 1931. 6. 24.

42 이상경, 〈1931년의 '배화排華사건'과 민족주의 담론〉, 《만주연구》 11집, 2011, 85~115쪽.

43 김철, 〈몰락하는 신생新生: '만주'의 꿈과 《농군》의 오독誤讀〉, 상허학회, 《상허학보》 제9집, 2002, 123~159쪽.

44 〈만보산사건과 관련해서 일본인과 한국인에 대한 경고 및 국내인에 대한 충고〉, 《중국언론신보》 1931. 7. 9: 1931. 7. 11.

45 조선총독부, 〈국제연맹 지나조사위원 관계서류-질문사항응답자료관계 서류집(1932년 외사外事 갑종甲種 기록제72호-국제연맹 지나조사원 관계서류)〉, 1932, 1093쪽: 이 보고서에는 폭동 발생지역, 일자별 진행 상황, 폭행 내용, 시간대별 발생사건, 사상자의 지역별 분포 등 조선의 중국인학살 사건 개요가 상세히 정리되어 있다. 조선인들은 사건의 구체적인 과정이나 내용은 일제의 보도통제에 의해 간략한 개요 정도만 파악할 수 있었다.

46 〈발생 이래 각지各地 경과經過〉, 《동아일보》 1931. 7. 17.

47 〈중국인 거상 재기불능 형세〉, 《동아일보》 1931. 10. 16.

48 〈평양사건공판 제1일〉, 《동아일보》 1931. 8. 20. 3면; 〈무기징역언도〉, 1931. 8. 26; 〈진행되는 평양사건 대 공판〉, 1931. 8. 26.

49 〈7호戶에 충화衝火, 21명 살해〉, 《동아일보》 1931. 7. 26; 〈중국인 이십명 살상범 종예終豫〉, 1931. 12. 19, 7면; 〈장봉진 공판〉, 1932. 4. 12. 3면.

50 〈평양살인귀 장봉진 공판〉, 《동아일보》 1932. 4. 15. 3면: 이후 장봉진에 대한 최종 판결에 관한 후속 보도를 찾지 못했다. 살인귀로 명명된 장봉진에 대한 선고 판결 관련 보도가 없다는 것은 의문을 키운다. 하지만 추정할 근거는 없다. 장봉

진이 재판에서 자신은 3인만 구타했을 뿐이라고 주장하고 변호인도 증거가 없음을 주장한 것이 받아들여졌을 수도 있다. 다만 추측일 뿐 확인된 사실은 아니니다.

51 〈의주중국인살해범 평양복심에서 사형〉, 《동아일보》 1931. 9. 11.

52 〈17세 소년피고에 12년 중형 구형〉, 《동아일보》 1931. 10. 15.

53 오기영, 〈평양폭동사건 회고, 재만동포 문제 특집〉, 《동광》 제25호, 1931. 9. 10~12쪽.: 오기영은 1949년 월북했다. 온 가족이 독립운동에 투신하고 겪은 수난사를 쓴 소설 〈사슬이 풀린 뒤〉(1946)를 발표했는데 내용 상 오기영의 자전적 수기라는 해석이 유력하다.

54 금동琴童(김동인), 〈柳絮狂風에 춤추는 대동강의 악몽, 3년 전 朝中人事變의 회고〉, 《개벽》 신간 제2호, 1934. 12, 6~13쪽.

55 〈근래의 일대한사一大恨事! 참사한 중국인이 백 명〉, 《동아일보》 1931. 7. 17. 3면.

56 총독부 외사과, 앞의 책, 1104~1105쪽,

57 총독부 외사과, 앞의 책, 1086~1087쪽. 〈別表-사건피해표〉 참조.

58 〈이천만동포에게 고합니다〉, 《동아일보》 1931. 7. 7. 사설.

59 〈조선사건의 돌발突發은〉, 《동아일보》 1931. 7. 8. 3면.

60 〈조선인 전체의사가 아니다〉, 《동아일보》 1931. 7. 8. 3면; 〈조선 민족의 진의眞意〉, 1931. 7. 9. 사설

61 〈고난의 재주중국인에 민족적 동정 발발〉, 《동아일보》 1931. 7. 12~15.

62 〈평양사건희생자 고별식을 거행〉, 《동아일보》 1931. 7. 10.

63 〈동포여 자중하라〉, 《동아일보》 1927. 12. 17.

64 〈봉욕하며 은닉, 변장시켜 보호〉, 《동아일보》 1931. 7. 11. 3면; 〈무고생령無辜生靈 해치고 흥분깨자 참회루懺悔淚〉, 1931. 7. 11.

65 〈2백명 검거〉, 《동아일보》 1931. 7. 13; 〈양서兩署의 검거자는 총 900명〉, 1931. 7. 13. 2면.

66 〈평양사건으로 형무소 가증축假增築〉, 《동아일보》 1931. 7. 16.

67 〈평양폭동사건 21명 기소〉, 《동아일보》 1931. 7. 18.

68 〈평남경찰부장 사표를 제출 도지사에게 제출〉, 《동아일보》 1931. 7. 10; 〈검거자 총수 1,300명〉, 1931. 8. 13; 〈중국인귀국자 수효〉, 1931. 8. 6. 2면.

69 〈평양폭동사건 단독공판 종료〉, 《동아일보》 1931. 10. 10. 3면.

70 〈평양폭동사건 중범을 검거〉, 《동아일보》 1931. 11. 27.

71 〈평양살인귀 장봉진 공판〉, 《동아일보》 1932. 4. 15. 3면; 〈형사가 기생 끼고 술 먹으며 고문〉, 1932. 4. 10.

72 〈전창섭씨 별세〉, 《동아일보》 1933. 10. 21. 5면.

73 〈공술과 의견서 판이, 증인 9명을 호출〉, 《동아일보》 1931. 9. 17. 7면.

74 이상경, 〈1931년의 '배화排華사건'과 민족주의 담론〉, 《만주연구》 제11집, 2011, 85~114쪽.

75 고미숙, 《한국의 근대성, 그 기원을 찾아서-민족섹슈얼리티·병리학》, 책세상, 2001, 41~61쪽.

76 Hinkemann, *The German*(*Der deutsche Hinkemann*(1923)은 독일의 좌파 극작가인 Ernst Toller(1893~1939) 작품으로 표현주의 미학을 구현한 작품들을 썼다. 다수의 작품들이 영어권에서 무대화되고 발표되었다. 5년간 감옥 생활을 했고 1933년 나치가 권력을 장악하면서 추방되었다. 이 작품은 현재도 음악, 연극으로 공연되고 있다. 사회주의자 박영희는 이 희곡에서도 생생하게 극단적으로 묘사한 표현주의적 장면들에 매혹되었다.

77 RUR(*Rossumovi Univerz lni Roboti* (*Rossum's Universal Robots, 1920*))는 체코 작가 카렐 체펙Karel Capek(1890~1938)이 쓴 SF 각본으로 로봇이란 용어를 처음 창안했다는 설도 있다. 1921년 초연되었고 1923년에 30개 국어로 번역되었다. 내용은 1950년 미래에서 일어난 로봇반란사건을 다룬 것으로 한 생리학의 대가가 해양동물에서 추출한 물질로 말도 하고 감정도 있지만 감각은 없는 인간클론에 가까운 로봇들을 만들어 전 세계에 무임노동자로 공급한다. 외딴 섬에 세워진 로봇공장의 로봇들이 악덕 기업인, 공장장과 직원들의 학대, 착취, 의도를 자각하고 이들을 응징하면서 인간멸종으로 이어진다; 이 작품은 박영희가 〈인조노동자〉라는 제목으로 《개벽》에 번역, 1925년 2~5월호(56~59호)에 4회 연재되었다. 첫 회 용어해설에서 박영희는 '로봇은 노동자 혹은 무임노동자를 의미하며 "기계가 만들어서 생명을 주는 노동자"라고 했다.

78 《*The Jungle*》(1906)은 미국 소설가인 업튼 싱클레어Upton Sinclair(1878~1968)의 소설로 시카고 정육 포장공장 노동자들의 열악한 노동환경과 착취를 묘사했다.

## 10장 폭력과 호환된 소비 그리고 나르시시즘

1 Fred Harvey Harrington, *God Mammon and the Japanese: Dr. Horace N. Allen and Korean-American Relations,1884~1905*, Madison, Wisconsin: The Univ. of Wisconsin Press. 1944, p. 125.

2 Angus Hamilton, *Korea*. 2nd ed. London: William Heinemann, 1904, pp. 154~155; 창랑객, 〈친미파·친로파 세력관〉, 《삼천리》 제5권 9호, 1933. 9, 22~25쪽.

3 《독립신문》 1899. 4. 4. 1~2면; 《독립신문》 1896. 4. 25. 논설; 《대한매일신보》 1908. 7. 3. 2면; 〈두 가지 힘〉, 《독립신문》 1899. 9. 15. 논설.

4 Gregory Henderson, Japan's Chosen: Immigrants, Ruthlessness and Development Shock, in Andrew C. Nahm, ed. *Korea Under Japanese Colonial Rule: Studies of the policy and technique of Japanese Colonialism*, Western Michigan Univ. 1973, pp. 261~269.

5 양기탁, 〈지知아 부否아?〉, 《동아일보》 1920. 4. 1.

6 〈세계 개조 10주년의 신년新年을 마저서〉, 《동아일보》 1929. 1. 1.

7 최수일, 《개벽연구》, 소명출판사, 2008, 432~454쪽 참조; 김형국, 〈1920년대 초 민족개조론 검토〉, 《한국근현대사연구》 제19집, 2001, 187~206쪽; 정용화, 〈1920년대 초 계몽담론의 특성: 문명·문화·개인을 중심으로〉, 《동방학지》, 2006, 173~198쪽; 김현주, 〈민족과 국가 그리고 '문화'-1920년대 초반 《개벽》지의 '정신·민족성개조론' 연구〉, 《상허학보》 6, 2000, 213~244쪽; 김경미, 〈1920년대 전반기 이광수 문학에 나타난 문화담론연구-개벽과 조선문단을 중심으로〉, 《어문론총》 제51호, 한국문학언어학회, 2009, 363~398쪽.

8 Prasenjit Duara, The discourse of civilization and Pan-Asianism, *Journal of World History*, Vol. 12, No. 1, 2001, pp. 102~104.

9 R. A. Nicholls, Thomas Mann and Spengler, *The German Quarterly*, Vol. 58(3), 1985, pp. 361~374.

10 Thomas Mann, Militarism and culture: An extract from Reflections of a Non-political man, 1918, John Rundell & S. Mennel, 1998, eds. *Classical readings in culture and civilization*. London: Routledge, pp. 130~138: 독일이 '유럽의 예외'라

는 이유를 만T. Mann은 이렇게 설명한다. 영국과 프랑스는 독일의 완고한 야만성을 민주주의로 전복시켜야 한다는 야망을 가지고 있지만 독일은 저들의 국가주의, 민족주의, 문명주의에 반대되는 반명제antithesis를 발전시켜 온 국가이다. 독일인은 국가주의나 민족주의와 같은 집합성에 추동되지 않고 독일혼을 구현하는 개인(주의)을 중시하며 문자적 보편성이 아닌 음성적 특수주의에 의해 추동된 문명이므로 평화주의적이라고 논박했다. 보편문명론을 내세우면서 영국과 프랑스가 한 짓은 제국주의이며 영토전쟁이라는 것이다. 각 민족의 특수성을 인정하는 것이 평화의 노선이라는 관점에서 독일 사상가들은 문화주의를 주창했다.

11 Alfred Weber, 1921, Civilization and culture–A synthesis: Fundamentals of culture–sociology: Social process, civilizational process and culture–movement, in John Rundell & S.Mennel, 1998, eds. *Classical readings in culture and civilization*, London: Routledge, pp. 191~215.

12 Jürgen Habermas, 1981, translated by Seyla Ben–Habib, Modernity versus postmodernity, *New German Critique*, No. 22, Special Issue on Modernity, pp. 6~8.

13 Jürgen Habermas, 1981, op. cit., pp. 8~11.

14 Tessa Morris–Suzuki, Invention and reinvention of "Japanese culture" , *The Journal of Asian Studies*. Vol. 54(3),1995, pp. 763~764.

15 유선영, 〈식민지의 '문화'주의, 변용變容과 사후事後〉, 《대동문화연구》 제86집, 2014, 365~407쪽.

16 Frantz Fanon, 1967, op. cit., p. 211.

17 지그문트 프로이트, *The Standard Edition of the Complete Psychological Works of Sigmund Freud*, 윤희기 옮김, 《무의식에 관하여》, 열린책들, 46~47쪽.

18 지그문트 프로이트, 앞의 책, 21~22쪽.

19 Erving Goffman, *Stigma: Notes on the Management of Spoiled Identity*, Harmoundsworth: Penguin Books Ltd., 1963, pp. 129~132.

20 〈자기망각증〉, 《동아일보》 1925. 9. 8. 1면.

21 〈자부심과 자책심: 충고와 만매慢罵〉, 《동아일보》 1929. 5. 23. (1).

22 필자 미상, 《민족문화》, 1950년 1월호, 제2권 1호, 116쪽.

23 한우근, 〈개화기 상업구조의 변천–특히 외국상인의 침투와 국인 상회사의 성립과정을 중심으로〉, 한국문화연구소, 1979, 77~83쪽; G. Henderson, Japan's Chosen: Immigrants, Ruthlessness and Developmet Shock, in . C. Nahm(1973), ed., *Korea Under Japanese Colonial Rule: Studies of the Policy and echnique of Japanese Colonialism*, Western Michigan Univ. Press, pp. 261~269.

24 권영민, 《해방 직후의 민족문학운동 연구》, 서울대학교 출판부. 1986, 52쪽.

25 백낙청, 〈한국에 있어서 미국의 의미〉, 《민족문학과 세계문학》, 창작과비평사, 1985, 244~249쪽.

26 김윤식, 《염상섭연구》, 서울대학교 출판부, 1989, 24~26쪽.

27 허헌, 〈세계 일주 기행–태평양의 노도怒濤 차고 황금의 나라 미국으로〉, 《삼천리》, 1929. 6, 6~9쪽.

28 Bhabha, *The location of culture*, London: Routledge, 1994, pp. 85~92, 115~118.

29 Johan Galtung, Cultural violence, *Journal of Peace Research*, Vol. 27(3), 1990, pp. 291~305.

30 자하르Zahar, R, 한마당 편집부 옮김, 《프란츠 파농》, 한마당, 1981, 38쪽.

31 Fanon, 1967, op. cit., pp. 17~22.

32 Fanon, 1967, op. cit., pp. 211~213.

33 Fanon, 1963, op. cit, pp. 50~58.

34 Stuart Hall, New Ehnicities, in D. Morley and Kuan–Hsing Chen eds., *Stuart Hall: Critical Dialogues in cultural studies*, London, Routledge, 1996, pp. 441~449; Judith A. Howard, Social psychology of identities, *Annual Review of Sociology*. Vol. 26. 2000, pp. 367~393; Robert J. C. Young, *Colonial Desire: Hybridity in Theory, Culture and Race*, London: Routledge. 1995.

35 김기전, 〈구문화의 중심지인 경북 안예安禮 지방을 보고–신구문화의 소장 상태를 술述함〉, 《유도儒道》, 1921. 12, 70쪽.

36 송민호, 〈일제강점기 미디어로서의 강연회의 형성과 불온한 지식의 탄생〉, 《한국학연구》 제32집, 1984, 125~154쪽.

37 〈독서계의 경향–문예사조서류文藝思潮書類가 중심中心〉, 《동아일보》 1920. 5. 13. 3면; 작자 미상, 〈우리사회의 실상과 그 추이〉, 《개벽》 11, 1921. 5, 69~71쪽.

[38] 이돈화, 〈최근 조선에서 기하는 각종의 신현상〉, 《개벽》 제1호, 1920. 6, 14~20쪽.

[39] 〈교회학교의 속발續發하는 맹휴盟休의 일원인一 原因〉, 《동아일보》 1920. 6. 28. 3면.

[40] Horace Grant Underwood, *The Call of Korea*: *Political-social-religious*, N.Y.: Fleming H. Revell Co. 1908.

[41] 《동아일보》 1920. 7. 19. 3면: 이날 3면은 강제 해산된 강연회 소식으로 도배되었다.

[42] 〈천도교청년강연단〉, 《동아일보》 1921. 7. 11.

[43] 〈영흥여자강연회〉, 《동아일보》 1920. 8. 21.

[44] 〈밀양웅변 성황〉, 《동아일보》 1926. 8. 27.

[45] 〈학생총연합발기〉, 《동아일보》 1924. 9. 5.

[46] 〈안주청년회강연회〉, 《동아일보》 1920. 7. 2.

[47] 〈고려청년회강연 후보後報〉, 《동아일보》 1921. 9. 18.

[48] 〈기독여자전도성황〉, 《동아일보》 1920. 8. 19.

[49] 〈예안청년회 총회〉, 《동아일보》 1920. 7. 19.

[50] 양주동梁柱東, 〈학창 회구기懷舊記-나의 중·대학시절〉, 《민족문화》, 1958. 12, 6~10쪽: 영어는 《무선생無先生 영어英語 자통自通》이라는 독본으로 독학했는데 3인칭의 뜻을 몰라 겨울에 20리 길을 걸어 소학교 시절 일본인 선생에게 찾아가 물어 깨우쳤다. 학교에서 배운 영어로는 일본 유학을 준비하기엔 부족하여 YMCA야학에서 나쇼날*National* 독본 5권을 별도로 공부해야 했다.

[51] 양주동, 앞의 글, 8쪽.

[52] 〈청년남녀의 위기〉, 《동아일보》 1921. 5. 15.

[53] Naw, The Foreigner, *The Korean Repository*, June 1898, pp. 207~211.

[54] 작자 미상, 〈격변 우 격변激變 又 激變하는 최근의 조선인심朝鮮人心〉, 《개벽》 제37호, 1923. 7, 4~7쪽.

[55] 이상춘, 〈기로岐路〉, 《청춘》 제11호, 1917. 11, 41~55쪽.

[56] Alfred Schuetz, The stranger: An essay in social psychology, *American Journal of Sociology*, Vol. 49, No. 6. 1944, pp. 500~501.

[57] Hisashi Nasu, How is the other approached and conceptualized in terms of Schuetz's constitutive phenomenology of the natural attitude?, *Human Studies*, Vol. 28, No. 4.

2005, pp. 393~395.

58 Schuetz, 1944, op. cit., p. 503.

59 Schuetz, 1944, op. cit., p. 504.

60 C. H. Hohmann(1811~1861)의 다양한 판본의 바이올린 교본 중 김인식이 중학생 때 접한 것은 *Practical Violin School* Part 1~5(1892)와 본문에서 적시한 1899년 교본 중 하나일 것으로 짐작된다. 1910년에 호만 교본 개정본이 나왔는데 김인식이 30대 무렵에 중학교를 다닌 것이 아니라면 1892년과 1899년 발행본을 접했을 가능성이 크다. 책 제목에 호만이 들어간 것을 기준으로 판단하면 1899년 본이 가장 유력하다.

61 이상만, 〈우리나라 양악의 선구자 김인식 선생을 찾아서〉, 《음악문화》, 1960. 1. 108~111쪽.

62 나정월羅晶月, 〈1년 만에 본 경성의 잡감, 하이카라가 느러가는 경성, 윤심덕음악회를 보고〉, 《개벽》 제49호, 1924. 7, 86~89쪽.

63 유광열, 〈나의 독학시대 회고〉, 《학생》 제1권 8호, 1929. 11, 38~39쪽.

64 주섭朱涉, 〈인테리의 절망〉, 《제일선第一線》, 1933. 2, 21~23쪽.

65 춘파春波, 〈洋服者는 들이고 韓服者는 내몰아〉, 《개벽》 제 17호, 1921. 11, 83~84쪽.

66 이서구, 〈고범역정孤帆歷程-기자수첩 반세기〉, 《동아일보》 1972. 12. 21, 5면.

67 白頭山人(이돈화), 〈조선을 빠러 먹는 무리들……온파-레드〉, 《혜성彗星》, 1931. 5, 104~108쪽.

68 김문집, 〈의상의 고현학 4-시정에서 본 식민지형 청년植民地型 青年〉, 《동아일보》 1936. 6. 6.

69 양주동, 앞의 글, 8~9쪽.

70 박정월, 〈접문接吻연구〉, 《삼천리》 제6권 11호, 1934. 11. 100~112쪽.

71 〈키쓰의 기원과 종류〉, 《매일신보》 1928. 4. 9.

72 편집부, 〈오늘의 인텔리-결혼 적령기 처녀의 이상남〉, 《여성》 제3권 3호, 1938. 3, 30~35쪽.

73 편집부, 〈오늘의 인텔리-결혼 적령기 처녀의 이상남〉, 《여성》 제3권 3호, 1938. 3. 34~35쪽.

74 《戰旗》(Senki, Battle Flag)는 전일본무산자예술연맹 NAPF(Nippona Artista Proleta

Federacio, 에스페란토어 표기)의 뉴스레터 겸 문예잡지로 1928. 5~1931. 12 연간 발간되었다.

75 작자 미상, 〈대풍자 대희학, 현대조선 10대 발명품 신제조법〉, 《별건곤》, 1931. 12, 43~46쪽

76 스크린 빨-쥐, 〈고급 영화팬되는 秘訣 10則〉, 《별건곤》 제5권 제5호, 1930. 6, 108~111쪽: 박쥐가 많이 서식하는 골짜기를 빨쥐골이라고 했고 일제시대 전국에 빨쥐골로 불리는 지역이 다수 있었다. 스크린 빨쥐는 어두운 영화관에서 박쥐처럼 오랜 시간을 보내는 식민지 청년을 가리키는 필명이다.

77 극장경영 등 흥행업에 종사한 문인 최독견에 의하면 1930년대 중반에도 토키는 아무나 볼 수 없는 고급문화, 즉 지식층의 문화로 분류되었다. 식민지 문화향유자는 토키를 보는 지식층, 신파극을 보는 기생 등 화류계 여성 그리고 연극과 변사가 해설하는 무성영화를 즐겨보는 계층으로 3분할되고 있었다(최독견, 〈영화와 연극 협의회-었더케하면 반도예술을 발흥케 할가〉, 《삼천리》, 1938. 8, 87쪽)

## 에필로그

1 이규목, 〈일제시대 한국의 도시경관 변천 및 그 요인에 관한 연구〉, 《연구논총》 제21집, 서울시립대 수도권개발연구소, 1995, 118~126쪽.

2 송정항宋鼎項, 〈문화정치의 표리〉 1~2, 《동아일보》 1929. 1. 1~2.

3 한만수, 〈식민지시대 출판자본을 통한 문학검열에 대하여〉, 《국어국문학》 제131호, 2002, 582~583쪽.

4 이선근, 〈최근 조선의 쩌낼리즘 측면관〉, 《철필》, 1930. 9, 19~20쪽; 천두상千斗上, 〈사회조직의 변천과 신문〉, 《철필》, 1930. 9, 24~27쪽.

5 Barbara Hamill Sato, An alternate informant: middle-class women and mass magazines in 1920s Japan, in Elise K. Tipton & John Clark. eds., *Being Modern in Japan: culture and society from the 1910s to the 1930s*, Honolulu: Univ. of Hawaii Press, 2000, p. 137.

6 작자 미상, 〈자유종: 모순된 문화생활〉, 《동아일보》 1926. 9. 4. 독자투고기사.

7 마면馬面, 〈가두유행 풍경화〉, 《신여성》 7권 10호, 1933. 10, 118~121쪽.

8 이 퀴즈는 《별건곤》 1927년 1월호에 출제, 3월호에 정답자 발표, 4월호에 상품을 협찬한 상점들을 공개했다. 문제와 정답은 본문이 아닌 사진 화보면에 게재되어 쪽수를 지정할 수 없다: 〈신년 일천명一千名 대현상〉, 《별건곤》 제3호, 1927. 1; 《별건곤》 제5호, 1927. 3; 《별건곤》 제6호, 1927. 4, 159쪽 참조.

9 홍해성, 〈극예술운동의 문화적 사명〉, 《동아일보》 1929. 10. 16.

10 천정환, 《근대의 책읽기: 독자의 탄생과 한국근대문학》, 푸른역사, 2003, 181~202쪽.

11 울금향鬱金香, 〈당세 여학생독본〉, 《신여성》 제7권 10호, 1933. 10, 64~69쪽.

12 정영숙, 〈모던 아가씨 되는 법〉, 《중앙》, 1933. 11, 79~88쪽; 관악산인, 〈모던 수신교과서修身敎科書〉, 《금강》, 1933. 1, 30~32쪽.

13 윤지훈, 〈모던 여성 10계명〉, 《신여성》, 1931. 5, 70~73쪽.

14 편집부, 〈趣味讀物-여엽븐 아가씨네들 양말신는 法 研究〉, 《예술*The Art*》, 1934. 12, 58~59쪽.

15 장덕조, 〈내 리상하는 쓰윗홈〉, 《만국부인》 1932년 10월호, 43~44쪽.

16 Guy E. Debord, *Society of the Spectacle*, Detroit, Black & Red, 1983.

17 김기전金起瀍, 〈우리의 산업운동産業運動은 개시開始되엇도다〉, 《개벽》 제15호, 1921. 9, 14~27쪽.

18 Diana Fuss, Fashion and the Homospectatorial Look, in S. Benstock and S. Ferriss(1994) eds., *On Fashion*, New Brunswick, N.J.: Rutgers Univ. Press. pp. 211~235

19 Isaac Prilleltensky and Lev Gonick, Politics change, oppression remains: On the psychology and politics of oppression, *Political Psychology*, Vol. 17(1), 1996, pp. 127~148.

20 Brett Shadle, Settlers, Africans, and Inter-personal violence in Kenya, ca. 1900~1920s, *The International Journal of African Historical Studies*, Vol. 45(1), Toward a history of violence in colonial Kenya, 2012, pp. 57~80.

# 찾아보기

**[인명]**

[ㄱ]

[ㅍ]



[ㅎ]

# 식민지 트라우마

⊙ 2017년 6월 15일 초판 1쇄 발행
⊙ 2020년 12월 16일 초판 4쇄 발행
⊙ 지은이 유선영
⊙ 펴낸이 박혜숙
⊙ 디자인 이보용
⊙ 펴낸곳 도서출판 푸른역사
우) 03044 서울시 종로구 자하문로8길 13
전화: 02) 720-8921(편집부) 02) 720-8920(영업부)
팩스: 02) 720-9887
전자우편: 2013history@naver.com
등록: 1997년 2월 14일 제13-483호



ISBN 979-11-5612-095-7 93900



이 저서는 2007년도 정부(교육과학기술부)의 재원으로 한국연구재단의 지원을 받아 수행한 연구결과물임(NRF-2007-361-AM005)